대한제국을 위한 ‘변론’

-호머 B. 헐버트의 ‘신한국론’과 국제주의-

Hulbert’s Apology For Korean People

최 정 수

The Program of Making New Korea and Internationalism

아연 인문교양총서 5

대한제국을 위한 '변론'

호머 B. 헐버트의 '신한국론'과 국제주의

최정수 지음

아연출판부
고려대학교 아세아문제연구원

❙ 목 차 ❙

❙ 〈아연 인문교양총서〉를 기획하며 ❙

탈냉전 이후 일본과 한국에 이어 중국이 국제무대에서 급부상하면서 동북아는 세계에서 가장 역동적인 지역으로 주목받고 있다. 특히 동북아의 경제적 성장은 지구적 차원의 정치 · 경제적 질서뿐 아니라 문화, 사상, 종교 등 다양한 분야에서 심대한 영향을 미치고 있다. 이러한 동북아의 역동적 변화는 학문적 연구 대상으로도 주목받고 있다. 한편, 이 지역은 역사적 · 문화적 기반을 공유하고 있음에도 불구하고, 침략과 저항, 식민 지배, 냉전으로 대표되는 상호 대립과 갈등으로 점철되어 왔다. 역사적 경험과 현실적 이해에 따라 동북아는 협력과 공존의 방향으로 나아갈 수도, 대립과 갈등으로 나아갈 수도 있다. 동북아에 대한 이해의 폭을 넓히고, 새로운 해석을 제공하기 위해서는 역사 · 사상 · 문화 · 정치 · 경제적으로 그 복합적인 역동성과 상호 대립 · 갈등 · 협력 양상을 분석 · 성찰해야 한다.

최근 동북아에서는 인적 · 사상적 · 물적 교류와 순환이 활발해지면서 이주, 환경, 무역, 국제 협력 등의 영역에서 개별 국가 차원을 뛰어넘는 초국가적 현상이 급증하고 있다. 예를 들면 노동, 결혼, 유학으로 인한 지역 내 인구 이동으로 내국인과 이주 외국인 간의 상호 충돌 혹은 공생관계라는 측면에서 다문화, 시민권과 국적, 정체성 문제가 복합적으로 얽혀 있다. 이러한 현상을 총체적으로 이해하기 위해서는 국가 단위의 분석에 치중해 온 기존의 접근과는 다른, 새로운 초국가적 접근 방법이 필요하다.

지역공동체를 오래 전부터 구상해 온 유럽에서는 지역 전체를 하나의 단위로 보는 연구가 활발하지만, 동북아에서는 그러한 시도가 아직 미미한 수준에 머물러 있다. 또한 그동안 국내의 해외 지역 연구는 인문학과 사회과학 간의 학문적 경계가 높아 학제적 공동 연구가 취약했다. 역동적인 동북아에 대한 보다 정확하고 심층적인 이해 · 분석을 위해서는 중국학, 일본학, 한국학 등 국가 단위의 분절적 지역 연구를 넘어 동북아를 분석 단위로 하는 지역 연구가 필요하다. 아울러 인문학과 사회과학으로 나뉜 기존의 동북아 지역 연구 관행을 뛰어 넘는 학제 간 종합적 지역 연구도 요구된다.

아연은 1957년 설립 이래 학제 간 연구 실적 축적과 동북아 지역 연구의 선도적 역할, 안정적 재정과 연구 인력 확보, 지속적인 연구 인프라 구축, 동북아 지역 전문 연구재단 등재지 발간, 사회와의 소통 등 다방면에서 국내 최고 수준의 대학 부설 연구소로 자리매김해 왔다. 이런 성과를 바탕으로 2008년부터 한국연구재단의 '인문 한국'(HK) 사업 해외 지역학 분야의 지원기관으로 선정되어, '동북아시아의 초국가적 공간 : 사상, 사회문화, 제도의 교류와 재구성'이라는 연구 의제를 중심으로 대규모 연구 사업을 진행하고 있다. 아연은 '인문 한국' 사업의 성과, 각종 동북아 지역 연구 지원, 국내외 소장학자 교류 지원 프로그램을 기반으로 한 연구 성과를 〈아연 동북아총서〉를 통해 발간함으로써 학계에 크게 기여한 바 있다.

아연은 '인문 한국' 사업을 마무리하는 현 시점에서 〈아연 인문교양총서〉를 기획했다. 본 총서는 동북아 근현대 시기에 한국에서 활동했던 외국인 가운데, 동북아 근현대의 경제 · 학술문화 · 사회운동 등 각 방면에서 비교적 큰 영향을 미친 인물을 선정하여, 그 사상과 활동을 정리하고 평가하는 것을 목표로 한다. 이는 동북아에 대한 제국과 식민지, 지배와 피지배 등의 구도로만 파악했던 기존의 연구 관행을 뛰어넘어 상호 이해와 긍정적 영향을 주었던 것을 역사적 사실을 재조명하고자 하는 것이다. 이를 위해 동북아의 초국가적 공간 속에서 국가 간 민족 간 대립 갈등이라는 상황 속에서도 동북아의 교류에 기여하려 했던 역사적 인물들을 발굴해 널리 알리고자 한다. 이 총서가 동북아에 화해와 평화가 가능하다는 인식을 사회적으로 확산하는 장이 될 수 있기를 기대한다.

2020년 10월

아세아문제연구원 원장 김 익 수

헐버트를 우연히 만나다

헐버트는 역사를 우연히 하게 되었다고 한다. 영국왕립학회의 아시아지부로부터 한국사에 관련된 주제를 부탁받았기 때문이었다. 연구자가 역사를 업으로 삼게 된 것 또한 우연이었다. 학부 방학 때 엿장수 아저씨의 좌판 위에 놓였던 책이 그 계기였다. 리차드 레오폴드(Richard Leopold)의 *The Growth of American Foreign Policy : A History*(1962, Alfred A. Knof)였다. 이 책은 나를 외교사의 세계로 이끌었다. 특히 그 책을 통해 시어도어 루즈벨트(Theodore Roosevelt)라는 26대 미국 대통령의 외교를 만나게 되었다. 그의 책은 루즈벨트에 대한 다른 연구서에서 볼 수 없는 부분을 나에게 보여주었다. 그리하여 석사 및 박사 학위의 테마로 삼은 후 지금까지 연구하게 되었다. 주변에서 너무 우려먹는다는 비판을 받을 정도로 나는 한 인물만 팠다. 물론 그 여파로 알프레드 테이어 마한(Alfred Thayer Mahan)과 같은 인물의 정책은 물론 국제법이 외교에 미친 영향 등과 같은 주제로 연구 영역을 확상할 수 있게 되었다.

그러다가 고려대학교의 아세아문제연구원의 부원장인 송규진 교수로부터 제안을 받았다. 헐버트와 매킨지 중에 한 명을 택하여 그들의 한국에 대한 인식을 재조명해 보면 어떻겠냐는 것이었다. 이들 중 나는 헐버트를 선택했다. 세 가지 이유였다. 첫째, 헐버트에 대한 기존의 연구가 많았다. 따라서 헐버트의 업적과 활동에 대한 전체상을 쉽게 잡을 수 있었다. 둘째, 매킨지가 남긴 글보다도 헐버트가 쓴 글을 입수하기가 수월했다. 셋째, 헐버트가 평생을 루즈벨트의 대한정책의 부당함을 놓고 투쟁했기 때문이다. 루즈벨트의 대한정책은 나의 석사 및 박사학위의 주제였다. 따라서 마치 역사의 라이벌처럼 두 사람을 비교하면 될 것으로 보았다. 이렇게 하여 헐버트에 대한 연구가 시작되었다.

손쉬운 연구로 생각했다. 더욱이 연구원 측은 대중에게 역사를 알리자는 것이 취지임을 강조함으로써 부담도 덜었다. 그러나 생각했던 대로 연구가 진행되지 않았다. 분량도 많아졌을 뿐만 아니라, 초고조차도 최근에 마무리 지을 정도로 늦어졌다. 굳이 변명하자면 이렇다. 특히 헐버트의 역사관이 무엇인지를 이해하는 데 시간이 걸렸다. 이를 위해 '역사란 무엇인가'에 대한 때늦은 공부를 해야 했다. 그러나 이를 피할 수 없었다. 루즈벨트 역시 미국 역사학회 회장을 역임할 정도로 역사에 대해 해박했으며, 자신의 역사관을 지니고 있었고, 그 역사관이 대한정책의 바탕을 이루었기 때문이다. 더욱이 루즈벨트는 국제법을 근간으로 하는 세계체제를 구상하고 추진한 최초의 대통령이었다. 따라서 헐버트의 루즈벨트의 대한정책 비판은 역사와 국제법을 둘러싼 논쟁 그 자체였다. 즉 국제법과 역사는 헐버트가 루즈벨트의 대한정책을 비판하는 토대였다. 이 연구가 헐버트의 역사인식과 국제법 투쟁을 별도의 장으로 다룬 것도 이 때문이다. 그러나 그것을 정리하는 것은 쉽지 않았다. 욕심이 과했다고 후회했지만, 되돌릴 수는 없었다.

이에 연구자는 두 사람을 모두 보여주고 싶었다. 그리고 현재의 한국인들이 벌이고 있는 개혁 논쟁의 임상실습보고서와 같은 역할을 할 수 있다고 여겼기 때문이다. 약 115년 전 두 사람이 한편에서는 국가 내부에서 '공정한 사회(Square Deal)란 무엇인가'를 놓고, 다른 한편에서는 국가들 사이에서 '공정한 국제사회란 무엇인가'를 놓고 각각 논쟁했던 것이다. 공정과 정의라는 개념을 대내외 정치에 끌어들인 인물은 루즈벨트였지만, 그러한 개념을 미국의 대한정책과 한국의 개혁안에 투사한 인물은 바로 헐버트였다. '기회는 평등하고, 과정은 공정하고, 결과는 정의로워야 한다'는 것은 20C 초의 미국 대통령 루즈벨트가 들고 나온 '스퀘어 딜' 개혁안의 골자에 다름 아니었다. 한국의 미래가 이런 사회가 되어야 한다며 설계도를 제시한 인물이 헐버트였다. 루즈벨트가 공정한 사회의 꿈을 자신이 쓴 미국사에 새겨 넣었듯이, 헐버트 역시 한국사와 한국현대사에 이를 각인시켰다. *History of Korea*(1905)와 *The Passing of Korea*(1906)가 바로 그것이다. '어제의 한국은 누구였는가.' '오늘의 한국은 누구인가.' '내일의 한국은 무엇이 되어야 할까'라는 화두를 한국인에게 던진 인물이 바로 헐버트였다. 비유하자면 헐버트의 이 책은 임진왜란 후 국가개혁론을 선조에게 바친 유성룡의 〈징비록〉과도 같았다. 헐버트라는 '거인'을 다루기에 본인의 능력이 부족하다는 것을 절감하였음에도 불구하고, 출판을 할 용기를 낸 것은 또한 이 점을 보여주자 함이었다.

2020년 10월

최정수

서 론

Ⅰ. 연구 목적 및 배경

1. 연구목적

(1) 헐버트는 한국을 평생 사랑했다

호머 헐버트(Homer Bezaled Hulbert, 1863-1949)는 외국인으로서 평생을 한국을 위해 헌신했다. 이 점은 그의 활동을 연대별로 배열해 보면 금방 알 수 있다.

1) 그는 한국 황제 고종으로부터 영어 교사로 한국에 초빙되었다.

2) 그는 학생용 교재로 일종의 역사지리서인 〈사민필지〉[1]를 썼다. 한국인의 세계에 대한 지평선을 넓혀주자는 의도였다.

3) 또한 한글의 우수성을 과학적으로 분석하였으며, 아리랑을 채보하여 한국인의 감성을 대표하는 음악으로 자리매김했다.[2]

4) 1905년에는 고종의 비밀특사로 워싱턴을 방문하여 일본의 보호국화

---

1 Homer Bezaleel Hulbert, 고석주 외 1인 옮김, 〈국문본 역주 사민필지〉(소명출판, 2020)

2 헐버트가 지은 다음과 같은 글들이 있다. *Korean and Dravidian, The Face in the Mist, Omjee the Wizard, Search for Siberian Klondike, Sign of the Jumna.*

가 강제된 것임을 알렸다.

5) 1907년에는 제2차 헤이그 평화회의(Hague Peace Conference)에 가서 한국의 국권회복운동을 벌였다.[3]

6) 1919년에는 파리강화회의에 가서 한국의 독립운동을 벌였다.

7) 나머지 기간에 헐버트는 미국 내에서 순회강연과 신문기고를 통해 일본의 한국지배의 부당성을 고발하고 미국민의 지원을 호소했다.[4]

8) 그는 생전에 사후 한국에 묻히기를 소원했다. 웨스터민스터 사원보다도 한국이 최후의 안식처를 원했다고 한다. 그럴 정도로 헐버트의 한국사랑이 영원하고 극진한 것이었다.[5]

(2) 헐버트의 한국 사랑은 그동안 다음과 같은 평가를 받아왔다

상기한 헐버트의 이력은 학술논문과 평전의 형식을 통해서 충분히 밝혀졌다.[6] 그 결과 다음의 평가가 나왔다. '한국인보다 더 한국을 사랑한 외국인', '조선의 혼을 깨운 헐버트', '푸른 눈의 한국인', '헐버트의 한국사랑은 대서사시 그 자체였다'는 연구자들의 비유야 말로 그의 한국 사랑을 압축하고 있다.[7] 안중근 의사도 이렇게 평했다고 한다. '헐버드는 한국인들

3 김원수, 『헤이그 만국평화회의 특사외교와 국제관계』(선인, 2015) ; 한철호, '헐버트의 만국평화회의의 활동과 한미관계', 『한국독립운동사연구』 제29집 2007. 12)

4 홍선표, '헐버트(Homer B. Hulbert)의 재미 한국독립운동', 『한국독립운동사연구』 제56집

5 한국이 해방된 후에는 초대 대통령 이승만의 초청으로 한국을 방문했다. 그러나 노쇠한 그의 몸은 장기간의 여행을 견디지 못했다. 서울 도착 직후 감기증세를 보인 헐버트는 불과 일주일만에 청량리의 위생병원에서 영면했다. 그리고 그의 소원대로 양화진의 외국인 묘역에 안장되었다.

6 그중의 일부는 참고문헌에서 소개했다.

7 Homer Bezaleel Hulbert, 김동진 옮김, 『헐버트 글 모음 : 헐버트 조선의 혼을 깨우다』(참좋은 친구, 2016) ; 김권정, 『한국인보다 한국을 더 사랑한 미국인 헐버트』(역사공간, 2016) ; 김동진, 『헐버트의 꿈 조선은 피어

이 잊어서는 안 되는 이름이다.' 이토 히로부미를 저격한 함으로써 30세도 채 안 되는 짧은 생을 마감한 안중근이었지만, 그동안에 지켜본 것만으로도 한국인들이 영원히 기억해야 할 인물로 평가했던 것이다.

미국의 비교문화 학자로서 헐버트의 한국사를 학술적으로 분석한 윔즈의 평가도 주목해야 한다. 요약하면 이렇다. '헐버트는 한국인들이 다음과 같은 기회를 얻는데 일조했다. 첫째, "한국의 탄생"에 기여했다. 둘째, 한국인들이 "오늘날의 문제는 물론 미래에 직면할 많은 문제들을 풀 수 있는" 능력을 배양하는데 도움을 주었다. 셋째, 한국을 "국제정의(international justice)"의 진영에 서게 했다. 그리고 헐버트는 한국에 그런 도움을 주기 위해 "헐버트는 위험을 무릅써야" 했다. "한국인들이 서구의 양심과 정신에 대해서 호소하는 방법을 썼기" 때문이다.(set the pattern for Korea's appeal to the conscience and mind of the Western world.)"[8] 요컨대 헐버트는 한국이 공화국(Republic Korea)으로 탄생하고, 성장하는데 산파 역할을 했을 뿐만 아니라 국가 운영의 매뉴얼도 제공했다는 것이다. 연구자는 기존의 이런 해석에 견해를 같이한다.

(3) 기존의 연구 업적에도 불구하고 연구자는 헐버트의 한국 사랑의 실체를 밝히는 작업을 시도하기로 했다

헐버트가 한국인을 위해서 한 행적에 대해서 다소 잘못 알려지거나, 또

나리. Homer B. Hulbert Chosun Must Blossom!』(참좋은 친구, 2019)

8 Clarence Norwood Weems(ed), *HulBert's History of Korea*, volume I(New York, Hillary House Publishers LTD, 1962), p. ED, 62.

는 덜 열려지거나, 나아가 거의 알려지지 않은 사실들이 있기 때문이다. 특히 헐버트가 한국을 사랑한 방식에 대해서 그렇다. 헐버트는 그것을 "변론(Apology)"[9]으로 규정했다. 그리고 자신이 쓴 논문(Korean Survivals), 1901-1906년에 발간된 영문잡지(*The Korea Review*)에 연재한 연구물, 1905년 이후 출판한 다음과 같은 책들이 모두 변론임을 밝혔다. 1905년, 1906년에 각각 출간한 *The History of Korea*와[10] *The Passing of Korea*[11], 1907

---

9 Homer Bezaleel Hulbert, Echoes of the Orient : *A Memoir of Life in the Far East* (도서출판 선인), p. 7. (참고 1) 출판연대는 미상임. 원전에 적혀 있지 않음. 그러나 본문 내용을 통해서 볼 때 1930년대 후반으로 추정됨. 1937년에 발생한 중일전쟁을 기록했기 때문임. * 이하에서 이 책의 제목은 다음과 같이 축약함. *Echoes of the Orient.* (참고 2) 필자가 참고한 영인본은 책의 페이지가 상단과 하단에 같이 적혀 있다. 인용할 시에는 하단의 페이지를 사용했다. (참고 3) 서문(Preface)을 제외하고 모두 32개의 장(chapter) 중으로 구성되어 있다. 그러나 필자의 영인본은 25장이 없다. 누락된 것이 아니라 저술과정에서 잘못 타이핑된 것 같다. (참고 4) 마지막 장(32장)의 페이지가 섞여 있어서 주의를 요한다. p. 324 다음 페이지는 제24장인 252-253쪽에 있다. 즉 내용상으로는 p. 324 → p. 252 → p. 253 → p. 325로 연결된다. 물론 하단에 적힌 페이지를 기준으로 했다. 그 외에 중복된 페이지들도 있다.

10 Homer Bezaleel Hulbert, *The History of Korea* (1905) ; 마도경 · 문희경 옮김, 『한국사, 드라마가 되다』(리베르, 2009) (참고) 헐버트의 *The History of Korea* (1905)를 인용할 경우 인용문은 모두 이 번역본을 사용했다. 일부 원전을 인용할 경우에 Weems의 편집본을 사용했다. 그리고 본문에서 이 책을 지칭할 경우 원전의 이름을 축약하여 사용했다. *History of Korea* 라는 식이다. 필요할 경우 연도를 붙이기도 했다. 예) 1905년의 *History of Korea.*

11 Homer Bezaleel Hulbert, *The Passing of Korea*(1906) ; 신복룡 옮김, 『대한제국 멸망사』(평민사. 1985) (참고) 이 책 역시 번역본을 사용했다. 그러나 필요한 경우에만 원전을 인용했다. 그리고 본문에서 이 책을 지칭할 경우 원전의 제목을 줄여서 사용했다. *Passing of Korea*라는 식이다. 필요할 경우 연도를 붙이기도 했다. 예) 1906년의 *Passing of Korea.* 특히 번역본을 인용했을 경우에도 출전을 축약한 원전의 제목 Passing of Korea를 그대로 사용했다. 본문에서 설명하겠지만, 헐버트는 *Passing of Korea*의 패싱(Passing)을 멸망의 뜻으로만 사용하지 않았기 때문이다. 예컨대 패싱의 뜻은 다음의 여러 의미를 함축했다. 1) 구한국은 일본에 의해서가 아니더라도 한국인이 개혁을 통해 청산했어야 하니 슬퍼하지 말고, 신한국이 도래할 것이라는 희망을 가지라는 메시지였다. 만약 멸망에 초점을 맞추었더라면 이 책의 헌사에서 '고종의 충실한 신하로서, 또한 한국민의 친구로서 '바친다고 할 수가 있었을까. 비유하자면 의사가 환자에게 '당신은 이미 죽었소.'라고 말할 수 없다는 것이다. 중요한 것은 고종도 패싱이라는 단어를 멸망과 동일시했을지 의문이다. 고종은 한국이 불법으로 국제사회로부터 패싱당했으니, 원상복구가 가능할 것으로 기대했으며, 헐버트는 보호국화를 놓고 병합까지 내다보았지만 일본이 한국을 영원히 가질 수는 없다고 보았기 때문이다. 2) 패싱은 일본이 한국의 자유를 박탈했다는 의미도 담고 있다. 이 책이 나왔을 당시 일본인과 친일 미국인들은 일본에 의한 '한국의 자유 박탈사'로 이해했기 때문이다. 3) 미국이 일본의 불법 강탈을 눈감아 주었다는

년에 펴낸 *Japanese in Korea*[12], 1930년대 후반에 나온 *Echoes of the Orient* 등이다. 그렇다면 헐버트는 무엇을 변론하려고 했을까. *Passing of Korea*의 서문이 이를 압축하고 있다. 한국인들에게 서구인들로부터 올바른 평가를 받을 수 있는 기회를 주기위해 집필했다는 것이다.

> 이 책은…종종 시달림을 받을 뿐, 옳은 평가를 받아 본 적 없는 한 국가와 민족에 대한 독자들의 관심을 불러일으키기 위해 쓰인 것이다.[13]

나머지 책들의 서문도 이 점을 재확인해 준다. 예컨대 *History of Korea*는 한국사를 변론하자는 것이었다. 도대체 장기간(1900-1930년대 후반)에 걸쳐 문자를 통해 한국과 한국민을 위해 변호하려고 했던 일은 구체적으로 무엇인가. 결론부터 소개하자면 그것은 두 가지이다. 하나는 '한국인의 역사'요, 다른 하나는 한국이라는 국가의 '국제법상의 권리'였다.[14]

뜻도 가지고 있다. 한국은 미국 헌법으로부터 승인받은 국가이기 때문이다. 또한 한국은 역사적으로도 삭제할 수 없다고 보았다. 한국의 역사는 많은 외침에도 '민족 공동체의 동질성'을 보존하고 강화시켰기 때문이다. 헐버트가 일본의 한국 지배를 '죽음과 같은 잠에 들지만, 자고 나서 눈을 뜨면 아침이 되는 하룻밤의 꿈'으로 비유하는 것은 고종을 위로의 말이라기보다는 국제정의가 언젠가 불법을 응징할 것이라는 믿음과 한국사 연구를 통해 얻은 통찰력이었다. 따라서 번역본은 패싱이라는 의미의 일부만 전하고 있는 셈이다. 이에 번역본을 인용하면서 제목은 원전의 것을 그대로 사용했다. 번역자인 신복룡 선생님께 양해를 구한다. 그리고 감사함을 전한다. 번역본이 없었다면 몇 배의 노력이 더 들었을 것이기 때문이다.

12 Homer Bezaleel Hulbert, *The Japanese in Korea : Extracts From The Korea Review(1907)*(Kessinger Legacy Reprints) * 이하에서 이 책의 제목은 다음과 같이 축약함.*Japanese in Korea*,

13 *Passing of Korea*, 저자 서문.

14 이런 식의 투쟁을 했다는 점은 윔즈(Weems)도 시사했다. 본문에서 소개했듯이 "서구의 양심과 정신에 호소하는 방식(the pattern…appeal to the conscience and mind of the Western world)"이라는 표현을 통해서였다. 서구의 양심이요, 정신이 법이었다는 점을 윔즈가 모를 리 없다. 한국을 국제정의의 친구가 되도록 조력했다고 했을 정도였기 때문이다. 뿐만 아니라 한국인들이 이에 호소토록 도와주기 위해 "헐버트는 위험을 무릅써야" 했다고 했다. 그러나 윔즈는 그 이상의 구체적인 이야기는 하지 않았다. 헐버트의 국제법 투쟁은 *Passing of Korea, Japanese in Korea, Echoes of the Orient*에서 나오기 때문이다. 그러나 윔즈는 History of Korea만 분석했을 뿐이다. 물론 윔즈는 헐버트의 나머지 책들도 보았다. 한국인을 도운 방식과

Ⅱ. 연구방법론 : 분석 대상 및 추진방법

1. 추적 목표

왜 헐버트의 '역사 투쟁'과 '국제법 투쟁'을 추적하려는가. 헐버트의 저술 및 쓴 글들을 '변론'이라는 개념에 초점을 맞추면 다음과 같은 활동들을 볼 수 있기 때문이다. (1) 먼저 헐버트는 1900년 초에 영국 왕립학회 아시아지부(The Korean Branch of the Royal Asiatic Society)의 초청을 받았다. 한국 역사가 중국사의 일부인지, 아닌지를 재판하는 '역사 법정'을 열기로 했으니, '한국사는 중국사로부터 독립된 역사였다'는 변론을 해달라는 것이었다. 헐버트는 이를 수락했다. 이때 동시에 초청받은 캐나다 출신의 선교사 게일(James Scarth Gale, 1863-1937)은 한국은 중국의 종속된 역사'임을 입증하라는 과제를 받았다. 그 결과 게일은 "한국에 미친 중국의 영향(The Influence of China upon Korea)"(1900, 10. 24)를, 헐버트는 "고유한 한국의 유산(Korea Survivals)"(1900. 11. 29)"을 각각 펴내었다.[15] 헐버트의 논문은 학

그것이 위험을 감수해야 했다는 점은 *Echoes of the Orient*를 읽어야 알 수 있기 때문이다. 여기서 '일본 신문에 헐버트 암살설이 유포되자, 미국정부가 비밀 경호원을 파견하여 미국으로 귀환시켰다'고 헐버트가 기록했던 것이다. *Echoes of the Orient*, pp. 303-308,

15 이용민 「게일과 헐버트의 한국사 이해-서로의 상반된 사관을 중심으로」, 『교회사학』 6 (2007, 한국기독교사학회).

술적으로 훌륭하다고 평가받았으며, 이 한편의 논문만으로 그는 능력을 갖춘 역사가의 반열에 올랐다. 그리하여 한국사를 변론하는 역사 변호사가 되었다.

(2) 이어서 헐버트는 한국을 해외에 알리는 잡지(*Korea Review*)[16]에 관여하게 되었다. 그리하여 한국사를 변호하는 범위가 확대되었다. 한국사 전체를 시기별, 주제별로 분해하고 심층적으로 살펴보았다. 뿐만 아니라 분야도 확대하여 한국인과 관련된 거의 모든 것을 연구했다. 이에 한국사 연구는 '한국학 '연구가 되었다. '한국인의 모든 것'을 변호하는 한국학 변호사가 된 것이다. 아울러 한일관계를 집중적으로 조명했다. 잡지가 발간된 시점이 일본의 한국 지배 야욕이 점증되고 있던 시기였기 때문이다. 이에 고대부터 러일전쟁에 이르기까지 한일관계사를 추적했다.[17] 즉 한국사 중에서도 특히 한일관계의 역사와 국제관계에 대해 전문 변론할 수 있는 변호사가 되었다.

(3) 이런 상황에서 헐버트는 고종으로부터 비밀외교특사로 초빙되었다. 미국으로 가서 한국을 보호국화하려는 일본의 음모를 막아달라는 것이었다. 비록 성공하지 못했지만 '대한제국의 국권 회복'은 헐버트의 변호

---

16 헐버트는 한국의 역사와 문화를 소개하는 영문잡지(*The Korea Review*)에 정기적으로 기고했다. 이 잡지는 1901년에 창간되고 1906년에 폐간되었다. 이 잡지 활동은 헐버트가 훗날 한국사와 후속책을 내는 토대가 되었다. Homer Bezaleel Hulbert(ed), *The Korea Review*(1901), (1902), (1903), (1904), (1905), (1906) (reprinted at Seoul, 경인문화사) (참고) Korea Review로 축약키로 했다.

17 헐버트는 고정 난을 통해 매달 한국 역사(*TheHistory of Korea*)를 연재하기 시작했다. 1901년 1월(개국)-1904년 12월(제물포해전)에 모두 47회를 연재했다. 다음에 1903년 6월부터 1904년 1월까지 한일관계(Korean Relations with Japan)를 총 8회를 다루었다. 임진왜란 및 정유재란을 총 8회 연재했다. 그리고 러일전쟁(The Russo-Japanese War)을 6회(1904. 2월-6월) 연재했다. 또한 1904년 7월 호-1905년 11월 총 10회 일본의 대한정책을 실었다. 1906년에는 일본인의 한국 이주문제를 3회 다루었다.

목록에 포함되었다. 그리고 그 과정에서 헐버트는 국제법, 국제정치, 헌법 등으로 무장한 법률 전문 변호사와 같은 능력을 갖추게 되었다. 즉 한일관계와 한미관계를 한미통상조약, 미국 헌법, 국제법(국제조약체제)의 관점에서 조명하고 비판할 수 있게 되었다. 그야말로 '한국인을 위해 법적으로 투쟁할 수 있는 변호사'가 된 것이다.

(4) 뿐만 아니라 국제정의의 관념을 투사하여 헐버트는 마치 인권/형사사건의 변호사와 같이 한일관계를 지배자/가해자의 '폭력'이라는 관점에서 들여다보게 되었다. 러일전쟁(1904-1905), 을사협약(1905)을 맺는 과정, 협약 후의 식민지 정책 등은 물론 일본이 러일전쟁 이전에 펼친 정책을 모두 끌어들여 한국인에 대한 폭력이 자행되었음을 고발했다. 그 과정에서 명성황후 시해 사건(1895)도 다시 고발했다. 나아가 헐버트는 일본인의 폭력성의 역사적 기원을 사무라이 제도로부터 찾는 작업도 진행했다.

(5) 그러는 동안 고종으로부터 다시 국제 변론을 부탁받았다. 헤이그 특사로 현지에 가서 을사협약의 불법으로 체결되었다는 점을 고발해 달라는 것이었다. 이는 헐버트에게 헤이그체제(Hague System)를 본격적으로 공부할 수 있는 기회를 준 것으로 보인다. 비록 중재법정에 제소하지 못했지만, 대신 회의장 밖의 평화운동단체(비정부 국제조직)에 초청받아 국제여론에 의한 재판을 시도했다. 여기서 그의 변론 목록에 '국제조약체제'가 등재되었다. 이 점은 그가 한국문제를 국제체제와 관련하여 다루었다는 점을 통해서 확인할 수 있다. 요약하자면 이런 식의 문제제기였다. 〈한국인은 언제 국제조약체제에 들어갔는가 → 한국인은 왜 국제조약체제로부터 쫓겨났는가. → 왜 국제조약체제는 한국인의 재가입을 막는가. → 한국인이 조약권을 행사할 의지와 능력을 결여했다는 점은 어느 정도 인정할 수

있지만 그것이 한국을 조약체제로부터 축출한 이유의 전부일까. → 실제로 국제조약체제를 위협하는 존재는 한국인인가, 일본인인가. → 왜 미국은 일본의 조약체제 파괴를 방관하는가. → 방관의 결과는 무엇인가. 일본의 전체주의의 발호가 아닐까. → 이를 수습하려면 어떻게 해야 할까. → 일본의 조약 파괴행위에 침묵한 현재의 국제체제는 개혁되어야 하지 않을까.〉[18]

그리고 1930년대 후반에 마침내 헐버트는 한국인을 위한 최후의 변론을 했다. 그리고 미국에 대해 다음과 같은 조치를 요구했다. 요약하면 이렇다. 〈미국은 한국을 해방시키기 위한 전쟁을 각오해야 한다. 그리고 조약체제를 수호하기 위해 맞서야 한다. 또한 일본의 대한정책에 대한 국제재판을 열어야 한다. 이때 미국은 국제법정을 열어 재판장이자, 증인이 되어야 한다. 내가 쓴 책들이 증거물이 될 수 있을 것이다. 또한 한국과 같은 작은 국가들의 가입을 중요한 원칙으로 삼는 새로운 국제체제를 만들어야 한다.〉 즉 미일전쟁을 통해 일본을 체포하고, 한국을 구출해 낸 후, 전자는 국제법정에 보내 죄를 묻고, 후자는 새로운 국제체제에 가입시키자는 것이 헐버트의 최후 변론이었다.

과연 이런 식으로 한국을 변호한 외국인이 있을까. 이 연구가 헐버트의 변론을 다시 조명하려는 것은 이 때문이다.

---

18 국제체제와 관련지은 헐버트의 이런 문제제기는 사실 1900년에 시작되었으며, 1905년, 제1차 대전기(1914-1918), 1930년대의 전체주의 시기에 걸쳐 계속되었다. *Echoes of the Orient*, pp. 303-308, 모두 32개의 장(chapter) 중에 서문, 제1장, 22장 이후부터 마지막장인 32장까지 국가의 가족공동체(Family of Nations)에 대한 이야기이다.

2. 추적 대상

한국인을 위한 변론이라고 했으니 다음과 같은 의문이 생기지 않을 수 없다. (1) 변론의 쟁점은 무엇인가. (2) 누구와/왜/어떻게 논쟁했는가. 즉 상대방의 반론은 무엇이었으며 헐버트의 재반론은 어떤 논리였는가. (3) 논쟁의 결과는 어떠했는가. 헐버트의 변론은 통했는가. 이를 알아보기 위해 다음을 연구 대상에 포함시키기로 했다.

(1) 헐버트의 '책'을 분석 대상으로 삼을 것이다

역사 투쟁과 국제법 투쟁의 동기와 전개과정을 알려주기 때문이다. *History of Korea, The Passing of Korea, Japanese in Korea, Echoes of the Orient* 등이다. 이 책들을 통해 헐버트는 한국사에 대한 다음과 같이 변호했다. 〈'역사는 공정하게 쓰여야 한다.' 이를 위해 '역사는 승자와 패자의 관계에서가 아니라, 가해자와 피해자의 관계에서도 쓰여야 한다.' '역사가는 도덕적 심판을 해야 한다.' 3시대 구분법을 적용하면 동질성을 지닌 한국인 공동체(정신상의 국가)가 보인다. '미래의 한국사는 자유를 향해 나아가기를 기대한다. '역사는 갈등과 전쟁의 역사가 아니라, 국제간의 화합이 가능하다는 점도 보여주어야 한다. 이를 위해 배타적 민족의 역사가 아니라, 인류 공존의 국제주의의 역사도 써야 한다.〉 그의 책들은 이러한 사관에 입각하여 쓰였다.

또한 미국의 대한정책에 대해 다음과 같은 법적 비판을 했다. 〈(1) 1905년에 미국은 한국에서 국제법, 한미조약, 미국 헌법 등을 위반했다. (2) 을사협약은 국제법 위반이다. 강압에 의함으로써 절차상 위반이요, 또한 한국인에게 자치권을 주지 않고 대신 일본인이주정책을 기도함으로써 병합을 추구했다. 따라서 내용상으로도 국제법상의 보호국정책이 아니다. (3) 미국의 도움이 없었다면 일본은 한국을 보호국화할 수 없었을 것이다. 이 점은 일본도 알고, 미국도 안다. 심지어 패전국 러시아를 비롯한 한국과 통상조약을 체결한 모든 국가들은 이를 안다. 그럼에도 유럽 열강은 제2의 삼국간섭을 시도하지 않았다. 왜 그랬을까. 미국이 반대했기 때문이다. (4) 미국은 미일전쟁 외에 한국을 구할 방법이 전혀 없었다고 했다. 과연 그럴까. 왜 미국은 헤이그협약(Hague convention)에 근거한 국제소송이라는 방법을 사용하지 않았을까. 만일 미국이 소송했다면 열강이 뒤따랐을 것이기 때문이다. 그러나 미국은 그렇게 하지 않았다. 그 이유는 무엇인가.〉 헐버트는 이런 법적 비판을 1906년 이후 계속 했다. 즉 *The Passing of Korea*, *Japanese in Korea*, *Echoes of the Orient* 등은 법적 고발문 그 자체였다.

(2) 헐버트와 미국 대통령 시어도어 루즈벨트(Theodore Roosevelt) 간의 논쟁을 소개할 것이다

두 사람 간의 논쟁이 '국제법 투쟁'의 기본축을 이루기 때문이다. 루즈벨트는 1905년에 사실상 한국과 단교했다. 한미조약에 근거한 중재 요청(appeal)을 거부했을 뿐만 아니라, 주한미국 공사관을 철수시켰기 때문이다. 그리고 미국의 이러한 조치를 법적으로 정당하다고 변명했다. 거중조정조항은 의무조항이 아니라는 점과 한국이 먼저 이 조항의 작동을 막는

조치(1904년의 한일의정서와 한일협정을 통한 외교권 양도)를 취했다는 점을 이유로 들었다. 이에 헐버트는 반박에 나섰다. 1906년에 펴낸 *Passing of Korea*가 이를 위한 것이었다.

여기서 헐버트는 루즈벨트의 대한정책은 3가지 법적 문제점이 있다고 반박했다. 첫째, 한미조약 위반, 둘째, 미국 헌법 위반, 셋째, 국제법 위반 등이 그것이다. 즉 조약문에 쓰인 모든 것은 의무이다. 이는 시민들 간의 계약서와 같다. 계약문에 문자화된 것은 법적 권리와 의무를 발생시킨다. 이는 사회계약의 근본 원리이며, 국가 간의 조약도 마찬가지이다. 또한 미국헌법의 원리는 조약의 폐기 조치 시에 상원의 비준을 받을 것을 명령했다. 조약의 효력을 발생시킬 때 상원의 동의를 필요로 했다면 조약의 효력을 소멸시킬 경우에도 상원의 사전 승인을 얻어야 한다. 그러나 루즈벨트는 그렇게 하지 않았다. 한국은 1882년에 통상조약체제에 가입함으로써 "국가들의 가족공동체(Family of Nations)"의 구성원이 되었다. 이때 조약을 맺은 전 열강이 동의했다. 그런데 미국은 앞장서서 조약을 폐기했다. 이는 한국을 국제사회에서 축출한 것과 같다. 과연 미국에게 그럴 권한이 있는가. 국제조약체제에 대한 위반이 아닌가. 그러나 루즈벨트는 이런 항의를 일축했다.

그리하여 한국문제를 놓고 헐버트와 루즈벨트 간에는 법적 논쟁 구도를 이루게 되었다. 한편에서는 헐버트의 루즈벨트의 대한정책에 대한 법적 비판이, 다른 한편에서 헐버트의 비판에 대한 루즈벨트의 반론이 자리를 잡고 논쟁을 시작했다. 연구자는 헐버트의 법적 비판을 '헐버트의 1906년 테제'로, 그리고 루즈벨트의 변론을 '루즈벨트의 1905년 테제'로 각각 부르기로 했다. 즉 '헐버트의 1906년 테제' vs '루즈벨트의 1905년 테제'가

대척점을 이루며 논쟁구도를 이루었다는 점을 보여주자는 것이다.

이후 양자의 논쟁 구도는 중요한 사건이 일어날 때마다 재현되었다. 1차 대전기(1914-1918)에는 헐버트를 비롯한 상원, 퇴임한 루즈벨트, 현직 대통령 윌슨(Wilson)과 국무장관 랜싱(Lansing) 등이 '1905년의 루즈벨트의 테제'를 놓고 논쟁했다. 논쟁은 루즈벨트 사후에도 계속되었다. 1920년대 초에 미국의 저명한 역사학자인 타일러 데넷(Thyler Dennett)이 죽은 루즈벨트를 대신하여 그의 대한정책을 지지하며, 헐버트의 1906년 테제에 반론을 가했기 때문이다.[19] 이 논쟁은 두 사람 간에만 벌어지지 않았다. 국무성, 전직 주한 외교관인 윌라드 스트레이트(Willard Straight), 그리고 전직 대통령이었던 태프트(William Howard Taft, 1909-1912년 재임) 등이 1905년 당시 루즈벨트의 대한정책에 대해 저마다 입장을 직접 및 간접적으로 표명했기 때문이다. 그리고 1930년 중반에는 세계의 국제법 학자들이 헐버트가 1906년에 제기한 또 다른 테제를 가지고 논쟁했다. '1905년의 을사협약은 강제로 체결된 것으로 불법'[20]이라는 헐버트의 법적 비판이 그것이다.

아울러 헐버트가 제기한 일본의 대한정책의 폭력성 또한 미국 내에서 다루어지기 시작했다. 1919년 3.1운동이 계기였지만, 헐버트는 을사협약

---

19 Tyler Dennett, *Roosevelt and the Russo-Japanese War : A Critical study of American Policy in Eastern Asia in 1902-5, based primarily upon the private papers of Theodore Roosevelt* (Doubleday, Page And Company. 1925). 헐버트와 데넷의 논쟁은 제3부 제1장과 제2장에서 디룰 것인.

20 원래 헐버트의 이 테제는 을사협약의 체결과정의 불법성만을 문제시 한 것은 아니다. 다음도 포함된 것이었다. 첫째, 내용상으로도 불법이라고 보았다. 한국의 자치권을 보장한다는 점을 분명히 하지 않았다. 둘째, 협약은 집행과정에서 폭력이 행사되었다. 셋째, 일본은 병합을 목적으로 하고 있다. 돌아갈 것이라면 왜 이주민을 보내는가. 왜 일본은 땅을 매입하는가. 도대체 한국 땅에 일본 관리가 아닌 일본인 정착민들이 목격되는가. Japanese in Korea(1907)는 이 점을 보여주기 위한 책이었다. 따라서 1930년 중반에 세계의 국제법 학자들이 모여 논쟁한 것은 헐버트가 1906-1907년에 던진 테제의 일부분이었을 뿐이다.

당시부터 문제를 제기했던 것이다. *Passing of Korea*에서 이 문제를 제기한 후, *Japanese in Korea*를 통해 일본의 폭력이 계획적이고, 조직적으로 이루어지고 있다는 점을 고발했다. 그리고 *Echoes of the Orient*에서 미국 내에 일본의 폭력을 은폐하고 정당화하려는 세력의 다음과 같은 논리도 비판했다. 일본인들의 폭력은 한국민들의 입장에서 볼 때 조선 정부로부터 꿈조차 꿀 수 없었던 물질적 삶을 보상받을 것이기 때문에 감수해야 한다는 것이다. 이렇듯이 태평양전쟁이 발발하기 전까지 헐버트의 1906년 테제 vs 루즈벨트의 1905년 테제는 격돌했다.[21]

그리고 이 논쟁은 종식되지 않았으며 현재까지도 계속되고 있다. '1905년에 미국은 한국을 버렸는가 또는 배신했는가'라는 식의 연구, 태프트-가쓰라협정(Taft-계(桂) Agreement, 1905. 7. 27. 체결, 7. 29. 루즈벨트 추인)의 법적 성격과 체결 동기에 대한 연구 등은 모두 헐버트와 데넷의 논쟁에서 비롯되었다. 그 협정은 "실재(Reality)가 아니라, 신화(Myth)였다"는 미일관계 역사가 에스터스(Raymond Esthus)의 연구도 사실상 헐버트의 다음과 같은 결론을 비판한 것이었다. 미국의 대한정책은 한국에 대한 배신과 같았다. 그리하여 헐버트와 데넷 간의 '태프트-가쓰라협정'을 둘러싼 논쟁은 미국 국제관계사 학계의 화두가 되었다. 그리고 1982년에 열린 한미수교 100주년 국제학술대회에서 미국 학자가 '이제 미국 역사가들은 더 이상 헐

---

21 미국정부는 일본의 대한정책의 폭력성을 1943년의 카이로(Cario) 선언을 통해서 접수했다. 그리고 헐버트 1906년에 제기한 한국을 조약체제에 복귀시키는 문제 또한 태평양전쟁 발발과 더불어 다루기 시작했다. 1948년 국제연합이 대한민국 정부의 대부가 되었다는 점 등이 그 점을 보여준다. 요컨대 1906년 이후 1948년까지 한국문제는 국제법의 관점에서 검도되었다. 바꾸어 말하자면 한국문제는 '헐버트의 1906년 테제'와 '루즈벨트의 1905년 테제'에 양극단에 마주하며 힘겨루기를 하다가 1920년대부터 무게중심이 후자로부터 전자로 이동하는 양상을 보였던 것이다.

버트의 1906년 테제에 대해 답변하지 말자'고 할 정도로 미국 학자들을 괴롭혔다. 요컨대 '헐버트의 1906년 테제 vs 루즈벨트의 1905년 테제'의 논쟁 구도는 지금까지도 유지되고 있다는 것이다.

그런데 이런 식의 구도를 이루었다는 점을 어떻게 알 수 있을까. 그것은 이 논쟁에 참여했던 사람들이 기록을 남겨 놓았기 때문이다. 루즈벨트는 자신의 모든 행적을 방대한 분량의 문자로 적어 놓았다. 두 가지 방식으로 기록했다. 하나는 실시간으로, 다른 하나는 연설, 논문(논설), 저술 등의 방식으로 그렇게 했다. 전자는 서한집(*The Letters of Theodore Roosevelt*)[22]으로, 후자는 저작집(*The Works of Theodore Roosevelt*)[23]으로 공간되었다. 여기서 루즈벨트는 자신의 대한정책에 대한 헐버트의 비판에 반박하며, 자신의 조치에 대한 변명을 상세히 적어 놓았다. 그의 서한집과 저작집이 반론문/변론문 그 자체가 되는 것도 이 때문이다. 루즈벨트 사후에는 역사학자 데넷이 바로 그러한 작업을 계속했다. 그는 루즈벨트의 서한집을 토대로 헐버트와 논쟁을 벌였던 것이다. 따라서 이들의 논쟁을 모으면 마치 법정에서 벌어지는 공방전과 같은 식으로 재현이 가능하다. 즉 '루즈벨트와 헐버트의 논쟁'과 '데넷과 헐버트의 논쟁'을 합치면 '1905년에 한국에서 일어난 일'에 대한 실체를 더욱 잘 알 수 있다는 것이다. 이 연구가 논쟁에 주목하는 것도 이 때문이다.[24]

---

22 Theodore Roosevelt, Morison Elting, E.(ed) *The Letters of Theodore Roosevelt 8 vols*(Massachusettes, Harvard University Press, 1951-1854)

23 Theodore Roosevelt, *The Works of Theodore Roosevelt, 20vols*(A H-Bar Enterprisea Copyright, 1997).

24 즉 1905-1930대 후반까지대에 헐버트와 루즈벨트의 법적 논쟁은 두 단계로 진행되었다. 헐버트와 루즈벨트 간의 논쟁이 첫번째 관계요, 헐버트와 루즈벨트를 지지하는 세력 간의 법적 논쟁이 두번째 관계였다. 그리고 이 논쟁은 끝나지 않았다. 1950년대 후반부터 미국 역사학자들이 태프트-가쓰라협정을 변호하기 시작하여 지금까지도 계속하기 때문이다. 이들은 외관상으로는 데넷의 협정해석에 대해 반론을 가라는 식이지만,

(3) 헐버트의 비판에 대한 '미국정부의 반응'을 추적할 것이다

연구자는 헐버트의 비판이 미국의 대한정책에 영향을 미쳤는가를 검토하지 않을 수 없었다. 미국은 1915-1945년에 한편에서 루즈벨트의 대한정책을 검토하고, 다른 한편에서 일본의 대한정책을 폐기하는 일련의 조치를 취했기 때문이다. 골자만 소개하면 이렇다. 1) 한국은 일본에 의해 점령된 상태에 놓여 있다.(1915) 2) 한미조약은 유효하며, 거중조정조항은 한국문제에 대한 개입근거가 될 수 있다.(1919-1920) 3) 1905년에 미국이 일본에게 추인한 것은 보호국정도이다. 태프트-가쓰라협정이 이를 보여준다.(1924) 4) 한국은 국제분쟁지역이다. 한국이 맺은 각종의 조약과 협정이 이를 보여준다.(1921) 5) 을사협약은 무효로 간주해야 한다. 그리고 조약법전에 강압으로 인한 무효인 불법 조약의 사례로 적시한다.(1935) 6) 미일조약으로 한미조약을 대체한다는 약속을 파기한다.(1939) 7) 한국을 일본 국내법이 적용되는 지역으로 인정한 약속을 철회한다.(1939) 8) 대서양 헌장(Atlantic Charter)을 한국에 적용한다.(1942) 9) 일본의 한국지배는 노예제와 같다는 점을 선포한다.(카이로 선언, 1943) 10) 한국의 해방으로 인류는 죄책감으로부터 벗어났으며, 꿈에 그리던 태평양 공동체의 설립이 가능해졌다.[25] 그런데 헐버트는 1906년부터 자국정부에게 이런 정책을 요구해 왔다.

실제로 반격의 화살은 헐버트에게로 향했다. 데넷의 협정해석이 반격한 것은 헐버트의 1906년의 테제였기 때문이다. 이에 헐버트는 1930년 후반의 *Echoes of the Orient*에서 재반박했다. 그리하여 태프트-가쓰라협정에 관한 한 헐버트와 데넷이 대립의 기본 구도를 이루게 되있던 것이다. 한편에서 '헐버트의 1906년 테제(협정은 불법이며, 한국에 대한 배신이다.)' vs 다른 한편에서 '1924년의 데넷의 테제(대통령의 협정체결권에 근거한 합법적인 협정이었으며, 러일전쟁의 논리적 귀결로서 배신으로 볼 수 없다)' 이후에 이 협정에 대한 모든 연구는 모두 이 논쟁에 가담한 셈이 된다. 본문(제3부 : 최후의 심판)에서 설명할 것이다.

25 최정수, 「미국의 세계조약체제와 한국문제, 1905-1946 : T. 루즈벨트의 한국정책을 둘러싼 헌법 및 국제법

그렇다면 미국정부의 이런 정책과 헐버트의 비판 간에는 인과관계를 살펴 보아야 하지 않을까.

(4) 헐버트의 '역사인식'을 동시대와 후시대의 역사가들의 그것과 비교할 것이다

헐버트의 책들이 다음과 같은 역사학의 테제를 다루고 있기 때문이다. 즉 〈'역사란 무엇인가.' '역사가란 누구인가.' '문학은 사료가 될 수 있는가.' '현대사란 무엇인가.' '일본이 한국에서 저지른 폭력 행위는 국가 범죄인가. 그리고 일본의 한국지배와 폭력행사를 역사적 필연으로 보아야 할까.〉

위의 질문은 한국사를 변론하기 위해 헐버트가 던진 질문이다. 알다시피 그의 질문은 '역사학 개론'의 주요 논제들이다. 역사가인 헐버트가 제기한 것이니 이 질문에 대한 답은 그의 사관이라고 할 수 있다. 문제는 이러한 역사학의 근본적인 질문이 한국사와 한국인을 변호하는데 필요했다는 것이다. *Echoes of the Orient*의 서문(Preface)은 짧지만(3쪽 남짓 분량) 그 점을 보여주고 있다. 나아가 그의 책에 흩어져 있는 역사론을 모아서 재배치하면, 다음과 같은 질문이 가능하다. '헐버트는 역사가로서 사관이라고 부를 수 있는 사고체계를 지니고 있었을까.' '그의 사관은 직업적인 전문 역사가들의 사관과 비교할 수 있을 정도인가.' 또한 '역사가로서 그만이 주장하는 사관은 있었는가.' 등이 그것이다. 이를 알아보기 위해 20세기의 역사학자들의 연구와 비교하기로 했다. 전문 사가들의 사관을 바

상의 논쟁을 중심으로」, 『서양사론』 141 (한국서양사학회, 2019)

탕색으로 삼아 헐버트의 사관이 지닌 색깔을 보여줄 수 있기 때문이다. 비교 대상으로 삼은 역사가들은 당대의 역사가들은 물론 20세기 후반부로부터 현재 활동 중인 역사가들을 포함한다.

특히 E. H. 카(Edward Hallett Carr)는 헐버트의 역사관을 보여주는데 가장 중요한 인물이다. 그는 헐버트보다 후세대이지만, 헐버트와 같은 시대를 살았을 뿐만 아니라, 그 시대를 실시간으로 그려낸 책을 썼기 때문이다. 헐버트가 자신이 본 20세기 전반기의 국제관계사를 *Echoes of the Orient*에 담아 낼 때, 카는 *'The Twenty Years' Crisis, 1919-1939'*라는 제목으로 국제관계사를 논했다.[26] 또한 두 사람 모두 러일전쟁(1904-1905)의 세계사적 의미를 부여했다. 그러나 정반대로 해석했다. 카는 러일전쟁을 20세기를 혁명의 세기로 만드는 기폭제가 된 사건으로 자리매김했다.(1961) 두 차례의 세계대전과 전체주의와 대공황을 겪었지만, 러일전쟁 후 '20세기 역사는 문명이 진보함을 보여 주었기 때문이다.[27] 그러나 헐버트의 평가는 달랐다. '러일전쟁은 동양 평화가 아니라, 세계의 평화를 위협할 가능성이 있다.'(1906) '러일전쟁으로 성전(Jihad)으로 가는 판도라의 상자는 열렸다.'(1930년대 후반) 어느 해석이 맞았느냐를 따지자는 것이 아니다. 그러나 양자의 비교는 적어도 다음을 보여준다. 한국문제는 세계사적 관점에서

---

26 Edward Hallett Carr, *The Twenty Years' Crisis, 1919-1939 : An Introduction to the Study on International Relations* (New York : Harper Row, 1939), 이원우 역, 『위기의 20년 : 국제정치서설』(아세아문화사, 1985)(참고) 이하에서 이 책을 *The Twenty Years' Crisis, 1919-1939* 또는 「위기의 20년」으로 약하기로 한다. 그 외에도 카의 다음과 같은 국제관계사 연구가 있다. Edward Hallett Carr, *International Relations between the Two World Wars, 1919-1939* (1937) (New York, Macmo-illan & Co Ltd. 1965) ; Edward Hallett Carr, *The New Society* (London, Macmillan. 1951)

27 Edward Hallett Carr , *What is History*(1961), 황문수 역, 『역사란 무엇인가』(범우사, 1995), pp.217-219. 이하에서 『역사란 무엇인가』로 약함,

조명해야 했다는 점이다.

헐버트의 '변론'은 마르크 블르흐(Marc Bloch)의 『역사를 위한 변명』과 도 비교할 수 있다.[28] 후자의 책에 등장하는 두 가지 언설은 20세기의 역사가들에 던지는 새로운 숙제, 즉 '역사학의 학문으로서의 가치와 효용성'을 고민케 했다는 것이다. 두 가지 언설은 바로 딸과 군인으로부터 들은 말이었다. "아빠! 역사는 무슨 소용이 있어요." 이는 딸로부터 받은 질문이며, "역사는 우리를 속였다고 생각하여야 하지 않을까."[29]라는 말은 참전한 군인이 내뱉은 것을 자신에 대한 질문으로 간주한 것이다.

헐버트 역시 역사학의 학문적 효용성과 가치를 고민했다. 자신의 책들을 '변론'이라고 했기 때문이다. 마르크 블르흐가 받았던 질문을 차용하면 헐버트는 다음과 같은 고민을 했던 셈이다. '헐버트 씨! 한국사를 쓰는 것이 무슨 소용이 있어요. 더욱이 망한 나라의 역사가 아닌가요.' '헐버트 씨! 일본의 침략을 지켜보는 사람들은 역사가 자신들을 속였다고 생각하여야 하지 않을까.' 물론 헐버트가 마르크 블르흐만큼 훌륭한 역사가였다는 주

28 마르크 블르흐는 제2차 대전에 참전하고 1940년에 『이상한 패배』를 펴냈다. 그는 이 책의 부제를 '1940년의 증언'으로 달았다. 부제가 시사하듯이 역사를 위한 변명은 역사의 증언자가 되어야 함을 의미했다. 변역본의 화보 참조. Marc Bloch, *Apologie pour l'histoire*, (1949), 고봉만 옮김, 『역사를 위한 변명』(한길사, 2007).

29 후자의 언설은 제2차 세계대전 초 프랑스가 독일에게 패배당했을 때, 옆에서 개탄한 소리로서 이때 프랑스군 참모본부에 근무했던 늙은 대위인 블르흐가 들었다고 전한 것이다. 블르흐의 이러한 언설은 역사학의 학문으로서의 가치와 효용성에 대한 문제제기이다. "아빠! 역사가 무슨 소용이 있어요"라는 식의 반문은 역사학의 지위가 100년 전과 달라져야 한다는 메시지를 담고 있다는 것이다. 즉 한 영국 역사가는 이렇게 해석했다. 즉 '20세기 역사가들은 이제 새로운 숙제를 안게 되었다.' 이들은 '역사학이 학문으로서 정당한가, 아닌가'라는 19세기의 화두를 되풀이하지 말고 다음과 같은 비판에 답변해야 한다. '사회과학적 방법론도, 철학이 없이도 역사는 연구할 수 있다. 실제 연구를 통해서 역사연구방법을 배울 수 있다. 따라서 역사학 개론은 필요없다'는 식의 주장이다. 다시 말해서 어떤 미국 역사가가 지적했듯이 역사학 개론은 잠을 청하기 좋은 책이며, 칸트의 순수이성비판과 같이 순수비판역사가 되기 쉬운 바, 이를 지양해야 한다는 것이다. 마르크 블르흐의 또 다른 언설("역사는 우리를 속였다고 생각하여야 하지 않을까"도 마찬가지 의미를 담고 있다. 박무성, 『역사학 개론』(삼영사. 1983), pp. 44-46.

장을 하자는 것이 아니라, 헐버트의 한국사 연구가 역사학의 근본적인 질문을 하면서 이루어졌음을 보여주자는 것이다.[30] 헐버트의 역사인식을 서구 역사가들과 그것과 비교하려는 이유가 여기에 있다.

3. 추적 방식

이에 헐버트의 역사 투쟁과 국제법 투쟁을 법정 논쟁의 방식으로 소개할 것이다. 전자를 위해 '역사 법정'을, 후자를 위해 '사법적 법정'이 열렸다고 상정할 것이다. 사실 역사를 법정에서 심판하는 방식은 역사가들에게 익숙한 방식이다. 서구 문명사 자체가 논쟁의 역사요, 법의 역사라고 볼 수 있기 때문이다. 또한 토론은 전통적으로 서구의 진리를 발견하는 방식이자, 규범과 같은 가치였다. 연구자는 이를 흉내내 보려고 한다.

더욱이 이 방법은 헐버트의 실체를 드러내기에 적합한 방법이다. 그의 책들은 질문과 답변, 답변에 대한 반박과 재반박의 형식으로 쓰였기 때문이다.[31] 즉 헐버트가 '루즈벨트의 대한정책이 잘못된 정책이었다'고 고발하면, 당시 대통령, 역사학자. 법률가 등이 이에 반론을 가하고, 그러면 헐버트가 다시 반박하는 방식이다.[32] 그가 변론이라는 개념으로 자신의 책의

30 예를 들면 헐버트의 변론이 이런 식이기 때문이다. '유대인의 역사보다도 오래되었을 뿐만 아니라, 그것을 기록으로 남겨 놓은 민족이 있다. 한국민이 그들이다. 그런데 어느 날 그들은 하루아침에 역사에서 지워졌다. 그리고 역사가들은 이를 진보의 증거요, 역사적 필연'으로 정당화하고 있다. 과연 역사가 침략과 불법을 변호해주는 일을 할 수 있을까.'

31 헐버트는 토론을 즐겼다. 논리적인 두뇌의 소유자였으며, 백과사전식의 지식을 지니고 있었으며, 대중 연설가로 활동할 정도로 언변도 뛰어났다. 그리고 열정과 각종의 스포츠를 즐길 정도로 체력도 뛰어났다.

32 헐버트의 책은 비유하자면 1인 법정극과 같았다. 헐버트 혼자서 의뢰인, 의뢰인의 변호사, 피고발자, 피고발자의 변호사, 배심단, 판사, 양측의 중인 등의 역할을 하기 때문이다. 등장인물은 저마다 상대방을 궁지에 몰아넣을 수 있는 법리로 무장한 후 치열한 법정 공방전을 벌인다. 그런 후 판결이 뒤따른다. 이 모든 것을

정체성을 규정한 것도 이 때문이다.

그리고 논쟁에 초점을 맞추면 그러한 토론이 장기간에 걸쳐 계속되었음도 보여줄 수 있다. *Echoes of the Orient*의 서문은 이 점을 보여준다. 이 책은 그 전에 쓴 *History of Korea*와 *Passing of Korea*를 변호하기 위한 것이라고 밝혔기 때문이다. 그런데 전자는 한국사를 위한 변론이요, 후자는 한국의 국권을 회복하기 위한 법적 투쟁을 시작한 책이다. 따라서 3권의 책은 헐버트의 논쟁이 30여 년 동안 지속된 논쟁사와 같았다. 시간적으로나 논리적으로 앞의 책과 뒤의 책은 질문서와 응답서의 관계에 있다. 따라서 앞의 논쟁을 모르면 *Echoes of the Orient*가 왜 쓰여야 했는지를 알기 어렵다. 뿐만 아니라 30여 년의 간격 사이에 루즈벨트나 데넷 등과 같은 사람들과 토론을 벌였다. 따라서 이들의 토론을 끼어 넣어야 30여 년간의 대논쟁의 궤적 또는 장기간의 토론의 지도를 그릴 수 있다.

더욱이 *History of Korea*와 *Passing of Korea*의 기반이 그 이전의 축적된 연구의 산물이기 때문에, 적어도 역사연구를 시작한 1900년 이후에 그가 쓴 글들은 모두 논쟁의 구도 속에 넣을 수 있다. 즉 약 40년간의 한국문제를 둘러싼 논쟁사가 헐버트의 글과 책에 담겨있는 것이다. 그리하여 그의 최초의 연구방식, '한국사는 중국사의 일부가 아니다. 왜냐하면…때문이다'는 식의 연구는 이후 기본 틀이 되었다. 뿐만 아니라 헐버트의 토론의 대장정은 인류가 이전에는 겪어보지 못한 두 가지 사건의 흐름 속에서 전개되었다는 점도 간과해서는 안 된다. 한편에서는 세계전쟁과 전체주의

헐버트가 담당했다. 그의 책을 가지고 역사의 법정에서 일어난 일을 그대로 복기가 가능할 정도이다. 마치 소크라테스의 재판을 그린 플라톤(Platon)의 변론(*Apology*)을 연상시킨다.

라는 폭력의 물결이 쓰나미처럼 휩쓸었으며, 다른 한편에서 인류는 최초로 초국가적인 평화체제를 연속적으로 실험했다는 것이다. 이러한 환경은 헐버트의 장기 논쟁과 병행하였다. 즉 토론의 주제와 방향 및 결과에 영향을 미쳤다. 이에 논쟁은 시간이 갈수록 판이 커졌으며, 마치 1심, 2심 법정을 거쳐 최고법원에서 결판을 내야 하는 법적 공방전과 같은 형국으로 치달았다. 따라서 *Echoes of the Orient*는 헐버트의 최후의 변론과 같다. 그 이후에 책을 펴내지 않았을 뿐만 아니라 더 이상 반박할 것도 없었다. *Echoes of the Orient*에서 이렇게 미국정부에게 요구했기 때문이다. '일본을 국제재판에 회부하라. 고종이 국제법정에 고소했지만, 아직 답변이 없기 때문이다. 그리고 미국은 일본의 범죄를 입증하는 증인이 되어야 한다. 일본이 한국의 해방을 거부하면 미국은 전쟁을 해야 한다. 그리고 약한 국가라는 이유로 식민지 만들기를 허용하지 않는 세계공동체를 만들어라.' 요컨대 헐버트의 '변론'은 기승전결이 분명한 법정 토론에 다름 아니었다.

Ⅲ. 책의 구조

1. 전체 구성

이 연구는 3부로 구성되었다. 각각의 부는 전체 주제 하에 5-7개의 장으로 구성되어 있다. 각각의 장은 모두 가상의 법정을 상정하고 그곳에서 벌어진 논쟁을 소개하는 형식을 취했다. 그런 후 각 장의 뒤에 연구자의 평가를 덧붙였다.

제1부는 헐버트가 한국사를 변론하기 위해 펼쳤던 '역사 논쟁'을, 제2부는 '법률 논쟁'을 각각 재구성했다. 전자의 화두는 '헐버트는 왜 한국사를 썼는가'이며, 후자의 초점은 '헐버트가 한국을 위해 역사의 법정에 상정한 사건들이 무엇이며, 그 의미는 무엇인가'이다.

따라서 제3부가 필요해졌다. 법정 논쟁의 형식을 취했기 때문에 결과를 추적함이 당연했다. 즉 1905년-1946년까지 미국이 취한 대한정책은 헐버트의 비판을 수용했을까. 헐버트의 법정이 내린 판결을 이후 실제로 벌어진 일을 가지고 판단해보자는 것이다. 제1부와 제2부가 법정 논쟁 형식으로 서술되었기 때문에 제3부의 제목도 그런 방식과 의미를 담아내려고 했다. 아울러 이 연구는 인용문을 많이 제시했다. 변론의 성격을 보여주기 위함이다.

2. 장의 구조

전체적으로는 변론이라는 주제하에 통일성을 이루지만, 각부의 장들은 독립된 소주제의 형태로 다루었다. 일종의 소법정이 열렸다고 가상해 보자는 것이다. 그러나 각 장의 전개방식은 같다. 언급했듯이 헐버트의 변론은 기존의 주장에 대한 반론과 재반박의 형식이기 때문이다. 이에 문제제기 → 헐버트의 변론 소개 → 평가 등의 순서로 살폈다. 문제제기를 통해 '헐버트는 왜 이 문제를 고발했는가'를 소개한 후, 본론에서 그의 변론의 논리와 구조를 분석했다. 즉 '헐버트가 상대방의 주장을 반박하거나, 자신의 주장을 뒷받침하는데 제시한 전거는 무엇인가.' 끝으로 평가는 연구자의 주관적 해석이다. 즉 '헐버트가 논쟁한 주제들이 어떤 역사적 의미를 지니는가.' 이를 위해 서양의 역사적 사건, 후대 역사가들의 역사론, 미국 정부가 실제로 펼친 정책 등을 평가 기준으로 삼기로 했다. 각각의 장에서 다룬 주제들을 소법정에서 벌인 논쟁에 비유하는 것도 이 때문이다. 구체적 주제들은 전체 목차에서 제시했다.

제1부

헐버트의 역사 전쟁

- 헐버트는 왜 역사 법정을 열었을까 -

헐버트의 책은 모두 '변론'의 성격을 지니고 있다. 한국에 대해 어떤 왜곡된 주장과 편견에 대해 그렇지 않다고 반박하는 글이다. 반박하는 주제도 한국의 역사, 문화, 정치, 경제, 군사, 법 등 다양하다. 뿐만 아니라 어떤 주제에 대해서는 장기간에 걸쳐 반론과 재반론이 전개된다. 그리고 변호하기 위해 동원하는 논리 역시 다양하며 정교하다. 역사이론은 물론 법, 철학, 정치, 경제, 심리, 문화이론, 서구의 역사 등의 개념 및 원리가 변론의 사고체계를 이룬다. 변론을 역사법정에 비유하는 것도 이 때문이다.

특히 다음을 변론했다. 서구인들은 의문을 제기하는 다음과 같은 주제들에 대해서이다. (1) 첫째, 한국은 독자적인 역사(History of Korea)를 가지고 있는가. : 대부분은 한국사는 중국사의 일부라고 믿었다. 헐버트는 이런 해석을 반박했다. 한국은 독립국의 역사를 가지고 있으며, 유대인의 역사 이상으로 오래되었다.

(2) 둘째, 한국인은 민족(nation) 공동체를 구축했는가. : 한국사는 국가의 존재함을 보여주지 못한다는 증거라는 주장이 일반적으로 통용되었다. 헐버트는 반박했다. 한국사는 동질성을 지닌 한국인의 공동체라고 볼 만한 국가(nation)가 존재했음을 보여준다는 것이다.

(3) 셋째, 한국인=국가(state)의 국민이 될 수 있을까. : 한국인들의 역사는 미래가 없는 백성임을 보여준다고 주장되어 왔기 때문이다. 또한 한국에 민주주의를 이식하는 것은 불가능하다는 주장도 같은 맥락이다. 그러나 헐버트는 한국인들은 신국가(New State/Free State)를 만들 수 있다고 주장했다. 한국사는 한국인들의 그러한 능력을 입증하고도 남음이 있음을 보여준다는 것이다.

(4) 넷째, 한국인=국제인(international citizen)이 될 수 있는가. : 서구인들이 다음 내용과 논리로 이를 부정했기 때문이다. 즉 미국은 1882년에 한국을 서구와 통상조약체제(Commercial Treaty System)에 가입시킴으로써 구한국(Old Korea)을 청산하고 신한국(New Korea)을 세울 기회를 주었다. 그러나 한국은 이 기회를 활용하지 못했다. 오히려 한국은 국제사회의 가맹국이 되기에는 부적격자라는 사실만 드러냈다. 은둔의 역사가 그들의 본성에 맞는다. 따라서 한국은 국제사회에서 퇴출되어야 한다. 그러나 헐버트는 이런 주장을 일축했다. 한국은 국제사회(International Community) 또는 국가들의 가족공동체(Family of Nations)의 일원이 될 수 있다는 것이다.

헐버트의 이런 반박논리는 다음과 4가지 역사이론과 사상으로 무장했다. 공정한 역사 쓰기(Square Deal), 3시대 구분법, 자유주의 역사철학, 국제주의(Internationalism) 등이다. 헐버트가 이러한 사관을 한국사 해석의 프레임으로 채택한 것은 시대를 앞서는 것이었다.

제1장

한국사는 중국사의 일부가 아니다

-한국사는 중국사의 일부이다
vs 한국사는 중국사로부터 독립된 역사였다-

Ⅰ. 문제제기 : 헐버트의 변론은 한국사 변호로부터 시작하였다

헐버트는 1900년의 어느 날 영국왕립학회 아시아지부의 한국사 관련 논문을 청탁받았다. 이를 계기로 그는 역사가가 되었다. 그런데 헐버트가 왕립학회의 초청을 받았다는 사실은 한편의 논문 쓰기 이상의 의미를 지닌 것이었다. 이를 계기로 이후 헐버트는 한국사 쓰기를 계속했기 때문이다. 목적은 일관되었다. 한국사의 독립적 성격을 구체적으로 입증하자는 것이었다. 이 과정에서 헐버트는 한국사 관련 많은 의문들에 대해 논박하고 답변했다. 그의 역사쓰기 작업을 역사법정에서 벌어진 공방전으로 볼 수 있는 것도 이 때문이다. 실제로 헐버트는 자신의 변론을 역사 법정에 비유했다. 그렇다면 헐버트는 무엇을 변론하려고 했을까.

Ⅱ. 헐버트의 역사 법정이 기소한 한국사 해석론은 무엇인가

헐버트의 한국사 쓰기는 두 가지를 고발했다. 하나는 한국사에 대한 편견이다. 다른 하나는 그것이 편견임에도 침묵하고 협조하는 역사가들이었다. 그가 쓴 글과 책들은 이 점을 보여준다.

〈1〉 헐버트가 저술을 통해서 고발한 한국사에 대한 편견과 왜곡

(1) Korean Survivals : 한국사는 중국사의 일부가 아니다

헐버트는 한국고유의 유산(Korean Survivals)라는 제목의 논문을 통해서 '한국은 독립된 역사를 지닌 국가'라는 결론을 주장했다. "중국과 유사한 것으로 지목되는 모든 항목들은 예외적인 것으로 간주되어야 하고, 순수하고 원래적이며, 독특한 것들은 관례적인 것이라고 고백되어져야만 한다."[33] 왜냐하면 '그동안 중국을 모방한 것으로 알려진 한국문화들은 사실과 다르게 한국적 기원을 가지고 있기 때문'이라는 것이다. 그가 검토한 주제들은 이랬다.

1. 혈통적 기원 : 한국인들의 혈통은 순수한가. 아니면 중국인의 피가 혼혈되었는가.
2. 언어적 기원 : 언어의 섞임은 어떤 변화를 주었는가.
3. 종교적 기원 : 한국인의 종교세계를 지배하는 것은 중국을 통해 수입된 종교인가. 아니면 고유 신앙(주술)인가.
4. 학문적 독자성 : 중국의 학문적 사상이 한반도에 미친 정도는 어떠했는가.
5. 예술적 재능 : 중국의 예술적 사상을 한반도가 베낄 능력이 있었는가.
6. 문학의 독자성 : 문학적 사상의 수입은 형태만 차용한 것일 뿐이다. 본질

33 이용민, 「게일과 헐버트의 한국사 이해-서로의 상반된 사관을 중심으로-」, p. 197.

조차 빌린 것은 아니다.

7. 복식의 개성 : 중국식 의복을 모방했지만, 독립적이었다.
8. 종주권의 의미 : 중국의 종주권을 인정해 왔다. 한국의 입장에서는 지적인 교화에 대한 감사함의 표시였으며, 중국의 입장에서는 한국이 저항하지 않는다는 것을 전제로 해야 했기에 강요할 수 없었다.[34]

(2) *Korea Review* : 독자적인 한국사를 써보자

이후 헐버트의 한국사 연구는 계속되었다. 그리고 그 과정에서 한국사에 대한 독자적인 주장을 해보자는 생각을 갖게 되었다.

한국에 관한 무게있는 책들이 많이 발표되었다. 이들은 저마다 조금씩 다른 입장에서 주제를 다루고 있다. 필자는 우연한 기회에 한국을 방문한 관광객들의 피상적인 견해와는 달리 필자 자신의 독자적인 견지에서 주제를 다루어 보기로 시도한 바 있다. 이 책에 기록된 여러 가지 사실들은 대개가 필자의 개인적인 관찰에서 얻은 것들이거나, 한국인 또는 한국인의 저작에서 직접 얻은 것이다. 이 중에 몇 가지는 *Korea Review*와 그 밖의 몇 곳에서 발표한 바 있다.

(3) 한국사(*History of Korea*) : 한국사는 '요동의 역사'도, '조공국의 역사'도, '피침의 역사'도 아니다

헐버트가 한국사의 쟁점에 대한 독자적인 주장을 하려면 논리적으로 기존의 한국사 연구물을 수집/분석해야 했다. 특히 다음의 주상에 대해 번

34 이용민, 「게일과 헐버트의 한국사 이해-서로의 상반된 사관을 중심으로-」, pp. 188-197.

론해야 했다. 당시 외국인들이 쓴 한국사는 대체로 다음 3가지를 주장했다. 첫째, 한국사는 요동사이다. 둘째, 한국사는 조공국의 역사였다. 셋째, 한국사는 전쟁과 갈등의 역사였다.

① 존 로스의 테제 : '한국의 역사=요동의 역사'이다. 로스의 논거는 이랬다. 중국 귀족이 고조선을 세웠다.(기자조선설) → 때문에 요동은 한중간의 대결무대가 되었다. → 이후 고구려가 그 뒤를 이었으며 → 다음은 발해의 역사가 이를 계승했다. 그리하여 강화도조약에 이르기까지 한국 역사를 한중관계사로 다루었다.[35] 로스의 책은 한중외교관계를 서양에 소개한 최초의 책이다. 특히 '기자조선설'은 한국사의 기원을 알려주는 정설로 받아들여졌다.

② 그리피스의 테제(1882) : '한국의 역사=조공국의 역사'이다. 그리피스의 테제는 다음에 근거했다. 1) 고대로부터 한반도에 수립된 국가들은 진정한 독립국이 아니라, 일본에 조공을 받쳐온 속국이었다. 이 점에서 19세기 말 시작된 일본의 한반도 침략은 '역사적'으로 볼 때 필연적이다. 뿐만 아니라 '현실적'으로도 한국이 근대화된 세계사에 편입되기 위해서 서양의 지원으로 근대화를 이룬 일본에 의한 문호개방이 필수적이다. 따라서 은둔의 왕국을 세상으로 끌어내는 것은 일본이어야 한다.[36] 그리피스의 주장은 미국인들의 한국사 인식의 경전과 같이 받아들여졌다.

---

35 John Ross, *History of Corea* 1891, 정성화, 『한국관련 서양고서 해제집』(명지대학교 출판부, 2005), no. 22.
36 William Eliot Griffis, Corea : *the Hermit Nations*, 1907. 정성화, 『한국관련 서양고서 해제집』(명지대학교 출판부, 2005), no, 23.

③ 군드라이의 테제 : '한반도 역사=전쟁과 갈등의 역사'이다. 그의 테제는 다음과 같은 논리였다. 한반도는 오랫동안 중국과 일본의 대결장이었다. 즉 한반도의 역사는 한편에서 중국에 의해서, 다른 한편에서는 일본에 의해서 번갈아 가며 침략을 겪었기 때문이다. 몽골침입, 임진왜란, 병자호란 등의 외침이 이를 보여준다. 일본의 한반도 침략도 오랜 기원을 지니고 있다. 일본이 기원 3세기 경 신라를 점령하여 임나일본부를 설치한 바 있으며, 임란 후 1870년대까지 한국의 부산을 식민지로 삼았다. 조선과 히데요시 간에 일본이 200년간 부산을 점령하기로 조약을 맺었기 때문이다. 이런 식의 역사는 서구에 의해 근대에도 반복되었다. 프랑스와 미국은 병인양요와 신미양요를, 영국은 거문도 점령을 각각 일으켰다. 그리하여 마지막 국면으로 청일(1894-1895) 및 러일전쟁(1903-1905)이 일어났다.[37]

위의 3가지 테제는 헐버트가 책을 쓸 때 이미 세상에 돌아다니는 이야기였다. 그럼에도 헐버트는 독자적인 역사를 쓴다고 했다. 따라서 헐버트 책의 결론은 이미 정해진 셈이다. 1) '한국사=요동의 역사'가 아니며, 2) '한국사=일본의 조공국의 역사'도 아니었고, 3) 한국사는 침략사로 점철되지 않았다.

〈2〉 헐버트의 법정은 역사가들/사관도 기소했다

37 R.S. Gundry, *China and Her Neighbours* (1893), no. 14 ; Alexander Brebner, A Little History of China and a Chinese Story(1895), no. 112 ; Trumbull White, The Story of China and her neighbours(1900), no. 72. Trumbull White, Glimpses of the Orient(1898), no. 71 ; E, H, Parkner(1901), China ; her history, diplomacy. and commerce, no. 19 ; Constance J.D, Tayler, Koreans at Home(1904), no. 110 ; Putnam Weale, The Re-shaping of the Far East(1905), no. 137. 정상화. 『한국관련 서양고서 해제집』 (명지대학교 출판부, 2005).

(1) *Passing of Korea* : 미국 역사가들은 루즈벨트가 1905년에 한국에서 한 일을 심판해야 하며, 일본의 행위가 폭력이었다고 기록해야 한다

헐버트의 한국사 연구는 러일전쟁을 계기로 하여 역사법정의 성격을 더욱 분명히 했다. 그는 *Passing of Korea*를 통해서 일본이 한국의 식민지를 강제하고, 미국이 이를 당연시했다는 점을 문제시했다. 일본의 죄명은 을사협약 체결과정에서 한국인에 대해 폭력을 행사했다는 점을 미국은 한국에 대한 일본의 폭력행사를 막을 의무가 있었음에도 그렇게 하지 않았다는 점을 각각 추궁했다. 따라서 *Passing of Korea*는 미국과 일본을 역사의 법정에 소환하는 기소장과 같았다.

> 나의 폭력에 대한 저술은 한편으로는 역사적인 기록(일본인이 저지른 행위 : 필자 주)을 남기기 위한 것이며, 다른 한편에서 미국인들이 그들(한국인 : 필자 주)에게 지고 있는 의무를 각성시키고자 함이다.[38]

나아가 헐버트의 역사 법정은 역사가들도 기소했다. 미국의 역사학자들은 역사의 법정을 열고 1905년에 루즈벨트가 한국에서 한 일을 심판하라는 다음의 촉구가 이를 보여준다.

> 미래의 역사가(future historians)들이 공평무사한 시각(dispassionate eyes)으로 오늘 벌어진 역사를 되돌아보며 미국 정부가 한국 민족의 생사를 포함하는 이 같은 사건(case)에 있어서 오만무례한 태도와 돌변적인 행동을 보였다고

---

38 *Passing of Korea*, p. 444.

평가해야 한다. 그렇게 기록하면 어떤 역사가도 미국민의 역사(annals)에 그날 일어났던 사실들을 서술함에 있어서 자랑스러웠다고 덧씌울 수 없을 것이다.[39]

(2) *Echoes of the Orient* : 1905년에 한국에서 일본이 저지른 일은 역사적 필연으로 정당화될 수 없다. 역사가들은 일본의 대한정책을 국가범죄의 관점에서 재구성해야 하며, 그것은 의무이다

*Echoes of the Orient*는 헐버트의 추가 고발장과 같았다. 일본이 한국에서 저지른 많은 행위들이 범죄임에도 불구하고 역사가들이 이를 고발하는 대신에 역사적 필연론을 펼치며 옹호하는 태도를 기소한 것이기 때문이다. 예컨대 1895년 일본에 의해 자행된 왕비 시해사건을 예로 들었다. 이때 일본 및 친일 서구 여론은 한국 왕비의 살해를 이렇게 정당화했다. 그것은 폭력이 아니라 국가가 팽창하는 과정에서 발생한 사건이며, 이는 역사적으로 불가피했다. 헐버트는 반박했다. 왕비를 살해하는 것을 역사의 필연성이었다고 말할 수 없다. 그것은 국가의 범죄였다.

냉소적이고 냉철한 국제주의자(internationalist)는 웃으면서 말할 것이다. 일본의 팽창(onward course)하고자 하는 추동력(impetus)은 멈추어질 수 없다. 한국 왕비를 살해한 것은 약간 위압적이었다. 그러나 그것을 피할 수 없었다. 여기에 계몽된 철학은 동양철학과 논쟁이 일어난다. (계몽철학의 관점에서 볼 때 : 역자주) 불가항력/역사적 필연성이란 없다. 그 말은 어리석음이나 비겁함으로부터 도피처(refuge)가 된다. 발생하는 모든 일은 인간이 그렇게 만들거나 그들이 일어나도록 허용했기 때문이다. 문명이 나아가는 모든 길은 방관자

39 *Passing of Korea*, p. 224.

로 남아서 악은 회피될 수 없다고 말하는 사람들에 의해서가 아니라, 일어나서 그들이 지나갈 수 없다고 말하는 사람에 의해서 담보된다. 역사란 사건의 경과뿐만 아니라 결과도 알기를 원한다. 전자는 이 엄청난 범죄(monumental crime)를 일어나게 한 경위를, 후자는 그것이 희생자들(victims), 그것의 범죄자들(perpetrators) 및 국제정황(international situation) 전체에게 일어난 결과를 각각 보여주기 때문이다.[40]

즉 헐버트는 서구의 역사가들이 지닌 다음과 같은 사관을 고발했던 것이다. 1) '악은 피할 수 없으며,' 이는 "역사적 필연"이었다는 식의 설명, 2) 역사가는 '역사의 과정을 추적할 뿐, 결과로부터 사건을 재평가해야 할 의무는 없다'는 식의 사관, 3) 일본의 팽창력은 제어될 수 없었다는 점 등을 이유로 왕비살해사건이 정당화 될 수 있다는 식의 주장 등이다.

그러나 헐버트는 반문한다. 만약 영국 여왕이 이웃 국가에 의해 살해되었다고 할지라도 '그것은 악이지만, 피할 수 없었던 역사적 필연이었다'고 기술할 것인가. 만약 약소국의 왕비에게만 적용되는 설명이라면, 역사적 필연성이었다는 식의 역사가들의 해석 또한 고발되어야 마땅하다는 것이다.

헐버트는 일본의 팽창에 대한 기존의 해석에 대해서도 비판했다. 많은 역사가들은 일본의 팽창을 막을 수 없는 추동력(예컨대 사회진화론과 같은 문명의 법칙)에 의해 움직인다고 설명하지만, 그렇게 볼 수 없다. 왜냐하면 일본의 팽창은 역사적 필연성이 아니라, 합리적인 인과론적 설명이 가능하기 때문이다. 즉 이런 식이다. '일본은 팽창을 성전으로 포장하지만, 그것은 다음 4가지 요소를 혼합하여 제조한 것이다. 천황의 신격화, 민족적 우

40 *Echoes of the Orient*, p. 193.

월감의 상징화(일장기), 관료주의의 배후 조정, 종교(신도) 등이 그것이다. 따라서 일본의 팽창은 조작된 논리가 작동한 결과에 다름 아니다.' 더욱이 이를 알아채는 데에는 특별한 기술(역사적 필연성을 꿰뚫어 볼 만한 혜안)도 필요 없다. 다만 역사, 철학, 상식, 계몽된 이성 등으로 무장한 지성과 시간의 흐름이 제공하는 증거들을 가지고 판단할 수 있다.

> 역사, 철학, 분명한 상식 등은 다음을 증언해야 할 때 합친다. 시간의 흐름과 계몽의 진보가 진위가 불분명한 주장이 허구였음을 폭로케 할 때이며, 이는 피할 수 없다.…관료주의는…천황의 신격화(divinity)를 지탱하는데 필수적…일본인들은 그들의 마스트에 깃발이 걸리면 그것을 민족적 우월감(national superiority)의 상징과 광범위하게 확장된 정복의 최후의 재가로 삼고, 그것의 종교를 이용하여 극동에서 벌이고 있는 현재의 성전(Jihad)으로 태어나게 한다.[41]

Ⅲ. 평가 : 헐버트의 역사법정은 먼저 역사가들을 기소했다

요컨대 헐버트의 한국사 연구는 처음부터 기존의 주장에 대한 반론으로 시작되었으며, 이후 시간이 흐르며 연구 폭을 확장하고, 깊이를 더하면서 마침내 역사 법정을 연다고 선언했던 것이다. 그런 후 헐버트가 기존의 사가들을 초청한 후 화두를 던졌다.

첫째, 일본과 관련하여 : '일본의 한국지배가 역사적 필연인가.' '일본

41 *Echoes of the Orient*, pp. 92-93.

이 한국인에 대해 가한 폭력은 팽창 욕구의 불가피한 현상인가.' '왜 서구의 역사가들은 일본의 폭력을 고발하기는커녕 옹호하는가.'

둘째, 미국과 관련하여 : 1905년에 일어난 한국 보호국화 때 일본의 정책은 매우 폭력적으로 이루어졌다. 루즈벨트는 이런 정책은 정당화하고 미국 역사가들은 대통령의 정책에 대해 역사적으로 불가피했다며 변호한다. 과연 일본의 한국지배와 폭력행사에 대한 미국의 묵인과 협조, 그리고 한국의 구원요청에 대한 외면을 역사적 필연 또는 미국의 정당방위행위로 보아야 할까.

대부분의 역사가들은 미국과 일본이 1905년에 한 행위를 이렇게 정당화했다. 카의 다음과 같은 설명이 이를 보여준다.

> 역사는 전체적으로 인간이 한 일의 기록이며, 하지 못한 일의 기록이 아닌 것이다. 이러한 한도 내에서 역사는 불가피하게 성공의 이야기이다. 토니 교수의 말에 따르면 역사가는 승리한 세력을 앞에 세우고, 이 세력에 굴복한 세력을 뒤로 밀어냄으로써 현존의 질서에 불가피성이라는 외관을 씌운다. 그런데 어떤 의미에서 이는 역사가가 하는 일의 본질이 아닐까.[42]

즉 카의 설명에 따르면 승자가 한 일은 '역사적 불가피성'으로 정당화될 수 있다는 것이다.

그러나 헐버트는 이런 사관을 받아들일 수 없었다. 여기서 그동안의 기존의 한국사 해석들에 대한 대반격이 일어났다. 그것은 두 방향으로 전

42 물론 카는 패자의 역사도 기록될 가치가 있다는 것을 배제하지 않았다. "역사에는 뜻 깊은 실패도 없지 않다. 또한 역사에는 이른바 지연된 성공도 있다. 오늘날의 명백한 실패가 내일의 성공에 결정적 기여를 할지도 모른다." Carr, 『역사란 무엇인가』. pp. 189-190, p. 192.

개되었다. 첫째, 한국사에 대한 사실 왜곡을 바로 잡는다. 둘째, 일본의 대한정책을 옹호하는 역사가들의 사관에 대해 역사 이론으로 맞선다. 즉 미국과 일본정부가 한국에서 저지른 일이 폭력행사와 이에 대한 방조임에도 불구하고 이를 비판하지 않는 역사가들/그들의 한국사 쓰기를 역사 법정에 불러내 논쟁한다.

제2장

한국사 쓰기는 20세기 역사 논쟁의 일부다

-한국문제가 빠진 20세기의 역사 논쟁
vs 한국문제를 포함시킨 20세기의 역사 논쟁-

Ⅰ. 문제제기

헐버트가 한국사를 변호하기 위해 역사법정을 열었다는 것은 매우 중요한 사건이었다. 20세기 전반기 내내 역사학계는 역사전쟁에 비유할 수 있을 정도의 대논쟁을 벌였기 때문이다. 그것은 두 지역에서 일어났다. 한 지역은 유럽이었으며, 다른 한 지역은 미국이었다. 이런 상황에서 헐버트가 한국문제를 놓고 역사법정을 개설했던 것이다. 비유하자면 20C 전반기에 서구인들은 유럽의 역사법정, 미국의 역사법정, 헐버트의 역사법정 등 3개를 작동시킨 셈이다.

그렇다면 3개의 역사 법정 간에는 상호작용하지 않았을까. 왜냐하면 헐버트를 중심으로 3개의 법정은 연결되어 있었기 때문이다. 첫째, 헐버트가 청탁받은 한국사 관련 논문은 유럽의 역사법정이 벌이는 논쟁의 일부였다. 따라서 헐버트는 유럽 역사학계의 논쟁에 초청받은 셈이었다. 그리고 그는 이후 역사연구를 계속했다. 여기서 헐버트의 역사법정과 유럽의 역사법정은 연결되었다고 상정해 보지 않을 수 없다.

둘째, 헐버트는 미국 지식인이었다. 19세기 말부터 미국은 역사를 통해 민족국가를 만드는 작업에 들어갔다. 그리고 제국으로서의 꿈을 자국의 역사에 새기는 작업도 동시에 수행했다. 이 과정에서 미국은 자신과 관련되는 국가들의 역사를 재구성했다. '장차 미국과 같이 세계사를 쓸 수 있는 국가는 누구인가'가 재구성의 가이드 라인이었다. 바꾸어 말하자면 세계사의 무대에서 미국과 같이 활동할 수 있는 국가는 누구인가. 미국은 이 질문을 유럽과 아시아에 대해 동시에 던져졌다.

그리고 이 질문은 미국의 대외정책에 영향을 미쳤다. 미국이 외부 세계와의 국제관계를 재조정했기 때문이다. 한미관계도 예외가 될 수 없었다. 그런데 헐버트는 고종의 초청으로 한미일관계에 관여할 수 있는 기회를 잡게 되었다. 이를 통해 헐버트는 미국의 역사논쟁에 참여한 셈이 되었다. 그가 비판한 미국의 대한정책의 바탕에는 루즈벨트의 위와 같은 역사인식이 깔려 있었기 때문이다. 또한 루즈벨트의 역사인식은 미국의 역사논쟁의 한 주제이기도 했다. 즉 루즈벨트를 매개로 하여 헐버트는 미국의 역사학계와도 결부되었다. 이처럼 헐버트는 유럽과 미국의 역사법정 양편 모두와 연결되어 있었다. 그렇다면 이런 역사법정들의 연결망은 헐버트의 한국사 쓰기에 어떻게 영향을 미쳤을까. 제2장은 이를 알아보자는 것이다.

II. 20세기의 역사 법정에 제기된 이슈들은 무엇인가

1. 역사학계는 왜 새로운 세계사 쓰기 운동을 벌여야 하는가

유럽 역사학계의 논쟁은 두 방향으로 전개되었다. 하나는 새로운 세계사 쓰기 운동이요, 다른 하나는 역사의 효용성에 대한 논쟁이다. 새로운 세계사 쓰기는 다시 두 방면으로 추진되었다. '보편사' 쓰기와 '아시아의 역사를 포함한 유럽사' 쓰기가 그것이다.

〈1〉 보편사 쓰기 : '케임브리지 근대사 연구'의 논쟁이 이를 보여 준다

> 나는 보편사라는 것을 모든 나라의 역사를 하나로 묶어 놓은 것과는 구별되는 것으로, 모래 밧줄처럼 쉽게 끊어지는 것이 아니라, 연속적인 발전으로, 그리고 기억 위에 부과된 것이 아니라 영혼을 밝히는 불꽃으로 이해한다. 보편사는 이제 민족이 부수적 존재로 되는 새로운 단계로 옮아가고 있다. 거기서도 민족의 역사는 이야기될 것이다. 그러나 그것은 민족 그 자체를 위해서가 아니라, 보다 상급체계(higher series)와의 관련 아래, 그리고 그것에 종속되어 또한 인류의 공동 운명에 대한 시기와 정도에 따라서 이야기될 것이다.…[43]

---

43 인용문은 〈케임브리지 근대사〉 편집자인 액튼이 쓴 편지로서, 발간취지를 보여준다. 다음도 주장했다. "현 시대에 영향을 미치는 모든 형태의 사상은 가까운 과거에 존재하면서 차례대로 우리 앞에 나타난다. 이에 우리는 그 지배적인 사조들을 서술해야 한다. 또 아직도 세계를 분할 지배하고 있는 으뜸가는 세력들, 즉 주권의 힘(the Sovereign forces)을 해석해야 한다." Hans Kohn, *Prophets and Peoples : Studies in the Nineteenth Century Nationalism*(1969), 나종일 외 1인 옮김, 『19세기 유럽 민족주의』, 탐구신서 No. 278 (탐구당, 1990), p. 7.

액튼(Acton) 경이 지적한 민족보다도 상급체계(higher series)"는 무엇을 의미할까. 그의 설명에 따르면 첫째, 인류의 공동운명을 담고 있는 개념이어야 하며, 둘째, 세계를 분할지배하고 있는 "으뜸 가는 세력들(a sovereign forces)"을 대체하는 개념이어야 한다. 당시의 세계에서 이런 조건을 만족시키는 개념은 바로 국제법, 국제주의, 국제정의 등이었다. 즉 국제법/국제주의/국제정의의 역사가 곧 보편사 쓰기의 큰 줄기가 되는 것이다.

〈2〉 아시아의 역사와 유럽의 역사를 합친 '통합 세계사' 쓰기

또한 20세기 초의 역사학계는 세계사 쓰기를 놓고 논쟁했다. 한편에서 유럽 중심의 세계사 서술을 고수했다. 반면 다른 한편에서 아시아의 역사를 비중있게 취급하지 않은 역사는 진정한 세계사가 될 수 없다며 맞섰다. 카(Carr)는 그 시대가 벌였던 논쟁을 이렇게 전한다.

> 오늘날 세계문제를 좌우하는 것은 잠시 20세기 들어와 아시아에서 일어난 일을 돌아보자. 이야기의 시작은 영일동맹으로부터이다. 아시아의 한 나라가 유럽 열강이라는 마술적 집단에 처음으로 가입한 것이기 때문이다. 일본이 러시아에게 도전하여 승리하여 일본의 승전을 알리고 이렇게 함으로써 위대한 대혁명을 점화하는 최초의 불꽃에 불을 붙였다.…프랑스의 1879년 및 1848년 혁명은 유럽에만 모방자가 있었다. 1905년 제1차 러시아혁명은 유럽은 아니지만, 아시아의 모방자를 발생시켰다. 제1차 대전은 유럽의 내전이었지만, 세계 전체에 영향을 미쳤다. 1917년 러시아혁명의 지도자들은 유럽의 모방자가 생기기를 기대했지만, 아시아의 모방자를 낳았다.[44]

44 E, H. Carr, 『역사란 무엇인가』, p. 221.

즉 카는 20세기가 주목해야 할 사건들은 다음과 같은 "변화"라고 했다. 그 변화한 바로 1) 아시아에서 일어난 사건들로서, 영일동맹과 러일전쟁이다. 이는 20세기를 혁명의 세기로 이끈 사건으로 규정되어야 한다. 러일전쟁은 1905년의 러시아 혁명을 야기하는 원인이 되었기 때문이다. 2) 유럽에서 일어난 사건(프랑스혁명과 1848년의 자유주의 혁명)은 아시아에 영향을 미치지 못했다는 점도 주목해야 한다. 이 혁명은 고작 유럽에만 영향을 미쳤을 뿐이다. 반면 아시아의 사건은 러시아에 영향을 미쳤다. 3) 그리고 다시 러시아혁명으로부터 영향받은 지역은 아시아였다. 그리고 유럽은 혁명가들이 기대했던 것과 달리 영향을 받지 않았다.

이는 무엇을 의미하는가. 유럽은 변화를 거부했지만, 아시아는 변화를 수용했다는 점이다. 따라서 정체된 동양이라는 편견은 버려져야 한다. 오히려 변화를 거부함으로써 정체된 것은 유럽이다. 유럽의 사가들은 18세기를 혁명의 시기로 기록하지만, '유럽의 혁명'이었다고 고쳐 써야 한다. "혁명의 세기"라는 타이틀을 부여받을 수 있는 자격을 갖춘 시대는 20세기였기 때문이다.

2. 민족주의와 국제주의의 결합은 가능한가

제1차 세계대전은 역사가들에게 큰 충격을 주었다. 특히 문명진화론을 지닌 역사가들의 경우 더욱 그러했다. 문명은 진보한다는 신앙과 같은 믿음이 깨졌기 때문이다. 그동안 계몽주의와 물질의 번영은 사람들에게 꿈을 주었다. 전쟁 없는 세계가 가능할 것이며, 물질의 풍요로움이 전쟁을 없앨 것이라는 낙관론이 그것이다. 그러나 이는 망상임이 입증되었다. 도대체 세계대전의 참상을 목격하면서 문명이 진보한다고 어떻게 주장을 계속할 수 있을까.

이런 고민은 역사학자들로 하여금 다음을 묻게 했다. 첫째, 왜 세계대전이 일어났을까. 둘째, "우리는 지금 어디로 가고 있는가." 그리고 "어디서부터 잘못되었을까." "누구에게 이런 사태의 책임이 있는가."[45] 이에 대한 답변은 마르크 블르흐가 그랬던 것처럼 "역사를 위한 변명"을 요구했다. 즉 '그래도 역사학은 인간에게 소용이 있음'과 '역사는 결코 우리를 속이지 않는다'는 점을 설명해야 했다. 그리고 되풀이해야 했다. 그럼에도 '문명은 진보할 것이며, 역사는 이를 보여 줄 것이다.'

이를 위해 역사가들은 19세기로부터 넘겨받은 숙제에 답변해야 했다. 그중의 하나가 국제주의와 민족주의의 결합은 가능한가였다. 만약 양자가 화합되었다면 1차 대전은 일어나지 않았을 것이기 때문이다. 그러나 민족주의와 국제주의의 결합이 쉽지 않았다. 이 점을 고민한 마치니의 설명을 통해서 이 점을 알아보자.

(1) 마치니(Giuseppe Mazzini, 1805-1872)의 통합운동 : 대부분이 지식인들은 민족주의와 국제주의가 화합이 원리상으로 불가능하다고 보았다. 민족주의는 '국가에 대한 충성'을. 국제주의는 '인류에 대한 충성'을 각각 요구했기 때문이다. 그럼에도 양자의 결합이 가능하다고 본 인물이 있었다. 마치니가 대표적인 인물이었다. 그는 다음과 같이 주장했다. '민족주의는 자유주의적인 세계주의(국세주의)의 이상들과 절충될 수 있는 길이 있다.' 사람들은 궁극적으로 평등하며, 형제이기 때문이다. 또한 민족을

45 박무성, 『역사학 개론』, p. 456.

형제로 간주하면 덜 개화된 민족들을 보다 좋은 상태로 이끌어 갈 수 있다. 마치니의 이러한 주장은 민족주의를 '개작'한 것과 같았다.[46]

> 한 민족에게 마땅한 것은 또한 여러 민족 간에게도 타당하다. 민족들은 말하자면 인류의 개인들이다. 국내의 국가적 조직은…민족이 세계에서의 사명을 완수하는 기구이다. 민족들은 신성하며…,인류 내부에서 모든 나라의 이익을…분배를 대표하도록 신의 섭리에 의해 구성되어 있다. 만일…이 목적을 추구하지 않으면…아무런 소용이 없는 민족이 되며, 또 망하고 만다.[47]

요컨대 마치니의 주장에 따르면 국제주의는 신의 섭리였으며. 민족주의가 궁극적으로 도달해야 할 목표였다.

유럽은 마치니의 이러한 주장을 실제로 실험했다. 헤이그 평화회의(Hague Peace Conference)가 그것이다. 그러나 유럽의 주장과 시도는 여기까지였다. 회의장 밖의 유럽 열강은 식민지 재분할전을 벌이고, 배타적 민족주의로 무장했기 때문이다. 이런 곳에서 민족주의와 국제주의의 결합운동은 계속될 수 없었다. 오히려 민족주의는 화합보다는 국제주의를 공격하는 무기였다. 반국제주의적인 내셔널리즘이 그것이며, 나치스 신앙에서 절정을 보였다.[48]

(2) 미국의 세계주의 : 그러나 미국은 달랐다. 미국인들 중에는 양자의 결합이 가능하다고 믿는 사람들이 있었다. '개인 간의 관계를 구축하기 위

---

46 Crane Brinton, 『서양사상의 역사』, pp. 433-434.

47 Crane Brinton, *Ideas and Men : The Story of Western Thought*(1963), 『서양사상의 역사』,(을유문화사, 1993), p. 433.

48 Crane Brinton, 『서양사상의 역사』, p. 434.

해 균열을 메우는 방법이 있다'고 확신했기에, 민족 간의 간극도 채워질 수 있다고 믿었다. 그들의 낙관적인 세계관('세계주의')은 다음과 같은 특징을 지닌 것이었다. 첫째, "인류를 하나의 전체로서 바라본다." 둘째, "하나의 마지막 법률 내지 마지막 설교로써" 인간들 간의 "균열"은 메워진다고 믿는다. 셋째, 이를 위해 "개혁자가 되어야" 한다.[49]

물론 이러한 개혁 운동은 다음과 같은 한계를 지닌 것이었다.

> 미국인들은 몇몇 추상적인 사상들을 지나치게 외경(畏敬)하는 경향이 있다. 따라서 일단 이 사상들이 성문화되거나 어떤 목표들이 법률이나 언어를 통해 훌륭한 것으로 받아들여지게 되면 그 목표가 성취된 것으로 생각하는 오류에 빠지기 쉽다. 세계입법회의를 소집함으로써 지금 당장 세계정부를 수립하려는 많은 구상들이 그 증거이다.[50]

그럼에도 미국의 국제주의와 민족주의의 결합운동은 생명력을 유지했다. 그들의 세계주의는 영원한 평화를 보장하는 "세계정부"를 지향했지만, 고수하지는 않았기 때문이다. 대신에 "전쟁을 피하는 일, 전쟁이 덜 야만적이게 하는 일을 돕는 국제연합 등을 세우는 일" 등의 수정안을 추구했다.

3. 역사가는 전체주의를 심판해야 한다

역사가들이 제1차 대전의 재발을 막기 위한 해답을 국제주의와 민족주

49 Crane Brinton, 『서양사상의 역사』, pp. 550-551.
50 Crane Brinton, 『서양사상의 역사』, p. 14.

의의 결합에서 찾으려는 노력은 보상을 받았다. 민족자결주의를 원리로 하는 국제연맹(League of Nations)이 설립되었기 때문이다. 그리고 국제주의와 민족주의의 결합은 태평양조약체제와 켈로그-부리앙부전조약체제를 통해 이어졌다.

그러나 이러한 시도는 곧 새로운 도전에 직면했다. 전체주의가 그것이다. 이 체제는 무엇보다도 국제주의를 부정했다. 다음과 같은 논리였다. 인종 간에는 우열이 있기 때문에 민족 간에 평등할 수 없다. 민족자결주의도 부정되어야 한다. 열등한 종족의 운명은 우수한 종족이 결정함이 마땅하다. 그리하여 전체주의는 다음과 같은 결론을 피할 수 없었다. 오직 하나의 민족만이 세계를 지배해야 한다. 이를 위한 유일한 방법은 세계전쟁이다. 그리고 전체주의는 자신들의 주장을 역사로 포장했다. 다음이 이를 보여준다.

〈1〉 전체주의의 세계사인식 : '세계사=역사의 법정'이다. '힘=역사의 재판관이자 역사의 법칙임을 알려주기 때문이다

> 세계사는 세계의 심판정이다. 그것은 보다 더 강한 자, 보다 더 충실하고 자신만만한 생명을 언제나 정당화하였고, 선악을 초월하여 그러한 생명에 존재의 권리를 부여하였다. 그것은 언제나 힘과 생명력을 위하여 진리와 정의를 희생시켰으며, 진리가 생명보다도 더 중요하다고 생각하는 자들, 그리고 정의를 권력보다도 더 본질적이라고 생각하는 자들에게 죽음을 선고하였다.[51]

51 Hans Kohn, *The Twentieth Century*(1949), 민석홍 역, 『현대사』(을유문화사), p. 242.

즉 전체주의는 자신들의 전쟁을 정당화하는 근거로 세계사를 제시했다. 세계사가 약육강식이 인간세계의 법칙임을 보여주기 때문이라는 것이다. 그러자 자유의 역사관을 지닌 역사가들이 대응하기 시작했다. 그들은 다음과 같은 심판론을 주장했다.

〈2〉 서구의 전체주의 전쟁철학 심판론 : 역사가들이 하늘의 심판을 대신하자

(1) 영국사가 E. H. 카에 따르면 20세기 사가들은 다음과 같은 사관을 지니고 있었다고 한다. "현대(the present age)"에 적용해야 하는 "섭리(the hand of providence)"가 있다. 그것은 역사의 심판이다. 즉 "역사상 가장 엄한 하늘의 심판(heaven in history)"을 "마치 자기네가 지상의 왕인 것처럼 마음대로 모든 일을 지배할 수 있다고 생각하는 자들, 자기 자신들에 대해서는 물론이요, 먼 미래에 대해서도 섭리를 휘두를(playing) 수 있다고 생각하는 자들"에 대해서 내려야 한다." 한마디로 20세기는 "역사에 있어서의 심판의 시대(the age of judgement in history)"가 되어야 했다.[52]

그렇다면 누가 심판자의 역할을 할 것인가. 20세기의 역사가들이 이를 수행해야만 했다. 어떻게 보여줄 수 있을까. 지나간 역사를 다시 살펴보는 것이다. 그러면 다음이 보인다는 것이다. '세계정세가 급속도로 변화함으로써 이에 따르는 전망 또한 변화하지 않을 수 없다. 그럼에도 전체주의에 대한 "이해"는 "현실의 역사"와 "양심"에 기반을 두어야 한다. 지난 50년간

52 카의 언설은 역사가 버터필드(Butterfield)의 주장을 인용한 것임. E. H. Carr, *New Society*, p. 7.

의 역사는 "우리가 직면한 과제가 무엇이며, 어떤 태도를 지녀야 하는가"를 뚜렷하게 보여주었다. 그리고 그것은 거의 변하지 않았다. 따라서 역사가는 현재 "위기를 구성하고 있는 제 문제에 관해 한편에서는 이전에 쓴 저술과 자료를 이용"하고, 다른 한편에서 "그것을 새로운 형태와 조망 속에서" 보아야 한다.'[53]

〈3〉 특히 미국의 전체주의 심판론은 구체적이었다. 1937년부터 1942년에 걸쳐 하버드대학 출판부에서 출판한 4권의 책의 제목이 그 점을 보여준다. 미국은 "달아오르고 점차로 표면화하는 세계위기의 문제"에 직면했다면서 다음 4가지 문제를 고민해야 한다고 했다.

> 〈*Force or Reason*〉(힘이냐 이성이냐), 〈*Revolution and Dictatorships*〉(혁명과 독재), 〈*Not by Arms Alone*〉(무기만으로는 안 된다), 〈*World Order in Historical Perspective*〉(세계질서의 역사적 전망) 등이 그것이다. 이러한 책들의 제목은 당시의 많은 양심을 괴롭히고, 많은 정신을 혼란시킨 문제들을 표현하고 있다.[54]

요컨대 전체주의는 20세기의 역사 법정이 소환하고 심판해야 하는 피할 수 없었던 주제였다. 그리고 역사가들이 전체주의에 대항하는 방법은 역사쓰기였다. 특히 폭력의 논리를 세계사의 법칙이라는 사관을 부정해야 했다. 국제주의에 입각한 역사 쓰기가 이 때문에 필요했다. 그리하여 국제

53 Hans Kohn, 『현대사』, pp. 3-5.

54 Hans Kohn, 『현대사』, pp. 3-5.

주의는 살아남았다.

4. 민주주의는 과연 독재체제를 막을 수 있을까

전체주의의 등장은 또한 그동안 서구 세계에서는 잠재되었던 민주주의에 대한 불신론을 다시 지폈다. 과연 민주주의가 독재를 막기 위한 최상의 체제일까. 왜냐하면 민주주의의 약점이 드러났기 때문이다. 첫째, 민주주의는 전체주의 앞에서 침묵했으며, 둘째, '초인의 고귀한 독재'를 선택했다는 것이다. 민주주의가 가장 배격해야 할 초인의 독재를 택하는 역설은 어떻게 일어날 수 있을까.

크레인 부린톤(Crane Brinton)은 이렇게 설명했다. '18세기의 계몽주의가 그랬듯이 19세기는 민주주의가 미래의 물결을 치게 하는 추동력이었다. 그러나 복지국가론이 등장하여 민주주의의 수정(국가의 간섭)을 요구했다. 최소한의 정부를 지향하는 자유주의자들은 받아들일 수 없는 요구였지만 수락했다.[55] '대중이 저지를지 모르는 폭정을 두려워했기' 때문이다.[56] 그럼에도 자유주의자들은 결코 대중계급이 폭력혁명을[57] 일으킬지도 모른다는 두려움에서 벗어날 수 없었다. 이에 초인의 고귀한 폭력에 의지하여 다수의 횡포를 막아보자는 생각을 하기에 이르렀다.[58] 민주주의에

55 Crane Brinton, 『서양사상의 역사』, pp. 453-454.

56 Crane Brinton, 『서양사상의 역사』, pp. 460-461.

57 Crane Brinton, 『서양사상의 역사』, pp. 502-503.

58 Crane Brinton, 『서양사상의 역사』, pp. 488-489. 반지성주의의 등장이 그 점을 보여준다. 이는 두 가지 특징을 지닌다. 첫째, 스스로를 우월하다고 느끼고 있는 의식이다. 즉 자신들을 세상에 지혜가 얼마나 적은가를 알고 있을 만큼 현명한 사람이라고 생각한다. 둘째, 대중은 짐승무리와 다름없으며, 따라서 소수의 현명한 사람들이 지배자거나, 지배자여야 한다는 감정에 사로잡혀 있다. 따라서 이들은 민주주의가 불가능하다고

대한 20세기의 회의론의 실체가 이것이다. 과연 전체주의에 대항하지 않는 민주주의, 오히려 전체주의 등장에 악용되는 민주주의가 존재해야 할까.

역사가들은 이에 대항해야 했다. 다음과 같은 식의 역사 쓰기를 통해서였다. '그럼에도 민주주의가 존속되어야 한다. 왜냐하면 역사가 가치를 입증한 최상의 체제'이기 때문이다.

5. 미국이 개설한 역사 법정과 신역사(New History) 쓰기 운동

역사 논쟁은 유럽에서만 벌어진 것은 아니다. 대서양 건너편의 미국 역시 역사전쟁과 다름없는 논쟁을 벌였다. 19세기 말부터 20세기 전반기에 벌어진 새로운 역사쓰기 운동이 그 점을 보여준다. 이때 미국 역사가들은 3가지 작업을 역사를 통해 추진 중이었다. 민족 만들기(making Nation), 국가 만들기(making States), 제국 만들기(making Empire) 등이 그것이다. 이를 위해 두 방면의 역사 쓰기를 했다. 한편에서는 국가의 관점으로부터, 다른 한편에서는 민족을 넘어서(beyond Nation) 지구적 또는 트랜스내셔널한 관점(Transnational Perspectives)에서 각각 미국사 쓰기에 나섰다.[59] 그 운동의 스펙트럼은 몇 가지로 나누어 볼 수 있다.

생각한다. 초인의 고귀한 폭력은 이렇게 등장한 것이다. 반지성주의의 대표적 인물은 니체와 프로이드였다. 『서양사상의 역사』, p. 528.

59 Ian Tyrrell, Making Nation/Making States : American Historians in the Context of Empire, *The Journal of American History* Vol. 86, No.3. The Nation and Beyond ; Transnational Perspectives on United States(1999), pp. 1015-1044 ; Woodward, C. Vann, *The Comparative Approach to American History,* 박무성 역, 『미국사 신론 : 정치, 경제의 비교사적 연구』(법문사, 1993) ; David W. Noble, *Historians against History*(1965), 정만득 역, 『역사를 버린 역사가들 : 프런티어와 미국적 언약』(계명대학교출판부, 1988) ; Daniel J. Boorstin, *Hidden History*(1989), 이보형 외 옮김, 『미국사의 숨은 이야기』(범영사출판부, 1991).

(1) 유럽사와 미국사의 '분리운동 vs 통합운동'이 맞섰다.

전자는 미국사는 유럽사의 일부가 아니라, 대서양과 격리되고 서부라는 새로운 환경에 적응하면서 만들어진 고유한 역사라는 점을 강조했다. 미국 민주주의는 서부에서 탄생했다는 프런티어 사관이 대표적인 예였다. 반면 후자는 미국사는 유럽의 역사와 같은 길을 걷고 있다고 반박했다. 독립운동과 헌법제정은 고귀한 추상적 가치를 지닌 인물들의 자기희생과 헌신이 아니라, 유럽의 시민혁명과 같이 부르조아들의 자신의 이익 지키기 운동이었다는 것이다.[60]

(2) 미국사는 처음부터 세계사의 일부였다는 주장도 제기되었다.

미국의 서부는 유럽 각국의 이주민, 영국의 이주민, 원주민인 인디언 등이 한편에서는 상호 투쟁하며, 다른 한편에서 서부라는 용광로 속에서 아메리칸으로 재탄생했기 때문이다. 즉 동부도 처음에는 서부였다. 따라서 미국인들의 역사는 유럽인과 분리함으로써 시작된 역사가 아니라, 서부라는 축소판 세계에서 기원한다는 것이다. 다른 한편 미국은 해양에서 탄생했다는 주장도 제기되었다. 마한(Alfred Thayer Mahan)이 그 주역이었다. '해양의 무역을 지배하는 자가 세계를 지배한다'는 명제로부터 나온 역사인식이다. 이에 따르면 미국은 근대의 해양진출과 해양전쟁사의 산물

---

60 Woodward, C. Vann, *The Comparative Approach to American History,* 박무성 역, 『미국사 신론 : 정치, 경제의 비교사적 연구』(법문사, 1993) ; David W. Noble, *Historians against History*(1965), 정만득 역, 『역사를 버린 역사가들 : 프런티어와 미국적 언약』(계명대학교출판부, 1988) ; Daniel J. Boorstin, *Hidden History*(1989), 이보형 외 옮김, 『미국사의 숨은 이야기』(범영사출판부, 1991).

로서 탄생한 국가이다. 따라서 미국인들은 미국 땅을 별개의 대륙이 아니라, 해양으로 둘러싸인 섬(대륙섬 : Continental Island)으로 인식해야 한다. 그렇다면 역사가들은 미국사를 유럽 대륙의 역사의 일부가 아니라, 해양사의 일부로 보아야 한다.

(3) 미국사를 쓰기 위해 랑케적 사관으로부터 벗어나고자 했다.

미국의 '신역사 쓰기(New History)' 운동이 그중의 하나이다. 20세기 초두에 등장한 이 운동은 역사의 실용주의적 이해와 사회과학과의 관련성을 주장했다. 역사학은 "사회의 개선, 문명의 진보, 가치관의 정립과 밀접해야 한다"는 것이다. "역사학은 종래의…랑케적 역사 서술을 바꾸어 사회 및 사회과학 일반의 전반적인 진보를 위해 연구되지 않으면 안 되며, 종국적으로 지적 생활에 있어서 지금보다 한층 더 중요한 역할을 하지 않으면 안 된다."[61] 로빈슨의 이러한 주장은 "미국 역사학 특유의 제 이념"을 제안한 것으로 평가받고 있다. 그러나 미국의 신역사 쓰기는 이것이 전부가 아니었다. 군사사(military history)도 일반 역사(general history)로 분류되어야 하며, 그것을 특수한 역사로 분류하거나 야만의 역사의 상징으로 간주해서도 안 된다는 주장도 제기되었다. 이에 따르면 미국사는 군사사라는 관점에서 재서술되어야 한다는 것이다.[62]

61 차하순,「현대사의 과제와 방법」, p. 44.

62 콜링우드도 "군사사는 전략 전술에 대한 사상사"라고 불렀다. 박무성, 『역사학 개론』, p. 331.

(4) 루즈벨트는 역사가였다.

특히 주목할 점은 루즈벨트가 바로 미국의 신역사 쓰기를 시작한 인물 중의 하나라는 점이다. 그는 『1812년 영미 해전사』, 『미국의 서부정복사(*The Winning of the West*)』를 썼으며, 전자의 책으로 저명한 역사가의 대열에 합류했으며, 후자의 책으로 미국 역사학회 회장이 되었다. 루즈벨트의 역사인식은 다음과 같다. 1) 미국사=세계사의 일부다. 2) 서부사=세계사의 압축판이다. 3) 군사사=보편사이다. 4) 미국사와 다른 지역의 역사는 하나의 역사로 통합되어야 한다. 즉 세계연방(world federation)이라는 관점에서 미래의 역사는 쓰여야 한다. 요컨대 이러한 주장들은 모두 미국 역사가들이 다음과 같은 과제를 수행 중이었음을 보여준다. 첫째, 미국의 분리된 주들을 민족국가로 통합하기 위한 역사를 써야 한다. 둘째, 유럽사로부터 미국사만의 정체성을 찾아야 한다. 셋째, 미국 연방을 외부세계와 연대할 수 있는 역사관을 제공해야 한다.[63]

Ⅲ. 헐버트는 세계 역사학의 논쟁을 알고 있었을까

헐버트는 당시의 유럽과 미국에서 벌어지는 역사논쟁을 알고 있었다. 그가 쓴 책들은 헐버트가 역사가로서 같이 고민하고, 자신만의 대응책을

63 최정수, 「미서전쟁과 미제국의 이념 만들기 : 아메리카니즘 vs 브리티시즘」, 『서양사론』, 129(서양사학회, 2016).

내놓았음을 보여준다.

1. 국제주의와 애국주의의 결합은 어떻게 가능할까

헐버트에게 이 문제는 특히 중요했다. *Echoes of the Orient*에서 이 책의 연구 목표가 국제주의였음을 밝힐 정도였다. "나의 연구"는 "국제주의(Internationalism)를 주제로 한" 것이다. "개인의 경험(personal experience)"을 바탕에 한 것이기 때문에 "현재로는 겉핥기식이고, 부적절할 수도 있지만" 그럼에도 "내가 도달한 결론은" 분명히 국제주의로부터 나온 것이다.[64] 그렇다면 헐버트의 국제주의는 무엇일까. 첫째, 그는 "국제주의(internationalism)"와 민족주의는 결합될 수 없다고 보았다. "민족주의는 이기적이고 불화를 야기하기" 때문에 "민족주의의 토대 위에서 공통의 조화(common accord)를 구축할 수" 없다는 것이다."[65] 둘째, 다음으로 그는 국제주의와 "애국주의(patriotism)"의 결합을 검토했다. 헐버트는 많은 사람들이 이를 불가능하다고 보는 이유를 검토했다.

> "국제주의 vs 애국주의"의 적대적 관계는…피할 수 없으며, 본질적인 반목이 존재하기 때문에…이상(highest ideals)을 지닌 훌륭한 사람들과 가장 이타적이고 인간적인 원리로 무장한 사람들조차도, 다음과 같은 결론에 사로잡히지 않을 수 없다. 국제주의와 애국주의는 어깨를 나란히 하며 양립할 수 없다는 것이다.[66]

64 *Echoes of the Orient*, p. 260.

65 *Echoes of the Orient*, pp. 329-330.

66 *Echoes of the Orient*, p. 352.

왜 양립하기 어려울까, 1) 많은 사람들이 "애국주의 개념"을 "나라 사랑(love of country), 지방제일주의(provincialism), 당파주의 근성(partisanship) 또는 민족적 결속이론(principle of national country)" 등의 개념과 동일시하기 때문이다. 2) 애국주의의 오류(basic fallacy)를 지적하거나 윤리적으로 틀렸다고 비판할 경우 문화 및 사회 충돌을 일으킬 것이기 때문이다. 그것은 사상(human thought)의 대충돌(cataclysmic)과 같다. 3) 고대로부터 기원함으로써 역사의 일부가 되었기 때문이다. 4) 보편성(universal)을 지니고 있기 때문이다. 즉 모든 나라가 가지고 있다.

그럼에도 헐버트는 애국주의는 국제주의와 결합할 수 있다고 보았다. 다만 다음과 같은 조치가 병행되어야 한다는 것이다. 1) 애국주의의 뿌리를 어느 정도 제거되어야 한다. 그러나 이는 "윤리적 토대를 구축"함으로써 가능하다. 윤리적 토대는 전체의 존경을 끌어낼 수 있는 것이어야 한다. 즉 "고위(high)의, 존엄성이 있으며(dignified), 이타적(altruistic)인 토대 위에 구축"되어야만 하며, 타산적인 편의주의, 실용성, 효용성 등에 입각한다면 안 된다. 2) 그렇다고 할지라도 다른 문화요소를 건드리지 않도록 신중해야 한다. 그래야만 애국주의 간에 상호작용현상이 일어나 "인간의 경험이라는 토양 속으로 녹아들 것"이기 때문이다.[67] 즉 애국주의의 윤리적 토대를 세우지 못하면 애국주의와 국제주의의 결합은 실패한다는 것이다.

그렇다고 윤리적 토대만을 가지고 국제주의와 애국주의가 결합될 수 있는 것은 아니다. 양자의 또 다른 토대는 법(law)이다. 법은 애국주의와

67 *Echoes of the Orient*, p. 325.

국제주의의 공통의 출발점(common departure)[68]이기 때문이다. 이를 위해 다음과 같은 조건을 갖추어야 한다. 1) 무엇보다도 법은 먼저 지방적 결속을 가져올 수 있는 것이어야 한다. 그 경우 두 가지를 기대할 수 있기 때문이다. 하나는 국제공동체에 대한 자발적 충성을 끌어낼 수 있으며, 다른 하나는 독제적인 국제공동체가 등장하는 것을 막을 수 있다는 것이다.

> 국제주의와 애국주의가 받아들일 수 있는 전제(premises), 즉 공동의 출발점을 세우거나,…그리하여 모두가 받아들이고, 모두가 인용할 수 있는 그런 법이어야 한다. 그런 법은 모든 국면에서, 즉 과학적이고, 철학적이며, 윤리적인 그리고 다른 모든 분야에서도 능동적이며 결정적으로 작용하는 그러한 법이어야 한다. 만일 먼저 지방적 결속(local cohesion)을 하지 않으면, 일반적 결합(general cohesion)을 존재할 수 없게 하는 그러한 법이 제정되어야만 한다. 물질적인 세계에서 분자(molecule)가 결합의 원리에 충성하지 않으면 어떤 일반적인 작용을 하기 위한 구조를 가질 수 없다는 점을 인정해야만 한다. 만일 집의 벽돌들이 자신의 본성에 따르지 않거나, 자신을 보존(integrity)을 하려는 끈끈함이 없다면, 집은 폐허가 되고 말 것이다. 이는 공리(axiomatic)와 같다. 사회학의 장에서 만일 개인이 자신에게 충성하지 않는다면, 또는 자신 자신을 존중(self respect)하지 않고, 보존하려고 하지 않는다면, 국가 간에 도움을 줄 수 있는 대등함(helpful coordination)이 구축될 가능성은 없다. 만일 도시(town)의 결합(cohesion)이 없다면, 그것은 가족들 간의 집합체(collection of families)에 불과하며,…어떤 단체정신(esprit de corps)도 발전시킬 수 없다. 그런 곳에는 어떤 국가도 성공적으로 존재할 수 없다.[69]

---

68 애국심의 본질은 감정이지만, 계몽주의에 대한 충성심으로부터 나온다. *Echoes of the Orient*, p. 388. 이 점에서 국제주의와 지적 뿌리가 같다.

69 *Echoes of the Orient*, p. 325.

2) 그렇다고 해서 과도한 중앙집권화를 초래하도록 제정되어서는 안 된다. 즉 이런 논리였다. 국가들의 "연방(Union)"은 필요하다. 이를 위해 연방은 "중앙집권화(centralization)"도 요구된다. 그러나 "과도한 중앙집권화"는 경계해야 한다. 그것은 "일반적 결속(general solidarity)에 필수적인 지방적 결속(local cohesion)을 점차적으로 파괴하며, 축소시키는 경향이 있기" 때문이다. 예컨대 만일 "매사추세츠, 버지니아, 아이오와, 캘리포니아 등이 지리적 표현에 불과하거나, 어떤 정신적인 특성(spiritual quality)을 가지고 있지 않다거나, 분리되거나 다름이라는 의미를 지니고 있지 않다면 연방이 존재할 수 없다"는 것이다.[70] 즉 국제연맹(the League of Nations)을 유지케 하는 힘 중의 하나도 애국주의이다. 만일 "결실있는 국제주의(internationalism)를 세울 수 있는 토대가 무엇이냐고 묻는다"면 "유일한 대답은 애국주의(patriotism)이다."[71]

또한 민족주의와 애국주의는 구별해야 한다. 민족주의는 이기심이지만 애국주의는 감정이기 때문이다.

> 만일 민족주의가 이기적이고 불화를 야기한다면 민족주의의 토대 위에서 공통의 조화(common accord)를 구축할 수 있을까. 답변은 애국주의를 적절하게 정의하는데 있다. 우리는 그것을 나라 사랑으로 불러야 하며,…사랑은 무엇보다도 감정이다. 부부간의 사랑(marital love)의 형태는 최상은…남편이 최상의 시민으로 승인받기를 바라는 것과 같은 사랑이다.…냉소적인 사람들은 이를…감성주의(sentimentalism)로 부른다. 그러니 그것은 사실상 가장 심원한

70 *Echoes of the Orient*, p. 325.

71 *Echoes of the Orient*, p. 329.

철학이다. 그 어떤 것도 이보다도 진실된다고 말할 수 없다. 사랑으로부터 인생이 분출한다. 지성(intellectuality)은 두뇌(head)의 문제이다. 그리고 인간 운명에 대한 어떤 위대한 질문도 결코 지성에 의해 해결되거나 될 수 없다. 삶의 역동력은 기본적으로 감정적이다.[72]

요컨대 헐버트의 역사 법정은 국제주의와 민족주의의 결합은 불가능하지만, 대신에 국제주의와 애국주의는 반드시 결합해야 한다고 판결한 셈이다.

2. 역사가들은 전체주의 폭력에 대해 심판자요, 민주주의에 대한 변호사가 되어야 한다

헐버트 역시 전체주의의 대두를 심각하게 받아들였다. *Echoes of the Orient*의 서문은 그 점을 보여준다. 여기서 그는 민주주의 사회로부터 전체주의적인 독재자가 나오게 되는 이유를 다음과 같이 분석했다.

현재 세계의 상황은 곤경과 위기에 놓여 있다. 해결되어야 할 문제들은 기하급수적인 속도로 늘어 갔지만, 반면 이를 해결해야 할 인간의 두뇌는 산술적인 속도로 늘기 때문이다. 이는 의회의 역할도 약화시켰다. 이러한 현상은 미국과 영국, 러시아, 독일, 프랑스 의회 등 모두에게서 나타났다. 정책은 개인적 정신으로부터 나오기 때문에, 의견의 합의(consensus)를 통해야 효과적이 될 수 있다. 그러나 의견의 다양성과 불안정성은 오히려 풀어야 할 어려운 문제의 양을 그 만큼 더 증가시킨다. 그리하여 의견이 합의에 도달하기란 더 어려워진

72 *Echoes of the Orient*, pp. 329-330.

다.…독재(dictatorship)는 여기서 기원한다. 통치자 계급(ruling class)에게 그들이 사람들에게 제공할 수 있는 유익한 아이디어가 결여되고, 사람들 간의 진정한 합의가 결핍되었을 때 절망에 빠진 사람들은 책임감을 부여받은 리더십이라는 것이 오류를 범할 수 있을지라도…과단성을 지닌 개인에게 방기토록 한다. 그리하여 그에게 국가라는 선박(craft)의 키(steer)를 조정케 한다.[73]

즉 의회가 양보와 타협의 산물임에도 그것을 망각하고, 사람들이 의회로부터 기대할 것이 없을 때 절망감에 빠진 사람들은 전체주의를 찾게 된다고 지적했다.

국회, 의회, 위원회의 발견은 항상 양보와 타협(a compromise and a compromise)의 산물이었지만, 이것의 가치는 늘 희석(dilution)되어 왔다. 그리하여 이러한 희석이 평범한 말(insipidity)에 가까워졌다. 그러자 사람들은 강력하고 결의가 굳으며, 정력적인 누군가에게 지도권(helm)을 주려는 경향이 생겼다. 만일 그들이 절망의 정도가 자포자기에 이를 정도로 절망이 크고, 현재의 딜레마를 벗어나 성공할 수 있는 유일한 길이라면 히틀러와 무솔리니를 환영할 것이다.[74]

그럼에도 민주주의는 위기를 극복할 힘이 있다고 보았다.

민주적 다수(democratic majority)는 오류를 범할 수 있다. 그러나 그것은 이전에 사회가 발명했던 어떤 정치체제(regime)보다도 이성적 정부(rational government)에 가장 근접했다. 그것은 가장 완벽하게 시행착오의 법칙에 따른다.[75]

---

73 *Echoes of the Orient*, Preface, p. 7.

74 *Echoes of the Orient*, Preface, p. 7.

75 *Echoes of the Orient*, Preface, p. 8.

즉 '민주주의는 앞으로 나아가며, 민주주의의 안티테제(antithesis of democracy)는 폭정 앞에 침묵(The Stillness of Tyranny)'하는 것이다.[76]

Ⅳ. 평가 : 세계의 역사 논쟁은 헐버트의 한국사 쓰기/해석에 영향을 미쳤을까

〈1〉 그렇다면 이러한 세계사적 논쟁과 대립 구도는 헐버트의 한국사 쓰기에 반영되었을까. 당연히 그랬다. 냉전사 연구로 유명한 역사학자 루이스 개디스(John Lewis Gaddis)도 지적했듯이 "역사가들은 자신들의 시대와 공간의 산물이요, 포로"이기 때문이다.[77] 이 점은 *History of Korea, Passing of Korea, Japanese in Korea, Echoes of the Orient* 등을 통해서 확인할 수 있다. 이 책들은 그 시대가 직면한 큰 문제들에 대한 원인 분석과 고민으로 가득 차 있기 때문이다. 이에 대한 구체적인 논증은 제1부의 나머지 장들과 제2부 및 제3부를 통해서 이루어 질 것이다. 여기서는 전체적인 윤곽만 제시할 것이다.

1) 아시아사를 유럽사에 종속시키는 역사쓰기에 대한 반성이 일어나고 있을 때, 헐버트 역시 한국사를 중국사 또는 일본사에 종속시키려는 움직임과 싸웠다. 그리고 한국사가 독립된 역사임을 주장했다. 헐버트의 이러

76 *Echoes of the Orient*, Preface, p. 8.

77 John Lewis Gaddis, *We Now Know : Rethinking Cold War History,* 박건영 옮김, 『새로 쓰는 냉전의 역사』 (2002, 사회평론), pp. 10-11.

한 주장을 담은 한국사 쓰기는 새로운 세계사 쓰기에 다름 아니다.

2) 국제주의와 민족주의와 타협할 수 있는가를 놓고 세계의 지식인들이 논쟁할 때 헐버트는 그것은 불가능하지만, 국제주의와 애국주의는 결합이 가능하다고 주장했다. 헐버트는 그것을 한국사를 통해 보여주려고 했다. 세 가지 방법으로 접근했다. 첫째, 한국사를 통해 한국인 들에게 애국심이 존재했음을 입증하는 것이다. 둘째, 한국인에 국제법을 준수할 능력이 있음을 보여주는 것이다. 셋째, 그러나 일본이 그러한 기회를 차단했다는 점을 입증하는 것이다. 즉 국제주의의 역사를 쓰는 것이다. 즉 한국사 쓰기와 한국현대사의 덧붙이기 작업은 국제주의와 애국주의가 가능함을 실물로 보여주기 위한 것이었다.

3) 서구의 역사학자들이 '세계전쟁이 세계사의 법칙'이라는 유럽의 전체주의의 역사관에 맞설 때, 헐버트의 역사쓰기 역시 같은 작업을 했다. 일본의 전체주의 전쟁의 기원을 밝혔기 때문이다. 헐버트는 그 기원을 러일전쟁과 을사협약에서 찾았다. 즉 1905년에 한반도에서 일본 전체주의가 출발했다는 것이다.

4) 한국에 민주주의 이식이 가능한가. 헐버트는 그것이 가능하다고 보았다. 그리고 전체주의가 발호하자 한국의 민주주의 이식 작업은 전체주의와의 투쟁에 있어서 매우 중요한 문제가 되었다. 민주주의 이식을 포기하는 것은 전체주의에 대한 굴복과 같았다. 즉 헐버트에게 한국은 민주주의와 전체주의의 싸움에서 누가 살아남을지를 결정짓는 지표 중의 하나였다. 헐버트의 한국사 쓰기가 세계의 역사전쟁의 일부였으며, 세계의 고민을 한국사를 통해 압축했다고 볼 수 있는 것도 이 때문이다.

5) 미국 역사학계의 논쟁도 헐버트의 한국사 쓰기에 반영되었다. 예컨대 미국 역사학계는 미국사는 유럽사의 일부인가, 아닌가를 놓고 논쟁 중이었다. 이는 한국사는 중국사의 일부인가, 아닌가라는 논쟁과 일맥 상통한다. 미국사가 영국 이주민의 역사가 아니듯이, 한국사 역시 중국 대륙으로부터 이주해온 이주민의 역사가 아니다. 미국사가 세계사의 일부이듯이, 한국사도 세계사의 일부가 되어야 한다. 또한 당시의 미국은 엽관제가 미국의 정치제도의 부패의 원인이냐를 놓고 논쟁했다. 조선의 관료제도가 한국멸망의 원인인가에 대한 헐버트의 검증 작업은 이런 배경 하에서 쓰인 것이다.

6) 나아가 헐버트는 미국의 역사학계에 새로운 논쟁거리를 던졌다. 한국에서 미국이 1905년에 한 일을 어떻게 기록할 것인가. 이 문제는 미국의 역사가와 법률가들에게 고민을 안겼다. 루즈벨트 행정부의 대한정책은 미국의 헌법사와 자유의 역사에 부합되는 행동이었는가를 묻지 않을 수 없었기 때문이다. 결국 이 문제는 제1차 대전 이후부터 미국 내에서 논쟁되기 시작했다.

요컨대 헐버트의 한국사 쓰기와 수정증보 작업은 4개의 커다란 역사적 운동들이 만나는 지점에서 일어났던 것이다. 첫째, 새로운 세계사 쓰기 운동과 전통적 세계사 쓰기를 고수하려는 운동 사이에서, 둘째, 민족주의와 국제주의가 충돌하는 지점에서, 셋째, 전체주의와 민주주의가 격돌하려는 순간에, 넷째, 미국사가 유럽사로부터 자신의 정체성을 찾기 위한 싸움을 벌이는 중에 헐버트는 한국사를 썼던 것이다.

〈2〉 헐버트의 한국사 쓰기가 세계의 역사 논쟁과 결부지어 이루어졌다면 역사학자로서 다음과 같은 평가가 가능하다

(1) 헐버트의 이런 식의 역사 쓰기는 보편사 쓰기에 다름 아니었다. 미국과 일본의 가세로 동서양사는 하나로 합쳐졌으며, 이로써 보편사가 출범했다는 오늘날의 보편사 쓰기의 개념 규정이 이를 보여준다.

> 오늘날 현대사는 탈유럽적 현대사라는데, 그 기본적 특성 중의 하나가 있다. 실상 세계사는 오랜 동안 유럽 중심이었다. 15세기 말 이래…지리상의 발견이…유럽 세력들의 식민지 경쟁과 제국주의적 침략을 격화시켰으며,…아시아와 아프리카(에)…유럽의 관념과 가치관을 전파시켰다. 19세기 후반까지 유럽은 그 자체로서 하나의 세계일 뿐만 아니라 전 인류사의 중심이었다.[78] 그러나 19세기 후반부터 유럽외적 세력에 의해 유럽의 역사 및 세계사가 재구성되기에 이르렀다. 특히 일본과 미국이 세계의 세력으로서 대두한 사실은 세계사적 영도권이…〈유럽시대의 종말〉을 가져오는데 결정적인 역할을 하였다. 20세기에 이르러 서양세계와 동양세계는 하나로 합쳐졌고,…인류의 역사는 완전히 특수적 개별사로부터 보편적인 세계사로 전환하였다.[79]

(2) 헐버트는 국제주의에 입각한 한국사 쓰기는 오늘날의 관점에서 보면 지구적 차원의 역사 쓰기와 같다. 왜냐하면 헐버트는 청일 및 러일전쟁기의 한국문제를 다루었는데, 이 사건들은 오늘날 "지구적 차원의 국제사의 문제"였다고 평가하기 때문이다.

---

78 차하순, 「현대사의 과제와 방법」, 『계단 현대사』(서울언론문화클럽, 1980), pp. 43-44.

79 차하순, 「현대사의 과제와 방법」, pp. 43-44 ; 사실 헐버트는 19세기 후반 이전의 한국사 역시 한중일 3국 간의 국제관계사로 풀어썼다. *History of Korea*의 임진왜란과 병자호란에 대한 해석이 이를 보여준다.

> 일찌기 한국의 역사는 중국 및 일본과의 상호작용성 속에서 전개되었다. 그러나 19세기 말부터 20세기 초에 걸쳐 한국 현대사는 그러한 지역적 한정성을 벗어났다. 청일 및 러일전쟁은 세기 전환기에 한국정치에 큰 영향을 미쳤다. 톰슨의 표현을 빌리면 상호의존과 상호작용이라고 지칭될 수 있는 현상이 일어난 것이다.…이 같은 문제는 〈지구적 차원의 국제사의 문제〉이다.[80]

(3) 뿐만 아니라 헐버트는 청일 및 러일전쟁을 당시대의 역사가들과 다른 관점에서 접근했다. 두 전쟁 모두 폭력이란 관점에서 고발했기 때문이다. 이러한 해석은 언급한 바 있는 카의 러일전쟁의 역사적 의미부여와 비교된다. 카는 러일전쟁을 20세기를 혁명의 세기로 이끈 사건으로 보았기 때문이다. 그런데 카의 해석은 1961년에, 헐버트의 해석은 그보다 55년 전인 1906년에 나왔다. 즉 카는 러일전쟁 후에 일본이 벌인 침략과 폭력의 역사를 보았다. 그리고 같은 시기 유럽에서 벌어진 전체주의의 등장을 목격하고 이를 고발하는 역사를 썼다. 〈위기의 20년〉이 그것이다. 여기서 연구자는 의문이 생겼다. 카는 나치 전체주의가 저지른 행위를 폭력으로 보면서, 왜 그 반대편인 동양에서 벌어지는 일본 군국주의의 폭력을 외면했을까. 과연 후일의 역사는 누구의 평가에 손을 들어주었는가. 러일전쟁은 20세기의 세계의 진보를 가져온 사건의 촉발제였다는 카의 해석일까. 러일전쟁은 동양평화가 아니라 세계평화를 위협할 가능성이 많다는 헐버트의 전망일까. 분명한 것은 헐버트가 전쟁사를 폭력의 관점에서 다룬 선구자적 역사가인 것만은 부정할 수 없다는 것이다.

80 차하순,「현대사의 과제와 방법」, p. 42.

(4) 헐버트의 역사쓰기가 세계개혁의 일환이었다는 점도 간과되어서는 안 된다. 헐버트의 한국사를 해제한 윔즈는 헐버트를 개혁가로 평가했다. "헐버트"는 "문화분야 연구에서 절반 쯤의 개척자이자, 정치분야에서 절반의 십자군적 기질을 가진 개혁가(half cultural research pioneer and half political crusader)였다."[81] 그렇다면 헐버트는 왜 개혁가가 되었을까. 또 무엇을 개혁하려고 했을까. 윔즈는 이에 대해 다음과 같이 설명했다.

> 헐버트의 전 생애는 일심(singleness of purpose)을 다해 다음 3가지를 추구한 것으로 성격지워진다. 모두를 위해 주장된 정의(insistence on justice for all), 공공 이슈(public issue)에 대해 요구한 열린 토론(open discussion), 개인들(individuals)과 국가들(nations)의 진정성(sincerity)과 가치를 동시에 신봉하는 억제할 수 없는 성향(irrepressible tendency) 등이 그것이다.[82]

즉 위의 설명은 헐버트가 20세기의 빅 이슈(Big Question)에 적극적으로 개입할 수밖에 없었던 이유를 알려준다. 그리고 헐버트의 이러한 개혁론이 바로 역사관에 반영되었다. 따라서 헐버트의 한국사 쓰기는 세계개혁론이 들어있는 청사진과 같았다. 그 청사진의 결론만 소개하면 이런 논리였다. 한국을 개혁하는 일은 미국을 개혁하는 일이며, 나아가 그것은 세계를 개혁하는 일이다.

더욱이 그의 개혁론은 책에서만 주장되는 것이 아니라, 역사의 현장에서 펼쳐져야 하는 것이었다. 일본 내에는 헐버트를 죽이고 싶어 했을 정도의 여론이 존재했다는 점, 미국 정부는 (헐버트의 비탄을) 탄핵으로 받아

---

81 *History of Korea* ED p. 60.

82 *History of Korea* ED p. 23.

들였다는 점, 심지어 일각에서는 반역자의 언행으로 보았다는 점 등이 그의 개혁론이 실천을 지향했음을 보여준다. 마치 소크라테스가 자신의 철학을 변론하기 위해 목숨을 던졌듯이, 마르크 블르흐가 역사를 변명하기 위해 나치에 맞서 죽음을 택했듯이 헐버트는 그러한 성향을 지닌 인물이었다. 이 점은 제2부와 제3부를 통해서 밝혀질 것이다. 한마디로 헐버트의 한국사 쓰기와 해석은 시대를 앞서갔을 뿐만 아니라, 새로운 세계사 쓰기의 선구자였으며, 한국사를 포함한 세계사 쓰기의 실제적인 예를 보여주었다는 점에서 재평가받아야 한다.

제3장

Square Deal 역사관 : 한국인이 쓴 한국사를 심판하라

–중국/일본의 자료에 근거한 외국인의 한국사
vs 한국인이 쓴 '한국사들'에 근거한 헐버트의 한국사–

Ⅰ. 문제제기

역사법정이 한국사를 심판하려면 법정이 심판해야 할 한국사가 있어야 했다. 그러나 법정에 제출된 역사는 모두 외국인들이 중국 및 일본 자료를 보고 쓴 한국사였다. 이것만 가지고는 역사 재판이 성립될 수 없었다. 이를 테면 법정에 피고발자만 출석한 셈이기 때문이다. 공정한 재판이 이루어지려면 고발자인 한국인이 쓴 한국사가 있어야만 했다. 그래야만 배심단과 재판부는 둘 중의 어느 편의 한국사가 진실을 담고 있는지 판단할 수 있을 것이기 때문이다.

물론 한국인이 쓴 한국사는 많이 있었다. 그러나 논리의 공방전이 펼쳐질 법정에서 쓸 수 없었다. 영어로 쓰인 한국사가 없었다는 점, 또한 한국사들(histories)'은 있었지만, '통합한국사(history)'가 없었다는 점, 한국인들의 역사 서술방식은 서구인들은 이성의 영역에서 이해될 수 없었다는 점 등이 복합적으로 작용했다.

이에 소송 대리인으로서 헐버트는 법정용 한국사를 써야만 했다. 영어로 쓰여야 했으며, 여러 사람의 한국사를 통합한 것이어야 했다. 그리고 서구인의 인식이 가능하도록 역사서술 방식도 바꾸었다. 또한 멸망한 구한국의 역사에 대한 개정 증보판을 끊임없이 펴냈다. 1905년 이전까지의 역사를 쓴 *History of Korea*와 1905년 이후의 역사를 담은 *Passing of Korea, Japanese in Korea, Echoes of the Korea* 등이 이를 보여준다. 헐버트는 자신의 이러한 식의 한국사 쓰기를 Square Deal의 개념으로 설명했다. 과연 스케어 딜 역사관은 무엇인가.

Ⅱ. **Square Deal**의 역사관은 무엇인가

Square Deal은 공정한 역사 쓰기를 의미했다. 헐버트가 역사가들은 다음과 같은 조건을 갖추어야 한다고 했기 때문이다.

〈1〉 역사가도 편견을 지녀야 한다고 주장했다. 그러나 그 편견은 정의여야 한다

한쪽 편을 든다는 것이 반드시 편견을 의미하지는 않는다. 만일 그렇다면 정의(justice), 국제 공동체(comity of nations), 올바른 애국주의(right patriotism) 등에 대한 나의 특별한 사랑은 편견이 된다. 만일 법정 변론에 나선 변호인(lawyer for the defense)으로서 그의 의뢰인의 대의명분(cause)을 정의라고 믿는 것은 비난받을 수 없다.[83]

83 *Echoes of the Orient,* Preface, p. 9.

헐버트의 이러한 주장은 그의 변론에 대해 다음과 같은 비판에 대한 반박으로 나온 것이다. '헐버트의 한국 편들기는 편견이다.' 이에 헐버트는 오히려 역사가란 편견을 지녀야 하며, 다만 역사가의 편견은 정의여야 한다고 역설했다. 이를 통해 편견 없는 역사를 내세우며 부정의를 편드는 역사가들을 비판할 수 있었다.

〈2〉 때문에 역사가의 편견은 심판받아야 한다. : 심판자는 여론/독자이다. 즉 "편견"은 "데이터"라는 "지식에 토대를 둔다." 그것은 부정확할 수 있다. 따라서 "이러한 데이터로부터 연역되는 결론들이 설득력을 갖추었는지는 독자들이 판단할 몫으로 남겨져야만 한다."[84]

〈3〉 헐버트가 지목한 최후의 심판자는 여론이었다. : 헐버트는 여론의 약점에도 불구하고 신뢰했다. 이런 논리였다. "민주적 다수(democratic majority)"는 '속이기 쉬우며 오류를 범할 수 있다.' 그러나 "그것은 이전에 사회가 발명했던 어떤 정치체제(regime)보다도 이성적 정부(rational government)에 가장 근접했다. 그것은 가장 완벽하게 시행착오의 법칙에 따른다. 시행착오의 법칙은 진보를 보증할 수 있는 유일한 법칙이다." 왜냐하면 민주주의는 시행착오를 통해 '일을 진척시켜 나가기 때문이다. 이는 민주주의가 과오에 대해 고백하기를 자랑스러워 하며 나아가는 속도는 굼뜨지만, 그럼에도 진전을 계속한다.'[85]

---

84 *Echoes of the Orient,* Preface, p. 9.

85 *Echoes of the Orient,* Preface, p. 8.

따라서 역사가의 역할은 여론이 판단할 수 있도록 정확한 정보를 제공하는 데 있다. 이 점에서 자서전(Autobiography)도 가치가 있다. 독자들이 국가의 공인기록과 비교함으로써 공정한 판단을 기대할 수 있기 때문이다. 자서전 쓰기는 민주주의적인 역사서술법이다.

> 의견의 민주적 합의(democratic consensus of opinion)는 가치가 희박해지기보다는 더욱 희망적 관점을 보여주고 있다. 그것은 개인들을 보편적 인간(universal man)과 닮은 꼴(semblance)로 뒤섞고 있으며, 이는 마치 사진의 합성(composite photograph)과 같다. 그리고 민주주의의 성공과 실패는 보편적 인간의 활기로움과 능력에 의존하며, 많은 것들이 의견을 표출할 수 있는 개인의 자유와 자발성(willingness)에 기대고 있다. 만일 그렇지 않다면 합성사진은 잘 보이지 않게 될 것이고, 설득력이 없어질 것이다. 바로 이곳에서 자서전 쓰기는 (autobiography) 변호될 수 있으며, 자서전의 가치는 존재한다.[86]

요컨대 헐버트의 변론을 미국을 비롯한 세계의 민주주의 여론에 호소한다는 전략이었다. 그리고 여론에 호소를 하기 위해서 공정한 역사 쓰기가 요구되었다. 왜곡된 역사 쓰기에 의해 미국의 여론이 오염되어 있기 때문이다. 이 때문에 공정한 역사 쓰기는 일본의 서구 여론 조작 및 왜곡 구조를 밝히는데까지 나아가지 않을 수 없었다. 비유하자면 공정한 역사쓰기는 역사 왜곡 바이러스에 맞서는 항체와 같은 것이었다.

〈4〉 공정한 역사를 쓰기 위해 사료 선정 및 서술 방식에 제한을 두지

---

86 *Echoes of the Orient,* Preface, p. 8.

말아야 한다. : 헐버트는 역사를 서술함에 있어서 당시의 전문역사학자들이 금기시한 방식을 자유롭게 사용했다. 예컨대 헐버트는 개인적 경험도 역사를 전하는 방법이 될 수 있다고 보았다. *Echoes of the Orient*의 서문은 이렇게 말한다.

> 나는 이제부터 자신의 개인적 경험(personal experiences)을 펼쳐 놓으려고(recital) 한다.…누구라도 작가가 말한 것에 대한 특별한 흥미를 지닌다.[87]

헐버트는 문학을 중요한 사료에 포함시켰다. "한국의 모든 문학은 역사물인 동시에 순수 문학이라는 평가는 상당히 진실에 가까운 것"이 될 수 있다는 것이다.[88]

> 시간이 흐를수록 나는 한국 문학에 더욱 깊이 빠져들었다. 그 속에 쓰여진 역사(written history)를 지닌 나라가 있었다. 우리보다도 몇 세기나 소급하여 올라갈 수 있는 역사였으며, 예수의 시기로 거슬러 올라가야 하며, 다윗과 솔로몬의 시절까지 돌아가야 하는 역사였다. 아브라함과 함무라비시대까지 거슬러 올라가야 한다. 그것은 단편적으로 제외하고는 외부 세계에 알려진 적이 없다. 그것은 정보의 창고와 같았으며, 흥미와 호기심 없이 묘사한다는 것은 불가능했다. 그것이 내가 깊이 빠져든 이유이다. 한국은 1500년 동안 학문을 숭상해 온 나라이다. 남성다움(manhood)의 척도는 군사적 용맹(military prowess)이 아니라 문장력이었다. 관리로서의 재능이나 리더십은 스콜라틱 능력 앞에 숙여야 한다.…그 나라는 서적들, 중국의 고전만이 아닌 서적들, 역사, 전기문학,

87 *Echoes of the Orient,* Preface, p. 7.

88 *Passing of Korea,* pp. 296-297.

과학—등으로 가득 차 있다. 나는 동사찬요의 필사본을 입수했다. 그 책은 9권으로 되어 있다. 한국의 4개의 위대한 역사들(the four great Histories of Korea)의 개정판이었다. 그것은 신화와 전설들의 여명기로 시작된다. 그리고 예수 이전의 2000년간의 역사가 펼쳐진다. 그것은 1392년에 종결된다.[89]

물론 한국인들이 쓴 역사를 역사책의 범주에 포함시켰다. *History of Korea*는 "순수한 한국 사료를 바탕으로 한국사를 영어로 서술한 최초의 책이다."[90] 또한 한국사를 종합적으로 접근했다. *Korea Review* 발간사는 이 점을 보여준다. "이 잡지는 왜 필요한가." "한국인과 한국 역사, 관습, 법, 예술, 과학, 종교, 언어, 문학, 민속, 인종적 관계(ethnological relations)" 등을 통해서 "한국 역사를 알리는 매개체를 제시"하는데 있다.[91]

〈5〉 공정한 역사를 쓰려면 강자가 아니라 약자의 역사도 써야 한다.

그 경우 1) 약자의 망국의 역사를 서술함으로써 강자의 폭력을 고발할 수 있기 때문이다.

여기에 기록된 경험은 세계에 알려지지 않은 구석진 곳에 위치한 한국이란 왕국에서 20여 년 남짓 거주하면서 겪었던 일이다. 그 땅은 지리적 위치 때문에 오랜 역사라는 특징과 정치적 붕괴라는 비극을 동시에 체험한 땅이다. 섬 권력의 특징을 지닌 일본이 발전의 첫 조치로 취한 것은 대륙적 권력으로 나아가는 것이었다. 그 운명적인 나라(역자 : 한국)의 근대사(modern history)는…과

89 *Echoes of the Orient*, pp. 71-72.

90 한국사 드라마가 되다. 1권, pp. 14-15.

91 *Korean Review,* 1901, pp.22-23.

실로 점철된 일종의 인생극(comedy of errors)으로 구성할 수 있다. 이 책의 존재이유가 여기에 있다. 이런 비극적인 이야기의 진행과정 그 속에서 전하는 교훈들을 보여줄 수 있다.[92]

2) 강자를 고발한다는 것이 약소국의 문제점을 감추는 행위가 되어서는 안 된다. 한국의 장단점을 같이 파악해야 하며, 특히 관료주의의 윤리적 타락은 지적해야 한다. 헐버트의 이에 대한 비판은 일본의 한국지배 옹호론의 근거가 될 정도로 날카로운 것이었다.

오래 동안 이국인들 사이에서 살기 위해, 그들의 언어를 배우기 위해, 그들의 장점과 단점을 파악하기 위해, 그들에게 주어진 불리한 점(handicap)을 살피기 위해 노력했다. 이러한 일들은 (한국/서구)사람의 교감/공감(sympathies)을 발휘하지 않고서 할 수 없었다. 반면 이는 (한국인에 대한 공감을) 불합리한 방어(irrational defense)로 보이게 할 수 있다는 점에서 위험성을 높였다. 작가는 적어도 부분적으로 그런 위험을 제거할 책임이 있다. *Passing of Korea*와 *History of Korea*을 통해서 작가는 타협할 수 없는 비난(uncompromising criticisms)에 직면케 되었다. 그 비판은 바로 한국 관료주의의 윤리적 한계(ethical limitations of Korean officialdom)에 대한 것이다. 이는 한국의 흠집을 잡는 사람들이 자신들이 주장을 방어하기 위해 내 책에서 가장 공공연하게 인용하는 부분이다.[93]

이에 헐버드는 공직자의 부패를 지적하면서도 타국과 비교함으로써 공정성을 회복했다. "관료의 부정(official indirection) 문제를 놓고" "사실들"

92 *Echoes of the Orient,* Preface, pp. 8-9.

93 *Echoes of the Orient,* Preface, p. 9.

을 토대로 "연구"하면 "일본, 한국, 중국, 러시아" 중에 한국의 부정의 규모가 "아주 작다"는 점을 확인할 수 있다.[94]

다음의 사례 또한 공정한 역사쓰기가 무엇인지를 잘 보여준다. 헐버트는 *Passing of Korea*에서 한국의 멸망 원인을 상세히 묘사했다. 언급했듯이 『대한제국 멸망사』로 번역될 정도였다. 그런데 헐버트는 이 책을 고종과 한국민에게 바친다고 했다.

> 비방이 그 극에 이르고 정의가 점차 사라지는 때에 나의 지극한 존경의 표시와 변함없는 충성의 맹세로서 대한제국의 폐하께, 그리고 지금은 자신의 역사가 그 종말을 고하는 모습을 목격하고 있지만 장차 이 민족의 정기가 어둠에서 깨어나면 잠이란 죽음의 가상이기는 하나 죽음 그 자체는 아니라는 것을 증명하게 될 대한제국의 국민에게 이 책을 드립니다.[95]

헐버트의 이 언설 또한 공정한 역사쓰기의 원리가 담겨 있다. 한편에서는 멸망의 원인을 제대로 알려주는 것을 충성으로 간주하고 다른 한편에서 한국의 죽음은 잠과 같은 것이어서 결국 깨어날 것이라는 희망을 잃지 않아야 한다고 충고했기 때문이다. 즉 종말, 죽음, 잠, 깨어남, 민족의 정기 등의 표현들을 통해서 소멸되는 한국(old Korea)과 부활할 수 있는 한국(new Korea)을 대비시켰다. 또한 그의 언설은 누가 한국을 잠들게 했는가에 대한 책임과 아울러 누가 잠든 한국을 깨워야 하는가라는 추궁도 담고 있다. *Passing of Korea*는 제목상으로도, 또한 내용상으로도 공정한 역사

94 *Echoes of the Orient,* Preface, p. 9.

95 *Passing of Korea,* 저자 서문.

쓰기가 무엇인지를 보여주는 표본이었다.

Ⅲ. 한국에서 작동한 두 개의 Square Deal

헐버트의 공정한 역사쓰기는 루즈벨트의 대한정책을 비판하기 위해서도 중요했다. Square Deal은 루즈벨트의 역사관이기도 했기 때문이다. 더욱이 루즈벨트의 Square Deal 역사관은 세계전략을 통해서 대외정책으로 구현되었다. 따라서 루즈벨트의 대한정책은 Square Deal 역사관의 발현이었다. 여기서 헐버트와 루즈벨트의 Square Deal 역사관은 충돌했던 것이다.

〈1〉 루즈벨트의 Square Deal 사관은 대한정책의 바탕이 되었다. : 루즈벨트의 공정한 역사쓰기는 대통령이 되기 전부터 지녔던 것이다. 이 점은 서부인의 역사가 다시 쓰여야 한다고 본 것에서 알 수 있다. 그는 동부인들의 서부인에 대한 다음과 같은 인식을 문제시 했다. 동부의 유산자들은 서부인을 비미국인, 나아가 비문명인이며, 심지어는 폭력의 무리로 보았다. 19세기 말에 등장한 영화, 또한 페니 소설(Penny book), 와일드 와일드 웨스트 쇼(Wild Wild West Show) 등을 통해서 서부인들의 그러한 이미지가 고착되어 갔다. 예컨대 영화 속의 서부인은 열차강도였다. 그러는 가운데 목동과 소몰이꾼을 의미했던 '카우보이(cowboy)'는 '열차강도'와 '무법자(outlaw)'로 뜻이 변해갔다. 루즈벨트는 이를 동부인의 편견으로 보았다. 그리하여 두 눈으로 서부인의 실체를 확인키로 했다. 이에 그는 뉴욕시의 시의원직을 포기하고 서부에 목장을 구입한 후 서부인들의 생활을 직접 체험했다. 심지어는 배드 랜드(Bad Land)로 불리는 극서부를 목숨을 걸고 탐험했다. 그리고 결론을 내렸다. 서부는 미국인의 탄생지이다. 동부인도 처음에는 서부인이었다. 서부는 민주주의가 탄생한 곳이요, 연방제도가 탄생한 곳이다. 그는 이를 서부 역사쓰기를 통해서 알렸다. 〈서부정복사 (*Winning of the West*)〉 바로 그 결과물이었다. 그리하여 영화와 쇼를 통해서 왜곡되었던 서부인들의 삶에 대한 공정한 역사가 탄생했다.

그리고 루즈벨트의 역사쓰기를 통해 동부사와 서부사는 하나의 역사가 되었다. 아울러 유럽의 역사의 일부라는 역사관으로부터 벗어날 수 있었다. 루즈벨트는 '미국사=영국사의 일부라든가, 유럽사의 일부라는 식의 주장'을 '미국판 식민사관'으로 받아들였다. 나아가 그는 미국사를 세계사의 일부로 해석했다. 태초에 지구는 서부와 같은 상황이었고, 인간들은 서부인의 입장에 놓였을 것이기 때문이다. 따라서 미국인들의 서부 이동과 정착은 문명 건설에 다름 아니었다.

루즈벨트의 공정한 역사쓰기 사관은 대통령이 되었을 때, 세계공동체(world federation) 만들기 운동으로 표출되었다. 그것은 3가지를 원리로 하는 국제체제였다. 국제법(international law), 국제경찰(international police), 미국 대법원(Supreme Court)제도 등이 그것이다. 요약하면 이렇다. 국가 간의 분쟁을 해결하기 위한 중재재판소(Arbitral Court)를 세워야 한다. 미국의 대법원이 그 모델이 될 수 있다. 그리고 강제집행력을 보장하기 위해 국제경찰을 설립한다. 이렇게 하면 세계공동체를 만들 때 가장 큰 장벽이 해소된다. 열강과 약소국(weak state)의 분쟁을 법을 통해서 평화롭게 해결될 수 있기 때문이다. 즉 국제법, 국제경찰, 중재재판소 등은

Square Deal이 국제질서의 체제의 원리로 사용된 결과물이었다. 여기서 Square Deal 역사관은 세계공동체의 설계원리가 되었다. 즉 Square Deal한 역사쓰기는 세계공동체의 설계도였다.

그랬기 때문에 루즈벨트의 Square Deal 역사관은 한국사를 해석함에 있어서도 작용했다. 루즈벨트의 아시아의 역사 속에 미국 서부인과 같은 역사가 존재했는지를 확인했다. 그는 일본사에서 그 점을 발견했다. 사무라이의 역사는 마치 서부인들과 같은 궤적을 밟았다고 보았다. 따라서 일본인은 서구인들과 같이 공평한 대접을 받아야 한다. 그리고 이러한 식의 일본사 인식은 한국사를 바라보는 기준 시각이 되었다. 한국은 사무라이 같은 제도가 없다. 국권이 박탈당하는 순간에도 싸우지 않고 미국이 대신 싸워줄 것을 부탁했다는 점이 이를 보여준다. 따라서 한국은 Square Deal한 국제체제가 제공하는 보호망을 누릴 자격이 없다.

그리하여 루즈벨트는 한국에 대해 다음과 같은 정책을 추진했다. 첫째, 한국은 패배자로서 승자인 일본에 복종해야 한다. 둘째, 한국에 적용되어야 할 국제체제는 세력균형(Balance of power)체제여야 한다. 셋째, 미일관계에 있어서 비밀협정은 가능하다. 태프트-가쓰라협정이 그것이다. 넷째, 한국은 국제조약체제에서 영구퇴출되어야 한다. 뿐만 아니라 한국문제가 중재재판에 회부되는 것도 막아야 한다. 한국과 같은 무능한 국가에 대해 중재재판을 청구할 기회를 준다는 것은 공정하지 않기 때문이다. 이 점은 러시아가 제2차 헤이그 회의(1907)에 한국을 초청하려고 할 때 초청명부를 일본에게 알려주었다는 사실을 통해서 확인할 수 있다.

〈2〉 헐버트의 Square Deal

루즈벨트의 Square Deal 역사관이 그랬기 때문에 헐버트의 Square Deal 역사관은 중요했던 것이다. 그것은 무엇보다도 루즈벨트 식으로 일본사를 통해서 한국사를 비교하며 심판하는 것을 막았다. 또한 루즈벨트에 맞서서 헐버트의 Square Deal 역시 세계공동체(comity of nations)의 설계원리가 되었다. 그는 먼저, 조약을 두 종류로 나누었다. "비밀조약(secret treaty)"과 "공개적인 협정들(open agreements)"이 그것이다. 다음으로, 후자를 "미국의 이상(American ideal)"으로 지목했다. 공개적인 협정이 "공정한 협정(square deal)"을 가능케 하기 때문이다. 즉 '비밀조약=불공평'하며, "공개협정=공정한 협정"이며 "미국인의 이상이라는 것이다. 끝으로 "공개된 협정들만"으로 이루어진 "그런 식의 연맹을 만들자"고 "제안"하면서, 그것만이 미국을 국제분규에 "연루시키려는" 계획으로부터 격리시키는 법칙이 될 수 있다"고 주장했다.[96] 즉 "Square Deal=comity of nations=open agreements"의 연장선상에서 *History of Korea*를 비롯한 공정한 한국시 쓰기가 이루어졌던 것이다. Square Deal을 헐버트의 역사인식론으로 볼 수 있는 것도 이 때문이다.

문제는 헐버트의 Square Deal 역사인식이 루즈벨트의 그것과 거의 같았다는 것이다. 루즈벨트 역시 'Square Deal=미국의 이상(American ideal)=아메리카니즘(Americanism)'으로 인식했기 때문이다. 뿐만 아니라 루즈벨트 역시 비밀외교를 부정의한 거래라며 배격했다. 군사동맹체제는

96 *Echoes of the Orient*, pp. 311-313.

궁극적으로 중재조약체제와 국제경찰제도에 의해 대체되어야 하며, 이를 위해 전쟁주권의 일부는 제약되어야 한다고 주장했다. 그럼에도 루즈벨트는 한국에 대해 한미조약폐기 정책을 펼치고 이를 Square Deal한 정책이었다고 주장했다. 헐버트는 이 점을 참을 수 없었다. 과연 루즈벨트식으로 한국문제를 처리하는 것이 공정한 정책인가. 헐버트는 공정함의 의미가 상반될 수 없다고 보았다. 자신의 설명이 맞으면, 루즈벨트의 설명은 틀린 것이 된다. 그리고 틀린 것은 바로 잡아야 한다. 그것이 공정함의 역사를 관철하는 방법이다. 여기서 헐버트의 한국사 쓰기가 미국의 공정한 역사 쓰기의 일부가 되었다. 물론 그 역도 성립되었다. 미국인이 공정한 자국사를 쓰려면 한국사를 공정하게 쓸 수 있어야 했다.

Ⅳ. 평가 : 헐버트의 **Square Deal** 역사쓰기는 한국사를 위한 변론이었다

〈1〉 'Square Deal'은 헐버트의 역사쓰기의 핵심이 되는 개념이었다. 직역하면 '공정한 거래'를 의미한다. 이는 사용자와 노동자의 협상에서 비롯되었지만, 미국의 경우 사회의 전 영역에서 쓰인다. 스포츠의 경우 공정한 시합을, 정치의 경우 의회에서 벌어지는 공정한 토론을, 법원의 경우 공정한 재판을 의미한다. 국제체제의 경우 중재법정을 의미한다. 외교의 장에서 그것은 조약과 협정으로 나타난다. 물론 역사분야에서도 이 개념은 중요했다. 역사는 역사가들의 도덕적 심판을 받아야 한다는 의미를 담고 있기 때문이다. 즉 이렇게 비유할 수 있다. 헐버트는 외국인이 쓴 대부분의 한국사는 왜곡되었으며, 편견으로 가득 차 있다는 고발장을 역사 법정에 접수했다. 동시에 헐버트는 한국인이 쓴 한국사를 토대하여 만든 헐버트판 한국사를 제출했다. 역사 법정이 판결을 내리려면 먼저 두 개의 한국사를 비교하는 작업이 선행되어야 했기 때문이다. 이것이 헐버트로 하여금 한국사를 쓰게 한 동기였으며, 역사관이었다. 이런 역사관(Square Deal)은 유럽의 역사가들에게서 기대할 수 없는 역사관이며, 미국인 특유의 역사관이었다. '공정한 역사쓰기'로 번역한 것도 이 때문이다. 한마디로 'Square Deal'은 미국인의 DNA가 담긴 역사관이다.

〈2〉 헐버트의 공정한 역사쓰기는 한국사에 대한 중요한 변론이었다. 두 가지 점에서 그렇다. 첫째, 헐버트로 하여금 한국 현대사를 쓸 수 있게 했기 때문이다. 사실 헐버트의 역사쓰기는 당시의 미국의 주류 역사학계에서 받아들이기 힘든 방식이었다. 특히 외교사/국제관계사가들의 입장에서 그러했다. 헐버트의 책들은 외교 관계 사료를 보지 않고 쓴 것이기 때문이다. 헐버트도 이 점을 의식했다. *Echoes of the Orient*를 쓰면서 이 책을 "현대사(contemporary history)로 보지 말 것"을 특별히 부탁했기 때문이다. 언급했듯이 그는 이 책을 "자서전"으로 보아주기를 부탁했다. 그는 다음과 같은 이유를 제시했다. '자신은 외교문서를 비롯한 역사가들이 볼 수 있는 사료를 보지 못했으며, 자신의 경험, 상식, 교분이 있는 외교관으로부터 전해들은 말 등을 토대로 했기' 때문이라는 것이다. 그러나 윔즈도 지적했듯이 헐버트가 이 책에서 사용한 방식, 즉 주어진 사료를 최대로 활용하고, 증거들 간의 교차 확인 등을 통해서 사실을 밝히려고 했으며, 이는 전문 역사가들만이 할 수 있는 최상의 분석이었다는 것이다. 뿐만 아니라 헐버트는 사료를 보지 못했다는 점에 신중했지만, 위축되지 않았다. 공정한 역사쓰기는 '상식'을 가지고 쓸 수 있는 역사였기 때문이다.[97] 폼페이의 몰락을 현장에서 본 역사가와 그렇지 않은 역사가 중에 누가 공정한 역사를 쓸 수 있느냐는 예를 통해서 확인할 수 있다.

> (화산폭발로부터 : 필자) 생명을 구하여 폼페이의 멸망을 볼 수 있는 사람들, 비록 한순간의 부분(a minute sector)만을 볼 수 있었던 사람일지라도, 다음과 같은 사람들보다 그 사건에 대해 보다 나은 설명을 할 수 있다고 볼 수 있을까. 왜냐하면 너무나 증거가 빈약하여 도시의 그 자리가 어디인지를 2000년 동안 알 수 없었지만, 그럼에도 그 증거를 하나씩 끄집어내고 분석하는 사람, 그리고 오늘날 파괴의 흔적으로부터 대파괴에 대한 무언의 기록(mute records)을 파내는 사람보다 낫다고 할 수 있을까.[98]

사실 헐버트의 이 말은 특정인을 표적으로 한 답변이자 질문이었다. 20세기 전반부를 대표하는 미국 역사가 터일러 데넷(Thyler Dennett)이 1920년대 초에 국무성으로부터 루즈벨트의 서한집과 태프트-가쓰라협정문을 근거로 하여 헐버트의 루즈벨트의 대한정책 비판(1906년 테제)을 반박했기 때문이다. 데넷의 비판은 논문과 책을 통해서 가해졌다. 특히 데넷은 책의 부제에 '루즈벨트의 서한을 인용한 최초의 연구서'라는 점을 강조하면서, 헐버트의 비판에 반박했던 것이다.[99] 즉 데넷은 헐버트가 사료를 보지 않고 루즈벨트의 대한정책을 비판했다면서 과연 그러한 그를 역사가로 볼 수 있느냐는 것이다. 그러자 헐버트는 태프트-가쓰라협정을 비판하

---

97 *History of Korea* ED p. 70.

98 *Echoes of the Orient*, pp. 192-193.

99 이 논쟁은 제3부에서 소개할 것이다.

며 다음과 같이 반문했다. '사료 비판없이 루즈벨트의 말을 그대로 옮기는 것이 역사가인가.' 요컨대 헐버트의 반론은 명료했다. 데넷의 제1차 사료 인용하기는 불공정했다. 고종의 변론도 같이 놓고 검토했어야 했다. 데넷의 반박과 헐버트의 재반박으로 명실상부한 역사전쟁이 시작되었다.[100] 과연 '루즈벨트 문서를 직접 본 역사가의 주장(데넷)' vs '루즈벨트의 행동을 토대로 비판한 역사가(헐버트)' 중에 누구의 해석을 미국의 국제관계사로 보아야 할까.

둘째, 헐버트의 공정한 한국사 쓰기는 역사논쟁으로 머물 수 없었다. 그는 이를 통해서 후대 미국 위정자는 물론 역사학자들에게 '어느 편이 진짜 미국의 Square Deal인가. 또는 되어야 하는가.'를 물은 것이기 때문이다.

> 일본의 한국 보호국화는 불법이며, 열강은 이를 알면서도 Passing했다. 특히 미국은 그것이 미국 헌법을 침해하는 것을 알면서도 도와주었다. 그러면서도 미국은 수교한 이래로 25년간이나 한국문제에 대해 Square Deal한 입장을 견지했다고 주장해 왔다. 야수적인 행위에 대해서만 거중조정의 권리가 있는 것이 아니라, 독립을 침해당할 때에도 개입을 요구할 수 있는 권리다. 그것은 조약으로 보장했으며, 우리 국민의 우의(Good will)이기도 하다. 일본과 미국은 강제력에 도덕을 수반(the morality of the force)했다고 말하고 싶어겠지만, 그것은 아카데믹한 이론일 뿐이며,…즉 Square Deal한 입장을 지키려면 독립을 침해당한자의 항변을 듣는 것이 공평한 것이다. 또한 힘이 도덕을 수반했다

100 헐버트의 이런 식의 역사전쟁은 1905년 이후에 일본의 대한정책에 대해서도 전개되었다. 역사가들이 일본의 대한정책을 올바르게 평가하려면 다음 두 개의 정책 중에 어느 것을 보아야 할까. 일본총독 이토가 동경에서 외국인에 대해 발표한 일본의 대한정책 설계도인가. 아니면 총독부 관리들이 한국 현장에서 작동 중인 통치인가. 헐버트는 1907년에 쓴 *Japanese in Korea*를 통해서 던졌다.

는 주장은 가해자의 입장이며, 이는 불공정하다. 피해국의 입장을 듣는 것도 필요하다.[101]

헐버트의 입장에서 보면 두 개의 Square Deal이 있을 수 없었다. 결국 루즈벨트의 Square Deal은 치유되어야 했다. 남은 것은 '언제, 어디서, 어떻게 바로 잡아야 할까'였다. 헐버트는 이에 대해서도 밝혔다. '한국에서 1905년에 미국과 일본이 저지른 행위는 청산되어야 한다.' 이를 위해 한국을 해방시키고, 일본을 국제법정에 제소해야 한다. 그리고 한국을 포함한 세계 공동체를 부활시킨다. 이를 위해 미일전쟁을 각오해야 한다. '그것이 헐버트의 Square Deal이었다. 그는 이러한 주장을 1930년 후반에 나온 *Echoes of the Orient*에서 했다. 역사의 신는 어느 쪽을 택했을까. 물을 필요가 없을 것이다.

---

101 *Passing of Korea*, pp. 465-466.

제4장

3시대 구분법 : '한국 민족 공동체의 역사'가 존재함을 입증하라

—한민족의 실체가 보이지 않는 한국사 쓰기
vs 한민족을 보여줄 수 있는 역사쓰기—

Ⅰ. 문제제기 : 한국사=민족 공동체의 역사임을 입증하라

헐버트가 한국사를 변론할 때 부딪혔던 가장 큰 문제는 바로 이것이었다. '한국사가 국가가 존재했다는 증거가 될 수 있을까.' 이 문제는 만일 그 점을 입증하지 못하면 한국의 식민지화를 정당화할 수 있는 근거로 악용될 수 있다는 점에서 중요했다. 반면 한국인들에게 민족공동체(정신적 국가)가 존재했음을 역사를 통해 입증할 수 있다면, 그런 식의 논리를 부정할 수 있기 때문이다. 헐버트는 이를 위해 서구의 역사인식의 틀, 특히 3시대 구분법을 차용했다. 그는 이를 어떻게 활용했을까.

Ⅱ. 3시대 구분법을 적용한 한국사로 개조하기

3시대 구분법을 채택함으로써 헐버트는 다음의 해석이 가능해졌다.

〈1〉 인과론적 해석이 가능하다. : 3시대 구분법을 통해서 연대기적 역사 서술의 순환론적 고리(왕조의 흥망성쇄의 반복사)에서 빠져나와 한국사를 원인과 결과론으로 설명할 수 있게 되었다.

> 중국문학과 한국문학의 성격에서 두드러지게 나타나고 있는 것…그중에서도 가장 흔히 눈에 띄는 것은 자료를 보편화시키려고 하지 않고 형편없는 내용을 역사적으로 기술한 것을 통해서 확인할 수 있다. 서양의 역사가들은 역사적 기록에서 얻은 자료를 분석하고, 그 사건의 원인을 구명하며, 전시대의 특징을 몇 줄의 문장으로 요약하는 경우도 많다. 이 같은 작업은 극동의 연대기에서 전혀 찾아볼 수 없다. 역사적 사실의 단순한 어떤 기록에서 어떤 원칙을 연역해 내는 과학적 능력은 전혀 보이지 않는 것 같다.…한국의 모든 문학은 역사물인 동시에 순수 문학이라는 평가는 상당히 진실에 가까운 것이 될는지도 모른다.[102]

그러면 왜 인과론적 분석에 입각한 한국인이 쓴 한국사는 없을까. 한국인의 지적 능력이 선천적으로 열등하기 때문이 아니라, 한자 공부의 학습법이 기억에 의존하기 때문이다. "한자를 공부하는 것은 순전히 기억한다는 문제로 귀착된다.…기억력을 소모한다는 것이 추리적인 능력에 대해 아무런 효과를 주지 못한다."[103] 따라서 인과론적 설명의 부재는 후천적이며, 이는 학습에 의해 고쳐질 수 있다.

> 한국인은 무능하다는 평가를 받아 왔다. 그것은 공평하지 않나. 무능힘은

102 *Passing of Korea*, pp. 296-297.

103 *Passing of Korea*, pp. 296-297.

바로 무지와 반동적인 관료제에서 비롯된 일이며, 또한 무지는 교육의 부재에서 기인한다.[104]

〈2〉 비교사적 해석도 가능하다. : 비록 한국사는 진보의 역사는 아니었지만, 3시대 구분법을 적용함으로써 미래의 한국은 진보가 가능하다는 점을 주장할 수 있게 되었다. 즉 원운동의 역사를 직선의 역사로 펼쳐 놓으면 한국사에서 일어났던 사건들에 대한 다음과 같은 식의 인과론적이며, 비교사적 분석이 가능해 진다는 것이다. 우선 서양 역사상의 사건들과 수평적 비교가 가능해 진다. 예컨대 1) 한글과 인쇄술을 지녔음에도 서구와 같은 국민문학가가 없을까. 또한 왜 인쇄술 혁명을 가져오지 못했는가. 2) 한국의 백성들은 시위문화를 가지고 있다. 이는 마치 영국 혁명기의 항의하는 자(프로테스탄트)에 비유할 수 있다. 그럼에도 마그나 카르타를 결과하지 못한 이유는 무엇인가. 3) 비록 한국은 서구와 같은 봉건제는 없었지만, 지방제도(관찰사-수령방백-아전)는 유럽의 주종제 및 장원과 유사한 점이 있다. 그렇다면 그것은 한국의 자치주의의 씨앗이 될 수 없었을까. 4) 한국의 왕정은 서구의 절대왕정과 어디가 같고 다른가. 5) 한국의 과거제와 미국의 엽관제 중에 어느 편이 더 우수한 공직자를 선발할 수 있는 제도인가. 6) 헐버트는 일본의 봉건제도와 서구의 봉건제를 비교했다. 그리고 통설과 다른 해석을 했다. 양자는 다르다. 따라서 일본의 봉건제로부터 마그나 카르타(법치주의)를 기대할 수 없다.

헐버트는 왜 이러한 비교사적 분석을 했을까. 1)-6)을 합치면 다음과 같

104 (*History of Korea*, ED 39)

은 해석이 가능하기 때문이다. 한국은 민주주의와 법치주의 이식이 가능하다. 그러한 토양을 가지고 있기 때문이다. 비록 서구와 같은 봉건제는 아니지만, 지방제도는 유사한 자치 기능을 가지고 있다. 조선의 전제왕정은 유럽의 절대왕정과 같이 중앙집권적이기 때문에 계몽군주가 될 수 있음을 뜻한다. 또한 백성들의 시위는 전통이며, 왕도 묵인해 준다. 즉 일종의 불문법적인 사회계약(왕과 백성 간의)과 같다. 아울러 사회계약을 문서화하고 이를 모두가 이해할 수 있는 배우기 쉬운 문자(한글)를 가지고 있다. 서당에서 중국 교재 대신에 민주주의 교육을 시키면 한국인의 마그나 카르타는 만들어 질 수 있다.

비교사는 다음과 같은 두 번째 결론도 주장할 수 있게 했다. 일본의 봉건제가 법치주의를 이식하는데 태생적인 한계로 작용했다면, 한국인을 계몽시키는 역할을 일본인에게 맡길 수 없다는 것이다. 이런 결론은 일본인이 동양의 양키가 되어 다른 아시아인에게 문명전달자의 역할을 할 수 있다는 서구의 통설적인 주장의 근거를 뿌리부터 부정하는 것이었다. 3시대 구분법은 헐버트에게 이런 항변의 논리를 제공했던 것이다. 바로 한국사를 직선으로 폄으로써 서구의 역사상의 사건들과 비교할 수 있게 되었기 때문이다.

뿐만 아니라 인과론적 해석과 비교론적 해석이 가능해지면, 적어도 미래의 한국인들은 진보의 역사를 써갈 수 있다는 주장도 할 수 있게 되었다. 원인이 드러났으니, 처방전민 미련하면 될 것이기 때문이다. 또한 처방전의 약효도 예상할 수 있었다. 민주주의와 법치주의를 선행 학습한 서양문명사가 일종의 임상실습의 데이터를 제공할 것이기 때문이다. 그렇다면 한국사에 3시대 구분법을 적용했다는 점을 놓고 서구우월주의 또는 오리엔탈리스트의 증거로 보는 해석은 재고되어야 한다.

〈3〉 무엇보다도 3시대 구분법을 적용하면 '국가'의 존재를 확인할 수 있다. : *Korea Review*는 이 점을 보여준다

> 우리는 한국이 예수가 도래한 시점보다도 오래 전에 역사가 시작되었다는 점과 이웃국가들과 기질과 언어적 차별성을 지님으로써 별개의 통합된 국가를 (distinct and integral nation)를 영위했다는 점을 기억해야 한다. 또한 우리는 이에 대한 연구가 가치 있는 일임을 동의해야만 한다.[105]

통합된 국가 보여주기 작업은 *History of Korea*에서 본격화되었다. 서론이 이를 보여준다.

> 한국사는 대체로 순수한 한국사료를 바탕으로 썼다. 고대사와 중세사는 동사강목을 따랐다. 이 책의 내용은 기존 한국고대사 관련문헌을 집대성한 동국통감을 침조하여 검증했다.…중국의 사료도 참조했다.…조선 500년 동안의 사료를 구하는 일이 어려웠다.…국조보감이라는 정부의 공식문서가 편찬되지만…정식 역사서로 인정하기 어렵다. 왕조를 찬양하지 않는 자료를 누락시켰으며, 편찬작업이 19세기 초엽까지 꾸준히 이어지지 못했기 때문이다.…따라서 나는 개인이 소장한 왕조사 필사본을 찾아야 했다. 그리고 여러 가지 사료를 수집하여 비교했다. 근대한국사의 특징을 정확히 서술하기 위해서였다. 이 과정에서…한국인 학자의 도움…그는 25년간 한국사를 연구하며 수집한 여러 권의 필사본을 가지고 있었다.…한국과 일본 관계…일본 사료도 참조했다.…이

105 *Korea Review*, 1901, pp. 22-23.

책은 순수한 한국 사료를 바탕으로 한국사를 영어로 서술한 최초의 책이다.[106]

그 결과 민족의 동질성을 공동체(정신적 국가)을 찾을 수 있다. *History of Korea*의 결론이 이를 알려준다. "4천년의 역사 개관을 마무리함에 이르러 조선 역사에 대한 몇 가지 평가가 뒤따르게 된다." 첫째, 고대부터 민족의 동질성을 이루었다.

먼저 조선인들이 고대부터 동질적인 민족을 이루었다는 사실에 주목할 가치가 있다. 조선인들은 이미 9세기 말에 강력하게 단결하여 파벌 간의 의견 차이가 민족 분열을 심각하게 위협한 적이 한 번도 없었다.[107]

둘째, 왕조 교체에도 불구하고 민족의 동질성은 깨진 적이 없다.

기원 후 700년 이후 두 차례의 조선 왕조의 무혈교체가 있었으나, 일반적인 의미에서 혁명은 단 한차례도 성공하지 못했다.(헐버트, 한국사 드라마가 되다. 2권, 510-511)

셋째, 많은 외침에도 한국인의 동질성은 지켜졌으며, 오히려 강화되었다.

세 차례의 대규모 침략을 비롯하여 무수한 외침을 당했으나 어떤 외세에도 혈동의 혼합이나 언어의 개조면에서 중요한 흔적을 이 나라에 남기지 못했다. 외세는 그 전보다도 조선 민족을 더욱 단결시키고, 국가의 동질성을 높이는데

---

106 『한국사 드라마가 되다』, 1권, pp. 14-15.

107 『한국사 드라마가 되다』, 2권, pp. 510-511.

기여했을 뿐이다.[108]

아울러 헐버트는 '한국사에서 찾아낼 수 없었던 근대적 요소'도 지적했다. 첫째, 개인 또는 개성이라는 개념이 없다.

> 우랄알타이어족에 속하는 모든 민족들에게는 개인 혹은 개성이란 개념이 결여되어 있다. 이로 인해 그들은 문명이란 면에서 인도유럽어족에 속한 민족들보다도 크게 뒤쳐져 있다.[109]

둘째, 또한 진보라는 의식도 없다.

> 역사적으로 볼 때 현재의 제도가 최선의 제도이며, 현재의 기회가 최선의 기회이며, 현재의 사람들이 가장 우수한 사람들이란 인식 등 진정한 진보의 핵심적인 특징을 유감스럽게도 동아시아 사상에서는 찾아 볼 수 없다.[110]

즉 헐버트는 한국인이 쓴 한국사를 통합하는 과정을 통해 다음의 결론에 도달했던 것이다. 1) 한국사는 국가가 존재했음을 알려준다. 2) 그러나 한국사는 개인이라는 존재와 진보라는 개념이 없었음도 보여준다. 헐버트의 이러한 결론은 매우 중요했다. 신한국 건설의 희망과 목표를 제시해 주었기 때문이다. 민족적 집단으로서 동질성을 지니고 있다는 점은 진보의 에너지가 될 수 있다. 그리고 이를 위해 개인과 진보의 개념을 가르쳐야

108 『한국사 드라마가 되다』, 2권, pp. 510-511.
109 『한국사 드라마가 되다』, 2권, pp. 510-511.
110 『한국사 드라마가 되다』, 2권, pp. 510-511.

한다.

그리고 한국인들을 개인으로 환원하는 작업은 민주주의와 법치주의 이식을 통해서 가능하다. 개인이 곧 역사의 추동력이라는 헐버트의 인식이 이를 보여준다.

> 모든 역사의 배후(behind all history)에는 불가항력적인 사실(ineluctable facts)이 있다. 그것은 바로 개개인의 정신(individual mind)을 제외한 어떤 정신도 존재하지 않으며, 개개인의 사상(individual idea)을 제외하면 어떤 사상도 존재하지 않는다는 점이다.[111]

Ⅲ. 평가 : 한국사를 인과론의 역사로 바꾸는 작업은 왜 중요한가

〈1〉 인과론적 분석은 역사연구의 필수적인 덕목이기 때문이다. 카는 '인과론'적 해석의 중요성을 이렇게 설명했다

> 인간 시간의 흐름을 자연적 과정…사계의 순환이나 인간의 일생…이라는 관점에서 보지 않고, 인간이 의식적으로 관련되고 또한 의식적으로 영향을 미치는 특수한 사건의 연속이라는 관점에서 볼 때 역사가 시작된다.…역사는 이성을 사용해서 환경을 이해하고 환경에 작용하려는 인간의 오랜 투쟁 과정이다.[112]

111 *Echoes of the Orient,* Preface, p. 7.

112 Carr, 『역사란 무엇인가』, p. 199.

즉 시대구분을 하는 행위 자체는 순환적 사관의 뿌리를 끊어 버리기 위한 역사가의 의식적인 행위였다. 따라서 역사가는 역사적 사실에 인과관계를 부여하는 자라는 것이다.

> 역사는 역사가에 의해 사실이 선택되고 정리되어 역사적 사실이 될 때 비로소 시작된다.…역사가와 원인의 관계는 역사가와 사실의 관계와 마찬가지로 이중의 상호적 성격을 갖는다. 원인은 역사적 과정에 대한 역사가의 해석을 결정한다. 동시에 역사가의 해석은 원인과 선택과 정리를 결정한다. 여러 원인들의 상하관계, 또는 한 묶음의 원인, 또는 다른 원인의 상대적 중요성은 역사가 해석의 본질이다.[113]

아울러 역사적 사실에 대한 인과론적 해석은 가치를 부여하는 행위이며, 역사를 인과관계로 설명하려면 가치판단이 수반되지 않으면 불가능하다고 주장했다.

> 역사에 있어서 인과관계를 다루는 열쇄를 마련해주는 것은…바로 목적이라는 관념이다.…여기에는 가치판단이 내포된다.…역사에 있어서의 해석은 언제나 가치판단과 결부되고, 인과관계는 해석과 결부된다.…1920년대의 마이네케의 말을 빌면 인과관계의 탐구는 언제나 가치와 관련되지 않고서는 불가능하다. 인과관계의 탐구의 배후에는 직접이든, 간접적이든 언제나 가치에 대한 탐구가 있다.[114]

---

113 Carr, 『역사란 무엇인가』, pp. 55-156.

114 Carr, 『역사란 무엇인가』, pp. 161-162.

또한 인과론적 설명은 인간의 이성을 확대하는 방법이기도 하다. 카의 다음과 같은 자문자답이 이를 보여 준다. 나는 왜 "이성의 확대"를 "20세기의 혁명"으로 간주했을까. "이성의 확대"는 "역사가에게 특별한 결과를 주었기" 때문이다. 1) "이성의 확대는 본질적으로 지금까지 역사의 외부에 있던 집단과 계급, 민족과 대륙이 역사의 내부에 등장한 것을 의미한다." 2) 아울러 인간에게 진보의 신념을 준다. "진보는 인간 이외의 힘으로 이루어지는 것이 아니다."[115]

중요한 점은 이를 위해서는 역사가가 먼저 진보에 대한 신념을 지니고 있어야 한다는 것이다. 즉 "인간의 능력을 믿는 시대"로의 "전환"은 다음의 의미를 지니고 있음을 깨달아야 한다. 첫째, 인간사(人間事)에 대한 이성의 적용을 존중하게 되었다. 둘째, "자기 자신과 자신의 환경을 이해하고 지배하는 인간 능력의 증대를 반영한다." 필요하다면 나는 이것을 진보라는 낡은 명칭으로 부를 용의가 있다.[116]

카의 이러한 설명을 차용하면 헐버트가 한국사 쓰기에 3시대 구분법을 적용한 이유를 추론해 볼 수 있다. 즉 한국인들에게 독자적인 역사가 있다는 사실을 깨우쳐줄 수 있다. 그리고 다음과 같은 일이 일어나기를 기대할 수 있다. 즉 역사를 통해 한국인들의 이성을 깨우쳐주면, 그동안 역사 바깥에 머물던 한국인을 역사의 주체로 등장시킬 수 있다. 이를 위해 한국인들이 쓴 순환론적인 한국사들을 인과론적인 한국사로 개작되어야 한다. 한국인들이 자국의 역사로부터 자신의 정체성을 찾고 그곳에다가 자신의

115 Carr, 『역사란 무엇인가』, p 219. 244.
116 Carr, 『역사란 무엇인가』, p. 210.

미래를 새겨 넣는 순간 한국사는 자신들의 운명을 바꾸는 혁명의 원동력이 될 수 있기 때문이다. 그리고 이런 작업의 시동을 거는 자는 역사가여야 한다. 헐버트는 3시대 구분법을 적용함으로써 이런 메시지를 전달하려고 했던 것이다.

〈4〉 또한 헐버트가 한국사를 3시대 구분법을 적용함으로써 '한국인이란 누구인지'를 말할 수 있게 되었다. 즉 (1) 3시대를 나눔으로써 오히려 각각의 시대를 관통하는 한국인의 공통인자를 보여줄 수 있었다. : 그럼으로써 '한국에 국가가 오래 전부터 존재했다'는 점을 입증했다. 헐버트는 이를 합성한 사진에 비유했다.

> 일반적으로 역사에 대해 다음의 언명(dictum)이 받아들여진다. 역사는 사건이 일어나고 오랜 시간이 흐른 후에만 올바르게(properly) 쓰일 수 있다. 시간이 그 사건의 조직(edifice)의 윤곽(outline)을 부드럽게 만들었을 때, 묘사하는 사람(delineator)을 실제 사건으로부터 멀리 격리시켰을 때 비로서 그는 그 사건을 찬반을 불문하고 그의 앞에 펼쳐진 모든 증거와 더불어 온전히 있는 그대로의 전체상(entirety)을 볼 수 있다. 바꾸어 말하자면 역사는 실제 목소리의 반향(echo)이다. 그것은 영화대본과 같다. 가능하면 모든 측면으로부터 수집된 상세한 그러나 때로는 모순되는 이야기로부터 만들어지기 때문이다. 그것은 백만명을 합성한 사진(composite photograph)과도 같다. 백만명의 태도의 모델이 되는 초상화로 볼 수 있기 때문이다.[117]

즉 한국의 각 시대에 살았던 사람들의 사진을 합성하면 신라인이면서,

117 *Echoes of the Orient*, pp. 192-193.

고려인이면서, 조선인이면서 동시에 한국인이라는 민족이 보인다는 것이다. 나아가 민족으로 한국인이면서, 인류로서 한국인도 확인할 수 있다. 그러면 '한국은 국가가 없었으며, 이는 한국사가 없었다는 증거'라는 식의 왜곡된 주장과 나아가 한국인은 20세기의 국제체제의 일원이 될 수 없다는 주장에 대항할 수 있다는 것이다. 헐버트의 국제주의는 이런 것이었다.

(2) '한국사=신한국(New Korea)의 국가 설계도'가 되어야 한다. : 개인의 개혁 노력과 달리 국가의 개혁 노력은 반드시 성과를 결과로 하기 때문이다.

> 개인의 노력은 생전에 보상받지 못할 수 있다. 그러나 국가의 발전은 그렇지 않다. 국가가 망한다면 그만한 이유가 있다. 그리고 국가의 흥망은 지상에서 이루어진다. 그리고 그것이 인간에게 주어진 기회다.[118]

3시대 구분법은 한국인들이 그동안 역사상에 수행했던 개혁의 설계도를 비교분석할 수 있는 기회를 주었다. 특히 이를 통해 '버려야 한국'과 '계승해야 할 한국', '외부에서 채워야 할 한국'으로 나눌 수 있게 되었다. '버려야 한국'은 윤리의식이 없는 관료제였다. '계승해야 할 한국'은 동질성을 지닌 민족공동체였다. '외부에서 채워야 할 한국'은 자유, 개인, 진보 등의 개념이었다. 한국사에서 일어난 개혁들에 대한 다음과 같은 의미 부여가 이를 보여준다.

* 쇄국정책의 폐기를 새로운 시대로 볼 수 있는 이유는 무엇인가.[119]

118 *Echoes of the Orient*, 결론.

119 *Passing of Korea*, p. 126.

* 조선의 대변혁의 시대(Era of Grand Reform)는 언제부터일까.[120]
* 임진왜란은 민족의식의 성장을 가져오지 못했을까. 즉 "새로운 조선"의 "신기원"(beginning of a New Korea)이 될 수 없었던 것은 왜일까.[121]
* 한국인의 개혁정책은 무엇이 문제인가.—한국이 망하지 않으려고 했다면 어떻게 해야만 했을까.[122]

때문에 헐버트는 대한제국의 종말과 한국의 멸망으로 보지 않았다. 소멸되는 것은 "정치적 붕괴"일 뿐이며, "오랜 역사"는 사라질 수 없기 때문이다.[123]

내가 참고한 한국사 자료들은 신뢰할 수 있는 문서라고 판단한다. 한국 역사를 알려주는 자료들이 기록되어 유지되었기 때문이다. 첫째 1세기 무렵 한자가 도입되었다. 따라서 역사를 기록할 문자가 존재했다.…둘째, 비록 한국 역사상 세 차례의 큰 전쟁(몽골, 만주, 일본)이 있었지만, 사료만은 그대로 남았다. 역사는 방대한 양의 문헌으로 편찬되어 사람들 사이에 널리 퍼져있기 때문에 백성 모두를 죽이지 않는 한 역사 자체는 크게 훼손되지 않는다.[124]

그러면 왜 개혁의 근거로 쓸 만한 한국사는 없을까. 그것은 한국에 역사가 없기 때문이 아니라, 많은 한국 지식인들은 중국사에 매몰되어 자국사를 등한시했기 때문이다.

---

120 *Passing of Korea*, p. 114.

121 *Passing of Korea*, p. 106.

122 *Passing of Korea*, p. 210.

123 *Echoes of the Orient*, pp. 8-9.

124 『한국사 드라마가 되다』, 1권, pp. 15-16.

가장 학식이 많은 한국인일지라도 자기들의 국사(national history)보다도 오히려 중국사(history of China)에 대해 더 많은 것을 알고 있다.…한국의 교육제도가 중국으로부터 전래된 것이기 때문이다. 따라서 교육의 주제나 방법은 한국 고유의 것이라기보다는 중국에서 전래된 것이었다. 이렇게 볼 때 한국이 고유한 민족문화를 누리고 있지 못하는 이유를 설명하기란 어렵지 않다. 수세기에 걸쳐 한국인에게 교육이라 함은 중국의 학습교재인 한문과 고전을 공부하는 것으로 인식되어 왔다.[125]

즉 기록된 한국사는 있지만, 한국의 주류 지식인들이 한국사에 대한 자긍심은 없다는 것이다. 따라서 정신상의 국가를 가지고 있지 않은 것과 같았다. 뿐만 아니라 소멸되는 것은 형식상의 국가일 뿐이라는 사실도 알기 어려웠다. 하물며 자국의 역사에 그들의 미래를 새겨 넣을 생각도 할 수 없었다.

(3) 헐버트의 3시대 구분법은 '현대사'라는 제4시대를 설정한 것이었다. : 모든 역사는 현대사여야 한다는 생각을 가지고 있었기 때문이다.

역사적으로 볼 때 현재의 제도가 최선의 제도이며, 현재의 기회가 최선의 기회이며, 현재의 사람들이 가장 우수한 사람들이란 인식 등 진정한 진보의 핵심적인 특징"이라는 헐버트의 언설은 같은 것으로 볼 수밖에 없다.[126]

요컨대 헐버트는 현재를 중시했다. 그것이 3시대 구분법을 도입하고 한국사에 근대를 설정케 했던 이유이다. 그러한 식으로 설정된 근대를 오늘날의 사가들은 현대로 부른다.

---

125 *Passing of Korea*, p. 297.

126 『한국사 드라마가 되다』, 2권, pp. 510-511.

제5장

역사철학 : '신한국사'를 쓰게 하라

-꿈을 가질 수 없는 역사 vs 꿈을 새겨 넣은 역사-

Ⅰ. 문제제기

헐버트가 3시대 구분법을 이용하여 민족 공동체가 존재한다는 것을 보여주었지만, 그럼에도 서구인들의 의문을 불식시킬 수는 없었다. 다음과 같은 반론으로 무장했기 때문이다. 첫째, 설령 과거에 민족공동체가 존재했다는 점을 인정한다고 치자. 그렇다고 그것이 한국인들이 신국가를 건설할 능력을 지녔음을 보여주는 증거는 될 수 없다. 적자생존과 자연도태는 역사에도 적용되기 때문이다. 둘째, 오히려 한국의 역사는 한국인들의 민족공동체가 이름뿐이었음을 보여주고 있다. 민족으로 할 수 있는 일을 이룬 것이 없기 때문이다. 외침의 역사에서 확인되는 민족 공동체로서의 저항을 발견하기 어려웠으며, 대한제국기의 민중의 저항은 시민혁명으로 이어지지 않았다. 그리고 이 점은 1905년 을사협약 때 재확인했다. 국가가 거의 멸망할 지경에 이르렀지만, 민중의 저항은 거의 없었다. 한마디로 한국인은 무능하며, 미래가 없는 민족이다. 대부분의 서구인들이 외국인들이 쓴 한국사를 읽었을 때 도달하는 결론 중의 하나가 이것이다.

헐버트는 이런 식의 평가를 좌시할 수 없었다. 당시의 서구인들에게 '국가를 만들 능력이 있느냐의 여부'는 상대방을 평가하는 절대적 기준이었기 때문이다. 카는 헤겔의 언설은 빌려 이렇게 설명했다.

> "국가를 형성한 민족들만이 우리의 관심을 끈다"는 헤겔의 유명한 말은… 국가 숭배의 길을 열어 놓았다는 비판을 받지만,…원칙적으로 헤겔이 말하고자 한 것은…선사시대와 역사시대를 구분하기 위한 것이었으며, 이 점에서 옳다. 어느 정도로 자기 사회의 조직화에 성공한 민족들이 원시적인 야만상태에서 벗어나 역사에 등장한 것이다.[127]

즉 헤겔의 기준에 따르면 아직도 한국은 선사시대(先史時代)에 머물고 있는 셈이다. 헐버트가 서구 사회에 한국에 국가가 존재했음을 입증해야 했던 이유도 여기에 있다.

나아가 역사 변호사로서 헐버트는 한국인은 국가를 건설할 힘이 있다는 것을 입증해야만 했다. 헐버트에게 이를 위한 이론도 준비되어 있었다. 법치주의, 민주주의, 자유 등의 사상과 제도를 이식함으로써 민족공동체를 '민족국가(nation state)'로 바꿀 수 있다는 것이다. 물론 대부분의 서구인들은 그러한 제도의 이식이 가능하지 않다고 보지 않았다. 헐버트는 이러한 회의론을 극복해야만 했다. 한국인의 개혁은 외부의 지원을 필요로 했기 때문이다. 여기서 헐버트는 자유주의 역사철학을 빌렸다. 그는 이를 한국사와 어떻게 접목시켰을까.

---

127 Carr. 『역사란 무엇인가』, pp. 189-190.

II. 자유주의 역사철학

〈1〉 한국은 자신의 미래에 대해 역사를 쓸 기회를 주어야 한다. : 자유주의 역사철학을 끌어들임으로써 헐버트는 다음을 주장할 수 있게 되었다. 즉 '한국은 20세기에 문명국과 같이 진보의 대열에 합류할 수 있다.' 이를 위해 한국에게 다시 기회를 주어야만 한다. 물론 이를 입증할 방법은 없었다. 아직 일어나지 않은 미래요, 시간이 흘러야 입증할 수 있었기 때문이다. 여기서 헐버트는 역사가들이 기피하는 방법을 끌어들였다. 역사철학이 그것이었다.

> 예언자 흉내를 내는 것은 역사가의 본분이 아니며, 우리는 미래에 어떤 일이 생길 것인지 예측하려 해서는 안 되지만 조선이 앞으로 빼어난 역사를 만들어 나갈 것을 희망하는 것은 허용될 것이다.[128]

헐버트는 "한국이 빼어난 역사를 만들어 나가기를 희망한다"고 했다. 그 근거는 자유주의 역사철학이었다. 즉 역사는 독재와 투쟁하면서 자유를 확대하는 길을 걸어왔다는 것이다. 그는 이를 서구인들에게 상기시키기로 했다. *Echoes of the Orient*는 이렇게 주장했다. 역사는 자유를 향한 여정이다.

> 역사란 희미한 과거로부터 여전히 더 희미한 미래로 길게 뻗어있는 선과 같다.(History is a long line stretching from the dim past to the still dimmer

128 『한국사 드라마가 되다』,2권, pp. 510-511.

future.) 현상(status quo)은 그 라인을 따라 움직이는 수학적 지점(mathematical point)일 뿐이다. 아무도 내일 무엇이 일어날지 모른다. 놀라움으로 가득 차 있는 것이 역사다. 민주주의는 우리에게 다음의 확신을 남겨주었다. 인간의 사상과 표현의 자유는 영원히 압살할 수는 없다. 개개인의 복지(welfare)는 인간이 진보해 온 기반이다. 만일 역사철학(philosophy of history)이라는 것이 존재한다면, 근대유럽에 고통을 안긴 독재주의는 단명에 그칠 것임이 분명하다. 누구도 한때 미국의 국무장관을 역임했던 헤이(John Hay)보다도 더 진실하게 말할 수 없다. 그대의 시선으로 보면, 오. 자유 그대는 세계가 무엇에 의해서 구원받을 수 있는지를 비추며 있다. 비록 그대가 우리를 저버릴지라도 우리는 그대를 믿을 것이다.[129]

즉 역사란 독재와 투쟁하며 자유를 향해 진보한다. 그럼에도 왜 서구인들은 한국에서는 이러한 일이 일어나지 않을 것으로 단정하고 이식 작업을 포기하는가. 헐버트가 자유주의 철학을 가지고 한국사를 해석했던 또 다른 이유가 이것이다.

〈2〉 그리고 서구인들은 한국인들은 미래의 국가를 만들어 볼 기회를 갖지 못했다는 점도 알고 있어야 한다. 1) 소수가 국가 권력을 사유화함으로써 국가가 어떤 목표를 세우고 나갈 수 없었다는 것이다.

국가 권력은 항상 우수한 인재들이 장악했고, 인재들은 하나같이 개인적 목표 추구에 권력을 사용했다. 몇 가지 눈부신 예외적인 경우가 있지만, 관리들에게는 이타적 봉사개념이 부족했다.[130]

---

129 *Echoes of the Orient*, pp. 9-10.
130 『한국사 드라마가 되다』, 2권, pp. 510-511.

2) 따라서 집단으로서의 이미 존재하는 공동체 의식을 국가 발전을 견인하는 에너지(집단의식)로 바꾸어 보지 못했다. 그러나 한국인들에게 '개개인이 진보할 수 있다'는 신념을 가지게 되면 어떻게 될까. 민족 공동체의 추진력이 될 것이다. 이 점은 일본을 통해서 확인할 수 있다. 즉 "민족들은 대체로 응분의 보상을 받는다." "일본은 이런 특징을 자기네 생활에 접목시켜 이미 결실을 거두고 있지만, 조선과 중국은 더불어 그렇게 하지 못하고 있다."[131] 그러나 이는 한국에게도 통할 수 있다.

> 개인의 노력은 살아 생전에 보상받지 못할 수 있다. 그러나 국가의 발전은 그렇지 않다. 국가가 망한다면 그만한 이유가 있다. 그리고 국가의 흥망은 지상에서 이루어진다. 그리고 그것이 인간에게 주어진 기회다.[132]

〈3〉 그렇다면 민족공동체의 에너지를 끌어낼 수 있는 방법은 무엇인가. 민주주의였다

> 각각의 개인의 경험은 양동이 안의 한방울의 물에 불과하다. 그러나 그러한 물방울들이 집단(the mass)을 이룬다. 국가적 의견(national opinion)에 특성을 부여한다. 그리고 국가적 행동(national activity)에 방향성(trend)을 결정한다.[133]

뿐만 아니라 민주주의는 시행착오의 법칙(the scientific law of trial and

---

131 『한국사 드라마가 되다』, 2권, pp. 510-511.

132 *Echoes of the Orient,* 결론.

133 *Echoes of the Orient,* p. 8.

error)을 인정하기 때문이다. 그리고 시행착오는 진보(progress)를 담보하는 유일한 보증서이다.[134] 요컨대 헐버트는 한국인은 이미 동질의 집단의식을 가지고 있기 때문에 '진보'라는 신념을 심어주고, 민주주의를 이식하면, 민족적 동질성은 국가를 미래로 끌고 가는 에너지로 바뀔 수 있다는 것이다.

〈4〉 그런데 민주주의를 도입하려면 두 가지가 필요하다. 첫째, 한국인들은 새로운 국가 건설에 대한 철학을 지녀야 한다. : '한국인들이 근대 국가를 만들 수 없을 것'이라는 서구인들의 불신을 일소하려면 그것이 편견임을 깨우쳐 주는 것만으로는 부족했다. 한국인들도 새로운 국가를 만들려는 의지가 있음을 보여주어야 했다. 그 방법은 새로운 국가 건설의 설계도를 마련하는 것이다. 이를 위해서 한국인들을 다음을 깨달아야 한다. (1) 국가 철학의 부재가 멸망의 원인이 된다는 점을 깨달아야 한다. *History of Korea*의 결론이 이를 보여준다.

> 퇴폐에 빠진 제국이나 빈사상태의 문명에 닥친 운명을 애도하는 것은 철학의 빈곤이다. 그들은 각자 소임을 다했고, 이제 사라지려고 한다. 그들의 폐허 위에는 과거보다도 더 가치 있는 삶의 터전이 반드시 건설될 것이다. 조선에서 사라지는 구세계가 우리 주변에서 무너져 내리고 있다. 새 술이 낡은 부대를 찢는다.[135]

134 *Echoes of the Orient,* p. 8.

135 『한국사 드라마가 되다』, 2권, pp. 510-511.

(2) 그런 다음 한국(Old Korea)을 폐기해야 신한국(New Korea)을 건설할 수 있다는 점도 깨달아야 한다.

> 앞으로 대답해야 할 질문은 다음과 같다. 조선인들은 자기네 배가 사르가소해 위에 계속 표류하며 솟아오르는 해초에 뒤덮여 완전히 난파하도록 방치할 것인가. 아니면 지금의 무기력한 자세를 떨치고 일어나 선체에 붙은 조개 껍데기를 떼어내고 돛에 바람을 가득 받다 원하는 항구로 직진할 수 있도록 배의 방향을 완전히 돌릴 것인가.[136]

헐버트가 추천한 '신한국호'가 자유주의와 민주주의로 무장한 국가였음 말할 필요가 없다. 낡은 부대가 구체제를 의미한다면 새술을 담을 부대는 자유국가체제 말고 무엇이 있을까.

Ⅲ. 평가 : 헐버트의 한국사는 신한국의 개혁 설계도를 담고 있었다

헐버트의 한국사는 자유주의 역사철학의 토대 위에서 쓰였다. 즉 자유주의 역사철학의 예언이 적중하기를 바랬다는 점이 한국사 해석에 반영되었다는 것이다. 그의 이러한 작업은 오늘날의 역사가들에게는 당연한 일이 되었다. (1) 역사가의 미래 예언은 비전을 제시한다는 점에서 정당화되었기 때문이다. 도슨(Dawson)의 다음과 같은 지적은 이를 보여준다.

136 『한국사 드라마가 되다』, 2권, pp. 510-511.

역사가에게는 비전(vision)이 필요하다. 그것은 역사연구에 절대로 필요한 연구의 넓이와 깊이를 제공한다. 따라서 역사방법론에서 나아가 역사를 철학할 수 있어야 한다. 즉 언제, 어디서, 어떻게, 무엇이, 일어났는가를 묻는 것도 중요하지만, 역사를 거시적으로 바라보는 자세도 꼭 필요한 것이다.[137]

(2) 카 역시 마찬가지였다. 역사는 현재와 과거의 대화이자, 현재와 미래의 대화라는 것이다.

역사에서의 절대자는 과거나 현재에 있는 것이 아니라, 우리가 그쪽으로 움직여나가고 있는 미래에 있다.…우리가 어디선가 왔다는 믿음은 우리들이 어디론가 가고 있다는 믿음과 밀접하게 관련되어 있다.[138] 과거, 현재, 미래가 무한한 쇠사슬로 연결되어 있는 것이다.[139]

(3) 따라서 자유주의 역사철학이 자유주의 개혁을 담고 있었다. 이 점은 그가 쓴 책의 제목을 통해서 확인할 수 있다. *Passing of Korea*는 한국인의 역사가 자유투쟁사가 되어야 한다는 주장을 함축하고 있기 때문이다. 비유하자면 1) 한국인들은 구한국으로부터 자유로워져야 한다. 2) 만일 일본의 지배가 없었을지라도 한국인 스스로가 구한국을 도태(패싱)시켜야만 했다. 3) 그래야만 '자유 한국'의 건설이 가능하기 때문이다.

이러한 역사철학에 따르면 일본의 한국지배는 거부되어야 한다. 일본이 한국인의 개혁을 막고 있기 때문이다. 일본이 자유주의 체제를 가지 않

137 박무성, 『역사학개론』, pp. 55-59.
138 Carr, 『역사란 무엇인가』, p. 244.
139 Carr, 『역사란 무엇인가』, pp. 199-200.

고 있는데, 한국인에게 그 길을 알려줄 수 있느냐는 것이다. 따라서 한국은 해방되어야 한다. 그리고 자유체제를 건설할 기회를 주어야 한다. 아마도 성공할 것이다. 자유주의 역사철학이 한국인의 마음속에 있는 '정신상의 국가'(한국의 역사)와 결합할 경우 국권회복투쟁의 에너지가 될 수 있으며, 동시에 '형식적인 국가'의 모습(자유민주주의체제)을 꿈꿀 수 있기 때문이다.

그렇다면 누가 한국을 해방시킬 것인가. 미국이 나서야 한다. 그리고 이에 대한 책임도 있다. 통상조약을 통해서 그것을 약속한 바가 있기 때문이다. 헐버트에게 역사철학은 이래서 필요했다. 한국사를 위한 변론의 논리를 세우고, 밀고 나갈 수 있는 에너지가 되었기 때문이다.

제6장

국제주의 : 한미일의 국제관계사를 써라

–승자와 패자의 역사 vs 가해자와 피해자의 역사–

Ⅰ. 문제제기

자유주의 역사철학을 빌림으로써 헐버트는 한국인이 '신한국사'를 써 갈 수 있다는 주장과 함께 미국의 지원을 요구했다. 그럼에도 해결해야 할 문제는 남아 있었다. 서구인들은 다음과 같이 반론하며, 이런 주장을 거부했기 때문이다. '서구는 한국인에게 이미 그런 기회를 주었다. 통상조약을 체결이 그것이다. 통상조약은 문명의 통로이다. 일본의 명치유신이 그 점을 입증했다. 그러나 한국인들은 개혁에 힘쓰기는커녕 조약권을 남용하고 권력유지에 악용하였다. 그리고 그것이 국제 간의 분쟁을 야기했다. 따라서 한국에 대한 국제적 승인은 철회되어야 하며 조약권은 박탈되어야 한다.'

이에 대해 헐버트는 다음과 같은 식으로 반박했다. '한국의 멸망은 한국인이 개혁에 전력을 다하시 않았기 때문이며, 이는 사실이다. 그러나 그것이 한국이 망한 이유의 전부는 아니다. 서구가 진정으로 한국의 개혁을 원했다고 볼 수 없기 때문이다. 서구는 한국의 이권이라는 잿밥에만 관심이 있었다. 개항 후 1905년까지 열강이 보여준 이권쟁탈전이 이를 입증한다.' 헐버트는 이 점을 보여주기 위해 개항 후의 한국의 국제관계사를 기존의 서술방식과 다른 방식으로 쓰기로 했던 것이다. 그렇다면 헐버트의 국제관계사는 어떻게 쓰였을까.

II. '국제주의' : 20세기 한국사를 가해자와 피해자의 역사로 재구성하기

〈1〉 국제주의 관점에서 한국 현대사 쓰기 : 헐버트는 한국 개항 이후 1930년대 후반에 이르는 시기의 한국문제가 처리되는 과정을 다음과 같은 식으로 서술했다.

(1단계) 한국은 국제주의에 어떻게 편입되었는가. : 포함외교와 서구와의 통상조약을 통해 쇄국정책과 은둔의 왕국을 벗어났다. 한국의 통상조약체제 가입은 다음과 같은 의미를 지닌 것이다. 첫째, 한국은 세계공동체(세계연방)의 일원이 되었다. 둘째, 세계는 명실상부한 상호의존의 관계에 들어갔다. 셋째, 그동안 미완성이던 세계조약체제의 연결망이 완성되었다. 비유하자면 한국은 조약체제의 세계화를 연결하는 잃어버린 고리(missing link)와 같기 때문이다.

> 세계가 19세기로부터 20세기로 넘어갈 때 지구상의 문명국(all the civilized nations of the earth) 모두는 우애와 화합의 연방(a federation amity and concord)으로 연결되었음을 발견했다. 지구상에는 더 이상 은둔의 왕국들(Hermit of Kingdoms)도, 금단의 지역들(Forbidden Lands)도 존재하지 않는다. 이런 현상은 인간은 상호의존적(the law of human interdependence)이어야 한다는 법

칙의 논리적 귀결이며, 이는 한국이 연방에 가입함(Korea joined the federation)으로써 성립되었다. 이로써 구식의 민족적 자급자족 원리(medieval principle of national selfsufficiency)는 결정적 타격을 받았다. 물론 티벳처럼 지구상에는 아직 접근하기 어려운 지역들이 있다. 그러나 티벳은 중국의 속국(dependency)이며…만일 티벳의 개방이 가치가 있다고 판단되면, 당장에라도 그렇게 될 것이다. 오늘날 자치권을 지닌 정부(autonomous government)라면 누구라도 상호의존의 법칙(the law of mutual interdependence)의 가치를 인정하지 않는 자치정부는 없다. 국제적 조약(international treaties)들의 비준이 시작된 시점을 아는 것은 어렵다. 또한 두 국가 간에 맺은 조약 중에 어떤 것이 좋은 선례(good example)가 되었는지도 알기 어렵다. 그러나 한국이 조약국의 대열에 합류한 마지막 국가임을 안다. 그럼으로써 분리된 20세기의 세계가 우리 앞에 펼쳐지는 것을 막았다.[140]

즉 헐버트는 20세기의 국제주의 역사(국제사)를 쓸 때 첫 페이지를 장식할 수 있는 사건으로 한국이 국제적 조약체제에 가입했다는 사실을 지목했던 것이다.

그리고 첫 페이지를 이렇게 썼기 때문에 헐버트의 한국 현대사의 2페이지 이후의 역사 또한 국제주의 관점에서 서술해야 했다. 그리하여 다음의 주제들이 차례로 검토되었다. (제2단계) 한국은 세계통상조약체제에 안착하기 위해 이에 걸맞는 개혁, 특히 법치주의 개혁을 추진했는가. 그리고 한국을 국제주의에 정착시키기 위해 미국을 비롯한 서구는 어떤 협조를 했을까. (제3단계) 한국은 1905년에 미국과 일본에 의해서 세계통상조약체제에서 강제 추방을 당했다. 왜 그런 일이 일어났을까. 왜 유럽은 이를

140 *Korea Review*, 1901, p. 3.

막으려고 하지 않았으며, 미국은 한국 추방에 앞장섰는가. 헐버트에게 이런 문제제기는 중요했다. 그는 미국이 협조하지 않았으면, 한국을 국제체제에서 축출하는 것이 가능하지 않았다고 보기 때문이다. (제4단계) 이후 미국은 '한국없는 세계조약체제'를 20세기 전반기 내내 가동시켰다. 1905년 이후 미국이 출범시킨 새로운 조약체제(헤이그 중재조약체제, 국제연맹규약체제, 태평양조약체제. 켈로그 부전조약체제)의 보호망을 한국에 제공하지 않았다. 그 결과는 무엇인가. 일본이 약속하고 서구가 기대했던 동양평화는 정착되지 않았으며, 오히려 세계평화를 위협하는 상황에 이르렀다. 그렇다면 1905년의 러일전쟁과 을사협약을 동양평화를 파괴하고 세계평화를 위협한 사건으로 재규정해야 한다. 그 사건들이 일본이 국제조약체제를 파괴하기 시작한 사건이기 때문이다. 뿐만 아니라 이때부터 미국 역시 일본의 조약파괴에 연루되기 시작했다는 점도 기록되어야 한다. 을사협약이 강제적(불법적)으로 체결되었다는 점을 알면서도 묵인해 주었기 때문이다. (제5단계) 따라서 조약체제가 본래의 역할을 하려면 어떻게 해야 할까. 한국을 국제조약체제에 다시 가입시켜야 한다. 즉 1905년의 '한국없는 국제조약체제'는 1882년의 '한국이 있는 조약체제'로 복귀해야 한다. 뿐만 아니라 조약체제에 가입할 수 있는 능력을 갖출 것을 한국에게만 요구하지 말고, 미국 또한 일본의 조약파괴를 응징할 수 있는 능력을 지녀야 한다. 만일 그렇지 못하다면 미국은 기존의 국제조약체제를 개혁해야 한다. 결국 한국의 조약체제 가입을 세계사적 사건으로 의미를 부여했기 때문에 국제주의의 역사의 마지막 장은 한국을 다시 가입시키기 위한 세계조약체제 개혁론으로 끝을 맺었다. 이런 식의 역사 쓰기가 곧 국제주의에 입각한 역사쓰기이며, 헐버트는 이를 한국 현대사 쓰기에 적용했던 것이다.

〈2〉 국제주의 사관은 '승자와 패자로 구분하는 역사'를 '가해자와 피해자의 역사'로 바꿀 수 있다. : 국제주의에 입각한 역사쓰기의 궁극적인 목표는 '인류 공존의 역사'를 쓰는데 있다. 이렇게 하려면 역사가는 국제관계사의 초점을 가해자와 피해자의 관계에 맞추어야 한다. 헐버트의 한국현대사 쓰기에 망한 한국의 역사가 반복해서 등장하는 것도 이 때문이다. 예컨대 헐버트의 러일전쟁 해석은 이를 보여준다. 러일전쟁이 일어나기 전에 헐버트는 러일전쟁을 독재체제로부터 자유를 수호하는 전쟁으로 보았다. 그러나 전쟁 후반기에 이르러 이전의 평가를 180°로 바꾸어, 동양평화는커녕 세계평화를 위협할 것으로 예상했다. 그리고 1930년대 후반에 이르러 러일전쟁을 침략 전쟁들이 담긴 판도라의 상자(Pandora Box)가 열린 것으로 비유했다. 이후 제1차 대전기의 산동성 점령 → 만주사변 → 중일전쟁으로 이어졌으며, 마침내 그러한 전쟁을 성전으로 정당화했기 때문이다.

헐버트는 바로 이러한 일본의 전쟁을 정당화하는 사관을 비판했다. 역사는 승자와 패자로 분류하여 서술하는 것은 문제가 있다. 그 경우 일본민족이 한국민족을 지배하는 것은 승자의 권리요, 당연한 현상일 뿐이다. 그렇게 되면 역사가들은 일본민족이 한국민족 외에 다른 민족도 패배자로 만들려고 한 것도 정당화해야 할 것이다. 과연 서구의 역사가들은 일본이 서구에게 패배를 요구할 때에도 이런 사관을 가지고 역사를 쓸 것인가. 역사가들은 승자와 패자로 구분하는 역사쓰기를 지양해야 하는 이유가 여기에 있다.

대신 역사가들은 일본의 폭력을 고발하고 이를 부정하는 역사를 써야 한다. 이를 위해 역사 쓰기의 패러다임을 가해자와 피해자의 역사로 나누어야 한다. 그러면 다음이 보일 것이기 때문이다. 러일전쟁은 폭력이었으며, 그 피해자는 한국인만이 아니라 인류 전체였고, 따라서 한국문제=세계의 문제로 인식하게 된다. 이것이 국제주의의 역사쓰기이다. 요컨대 헐버트는 국제주의의 역사쓰기를 통해 민족주의/제국주의의 역사쓰기로부터 비롯되는 폐해(역사 왜곡과 폭력의 역사 미화하기)를 막으려고 했으며, 이를 한국사 쓰기에 적용했던 것이다.

Ⅲ. 평가 : 헐버트는 한국사 쓰기에 국제주의의 관점을 적용한 최초의 역사가였다

〈1〉 국제주의는 Square Deal 역사관과 같았다. : 헐버트와 같이 국제주의를 한국사 해석의 틀로 사용한 것도 당시로서는 생각할 수 없는 일이었다. 민족주의/제국주의가 그 시대 역사 인식의 틀이었기 때문이다. 즉 제국주의 경쟁에서 살아남은 자가 우수한 민족이요, 패배한 자는 열등한 민족이라는 생각은 당연했다. 그리고 패자가 도태하는 것은 역사가 진보함을 보여주는 증거였다. 즉 역사의 심판자는 전쟁터에 있으며, 전쟁터가 곧 역사 법정이라는 식이다. 따라서 민족주의/제국주의의 사관 앞에서 역사가의 도덕적 심판은 개입할 여지가 없었다. 역사가는 다만 원인, 과정 및 결과를 알려주고 승자의 행위에 역사적 의미/가치를 부여하는 일만 하면 되었다. 그리고 이는 역사가의 주관적 판단이라는 이름 하에 정당화되었다.

그러나 국제주의는 이를 전면 부정했다. 역사의 승자와 패자는 전쟁터가 아니라, 공정한 법정에서 가려져야 한다. 부정의한 힘을 매개로 하여 결판난 승자와 패지는 역사의 법정에서 다시 심판받아야 한다. 그 경우 승자와 패자는 사실상 가해자와 피해자의 관계이기 때문이다. 그리고 이 경우 필요한 것은 역사가의 심판이다. 따라서 국제주의에 입각한 역사해석은 Square Deal과 같은 개념이었다.

〈2〉 뿐만 아니라 국제주의를 한국사 해석에 적용한 것은 시대를 앞서가는 역사 인식론이었다. 이 점은 헐버트 이후 세대의 역사가들의 사관과 비교해 보면 알 수 있다. (1) 오늘날 국제관계사/세계체제의 역사는 평화학/미래학의 관점에서 평가하고 있다. 즉 현대사 인식의 틀이다. 거대사(macro history)의 필요성에 대한 다음의 주장이 이를 보여준다. 오늘날 국제관계 또는 세계체제의 역사는 "인간의 문제를 다루는 학문 12가지" 중에 마지막 단계에서 올 수 있다. 역사학이 취급한 주제는 다음 3단계를 거치는 중이기 때문이다. 즉 전기나 미시사(1단계 : 개인적 단계) → 역사(인류학, 사회학, 정치학, 경제학 등과 더불어 2단계 : 사회적 단계) → 세계체제의 역사/세계거시사/국제관계학(3단계 : 세계적 단계) 등이다.[141]

> 거대담론의 시대는 갔다며 해체와 폐기만을 강변하는 것은…민족의 문제를 넘어서 아시아적…세계체제적 상상력의 필요성에는 답변하고 있지 못한다. 그 상상력에 자양분이 될 수 있는 것들은…거대담론과 거시이론일 수밖에 없다.…거시사가들이 역사를 어떻게 바라보았는지를 검토하고 이들을 가상의 테이블 위에 올려놓고…그래야만 사르카르[142]가 말한 바 민족과 종교적 독선에 도전하여 전지구적 사회운동을 전개해야 할지를…말해 볼 수 있을 것이다.…역

141 Galtung, John and Inayatullah, Sohail (eds.), *Macrohistory and Macrohistorians*, 노영숙 옮김, 『미래를 보는 눈 : 거시사의 세계』(우물이 있는 집, 2005), pp. 21-22.

142 파키스탄계 남아시아인, 유엔지식인이라고 불림, 그는 지구 곳곳에 살면서 국제관계의 담론 속에서 성장했다고 한다. 『미래를 보는 눈 : 거시사의 세계』, pp. 15-16.

사는 지금 이 땅을 살아가는 사람들의 고통을 경감해주는 것이어야 한다는 말은 옳다.…거시사가들은…과거, 현재, 미래를 다시 생각하고 과거, 현재, 미래를 재창조하는 해석적 자산으로 사용할 수 있을 것이다.…우리는 새로운 과거와 현재, 특히 미래를 재구성해 볼 기회를 가질 수 있을 것이다.[143]

요컨대 국제관계사는 미래의 평화를 담보할 수 있는 평화학으로서의 중요성을 지니며, 통상조약을 지구공동체를 만들어가는 기제로 인정해야 함을 보여준다는 것이다.[144] 그런데 헐버트의 한미일 국제관계사 쓰기는 이런 의도를 담고 있었다.

(2) 헐버트의 국제관계사 쓰기는 오늘날 글로벌 역사 쓰기와 다르지 않기 때문이다. : 이 시대를 대표하는 글로벌 역사가 중의 하나로 평가받은 이리에 아키라는 현대사와 글로벌 역사를 다음과 같이 정의했다.

글로벌 히스토리라는 단어가 등장한 것은 1990년대 초기였다.…국제주의라는 단어는 국경을 초월한 협조를 의미했다. 국가 간이라기보다는 시민 사회 간 그리고 국제연합 등의 조직을 통해서 추진되어야만 글로벌하고 휴먼적인 움직임이 될 수 있다. 또한 세계질서도 단순하게 국가 간의 세력균형이나 긴장완화뿐만이 아니라, 시민 간의 상호 이해와 교류가 있어야만 견고한 것이 된다. 적어도 그러한 믿음을 가진 사람들이 19세기 이래 민간운동을 활발하게 만들어 왔고, 20세기의 비극적인 전쟁에도 굴하지 않고 희망을 버리지 않았다. 이에 나는 다음을 주장하기로 했다. 그동안 이러한 흐름은 통상적인 국제관계사에서는 대부분 무시되어 왔다. 그러나 문화적인 뒷받침이 있어야만 세계질서

143 『미래를 보는 눈 : 거시사의 세계』, pp. 6-7.

144 『미래를 보는 눈 : 거시사의 세계』, p. 15.

> 도 전 인류의 복지에 공헌할 수 있다고 생각한다.…"문화국제주의", "글로벌한 국제관계" 등이 그것이다.[145]

이리에 아키라의 지적에 따르면 헐버트의 활동이 바로 그러한 예였다. 헐버트는 일본의 한국지배를 거부하는 국제여론 사회를 만들려고 했기 때문이다. 또한 이리에 아키라는 지구사를 국제사 또는 국제공동체의 역사로 부르기도 했다.

> 나 자신도 1980년대 말…그때까지는 주로 근현대사를 국제관계사의 틀에서 바라보았다. 동아시아 및 태평양에서 미중일 등 3국의 관계에 초점을 맞추었다.…그러나 이러한 연구를 하는 동안 조금 더 넓은 틀 속에서 국제관계를 바라볼 수 없을까하는 생각을 하게 되었다.…외교정책이나 전략뿐만 아니라, 사상과 사회의 움직임에도 주목하는 국제사(international history)를 생각할 수는 없을까.…그것이 인터내셔널 커뮤니티(international community)이다. 전쟁과 평화도 그러한 맥락 속에서 이해해야 한다.…"국가 간의 전쟁"은 국가 사회 간의 문제로 인식하는 것이 아니라, "국제사회"에서 일탈된 행동으로 보는 것이다. 그것이 오늘날의 "역사학의 임무"이다.[146]

헐버트는 바로 이런 식의 국제관계사를 썼다. 열강 간의 국제관계사가 아니라, 약자이자 피해자 한국의 입장을 변호하는 국제관계를 추구했기 때문이다. 물론 그러한 역사쓰기의 궁극적 목표는 국가들의 공동체(Comity of Nations)를 만드는데 있었다.

145 이리에 아키라,『역사가가 보는 현대세계』, pp.49-50.
146 이리에 아키라, 이종국 옮김,『역사가가 보는 현대세계』(연암서가. 2015), p.48.

〈3〉 헐버트의 국제관계사의 특징은 카의 국제관계사와 비교할 때 분명해 진다. 카는 역사는 승자의 역사에 초점을 맞추어 쓰여져야 한다는 입장이었기 때문이다.

> 역사는 전체적으로 인간이 한 일의 기록이며, 하지 못한 일의 기록이 아닌 것이다. 이러한 한도 내에서 역사는 불가피하게 성공의 이야기이다.…역사가는 승리한 세력을 앞에 세우고, 이 세력에 굴복한 세력을 뒤로 밀어냄으로써 현존의 질서에 불가피성이라는 외관을 씌운다. 그런데 어떤 의미에서 이는 역사가가 하는 일의 본질이 아닐까.…전체적으로 보면 역사가는 승자든 패자든 무슨 일을 성취한 사람들에게 관심 갖는다.[147]

카와 같이 승자와 패자의 역사로 가르면 한국 역사는 사라져야 했다. 실제로 카는 한국과 같은 국가들이 도태되는 것을 진보의 증거로 보았다.

> 진보에의 길에는 제 국가의 소멸의 잔재가 산재하고 있다. 발자국에는 여러 곳에 열등인간들의 대살륙이 보이며, 보다 큰 오솔길을 발견하지 못하였던 자들의 희생된 모습이 보인다. 그러나 이와 같은 죽은 자들은 사실상 인류가 오늘날에 보다 높은 지적 생활과 보다 깊은 정서적 생활에까지 향상될 수 있었던 디딤돌이다.[148]

반면 헐버트처럼 가해자와 피해자의 역사로 나누면 한국의 역사는 계속 쓰여야 했다. 원상복구가 될 때까지 그렇게 서술될 것이었다. 헐버트의 국제주의에 입각한 한국 현대사 쓰기의 가치가 여기에 있다.

---

147 Carr, 『역사란 무엇인가』, pp. 189-190.

148 Carr, 『대전 간의 역사』, p. 69.

제2부
헐버트의 국제법투쟁
- 헐버트의 역사 법정이 기소한 사건들 -

헐버트의 역사법정은 한국과 관련되어 제기된 거의 모든 문제를 검토했다. 그중에 7개를 선정했다. 1) 쇄국은 한국의 본질인가. 서구인들은 쇄국이 한국인의 본성이라고 보았다. 헐버트는 이를 부정했다. 2) 한국은 관료제 때문에 망했을까. 서구인들은 관료제 때문에 한국이 멸망했다고 했다. 헐버트는 이를 부정했다. 관료제는 한국 멸망 원인 중의 하나일 뿐이다. 3) 한국의 법치 개혁은 가능할까. 서구인들은 이를 부정했다. 그러나 헐버트는 가능하다고 주장했다. 4) 일본의 한국을 개혁할 능력이 있을까. 서구인들은 일본이 동양의 양키가 될 수 있다고 믿었다. 헐버트는 이를 부정했다. 5) 미국은 한국의 보호국화에 책임이 없을까. 대다수 미국인들은 책임이 없다고 보았다. 헐버트는 이를 부정했다. 6) 미국은 한국을 해방시키기 위해 일본과 전쟁을 해야 할까. 미국의 위정자들은 그래서는 안 된다고 주장했다. 헐버트는 한국을 해방시키기 위해 일본과 전쟁할 만한 가치가 있다고 보았다. 7) 한국을 국제공동체의 일원으로 받아들여야 할까. 미국의 대통령들은 반대했다. 자격미달이라는 것이다. 그러나 헐버트는 한국의 가입을 요구했다.

제1장

대원군의 쇄국정책은 한국인의 DNA인가

-국방전략으로서의 쇄국정책과 반서구사상으로서의 쇄국주의를 구별하라-

Ⅰ. 문제제기 : 한국은 원래부터 은둔의 왕국이었는가

헐버트의 역사법정은 가장 먼저 한국의 쇄국정책을 소환했다. 서구인들이 한국에 대한 왜곡된 이미지가 이로부터 비롯되었다고 보았기 때문이다. 예컨대 은둔국가라는 은유가 그것이다. 그런데 한국은 원래부터 은둔의 국가였을까. 그리고 그것이 망국의 원인이었을까. 헐버트의 역사법정은 이 문제부터 다시 검토했다.

〈1〉 서구의 보편적 한국상 : (1) 한국=은둔국이다. : 1895년에 영국 출신의 탐험가 헨리 새비지-랜도어(A. Henry Savage-Landor)는 고요한 아침의 나라 조선(Corea or Cho-Sen : The Land of Morning Calm)을 펴냈다. 그는 아침의 나라라고 이름붙인 이유를 이렇게 설명했다.

> 조선(朝鮮)은 원주민들이 자기 나라를 부르는 오늘의 유일한 국명이 되었다. 이는 고려라는 국명이 오늘날 조선 사람들에 의해 전적으로 포기되었기 때문이다. 이 국호의 뜻은 매우 시적이다. 고요한 아침의 나라를 의미하며, 현재의 조선 사람들에게 알맞은 표현이다. 왜냐하면 정말로 그들은 그들의 선조인

고구려의 정렬과 힘을 전적으로 상실한 듯이 보였기 때문이다.[149]

즉 아침의 나라는 무기력한 국가를 의미했다. 이후 아침의 나라는 한국의 이미지가 되었다. 한국 이야기를 정하는 사람들이 되풀이해서 사용했기 때문이다. 1897년에 영국인 여행 및 수필작가가 비숍이 『조선과 그 이웃 나라들』(Korea and Her Neighbors)[150]를 펴내면서, 그녀 역시 한국을 아침의 나라로 그렸다. 그리하여 이러한 이미지들은 한국이라는 국명 앞에 놓이는 수식어가 되었다. "한국인들이 스스로를 세계의 한 구석에 은둔한 나라라고 부르는 조용한 아침의 나라 한국"이라는 것이다.[151]

(2) 한국=금단의 나라 : 1880년에는 독일인 오페르트는 『금단의 나라 조선』(A Forbidden Land : Voyages th the Korea)을 썼다.

> 4000년 이상의 먼 암흑기로부터 최근에 이르기까지 우리는 주목할 만한 나라의 역사를 개관해 보았다. 그러나 우리에게 그 나라는 여전히 과감하게 생명의 포기를 각오하지 않고서는 외국인들이 감히 범접할 수 없는 금단의 땅(forbidden land)으로 남아 있다. 북극을 탐험하기 위해 원정대들이 연이어 나섰다.…우리는 증기선을 이용하여 가장 인접한 중국해안을 항해하여 단 하루만에 4000년의 역사를 가지고 있는 나라의 문턱에 서 있다. 그러나 백성들의 열망 따위는 아랑곳없는 반야만적인 통치 때문에 발을 들여놓을 엄두를 내고 있지 못하다. 조선 정부는 출입거부라고 쓴 금단의 문을 세우고 전채 문명 세계

149 A. Henry Savage-Landor, *Corea or Cho-Sen : The Land of Morning Calm*(1895). 신복룡, 장우영 역주, 『고요한 아침의 나라 조선』,(집문당, 2013), p. 39.

150 I. B. Bishop, *Korea and Her Neighbors*(1897), 『조선과 그 이웃 사람들』(집문당, 2015), p. 25.

151 1889, *Indian Times,* 한국정신문화연구원 편저, 『한미수교 1세기의 회고와 전망 *Reflection on A Century of Korean-United States Relations*』(정신문화연구원/The Wilson Center, 1983), p. 76.

를 조소하고 있는 것이다.[152]

(3) 한국=동아시아의 티벳 : 그 외에도 서구인들은 한국을 티베트에 비유했다. 20세기 초의 시점에서 세계의 오지이며, 지구상 가장 기이하고, 가장 봉건적인 나라라는 것이다. 이러한 인식은 한국은 어떤 발전도 기대할 수 없었다는 점을 역설적으로 담고 있다. 한국의 왕궁에 전기불이 들어가고, 서울에 전차가 다니는 것을 보면 놀랄 것이라는 묘사가 이를 보여준다.[153] (4) 척화비는 한국의 상징이다. : 그러나 한국의 이미지는 무엇보다도 한국의 쇄국정책에서 기인한다. 1871년에 신미양요에서 승리한 후 한양 한복판에 세운 척화비가 이를 보여준다. 이 비문은 쇄국과 박해의 상징으로 알려졌다.

> 서양의 오랑캐들은 조선과 전쟁을 하거나 조약을 강요하기 위한 목적으로 우리들을 공격하고 피해를 주었다. 만일 우리가 조약 체결에 동의했더라면 그것은 나라에 대한 배신을 뜻한다. 수천 대의 후손들에게 명심하게 하라. 병인년에 만들어 신미년에 건립함.[154]

척화비에 따르면 서양세계와의 조약은 조선 제1의 공공의 적이 되었다. 비유하자면 지명수배 대상 제1호였다. 사실상 척화비의 이러한 선언은 '통상조약=세계공동체의 그물망'으로 이해하고 있는 헐버트의 사상과

---

152 Ernst J. Oppert, *A Forbidden Land : Voyages th the Korea,* 신복룡, 장우영 역주 『금단의 나라 조선』, pp. 95-96.

153 Count Vaye de Vaya, Empires and Emperors of Russia, China, Korea, snf Japan(1906), 『해제집』, No.66.

154 『한국사 드라마가 되다』, 2권 p. 310.

정면으로 충돌했다. 따라서 헐버트로서는 척화비의 사상을 배격해야 했지만, 먼저 척화비의 사상을 이해하려고 했다. 그리고 한국인에 대한 다음과 같은 이미지에 맞섰다. 1) 한국인은 잔인하다. 2) 한국인은 열등하다. 특히 도덕적으로 열등하다. 3) 낮은 수준의 문화에 만족한다. 4) 쇄국의 사상은 중화주의이다. 5) '쇄국정책=한국인의 자화상'이다.

〈2〉 헐버트는 이런 주장에 맞섰다. "한국은 원래부터 은둔국인가."[155]를 검토했다. 그런 후 쇄국정책은 한국인을 "경멸의 대상"으로 보는 근거가 될 수 없다[156]고 주장했다. 한국은 원래부터 은둔국이 아니었다는 점을 그 이유로 들었다. 도대체 헐버트가 그렇게 본 이유는 무엇일까.

II. 헐버트가 본 쇄국정책의 기원

1. 쇄국주의는 한국인의 본성이 아니다

먼저 헐버트는 쇄국주의가 한국인의 본성이라는 주장을 다음과 같이 반박했다.[157] 첫째, 쇄국은 일본이나 중국이 펼친 것보다도 사상적으로 더

155 *Passing of Korea*, p. 276.

156 *Passing of Korea*, p. 44.

157 헐버트의 검토방식은 소크라테스식 반어법을 통해서 전개되었다. 기존의 주장 → 헐버트의 반론 → 기존 주장자의 재반론 → 헐버트의 재반론으로 이어졌다. 그의 재반론은 자신의 반론에 대해 상대방으로부터 다시 제기된 문제 또는 예상되는 문제에 대한 것이었다. 이런 방식은 그가 다룬 모든 주제에 대해서 적용되었다.

배외주의적이었다고 볼 수 없다. 오히려 한국민은 개방적 성향을 지녔다. 특히 배움에 관한 한 종류를 불문하고 개방적이며,[158] 오히려 무비판적으로 받아들일 정도로 열려있다는 것이다.

> 지적으로 보나 능력 면에서 한국인은 고도의 지적능력이 있는 민족이지만, 천박하게도 남들이 시키면 시키는 대로, 가르치면 가르치는 대로 행동한다.[159]

그러자 반대론자들은 이렇게 반박했다. 그렇게 지적능력이 있는데, 중국과 일본보다 낮은 수준의 문명에 만족하는 이유는 무엇인가.

> 오히려 중국인들이나 일본인들에 비해 훨씬 앵글로 색슨인과 비슷하며…그게 머리 좋은 사람들이 많은데 그렇게 낮은 문명에 만족하고 있는 이유는 무엇일까.[160]

헐버트는 이 문제에 대해 답변한 바 있다. *History of Korea*에서 이렇게 설명했다. 한국인은 민족은 있지만, 개인과 진보라는 개념은 없다. 즉 나의 운명은 내가 주체적으로 책임지며 개척한다는 사상이 없었다는 것이다. 그런데 이는 교육을 통해 채워 질 수 있는 요소이다.

반대론자들은 물러서지 않았다. '한국인의 본성이 개방적이라면, 왜 쇄국주의라는 닫힌 세계관을 지니게 되었는가.' 헐버트는 이렇게 재반박했다. 그것은 중화사상을 받아들였기 때문이다. 즉 이 사상을 무비판적으로

---

158 류대영, 『초기 미국 선교사 연구, 1884-1910』(한국기독교 역사연구소, 2001), p. 189.

159 *Passing of Korea*, p. 44.

160 류대영, 『초기 미국 선교사 연구, 1884-1910』(한국기독교 역사연구소, 2001), p. 189.

받아들이고 장기간 지속됨으로써 내면화되었다. 그리하여 다른 세계를 바라볼 수 있는 기회를 스스로 차단하기에 이르렀다고 한다.

> 한국이 국가로서 성장하는 6~7세기 동안 독립노선을 지향했으며, 이를 달성했다. 그러면서도 중화 문화의 과중한 부담이 한국을 악몽처럼 짓눌렀다. 한국인들은 중화사상을 받아들이는 것보다도 더 좋은 것이 없다고 알고 있다. 이는 중화사상을 받아들이는 것이 자신의 사상을 지키고 유지하는 것보다 더 훌륭하다고 믿는 몽매한 사고방식에서 비롯된 것이다. 그때서부터 지금에 이르기까지 한국은 중화사상의 노예가 되었으며, 자주성과 독자성을 상실하였던 것이다. 한국으로서는 중국의 사상을 모방하는 것만이 지상의 소망이었기 때문에 이 한정된 수평선 너머의 모든 장관을 하나도 볼 수가 없었던 것이다.[161]

즉 쇄국정책이 본래 한국인의 성품이 아니며, 오히려 개방성이 그 특징인데, 중화주의의 포로가 되었기 때문에 그렇게 되었다는 것이다.

2. 그렇다면 대원군은 왜 쇄국정책을 펼쳤을까

그러나 헐버트에게 중화주의는 쇄국정책을 펼치게 된 먼 원인(遠因)이었다. 그는 쇄국정책의 가까운 근인(近因)으로 다음 4가지를 지목했다. 첫째, 대원군의 오판, 둘째, 프랑스의 오판, 셋째, 조선인의 외침에 대한 트라우마와 독특한 승패 인식, 넷째, 국법 간의 충돌(조선인의 국법 vs 프랑스의 국법) 등이다.

161 *Passing of Korea*, pp. 43-44.

〈1〉 대원군의 성격과 오판

헐버트는 먼저 쇄국정책과 천주교탄압책에 있어서 대원군의 역할을 검토했다. (1) 그는 대원군의 성격을 주목했다. "근대 한국사를 통틀어 가장 특출한 성격을 지닌 인물이었다고 해도 과언은 아니다." "그의 성격에서 가장 뚜렷한 점은 도덕적, 정치적, 경제적, 심지어 혈족관계에 따른 어떤 난관에 부딪혀도 이에 굴하지 않고 목표를 향해 매진하는 강인한 의지였다."[162]

그럼에도 대원군의 가장 큰 약점은 난세의 시대가 요구하는 지도자의 덕목, 즉 그 시대를 꿰뚫어보는 예지가 결여되었다는 점이었다. 이 때문에 이양선의 개국요청과 천주교의 포교활동이라는 실제 상황을 놓고 대응하는 과정에서 다음과 같은 잘못된 확신에 이르게 되었다는 것이다. 즉 천주교는 무력으로 제거할 수 있고, 따라서 개국은 저지할 수 있다는 것인데, 이는 오판이었다.

> 문제는 그가 시대의 흐름을 읽는 능력이 없었다는 것이다. 그가 저지른 가장 큰 두 가지 실수가 있다. 첫째, 로마 가톨릭 세력을 무력으로 제거할 수 있다고 믿은 것이다. 둘째, 조선의 개국을 저지할 수 있다고 믿은 것이다.[163]

하지만 대원군만 사태를 오판한 것은 아니었다. 프랑스 또한 대원군의 정책을 잘못 이해했다. 이를테면 프랑스는 이런 식으로 생각했다는 것이

162 『한국사 드라마가 되다』, 2권 p. 295.
163 『한국사 드라마가 되다』, 2권 p. 295.

다. '대원군은 원래 가톨릭에 대해 호의를 가지고 있었다. 그러나 그는 가톨릭 반대파의 압력을 받아 부득불 생각을 바꿀 수 밖에 없었다. 그들이 대원군의 집권에 도움을 주었기 때문에 이를 무시할 수 없었다는 것이다.[164] 따라서 포함을 동원한 프랑스의 무력행사는 대원군이 내심으로 원하고 있는 프랑스와의 수교를 결과할 것이다.[165] 그런데 헐버트는 프랑스의 이러한 식의 사고가 잘못이었다고 지적했다. 첫째, 대원군은 처음부터 가톨릭 탄압을 정략적으로 접근했을 가능성이 크다. 따라서 프랑스와 우호관계의 구축 여부는 고려의 대상이 아니었던 것으로 보인다.[166]

그리고 이것이 그의 완고한 성격과 화학적으로 결합함으로써 척화비를 세우라는 명령으로 체화되었다는 것이다. "대원군은 즉시 한양 한복판에 1866년부터 준비해 온 척화비(斥和碑)를 세우라고 명령했다."[167] 요컨대 대원군의 쇄국정책은 가톨릭을 무력으로 제거할 수 있다는 오판, 대원군의 가톨릭 탄압이 반대세력을 무마하기 위한 계략일 뿐이라는 프랑스의 오판, 대원군의 완고함 등이 복합적으로 작용한 결과였다.

〈2〉 조선의 대외원칙

다음으로 헐버트는 쇄국정책의 최초의 설계자가 대원군인가를 검토했다. 그리고 대원군은 쇄국정책의 집행자였을 뿐, 그로부터 시작된 정책은

164 『한국사 드라마가 되다』, 2권 pp. 296-297.
165 『한국사 드라마가 되다』, 2권 p. 296.
166 『한국사 드라마가 되다』, 2권, pp. 296-297.
167 『한국사 드라마가 되다』, 2권, p. 310.

아니라고 보았다. 왜냐하면 조선은 이전부터 쇄국을 국가 방어 전력으로 가지고 있었기 때문이다. 대외정책으로서 쇄국정책은 두 가지 원칙을 지닌 것이었다. 하나는 난파된 선원은 국경 밖으로 안전하게 송환한다. 다른 하나는 조선은 외국과 외교관계를 개설할 의도가 없다.[168] 그리고 조선은 이 점을 지켰다. 병인양요, 제너럴 셔먼호, 신미양요 때에도 일관되었다. 각각의 사건에서 조선이 보여준 태도를 통해 이 점을 확인할 수 있다.

1) 프랑스 군함이 한국 해안에서 좌초한 적이 있다. 이때 조선은 이들을 구조한 후 본국으로 되돌려 보내기 위해 노력했다. 그런데 그 전함들은 천주교 박해를 추궁하려는 임무를 띠고 온 것이었다. 그리고 조선정부도 이를 알고 있었지만, 다음과 같은 송환조치를 취했다는 것이다. 즉 "1847년 여름에 프랑스의 프리깃 함, 글로아르 호와 빅토리외즈 호가 중국 하북성의 직예만을 출발하여 조선을 향했다. 앞서 보낸 서신의 결과를 확인하기 위함이다. 그러나 두 전함은 썰물 때 모두 갯벌에 좌초되어 두 동강이 났다. 600명의 수병들은 전라도 해안의 섬인 고금도로 피신했으며, 구원을 청하기 위해 함재정이 상해로 급파되었다. 조선인들은 힘이 닿는 한 모든 지원을 아끼지 않았다. 한편에서 프랑스인들에게 식량과 기타 필수품을 제공했으며, 다른 한편에서 중국으로 돌아갈 선박까지 내주겠다고 제안했다.…우연히 고금도 부근을 지나던 영국 배가 프랑스 생존자들을 모두 중국으로 데려갔다." 따라서 "조선 조정이 취한 이러한 조치는 매우 훌륭했다"고 헐버트는 평가했다.[169]

---

168 『한국사 드라마가 되다』, 2권, p. 308.

169 『한국사 드라마가 되다』, 2권, p. 286.

2) 서프라이즈 호의 난파 사건 때에도 조선은 난파선의 구호원칙을 실행했다. "그해 5월 서프라이즈 호라는 미국 범선이 황해도 해안에 좌초하는 사건이 일어났다. 조선인들은 대원군의 명령에 따라 그 배의 선장과 선원들을 융숭하게 대접했고, 매우 세심하게 중국 해안까지 안내해 주었다. 대원군은 조선이 조선 해안에 좌초된 배의 선원들을 결코 해치지 않는다는 주장의 신빙성을 이런 식으로 확실하게 보여주었다. 이 선원들은 조선에서 반외국인 시위가 벌어지고 있는 와중에도 인도적 대우를 받았으며, 제 갈 길을 가도록 석방되었다."[170]

3) 이 원칙(외국과 통교하지 않는다는 원칙)은 제너럴 셔먼호 사건시에도 지켜졌다. "7월 초 제너럴 셔먼호라는 대형 범선이 대동강 어귀에 진입했다. …이 외국배는 교역이 불가능하다는 말을 들었다. 그럼에도 출항하지 않았으며, 오히려 상류로 올라와 평양 가까운 양각도의 반대편까지 진출했다. 이 배가 정지선을 넘어 강기슭의 모래톱에 좌초한 것은 순전히 이 지역에 쏟아진 폭우와 이례적으로 높게 친 파도때문이었다.…이들의 대담한 행동에 조선인들은 경악했다.…얼마 후 배가 즉시 떠나지 않으면 공격하라는 대원군의 명령이 떨어졌다."[171] 따라서 헐버트는 조선의 행위는 정당 방위였다고 평했다.

> 이 문제에 관한 한 공정한 사람들이라면 조선사람들이 대단히 비난받을 짓을 했다고 주장할 수 없을 것이다. 이 배는 떠나라는 경고를 받았으나 이를 무시했다. 그것도 모자라 좋은 상황하에서도 배가 좌초될 수 밖에 없는 지역까지

170 『한국사 드라마가 되다』, 2권, p. 299.

171 『한국사 드라마가 되다』, 2권, pp. 300-301.

무모하게 들어갔다. 그것이 단순한 실수였다는 걸 조선인들이 알 리가 없다. 그들은 이 범선을 당연히 적국의 배로 간주했다. 즉 교전원칙에 따라 처리한 것뿐이다.[172]

〈3〉 조선의 반천주교 정책은 대원군의 정책이 아니라, 국법체계/국가의 기본 방침이었다

조선이 난파선에서 보인 태도가 원칙에 따른 것이었듯이, 천주교에 대해서도 정해진 매뉴얼이 있었다. 병인양요 이전에 조선이 천주교에 대해 취한 태도가 이를 보여준다. 먼저 한국인들은 외국인에 대해 중국인과 일본인이 갖고 있던 정도의 배외주의나 외국인 증오감을 지니고 있지 않았다는 것이다. "중국의 국태공보다도 더 심하게 외국인에 대해 증오감을 갖지 않았다. 역대 한국의 군주들이 다시 소생한다고 해도 중국의 현 황태후보다도 더 기꺼워하며…외국인을 섬멸하지는 않았을 것이다." 따라서 천주교에 대한 박해는 정책이 바뀐 것으로 보아서는 안 된다. 조선은 일찍부터 천주교를 반국가종교로 받아들였기 때문이다. "조선인들이 가톨릭에 맹렬히 반대한 것은 별로 놀랄 만한 일이 못된다. 가톨릭은 나라를 위협하는 위험한 종교로 간주되었다. 로마가톨릭은 인구의 큰 부분을 차지하는 것으로 알려져 있다. 이에 많은 사람들이 붙잡혀 처형당했다"[173]

즉 조선은 이미 가톨릭을 국가의 안정을 위협하는 사상으로 간주한 상태였다는 것이다. 헐버트는 한국인의 이 같은 인식을 잘못된 것으로 볼 수

172 『한국사 드라마가 되다』, 2권, p. 301.
173 『한국사 드라마가 되다』, 2권, pp. 277.

없다고 했다. 실제로 가톨릭의 역사가 그러한 전력을 보여주기 때문이다. "조선인들은 로마 가톨릭교회가 국가의 존립 기반에 타격을 가하고 정치를 장악할 가능성이 높다는 말을 들은 바 있다. 이 같은 비판에 반박하기 어렵다. 가톨릭이 영혼의 지배뿐만 아니라, 세속의 권세까지 추구하는 사실에 비추어 볼 때 그렇다."[174]

그리고 조선인 가톨릭 교도들이 외세를 끌어들여 국가 전복을 기도했다는 인식이 존재한다. 이러한 인식이 신념의 산물인지, 실제로 확인된 것인지는 알기 어렵다. 다만 유럽이 선교사들의 배후에 있다는 점을 고려하면 사실일 가능성도 없지 않다. "황사영이라는 조선인이 동포 신자에게 신앙을 설교하도록 중국인 신부(주문모)를 데려 오는데 핵심역할을 하였다. 중국인 선교사가 처형되자 황사영은 청나라에 거주하는 유럽인들에게 편지를 보냈다. 군대를 조선 땅에 파견하여 왕실을 전복시키고 천주교 신앙에 동정적인 새 왕조를 세워달라고 요청했다. 이 편지는 중도에 가로채였다. 운반자는 모진 고문을 당해 만신창이가 되었다. 하지만 이것이 정확하다고 장담하기에는 아직 성급하다. 이 편지의 내용은 일반적으로 조선인들이 지닌 신념일 수도 있고, 아닐 수도 있다. 그러나 유럽 몇몇 나라가 자국 선교사들에게 기울인 적절하고도 적극적인 관심으로 판단할 때 이런 내용의 상당 부분이 편지 속에 포함되었을 가능성이 높다."[175]

더욱이 프랑스의 행위는 조선의 국법과 정면으로 충돌했다. 1) 프랑스 신부(베르뇌 주교)에 대한 사형 집행문서가 이를 보여준다.

---

174 『한국사 드라마가 되다』, 2권, p. 277.

175 『한국사 드라마가 되다』, 2권, p. 278.

피고 장경일은 어명을 따르지 않는다. 그는 신앙을 포기할 자가 아니다. 그는 우리가 요구하는 정보를 주지도 않을 것이다. 그는 자기 조국으로 돌아가라는 우리의 명령을 거부한다. 따라서 일반 형벌에 따라 참수형에 처한다.[176]

즉 사형 집행장은 베르뇌가 추방을 거부함으로써 조선정부는 사형을 집행할 수 밖에 없었다는 것이다. 더욱이 조선정부의 기록은 베르뇌가 체포되어 사형받기까지 다음과 같은 법적 권리를 보호받았다는 점도 보여준다. 그는 체포된 후 처음에는 일반 감옥에 투옥되었지만, 곧 귀족 죄수들의 감옥으로 옮겨졌다. 그리고 법정에 출두하여 자신을 장(張)이라고 밝힌 후 조선인의 영혼을 구하기 위해 왔으며, 10년 되었다고 했다. 그런 후 자신은 강제출국이 아닌 한 제 발로 출국하기를 거부했다.[177] 요컨대 처형 전에 조선 정부는 프랑스인 신부를 학대하지 않았다. 다만 국법에 따라 출국을 요구했지만, 거부당했다. 이에 조선에게 남은 것은 국법의 집행이었다는 것이다.

이후 이 문제를 처리하는 과정에서도 조선은 이 점을 프랑스정부에게 강조했다. 먼저 조선은 프랑스가 알고 싶어 하는 점을 조선정부가 숙지하고 있었다는 점을 전했다. "지난해에 우리는 외국인들로부터 한 통의 서신을 받았다. 서신은 우리나라 대신들 앞으로 전달되었다. 그 내용은 다음과 같다. "본국 국민인 앵베르, 샤스탕, 모방 등 3인을 귀국이 처형했다. 우리는 귀국이 그들을 처형한 이유를 해명할 것을 요구한다. 귀국은 외국인 입국을 허가하지 않는다고 말할지 모른다. 그러나 중국인과 만주인들이 귀

176 『한국사 드라마가 되다』, 2권, p. 297.
177 『한국사 드라마가 되다』, 2권, p. 297.

국에 들어갈 경우 죽이지 않고 본국으로 되돌려 보냈을 것이다. 그렇다면 어째서 이 세 사람을 동등하게 대우하지 않았는가. 만약 그들이 살인 및 선동과 같은 죄로 유죄판결을 받았다면 우리는 할 말이 없다. 그러나 그들은 그런 죄인과 달랐다. 귀국은 그들에게 부당하게 유죄를 선고했다. 그럼으로써 프랑스정부에 중대한 손실을 끼쳤다.[178]

이어서 프랑스의 문제 제기에 반박하면서, 조선 정부가 왜 세 사람의 선교사를 처형할 수밖에 없었는지를 설명했다.

이런 내용의 사신에 대해 우리는 다음과 같이 답변하고자 한다. (1) 우리가 알지 못하는 시기에 입국한 3명의 외국인은 1839년 이 땅에서 발견되었다. 그들은 조선옷을 입었고, 조선말을 썼으며, 밤낮으로 거처를 옮겼다. 그들은 얼굴에 복면을 썼으며, 주거지를 숨겼고, 우리가 역돈자 적으로 간주하는 자들과 어울렸다. (2) 재판장에 끌려 나왔을 때 그들은 자기네 이름을 피에르 및 일본인 캉이라고 주장했다. 이 자들이 귀국이 언급한 사람들인가. 심문 당시 그들은 자신들이 프랑스인이란 사실을 전혀 밝히지 않았다. 그들이 신분을 밝혔다고 해도 우리는 귀국이 어디에 위치했는지를 모른다. 따라서 그들을 돌려보낼 수도 없었다. 우리는 비밀입국을 금지하는 법을 적용하는 것 외에 달리 취할 방도가 없었다. (3) 반면에 그들이 변장을 하고 조선옷을 입은 것은 무언가 불순한 동기를 숨기려고 했다는 뜻이다. 따라서 그들은 본국 해안에 난파한 외국인들과 비교될 수 없다. 우리는 난파한 외국인들을 가능한 구조하여 본국으로 되돌려 보낸다. 조선의 법도가 그렇다. 귀국의 국민들이 우리나라 해안에 난파하여 표류했다면, 중국인 및 일본인 혹은 그같은 환경에 처한 다른 나라 사람들과 정확하게 동등한 대우를 받았을 것이다. (4) 귀국은 그들이 아무런 이유없이 살해당했고, 따라서 조선이 프랑스 정부에 범죄행위를 저질렀다고 말한다. 이런 발언

178 『한국사 드라마가 되다』, 2권, p. 286.

은 참으로 근거없는 주장이다. 우리는 귀국과 왕래한 일이 전혀 없다. 귀국이 조선에서 얼마나 떨어져 있는지조차 우리는 모른다. 무슨 까닭으로 조선이 귀국에 손실을 가하겠는가. 외국인이 귀국에 들어가 변장을 하고 범죄로 간주되는 행위를 할 경우 귀국은 어떤 조치를 취하겠는가. 귀국은 그런 자를 방치하겠는가. 중국인과 만주인이 조선에 들어와 귀국 국민들과 동일한 행동을 했다면 그들도 귀국 국민들에게 취했던 것과 동일한 대우를 받았을 것이다. (5) 실제로 우리는 조선에 들어와 변장을 하고 복장을 바꾸어 입었다는 이유로 중국인 한 명을 처형했다. 중국정부는 그렇게 하는 것이 조선의 법이라는 것을 알기 때문에 그 사건에 대해 일언반구도 따지지 않았다. 우리가 그들의 국적을 파악했다고 할지라도 결과는 바뀌지 않았을 것이다. 그들의 행동이 우리의 법에 너무나 어긋났기 때문에 국적에 상관없이 그들을 살려두지 않았을 것이다. 이 문제는 더 이상의 설명을 필요치 않다. 귀국의 서신은 적절한 격식을 거치지 않은 채 발송되었다. 이에 우리는 답변할 의무가 없다. 이 문제는 속국의 통치자가 처리할 수 있는 문제는 아니다. 조선은 중국의 속국이므로 모든 외교문제를 북경의 조정과 협의할 의무를 지고 있다. 이 점을 귀국의 원수에게 알려라. 사건의 진상을 밝히기 위해 조선은 이상과 같은 명백한 발언을 했다. 놀라지 않기를 바란다.[179]

헐버트는 이 답신을 소개하면서 조선의 행위는 법적으로 정당한 것이었다고 평가했다. 그리고 프랑스 신부들의 행위는 포교라는 관점에서 용기있는 행위로 찬사받아 마땅하다. 그러나 간과해서는 안 되는 것이 있다. 그들의 포교행위가 조선의 국법과 충돌한다는 점과 그들이 그것을 각오했다는 점을 고려해야 한다. 따라서 프랑스 정부가 신부를 사형시킨 조선에 대해 자국민을 죽인 죄로 문책한다는 것은 이치에 맞지 않는다.

---

179 『한국사 드라마가 되다』, 2권, pp. 286-288.

조선의 주장에 논박의 여지가 없다. 이를 이해하기 위해 이 답서를 읽을 필요가 있다. 인도주의적 관점에서 볼 때 잘못되었을지 모른다. 그러나 단지 정치적 및 법적 관점에서 볼 때 조선정부는 모든 유리한 사실을 증거로 확보한 셈이다. 조선 정부가 자기네 주장을 뒷받침하는 가장 강력한 근거, 즉 프랑스인들에 출국할 것을 요구했으나, 그들이 거부했다는 사실을 언급하지 않은 것이 다소 이상하다. 프랑스인들은 자기네 선택에 따라 조선 법의 적용을 받았다. 그리고 좋든 싫든 그 결과를 감수했던 것이 분명하다. 프랑스인들이 조선의 신도들과 함께 고통을 나누기 위해 남기로 한 것의 영웅적 용기는 가상하다. 그러나 그들은 출국하여 목숨을 구할 수 있는 기회는 분명히 있었다. 조선에서 가톨릭의 교세가 급속히 불어나는 것은 주로 이 프랑스인들과 같은 사람들의 영웅적인 자기 희생 덕분이라는데 의문의 여지가 없다. 그들은 문자 그대로 선교를 위해 목숨을 바쳤다. 그러나 프랑스 성직자들의 처형과 관련하여 조선 정부에게 어떤 변명의 여지도 없다고 말하는 것은 틀린 주장이 될 것이다.[180]

그럼에도 프랑스는 생각을 바꾸지 않고 조선정부를 윽박질렀다. "이 답변서에 만족하지 않은 프랑스 정부가 앞으로 조선 땅에서 체포되는 프랑스 국민은 모두 북경으로 보내야 하며, 그렇지 않을 경우 조선 정부가 중대한 범죄를 범하게 될 것으로 주장을 담은 답신을 보냈기"때문이다.[181] 그러나 이러한 행위는 사법 주권을 침해하는 것이다. 여기서 조선 정부는 국법질서를 수호해야 했다. 그러자 프랑스는 이를 응징하기 위해 병인양요를 일으킨 것이다.

요컨대 헐버트는 병인양요를 맞이하기까지 조선의 대응은 종교박해가

---

180 『한국사 드라마가 되다』, 2권, p. 289.
181 『한국사 드라마가 되다』, 2권, p. 289.

아니라 국법의 집행과 수호의 차원에서 보아야 한다고 주장하면서, 정당하다고 평가했던 것이다. 즉 이때까지 쇄국은 국법을 수호하기 위한 정당 방위였다. 그러나 병인양요를 계기로 조선인의 대응은 감정이 실리기 시작했다. 프랑스가 군함을 동원하여 책임을 묻는 행위가 조선인의 반감을 불러 일으켰기 때문이다. 이러한 행위는 천주교가 반국가적 종교라는 반가톨릭파의 인식을 확신으로 바꾸어 주었으며, 박해를 정당화하는 근거가 되었다. 대원군의 천주교 박해는 이런 배경 하에서 이루어진 것이다.

이렇듯 전 과정을 검토한 후 헐버트는 반문했다. 프랑스의 진의는 무엇이었는가. 자국민 보호는 명분일 뿐, 실제로는 조선의 보호국가 아니었느냐는 것이다. "프랑스정부는 이미 북경의 중국정부에게 프랑스는 조선에 대한 중국의 종주권을 인정하지 않겠다는 점을 통보했으며, 프랑스가 정복할 이 나라는 북경 측과 상의없이 프랑스의 뜻대로 처분할 것이라는 점을 분명히 했다."[182] 만약 프랑스 정부가 자국인의 사형에 대해 부당했다고 주장하려면 먼저 조선인의 형사법을 공부했어야 했다. 특히 사형제도에 대한 법인식을 조사해야 했다. 그리고 진정으로 포교를 목적으로 했다면 먼저 폭력의 동원이 아니라, 계몽을 통한 설득이어야 했다. "아주 옛날부터 조선인들은 이단신앙의 포교보다도 죄질이 훨씬 약한 범죄도 사형으로 다스렸다. 이런 조선의 관점과 외부의 도발에 비추어 볼 때 조선인들을 비난하기보다는 계몽이 필요했다고 말하는 것이 온당할 것이다."[183]

바꾸어 말하자면 프랑스는 조선의 국법에 법적으로 대응할 논리를 찾

182 『한국사 드라마가 되다』, 2권, p. 301.
183 『한국사 드라마가 되다』, 2권, p. 289.

을 수 없었다. 그리고 조선의 정책가들에게 선교의 자유를 설득하거나 계몽을 시도하지도 않았다. 그리고 천주교 박해를 구실로 군함을 동원했다. 그렇다면 조선은 어떻게 대응해야 할까. 쇄국을 정책으로서는 물론 심리적으로도 무장해야 하는 사상으로 삼아야 하지 않을까.

그리고 이 때문에 한국이 문호를 개방하기 위해서는 심리적 장벽을 극복해야 했다.

> 한국이 외국에 대해 문호를 개방하는데 있어서 직면하였던 어려움은 일본이나 중국의 그것에 비교하면 아무것도 아니었다.[184]

〈4〉 조선인의 전통적인 전쟁관

무엇보다도 조선의 쇄국정책은 역사적 기원이 있다는 점도 살폈어야 했다. 그것은 바로 외침으로부터 비롯된 트라우마를 지니고 있었다는 점이다. 임진왜란이 남긴 조선인 특유의 전쟁 인식이다. "우리는 조선 사람들이 외세의 영향에 극도로 민감하다는 점을 명심해야 한다. 일본인들과 만주족의 무시무시한 침공을 경험한 조선인들은 외부세계와 교류하자는 제안을 극도로 싫어했으며, 외국인들과 접촉할 수 있는 모든 기회를 용의주도하게 기피했다. 이것이 조선인들이 천주교에 반대한 이유 가운데 하나였다."[185] 즉 조선인들의 강박관념은 천주교를 종교의 관점에서 접근할 사고체계나 타자의 문명을 바라볼 심리적 여유가 없었으며, 따라서 외세

---

184 『한국사 드라마가 되다』, 2권, p. 276.

185 『한국사 드라마가 되다』, 2권, p. 277.

이외에 다른 것으로 볼 여지를 기대하기가 어려웠다는 것이다.

그리고 서양도 이를 몰랐다. 조선의 천주교 박해가 한편에서는 조선의 전통적인 대외전략에서 나온 것이라는 점, 그리고 그것이 쇄국정책이었다는 점, 다른 한편에서 포교의 자유를 달라는 요구를 또 다른 외침으로 볼 수밖에 없는 역사적 기원/정신적 뿌리를 가지고 있었다는 점 등을 알지 못했지만, 그러나 프랑스는 이를 알았어야만 했다는 것이다.

또한 프랑스가 몰랐던 것은 또 있다. 외침은 조선인들의 전쟁의 승패관에 독특한 영향을 미쳤다. 조선에서 전쟁의 승패는 희생의 다수에 있지 않고, 이 땅에서 결국 오랑캐를 몰아냈느냐에 달려있다는 것이다. 임진왜란에 대한 평가가 이를 재확인케 한다.

> 14세기의 마지막 약 10년 동안 일본군은 이 나라를 침략하여 왕을 압록강 언저리까지 도망치게 만들었고, 수십만 명의 양민을 학살했으며 7년 동안 조선에서 호각의 전쟁을 벌였다. 그러나 막상 히데요시가 죽은 뒤 일본군은 조선에서 떠나자, 조선인들은 일본이 패했다고 주장했다. 그리고 그것은 사실이었다.[186]

병인양요에서 조선의 승리도 이런 관점에서 해석되어야 한다.

> 조선군 특공대는 매복해 있다가 이 작은 부대가 사정권에 들어오자 즉시 혼을 빼놓는 집중사격을 가하여 적군의 절반을 전투불능 상태에 빠뜨렸다.…프랑스의 패배가 조선 조정에 어떤 영향을 주었는지는 충분히 상상이 된다. 중국은 야만인 앞에서 무릎을 꿇었지만, 조선은 북부지방에서 차출한 호랑이 사냥꾼을 이용해 이들을 혼비백산케 했던 것이다.[187]

186 『한국사 드라마가 되다』, 2권, p.310.
187 『한국사 드라마가 되다』, 2권, pp. 304-305.

그렇기 때문에 병인양요의 승리는 조선 정부에게 큰 힘이 될 수밖에 없었다.

> 이튿날 프랑스 군은 마을을 다시 포격하고 공격하였다. 프랑스 병사들은 이 명령에 놀라면서 불만을 터뜨렸다. 하지만 우리는 그것이 프랑스가 할 수 있는 유일한 조치였으리라고 믿는다. 조선을 굴복시키기 위해 소집된 프랑스 병사의 수가 턱없이 부족했기 때문이다. 약 6천명 정도가 되었더라면 가능했을 수도 있다. 우리는 이 작전을 포기할 수 밖에 없었던 이유를 밝히는데 이 이상의 근거를 찾을 필요가 없다.[188] 만일 독자들이 이 사건을 조선 조정의 편협한 관점에서 검토해 본다면 조선당국이 환호한 것은 충분히 일리가 있고 당연하다는 것을 금방 알 수 있다.[189]

헐버트의 설명은 쇄국정책에 대한 다음과 같은 주장을 담고 있다. 첫째, 조선은 천주교를 종교의 차원에서만 접근한 것이 아니라, 정략적 계산, 국법의 준수, 나아가 대외전략의 수호라는 관점에서 처리했다. 그리고 이는 조선의 입장에서 정당했다. 둘째, 쇄국정책은 정신적 기원이 있다. 그것은 병자호란에서 기인한다. 그런데 프랑스는 포함을 동원함으로써 조선인의 거센 반발을 초래했다. 이는 큰 실책이었다. 여기서 병인양요는 병자호란과 다름없는 사건이 되었다. 따라서 대응하는 자세도 병자호란과 비슷했다. 천주교 수용은 오랑캐의 법도에 굴복하는 것이 된다. 셋째, 조선인에게 승패는 피해의 정도나 과정의 문제가 아니다. 끝이 좋으면 모두가 좋다는 식으로 침략군이 한국 땅에서 물러가면 이긴 것이다. 서양은 바로 이를 몰랐다. 중국과 일본에게 통했던 서양의 포함외교가 조선에서 막혔

---

188 『한국사 드라마가 되다』, 2권, pp. 304-305.
189 『한국사 드라마가 되다』, 2권, p. 305.

던 이유가 이것이다. 바로 여기서 조선의 안보 전략으로서의 쇄국정책은 대원군의 성격과 맞물림으로써 쇄국정책을 단호하게 했다고 평가했다.[190] 즉 쇄국정책이 배외사상으로서의 쇄국주의가 된 것이다.

Ⅲ. 헐버트의 신미양요 해석과 미국 탄핵론(1)[191]

이러한 상황에서 신미양요가 일어났다. 그리고 병인양요에서 일어난 조선의 쇄국체제가 작동했다. 헐버트는 특히 이 사건 또한 조선의 '쇄국정책'을 '쇄국주의'로 변질시키는데 중요한 역할을 했다고 보았다.

〈1〉 미국책임론

먼저 그는 미국 역시 프랑스와 마찬가지 잘못을 저질렀다고 했다. 포함을 동원한 것은 조선의 개항을 무력을 앞세워 가능하다고 믿었기 때문이다. 뿐만 아니라 "조선인들의 성격(전쟁관)을 전혀 몰랐다." "이때 미국이 저지른 가장 큰 실수"가 바로 이것이다."[192] 한국인의 전쟁관은 무엇인가.

> 강화도의 군사요충지를 약간 빼앗긴 것에 대해 조선 정부는 별로 개의치 않

---

190 『한국사 드라마가 되다』, 2권, p. 437.

191 헐버트는 *History of Korea*에서 신미양요에 대해 미국정부를 비판했다. 그러자 미국정부와 애국단체가 반발했다. 헐버트의 비판이 비애국적 행위요, 참전용사에 대한 탄핵과 같다는 것이다. 이에 헐버트는 다시 반박했다. 즉 1905년의 *History of Korea*에서 헐버트가 한 신미양요시의 미국의 행위 비판 → 이에 대한 미국정부의 반박 → 1930년대 후반의 *Echoes of the Orient*를 통한 헐버트의 재반박이 차례로 제기되었다. 이 장은 30여년 이상에 걸쳐 전개된 신미양요를 둘러싼 논쟁을 재구성한 것이다.

192 『한국사 드라마가 되다』, 2권, p. 309.

았다. 사실 미국인들이 더 깊숙이 침략하여 전 국토의 절반을 유린했더라도 한양에 있는 왕을 권좌에서 끌어내리거나, 그에게 직접 위해를 가하지 않는 이상 그들이 철수했다는 사실은 조선인들에게 그들이 격파되었다고 생각을 깊이 심어주었을 뿐이다.[193] …조선의 입장에서 작은 부대를 잃었다는 것은 황해로 아득히 사라진 미국 함대의 모습에서 확인된 그들의 궁극적인 승리에 비하면 작은 대가에 불과했던 것이다.[194]

그런 후 헐버트는 신미양요에 대한 역사적 평가를 내렸다. 첫째, 한국측 발포행위는 정당방위였다. 즉 조선은 방어전쟁을 했다. 따라서 미국은 침략전쟁을 한 셈이 되었다.

그러나 결말은 이랬다. 로저스 제독은 임무에 부적격했다. 한국의 공격이 정당한 이유가 없었다는 주장은 근거가 없다. 한국인의 눈으로 보면 요새에 대한 접근 자체가 도발이었다. 그곳은 한국판 지브럴터(Gibraltar)의 외벽(wall)이었다. 한국이 할 수 있는 일은 선전포고뿐이었다. 그러자 미국은 "상처받은 명예(wounded honor)"를 회복하려고 했다. 그러나 결과는 더렵혀진 공화국의 명예(tarnished honor of the Great Republic)가 회복되었을 뿐이다.[195]

둘째, 승자는 한국이며, 미국은 국제법상의 책임을 져야 한다.

미국의 공격은 교전절차에 어긋났다. 한국 수비대의 공격은 정당했다. 수도의 관문에 대한 적함의 접근 자체가 공격행위였다. 전단은 미국이 연 것이다. 그리고 미국의 명예가 훼손당했다면서 반격했다. 미국은 군사적으로 승리했

193 『한국사 드라마가 되다』, 2권, pp. 309-310.

194 『한국사 드라마가 되다』, 2권, p. 310.

195 *History of Korea,* vol. II. pp. 214-215.

다. 그러나 조약은 체결하지 못했으며, 함대는 서해 바다 너머로 사라졌다. 따라서 최종적인 승리는 한국이 차지했다. 미국 함대를 철수시켰기 때문이다. 이는 한국인에게 승리를 의미했다. 이는 미국에게도 마찬가지였다. 원하는 목표를 얻지 못한 함대의 철수는 패배였다. 훼손당한 미국이 명예를 회복한다며 공격했지만 얻은 것은 더럽혀진 명예였을 뿐이다. 또한 로저스는 이러한 임무를 수행하기에 부적합했다.[196]

셋째, 미국의 포함외교와 패배는 대원군의 쇄국정책을 쇄국주의로 바꾸게 했다. 즉 이때부터 한국인들은 미국인들을 '외국인'이 아니라, 서양 오랑캐로 보게 되었다.

한국은…미국함대가 황해 너머로 보이지 않을 때까지 사라지는 것(hull down)을 볼 수 있었다." 그것은 한국이 최종적인 승리(ultimate triumphs)를 의미했다. 한국이 입은 손실은 약간의 전사자였다는 점, 적군이 물러나는 것을 승리로 간주한다는 점 등 때문이다. 즉 임진왜란 시에 일본군의 퇴각을 바라보면서 한국은 일본을 패퇴시켰다고 선언한 바 있기 있기 때문이다. 그리고 일본의 패배는 사실(true)이었다. 뿐만 아니라 한국은 승리의 표시로 척화비를 세웠다. 그리하여 사람들은 기뻐했다. 전통적인(time honored) 은둔정책(seclusion of the land)을 보전하고 모든 외국인을 배척하는 것이 장래에도 가능하다고 생각했기 때문이다.[197]

비유하자면 수도에 세워진 '척화비'는 미국군의 항복을 의미하는 '미국판 삼전도비'와 같았다. 즉 한국에게는 청에게 패배하고 세운 삼전도비

196 *Echoes of the Orient*, pp. 43-44.

197 *History of Korea*, vol. II. pp. 214-215.

의 굴욕감을 미국에게 승리한 후 세운 척화비를 통해 보상받은 것과 같은 셈이었다.'

〈2〉 미국 정부와 애국자 집단의 헐버트 비판론

헐버트의 이러한 신미양요 해석은 미국 내에서 문제가 되었다. 즉 헐버트가 미국에 대해 비애국적인 행위를 했다는 식의 비난이 있었다는 것이다. 헐버트는 이 점을 *Echoes of the Orient*에서 밝혔다. 이런 식이었다. '나는 1871년의 신미양요는 미국 측의 잘못이 있다고 보았다. 이 점을 1905년에 펴낸 *History of Korea*를 통해서 비판했다. 그러나 정부와 일각(해군팽창론자)은 반격을 가했다. 다음과 같이 반론하였다.'

> 헐버트는 비애국자이다. 1) 그는 미국의 행위를 법적으로 정당하지 않았다고 보고 있다. 2) 또한 해군의 필요성에 반대하는 것 같다. 3) 뿐만 아니라 미국이 패배했다고 해석했다. 4) 그러나 한국이 먼저 발포한 것은 사실이며, 이는 성조기에 대한 모욕이었다. 미국 수병들은 그렇게 생각할 수밖에 없었다. 5) 더욱이 이들은 남북전쟁에 참전했던 용사들이었다는 점을 감안해야 한다. 그럼에도 헐버트가 이를 비판했다는 것은 미국정부와 해군에 대한 탄핵과 같다.[198]

198 *Echoes of the Orient*, pp. 43-44.

Ⅳ. 헐버트의 신미양요 해석과 미국 탄핵론(2) : 미국정부의 반론

〈1〉 미국정부의 반론

특히 미국정부가 문제시한 헐버트의 법적 비판은 이랬다.

(1) 헐버트는 미해군을 교전법 위반으로 몰아붙였다. : 그러나 미해군의 무력 행사는 정당방위였다. 조선군이 먼저 발포했기 때문이다.

(2) 헐버트는 착각하고 있다. : 전쟁의 책임은 누가 방아쇠를 당겼느냐에 달린 문제이며, 누가 먼저 총을 뽑았느냐는 중요치 않다. 또한 조선의 발포는 국가의 명예에 대한 모독이었다. 국가의 명예를 회복하기 위한 전쟁은 국제법의 재판 대상이 아니다.

(3) 헐버트는 미국의 국가안보전략을 반대했다. : 미국 해군의 증강을 비판했기 때문이다. 애국적 관점에서 보면 헐버트의 반대는 국가 반역으로 볼 수 있다. 현재 미국은 원양작전이 가능한 대양해군을 만들자는 목표하에 건함계획(1882년부터 출범)을 추진 중이기 때문이다. 따라서 헐버트의 주장은 국가의 무장해제론으로 받아들여질 수도 있다.

(4) 헐버트는 신미양요를 미국이 패배한 전쟁으로 역사에 기록했다.

(5) 또한 미국의 응전이 정부의 의도는 아니었다는 점과 병사들의 애국심의 발로였다는 점도 간과해서는 안 된다. : 로저스 함대의 병사들은 남북전쟁에 참전했던 용사들이다. 그들의 열정과 용맹성은 미국 군함의 깃발을 향한 사격을 참지 못한다. 요컨대 헐버트의 신미양요 해석은 미국정부를 국제법과 역사를 통해 재판한 것과 같다. 미국정부가 헐버트의 해석을 정부에 대한 탄핵이냐고 반문할 정도였다. 그런 후 정부 역시 국제법으

로 반론을 가하는 한편, 애국심 논쟁으로 초점을 옮김으로써 헐버트를 공박했다. 비유하자면 미국 정부와 해군은 5가지 죄목으로 헐버트를 기소한 셈이다.

〈2〉 헐버트의 재반론

이에 헐버트는 다음과 같이 답변했다.

(1) 역사가가 애국하는 방법은 국가의 행위를 비판하는 것이다.

> 신미양요 시에 미국의 행동에 대한 나의 해석은 미국정부에 대한 탄핵이었다. 그러나 미국의 일각에서 나의 이러한 행위를 비애국적이라고 비판했다. 그러나 나는 이러한 비판은 받아들일 수 없다. 역사가로서 소임이기 때문이다.[199]

(2) 그런 후 미국의 건함정책에 대한 자신의 비판 역시 고수했다. 자신은 해군 건설을 반대한 것이 아니라, 해군의 용도를 문제시한 것인바, 해군은 국법에 따라 사용되어야 한다. 국익과 보편인류에 대한 국가의 의무에 복종해야 하며, 이 점에서 신미양요 시의 미국 해군의 행위는 국법에서 일탈된 행위이다.

> 그 사건(신미양요)에 대한 나의 탄핵(strictures)은 필자(헐버트)가 자국 해군에 대한 편견을 가진 증거로 해석되어서는 안 된다. 나는 해군을 최고로 존중한다. 나는 미국이 해군을 보유해야만 한다고 믿는다. 다만 미국이 보유해야 할

199 *Echoes of the Orient*, pp. 43-44.

해군은 국가의 이익과 보편 인류(humanity)에 대한 국가의 의무에 부합되어야 한다. 내가 그때 항변(plead)하려고 했던 것은 한마디로 이것이다 우리는 실수로부터 지혜(wisdom)를 배워야만 한다는 것이다.[200]

(3) 그리고 자신의 신미양요 비판론을 해군팽창반대론자에게 악용되어서는 안 된다는 점을 분명히 했다. 미국 해군은 원양에서 활동할 수 있어야 한다며 이런 식의 비유를 들었다.

지금 육군과 해군이 있다. 실제적으로 같은 종류이다. 우리를 방어하는데 있어서 두 팔 또는 두 발과 같기 때문이다.…같은 의문을 제기할 수 있다. 육군과 해군은 방어용과 공격용 모두 사용될 수 있다. 오직 방어용으로만 사용될 수 있는 무기를 발명한다면 그것은 과학자의 대업적(signal triumph)이 될 것이다. 그러나 그 시간이 올 때까지 국가는 무장해제(disarm)된 상태에 있어야 하며, 이는 자멸적인 광기(suicidal madness)에 다름 아니다.[201]

그럼에도 자신이 문제시할 수 밖에 없는 것은 바로 해군의 용도이다. 미국 해군은 국익뿐만 아니라 일반적인 인간의 이익을 위해서 사용되어야 한다.

(4) 애국적 행위일지라도 헌법이 보장한 시민의 권리(정부 정책 비판)를 침묵시킬 수 없다. 즉 수병들 특유의 용맹성, 즉 깃발에 대한 충성심을 아무리 용인해도 헌법에 대한 충심심보다 우위에 있지 않으며, 국법위반

200 *Echoes of the Orient*, pp. 43-44.

201 *Echoes of the Orient*, p.44.

의 책임을 덜어줄지언정 면책사유는 될 수 없다고 일축했다.

해군 또는 외교적 절차에 대한 기술적인 지식을 청구할 권리(claim)가 없을지라도, 미국 시민이라면 누구라도 다음과 같이 물을 수 있는 권리(right)가 있다. 만일 로우(Low)공사가 해군소장(로저스)에게 다음과 같이 말했더라면 무슨 일이 일어났을까 : "이것은 평화적 탐사를 전제로 한다. 따라서 한국정부가 우리의 요청에 대해 답변을 할 때까지 어떤 비우호적인 의사표시도 없어야 한다. 만일 비우호적인 답변이 왔다면, 그때 우리는 미국정부로부터 다음 명령을 기다려야만 한다. 해군공격이 방어를 위해서만 사용할 수 있는지에 대한 것이다." 그러나 답변은 무엇이었는가." (전쟁이었다. 그리고 어떤 개전사유를 제시했는가. 역자 :) "우리는 이들 모두가 남북전쟁 때 싸운 사람이라는 점을 잊지 않아야만 한다. 그들 모두는 억세(hard-boiled)다는 표현에 걸맞았다. 그들은 깃발(flag)에 대한 억제할 수 없는 충성(loyal)을 보인다." (국가는 이런 식으로 답변했다. 역자 :) 그러나 "이것은 참작사유(extenuating circumstance)는 될 수 있지만, 그 사건에서 미국이 보인 행위의 초라함(pitifulness)을 경감시키지 못한다." 자신이 보기에 실제로 이런 과정이었기 때문이다.[202]

(5) 또한 신미양요가 한국의 승리였다는 점에 대한 해석도 바꿀 수 없다고 전했다. 오히려 미국 해군의 강화도 요새 접근은 전쟁 명분(국가의 명예훼손)을 만들기 위한 행위였다며 미국의 아픈 부분을 건드렸다.

미국 함대가 너무 일찍 한국의 주방위선을 위협하며 접근했다. 이에 요새로부터 발사가 있었다. 이로써 미국의 깃발에 대한 모욕으로 간주할 수 있는 조건이 채워졌다.(constructed) 탐험대는 즉각 그 섬에 상륙하고 폭풍과 같이 한

202 *Echoes of the Orient*, p.43.

국의 주력 요새를 공격했다. 한국군은 용맹스럽게 싸웠으며, 공격군인 미군으로 하여금 존경심을 갖게 할 정도였다. 요새에서 백병전이 벌어졌고, 300명이 넘는 수비대가 전사했다. 실제적으로 전원이 전사한 것이다. 미국 측은 한 명의 해군대위(Lieutenant McKey)를 잃었을 뿐이다. 그런 후 함대는 한국정부로부터 회답을 기다리지 않고 철수했다. 이것은 사실상 한국의 승리였다. 그들은 약간의 전사자를 돌보는 일이 남았지만, 미국은 조약을 얻지 못했기 때문이다. 서울은 환호에 빠졌으며, 결코 서구의 오랑캐와 교섭하지 않는다는 선언이 기념비에 새겨졌다.[203]

(6) 오히려 미국은 신미양요가 양국에게 무엇을 남겼는가를 숙고해야 한다는 것이다. 한국인의 반외세감정을 쇄국주의로 만들었다. "한국인에게 국가 차원의 반외세 감정(anti-foreign sentiment of nation)을 결정체화(crystallized)했다. 그러나 이는 한국에게 매우 불리하게 만드는 행위였다."[204]

그리고 미국은 무엇을 얻었는가. "한국과의 조약 대신에 미국은 서구 야만족(Western savage)이라는 국가 이미지를 얻었다. 이것이 전부가 아니다. 미국의 군사력이 해외에서 국가의 정당한 절차없이 사용될 수 있음을 확인했다. 그리고 이를 문제시하자 변명과 비판이 돌아왔다. 이는 '정부의 행위에 대해 국민이 알 권리를 침해한 것이다.' 무엇보다도 심각한 것은 '그 사건을 통해 국가가 저지른 실수'가 드러났음에도 이에 대한 '반성과 재발방지의 교훈'을 얻지 못하고 있다는데 있다."

이에 자신은 묻지 않을 수 없다. '미국 해군의 탐사가 "평화탐사

203 *Echoes of the Orient*, pp. 42-43.

204 *Echoes of the Orient*, p.43.

(peaceful expedition)"였다고 볼 수 있을까. "조약(treaty)"이냐, "전쟁(scrap)"이냐는 두 가지 플랜 이외에 제3의 대안을 가지고 있었을까. 또한 군사안보적 차원에서 볼 때 강화도만은 "수도의 출입구(Gateway of the Capital)"요, 강화도는 "한국의 지브롤터(Gibraltar of Korea)"였다. 그런 전략적 요새에 대해 한국의 사전 승인없이 또한 공격적으로 접근하면서 상대에게 기대한 것은 무엇인가. 입장을 바꾸어 그 경우 미국은 어떻게 반응했을까. 헐버트는 이런 식으로 해석했던 것이다.[205]

V. 평가 : 헐버트의 쇄국정책 연구는 '한-미관계사'의 기본 시각이 되었다

〈1〉 헐버트는 쇄국정책/쇄국주의에 대해 다음과 같은 결론을 내렸다.

첫째, 쇄국주의는 한국인의 본성이 아니라 환경의 산물로서 후천적이었다.

둘째, 쇄국정책은 대원군이 아니라 한국의 정치/군사/경제안보전략의 일환이었다. 따라서 쇄국정책과 쇄국주의는 구별해야 한다. 천주교 박해는 쇄국정책의 결과가 아니라, 천주교의 활동과 요구가 쇄국정책을 펼치게 한 원인이었다고 해야 한다. 천주교 박해는 한국의 법적 질서하에서 정당방위였던 측면이 있다. 반면 프랑스의 군사원정은 과잉방어였으며, 신미양요도 마찬가지였다. 그러한 서양의 군사적 압박이 쇄국정책을 쇄국주

205 *Echoes of the Orient*, pp. 42-43.

의로 변질시킨 원인이었다.

셋째, 쇄국정책은 조선 멸망의 원인이었는가. 헐버트는 그렇게 보지 않았다. 개항에도 불구하고 한국이 보호국화됨으로써 쇄국정책의 정당성이 입증된 측면이 있기 때문이다. 특히 일본인들이 조선의 토지를 장악함으로써 조선인의 경지 면적은 줄어들었다. 이에 쇄국정책이 조선의 발전을 막고 있다는 주장은 설득력을 상실하게 되었던 것이다. 오히려 식량확보라는 면에서 쇄국정책 때가 나았다. 즉 순수하게 경제적인 면에서 보면 대원군의 쇄국정책은 당연한 것이었다. "경지면적에 대한 인구의 비는 일본이나 중국보다도 적기 때문에 한국이 외국인에 대해 문호를 개방하지 않는 한 그들의 평균적인 안정도는 인접한 두 국가에 비해 높은 편이다."[206]

그렇다고 할지라도 쇄국정책을 폐기하고 문호개방으로 간 것은 조선인에게는 득이라고 보았다. 자신들을 도덕적 및 지적으로 개혁할 수 있게 되었기 때문이다.

> 또한 문호개방을 그 결과로부터 보면 불행한 것이었다. 그러나 도덕적, 지적인 면에서 볼 때 매우 훌륭한 것이었다. 왜냐하면 변혁을 일으킴으로써 한국인들은 영원한 침식으로부터 고통을 받았을지 모르는 긴 동면으로부터 즉시 벗어날 수 있었기 때문이다.[207]

즉 문호개방은 결과로부터 보지 말고, 개방의 당위성, 즉 윤리적/지적 당위로부터 접근해야 한다는 것이다. 쇄국정책이 쇄국주의로 내면화된 마

206 *Passing of Korea*, p. 54.

207 *Passing of Korea*, p. 54.

당에 이를 깰 수 있는 것은 외부로부터의 지적, 도덕적 충격뿐인데, 문호개방이 바로 그 역할을 했다는 것이다.

넷째, 만약 문호개방이 보다 조기에 이루어졌다면 식민지로 전락하지 않았을 것인가. 헐버트는 이에 대해 다음과 같이 반박했다. 만약 한국이 일찍 문호를 개방했을지라도 일본의 식민지 야욕을 막을 수 없었을 것으로 판단했다.

> 한국이 어떤 이익을 기대하고 쇄국정책(seclusion policy)을 포기했을 수 있다. 그러나 그 경우 먼저 경제적 재앙(economic disaster)을 피할 수 없었을 것이다. 그리고 뒤이어 정치적 재앙(political disaster)이 뒤따랐을 것이다. 이는 일본의 기근과 군사적 용맹성을 전제로 하여 일찍부터 존재했던 유보된 결론(forgone conclusion)이었다.…왜냐하면 지진이 일본의 '식량공급시스템'의 장애물이었기 때문이다. 즉 '지진은 경작지를 균열시키고, 물저장을 곤란케 함으로써 식량부족에 시달리게 한다.' 이는 "일본의 폐부 깊숙이 있는 미래에 근심거리였다. 그리고 그 점이 팽창정책(policy of expansion)의 변명거리가 되었다." 비유하자면 '일본의 둑이 붕괴되었을 때, 경제적 용수는 본래의 수위를 유지하려고 했으며, 그것으로 한국의 안락한 시절도 종식된 것이다.'[208]

요컨대 한국은 쇄국정책을 포기했기 때문에, 또는 문호개방을 늦게 했기 때문에 멸망한 것도 아니다. 일본의 자연지리적 조건과 일본이 식량조달을 한반도에서 취하겠다고 마음먹고 있었기 때문에 어떤 면에서 보호국화는 개항하는 순간 예고되었던 재앙이었다는 것이다. 즉 보호국화의 책임을 쇄국주의에 전가해서는 안 된다는 것이다.

208 *Echoes of the Orient*, pp. 105-106.

〈2〉 신미양요의 해석을 둘러싼 헐버트와 정부 간의 논쟁은 한편에서는 한미 간의 문제였지만, 다른 한편에서 미국 내부의 문제였다는 것이다. 신미양요의 역사화는 헐버트에게 역사가란 무엇인가, 국제법이란 무엇인가, 무엇이 진정한 애국인가, 특히 국외에서 해군의 해외활동을 어떻게 감시할 것인가 등의 문제를 논쟁케 할 수 있는 기회를 주었다.[209] 헐버트는 지금 건설 중인 미국의 대양함대가 국민의 감시망이 미치지 못하는 먼 지역에서 신미양요와 같은 짓을 할 수 있다는 점을 국민에게 알리려고 했다.

더욱이 이때 미국 해군 건설을 주도하고 있는 인물은 루즈벨트와 해군전략가 마한(Mahan)이었다. 특히 루즈벨트는 해군함대는 국제경찰(International Police)의 역할을 해야 한다고 주장하는 중이었다. 그리고 이에 대해 고립주의자들은 그러한 행위가 미국을 전쟁으로 얽어 매이게 할 것이라면 반대하는 중이었다. 따라서 해군팽창론자의 입장에서 보면 헐버트의 신미양요 해석은 건함반대론자들이나 해군의 용도를 방어용으로 제한하자는 '연안 함대건설론'자들에게 실어줄 수 있었다. 이를테면 헐버트의 신미양요 해석은 방어용으로 사용되어야 할 해군력이 공격용으로 전용된 사례를 수집하고 고발한 셈이기 때문이다.

또한 신미양요에 대한 국제법상의 비판도 루즈벨트에게 아픈 지적이었다. 미국 함대가 국제경찰의 역할을 해야 하는데, 이때 신미양요에 대한 헐버트의 비판이 선례로 작용할 수 있기 때문이다. 이에 해군팽창론자들은 헐버트의 신미양요에 대한 1905년의 해석(*History of Korea*)을 바꿀 것을 압박했던 것이다. 그러나 헐버트는 루즈벨트와 같이 달고립주의자였지만, 이를 거부하고 오히려 보충 해석을 덧붙여 재반박했던 것이다.

---

209 *Echoes of the Orient*, pp. 43-44.

제2장

구한국(Old Korea)은 왜 망했는가

–자살인가. 타살인가./ 왕때문인가, 부패한 관료때문인가/
무능함은 한국인의 상징인가–

Ⅰ. 문제제기

쇄국정책을 폐기하고 본격적인 문호를 개방한 이상 한국이 다음에 해야 할 과제는 개혁이었다. 그것은 국가의 운명을 걸어야 하는 모험이었다. 왜냐하면 이때까지 개방 후 개혁정책을 펼친 국가가 걸은 길은 성공과 실패, 둘 중의 하나였기 때문이다. 전자의 사례는 일본이요, 후자의 경우는 중국이었다. 한국은 중국이 걸은 길을 답습하고 마침내 망국이 되었다. 1905년에는 을사협약에 의해 보호국으로 전락한 후 1910년에는 병합되었던 것이다. 이는 근대사상에 유례가 없는 일이었다. 한국은 서구로부터 독립국가의 승인을 받은 국가였기 때문이다.

더욱이 한국은 멸망하기 전부터 서구의 지식인들은 한국의 멸망을 예언하며 다음과 같은 가설들을 쏟아 놓았다. 첫째, '대한제국의 멸망은 피할 수 없을 것이다. 두 가지 이유가 있다. 하나는 열강의 각축전이요, 다른 하나는 한국 관료들의 부패이다. 그 경우 누가 한국을 차지할까. 일본이 될 가능성이 많다.' 둘째, 과연 한국을 개항시킨 것은 자신들의 행동은 잘

한 짓일까. 그들이 원치 않는 독립을 시켰기 때문이다. 차라리 한국인들이 중국의 종속국으로 머물도록 히는 것이 그들에게 행복했을 수도 있기 때문이다.

> (1) 현재 조선은 헐벗고 굶주리고 있다. 강제적으로 받아들이게 된 중국으로부터의 독립을 애통해 하고 있다.[210] (2) 얼마 전까지 조선은 잠자고 있었다.…중국이 여러 해 동안 종주권을 행사하지 않은 이후로도 독립국이라는 사실을 많은 사람들은 잊고 있었다.…가련한 조선이여! 슬픔의 날들이 다가 오고 있다. 신비로움과 은둔때문에 더욱 매력적인 조선이여, 그대의 애국적인 후세들이 그토록 열망해 온 평화를 다시는 볼 수 없을 만큼 많은 재앙이 닥치고 있다.[211] (3) 조선의 개방을 목적으로 1860년대에 실행된 수많은 외국인의 조선원정이 수포로 돌아간 후 조선은 다시 과거 수백년 동안 지속되어 왔던 어둠과 망각의 칠흑 속에 잠기는 듯 했다.[212]

그리고 이러한 인식이 러일전쟁 후 일본의 한국지배를 정당화하는 논리가 되었다. 즉 '구한말의 조선왕조는 극도로 부패하고 타락했다. 따라서 한국인의 복리증진이 불가능했다. 국력은 극도로 쇠약하여 반도는 극동의 화약고로 변했다. 일본은 불가피하게 이 지역을 병합할 수밖에 없었다.'[213] 헐버트는 이런 서구인들의 멸망논리를 비판했다. 이 장에서 살펴보려는 것이 이 문제이다.

---

210 George Nathaniel Curzon, *Problems of the Far East*(1894), 라종일 역, 『100년 전의 여행, 100년 후의 교훈』(비봉출판가, 1996), p. 408.

211 새비지-랜도어, 『고요한 아침의 나라 조선』, p. 257.

212 오페르트, 『금단의 나라 조선』, p. 260.

213 Choson Unhang, *Economic history of Korea*(1920), 『해제집』, No.53.

II. 한국은 엘리트 계급 때문에 멸망했는가

1. 서구의 관찰자들의 통설(엘리트 타락론)

서구의 관찰자들이 한 목소리를 내며 한국의 멸망원인으로 지적한 것은 엘리트 계급(왕, 양반관료)의 무능함과 타락상이었다.

> 청일전쟁 전까지 조선의 정치형태는…왕은 궁궐과 궁녀들…내시의 무리, 조정의 대신들, 관리들 그리고 가신들에게 둘러싸여 있다. 들끓는 정치 음모의 분위기 속에서 그의 실체는 없는 것과 같았다. 관리들과 관직을 추구하는 무리들은 자신들만의 계급을 형성하였다. 그들은 수치심조차도 없으며, 백성들의 고혈을 빠는 진드기 그 자체였다.…바로 이런 것들이 새로운 변화에 적응하지 못한 채 빠르게 소멸하고 있는 구동양적 체제에서 발견되는 일반적 징후들이다.[214]

더욱이 지식인들이 권력에 대한 비판 대신에 기생하고 있다는 점도 지적했다.

> 지금 이 순간에도 수백 명의 건장한 지식인들이…악행을 구상하고…서울의 고위공직자에게 의존하여 살아가고 있다. 이들을 제거하려면…공직이 창출되고 이들이 이 자리를 차지한다. 따라서 공직은 이 쓰레기 같은 사람들을 위한 자유로운 쿠데타(free coup)인 셈이다.…조선을 망신시켜온 당파싸움은 결코 원칙에 대한 다툼이 아니라 자신들의 식솔에게 관직과 돈을 획득하기 위한 싸

214 Curzon, 『100년 전의 여행, 100년 후의 교훈』, pp. 125-126.

움이었다. 고위공직자들이 일하는 것을 막는 것도…많은 영향력을 왕에게 행사하고 싶은 욕구 때문이다. 게으른 삶을 유지하는 사람은 상류층 사람들 사이에 위치하고 있는 자신의 권한을 입증하는 것이다. 관리들의…가장 강력한 불만은 그들이 생계를 유지할 수 없다는 것이다. 그러한 사람들이 관직에 임명되면 할 수 있는 일이란 최대한 쥐어짜내는 것 이외에는 할 일이 거의 없거나 전혀 없다.[215]

이러한 권력구조가 개혁에 대한 가장 큰 방해물이 되고 있다는 것이다.

…조선의 보수적인 고급 관리와 공무원들은…일본이 추진하는 개혁으로 인하여 자신들의 세도가 약해진다고 보았다. 뿐만 아니라 개혁은 곧 그들의 치부의 수단이었던 부정부패한 구제도의 말살을 의미하므로 개혁을 기피하는 경향이었다. 그 후 내란과 파벌싸움으로 점철된 시대가 이어지니 암살사건들이 연이어 일어났다.[216]

나아가 정부의 무능함을 개혁하는 것은 불가능하다고 보았다.

가련한 조선! 정부의 무능은 개선될 것 같지 않았다. 이것은 조선을 알고 있는 많은 사람들의 마음을 아프게 하는 현실이었다.…이제 조선은 신생국으로서의 대망을 이루기 위해서 만인의 안녕을 추구하고 장차 닥쳐올 수많은 재앙과 절망을 예비해야 할 때이다.[217]

---

215 비숍, 『조선과 그 이웃나라들』, pp. 424-425.
216 오페르트, 「조선의 과거와 미래」, 『금단의 나라 조선』, p. 270.
217 새비지-랜도어, 『고요한 아침의 나라 조선』, p. 257.

'국가학'이라는 관점에서 볼 때 한국은 독립국가를 만들 능력도 유지할 능력도 없다. '만들 능력이 없다'함은 국가의 시스템이 유교적이며 봉건적이기 때문이며, '유지할 능력이 없다'함은 황실의 무능함 때문이다.

> 한국의 근대화는 중국의 근대화보다 100배나 어렵다. 왜냐하면 봉건적이고 유교적이기 때문이다.…한국은 독립을 희구하지만, 독립을 달성할 수 있는 능력은 부족하다.[218] (또한) 국가학이라는 관점에서 한국은 독립을 유지할 수 없다. 고종과 황태자는 대신들에게 권위도 없으며, 똑똑하지도 못하다. 결국 황실의 무능함으로 미루어 볼 때 한국은 스스로 자신의 독립을 유지할 수 없을 것이다.[219]

요컨대 기존의 주장에 따르면 한국은 국가 시스템이나 인적 자원 어느 편을 보더라도 근대국가로 거듭날 가능성이 없었다는 것이다.

2. 헐버트의 반론 : 관료제의 무능함은 그들의 천성이 아니다

(1) 헐버트는 '한국인의 무능함은 그들의 천성/성품'이라는 서구의 통설적 주장을 반박했다. 그것은 환경적 요인에서 비롯되었다는 것이다. '한국인의 무능함은 바로 무지와 반동적인 관료제에서 비롯된 일이고, 무지는 교육의 부재에서 기인한다.'[220]

---

218 H.J. Whigham, *Manchuria and Korea*(1904), 『해제집』, No.61.

219 MAX Huber, *Tagebuchblatter aus Siberian, Japan, Hinter-India, Australien, China, and Korea*(1906), 『해제집』, No.64.

220 *History of Korea,* ED p. 39.

(2) 개혁의 실패를 한국인에게 개혁 DNA가 없다는 증거로 해석해서는 안 된다. "한국인의 개혁 시도를 실패한 것으로 단정짓고, 나아가 소질상 불가능하다는 결론에 이르는 것은 불공평하다." "시도와 실패의 과학적 법칙"이야말로 "진보(progress)를 보장하는 유일한"요소이다.[221] 그런데 한국은 제대로 실험해 보지도 못했다. 일본이 한국을 지배하고 그것을 막았기 때문이다.

(3) 또한 한국 관료의 부패는 과장되었다. '사실들에 대한 조심스러운 연구는 다음을 보여준다. 관료의 부정(official indirection) 문제를 놓고 일본, 한국, 중국, 러시아 중에 고를 수는 있을지 모른다. 그러나 부정의 규모는 아주 작다.'[222]

(4) 뿐만 아니라 왜곡되었다. 예컨대 그 과정에서 나의 분석이 악용되었다. 원래 내가 한국 관료의 부패를 조사한 것은 망한 이유를 찾자는 것이 아니라, 장점과 단점을 알고자 함이었다.

> 오랫동안 이국인들 사이에서 살기 위해, 그들의 언어를 배우기 위해, 그들의 장점과 단점을 파악하기 위해, 그들에게 주어진 불리한 점(handicap)을 살피기 위해 노력했다. 이러한 일들은 (한국/서구)사람의 교감/공감(sympathies)을 발휘하지 않고서 할 수 없었다.[223]

(5) 그러나 사람들은 이를 악용했다.

*Passing of Korea*와 *History of Korea*을 통해서 작가는 타협할 수 없는 비난

---

221 *Echoes of the Orient*, p. 8, p.324.

222 *Echoes of the Orient*, p. 9.

223 *Echoes of the Orient*, p. 9.

(uncompromising criticisms)에 직면케 되었다. 그 비판은 바로 한국 관료주의의 윤리적 한계(ethical limitations of Korean officialdom)에 대한 것이다. 이는 한국의 흠집을 잡는 사람들이 자신들이 주장을 방어하기 위해 내 책에서 가장 공공연하게 인용하는 부분이다.[224]

이에 해명이 필요해졌다. '반면 이 같은 비판은 한국인에 대한 나의 공감을 불합리한 방어(irrational defense)로 보이게 할 수 있다는 점에서 위험성을 높였다. 작가는 적어도 부분적으로 그런 위험을 제거할 책임이 있다.'[225]

(6) 도대체 누가 왜곡했는가. 그 주역은 일본인들이다. "세계는 일본인과 그 지지자들이 만든 다음과 같은 언설이 넘쳐난다. 한국인들은 부패(corruption)했으며, 타락(degenerate)에 대한 내용이다. 물론 이것은 일본이 특별한 목적을 가지고 만든 선전(propaganda)이다."[226] 일본은 왜 그러한 이미지를 만들려고 했을까. 다음을 두려워했기 때문이다.

> 확실히 한국 관리들의 수뢰와 부패가 있음은 분명하다. 그러나 그러한 일은 일본은 물론 모든 나라에서 일어난다.…서구의 저명한 대학총장 중의 한 사람이 공공연하게 말했다. 한국에서는 "일본에서와 같은 관리들의 수뢰가 없다."[227]

한국에서는 일본에서와 같은 수뢰가 없다는 진술은 일본에게 매우 불

---

224 *Echoes of the Orient,* p. 9.

225 *Echoes of the Orient,* p. 9.

226 *Echoes of the Orient,* p. 233.

227 *Echoes of the Orient,* p. 233.

리하다. 이에 일본은 다음과 같은 대응 조치를 취했다. 그것은 바로 대학총장의 말을 "예외적인 것"으로 간주하며 "소멸(passing)"시키고, 대신 누구나 다 알 수 있는 부정 명제(universal negative)를 만드는 것이다. 그렇게 함으로써 대학총장이 진술한 "사실(fact)"은 일시적인 생명력을 지닐 뿐이다. 일본이 만든 부정명제는 이렇다. "공무원 수뢰 사건이 하나 있었다. 수뢰 액수는 대략 300만엔에 달했다." 그리고 이를 동경의 한 교과서에 실었다. 일본이 교과서에 실은 이유는 분명하다. 일본은 공무원의 수뢰사건이 잘 일어나지 않는다. 그럼에도 일본은 이런 사건을 학교 교과서에 실어 이를 교훈으로 삼고 있다. 그러나 일본은 다음을 간과했다. "이 사건 하나만으로도 한국 정부 예산의 절반가량 된다"는 사실이다.[228]

요컨대 "한국 관리들의 수뢰와 부패 현상이 있음은 분명하다. 그러나 그러한 일은 일본은 물론 모든 나라에서도 일어나며. 규모에 있어서도 일본과 비교되지 않을 정도이다. 일본에 비하면 한국은 관리들의 수뢰가 없다고 할 정도이다. 그럼에도 일본이 한국 관리들의 부패상을 강조하는 이유는 무엇일까. 서구의 지식계에 한국의 개혁실패가 일본이 돕지 않았기 때문이라는 비판과 이러한 정보가 유포될 것을 두려워했기 때문이다. 이에 일본은 왜곡된 한국 멸망론을 제조하고 유통시키는 시스템을 운용했으며, 세계는 일본의 이러한 여론 조작에 세뇌당했다는 것이다.

228 *Echoes of the Orient*, p. 233.

Ⅲ. 조선 관료제의 부패원인은 무엇인가 : 금권정치와 인치(人治)때문인가

조선 관료제의 부패가 한국인의 천성에서 비롯된 것이 아니라면, 제도가 그 원인인가. 헐버트는 다음으로 이를 검토했다.

〈1〉 매관매직 : 조선의 부패는 매관매직 시스템이 구축되었기 때문이다

> 관직은 일반 상품과 마찬가지로 사고 팔았다. 모든 관직은 그 가격이 결정되어 있다.…물론 관찰사나 방백수령들은 자신의…재임기간에 상납한 돈의 원금과 안락한 삶을 위해 인민에게 과중하게 세금을 부과하지 않을 수 없다. 결국 매관매직에서 거래되는 돈이란 결국 인민들이 직접 부담한 것이나 다름없다.[229]

> 19세기 초기에…정치에 있어서 돈이 그 위력을 발휘하기 시작했다. 관직에 등용되는데 돈 꾸러미의 역할이 과거의 어느 때보다도 크게 되었다. 이에 따라서 이제까지의 양반의 배타적 지위는 점차로 떨어지게 되었고, 상류계급과 하류계급 사이의 그어진 분계선은 조금씩 허물어지기 시작했다. 그리하여 금세기 후반에 이르러 비천한 집안에서 태어나 과거에 등용된 사람도 많이 있다. 이와같이 등용된 사람들은 자신들의 입신양명이 순전히 돈의 위력에 의한 것임을 알게 되었다.…(그리하여 : 필자) 부끄러움도 없이 인민을 착취하는 양상으로 변모하게 되었으며, 그러자 사태는 더욱 악화되었다.[230]

〈2〉 아전제도 : 지방관료의 부패는 아전제도에서 기인한 것이 아니다

229 *Passing of Korea*, p. 61.

230 *Passing of Korea*, p. 60.

따라서 관료제의 부패가 조선이 망한 원인이지만, 관료제 부패의 원인을 아전제도에 전가해서는 안 된다.

만약 지방의 방백수령에 관한 이제까지의 언급이 한국의 정치제도에 관한 모든 것이라면 한국의 정치제도는 그 운용이 거의 불가능하다는 결론을 내리지 않을 수 없다. 그러나 수령의 권한 또한 그의 수하에 있는 관리들에 의해 상당히 축소되고 수정된다. 이는 수령이 그들을 통하지 않는다면 자신의 업무를 수행할 수 없기 때문이다. 이 관리들이 소위 아전이라고 불리는 사람들로 방백수령의 오른팔이자, 잡역군으로 활약한다.[231]

아전의 지위는…낮은 편이다. 그러나 한국의 정치제도에 있어서 매우 중요한 역할을 하고 있다.…오늘날 한국 국민들이 어떻게 그토록 심한 억압과 실의 속에 살면서도 정치제도만은 수세기 동안을 꾸준히 결속시켜 올 수 있었던 것은 오로지 아전제도의 덕분이다.…아전제도는…국가를 커다란 선박에 비유해 보면 아전은 닻과 같아서 주기적으로 밀려왔다가 밀려나감으로써 배를 난파시키는 험한 조류로부터 국가라고 하는 대선박을 계류시켜주는 역할을 한다. (그럼에도 : 필자) 아전은 마치 이리떼와 같아서 주민들을 착취하는 것을 목표로 삼고 밤이 되면 잠도 자지 않고 새로운 수탈을 위한 계획을 짜내기에 골몰한다고 일반적으로 생각하고 있다. 이러한 생각은 좀 과장된 것이다. 아전이 이토록 나쁘게 인식되어 있다는 것은 서글픈 일이다. 높으신 분들의 큰 잘못에는 비난을 하지 않고, 잘한 일에는 하늘 끝까지 칭찬을 하는 반면, 낮은 백성들의 잘한 일에는 당연히 생각하고, 조금이라도 잘못하면 침소봉대하는 것을 한국인들은 간단하게 생각한다. 아전은 모든 사람들이 저지르는 과오에 대한 속죄양이며, 기관실의 폭발을 막기 위한 안전판의 역할을 한다.…그들은 한편으로 방백수령의 탐욕을 억제해야 한다. 다른 한편으로 주민들의 분노를 어루만져야 한다.

---

231 *Passing of Korea*, p. 61.

이와같이 아전이란 방백수령과 주민 등의 어느 한쪽으로 기분도 만족시키지 못하지만, 그들은 양쪽의 눈치를 살펴가며 중간역할을 해야 한다. 즉 수령 앞에서는 체모를 지켜야 하고, 동시에 주민들한테는 인심을 얻어야 한다. 그럼에도 아전에 관해 듣는 말들은 모두 그들이 잘못했다는 것 밖에 없다. 이는 이상하지 아니한가.[232]

〈3〉 무책임정치와 '지방…중앙정부 관리의 부패동맹' : 그렇다면 지방관료의 부패는 어디서 찾아야 할까. 그것은 중앙정부 통치시스템과의 유착에서 기인한다. 우선 지방관리 직책이 매관매직을 통해 거래됨으로써 중앙정부는 그 대가로 불개입정책을 펼치며, 반면에 지방관료는 나쁜 의미의 지방자치, 즉 수탈이라는 관점에서 다스리는 셈이 된다. 마치 영주 없는 장원에서 기사가 수탈하는 격이다.

모든 관직은 그 가격이 정해져 있다. 도의 관찰사는 미화로 5만 달러 정도, 수령방백은 500달러 정도이다. 그 자리가 서울이라면 미관말직이라 할지라도 상당한 수입을 올릴 수 있기 때문에 욕심을 채우기에 충분했다. 매관에서 나오는 수입을 엄청 증대시키기 위해 재임기간을 짧게 하여 상납의 횟수를 늘렸다. 물론 각 관찰사나 수령방백들은 자신의 짧은 재임 기간에 상납한 밑천을 뽑고 안락한 생활을 계속하기 위해 인민에게 과중한 세금을 부과했다. 결국 매관매직에서 거래되는 돈이란 인민들이 직접 부담한 것과 다름없다. 중앙정부에서는 지방의 수령방백들이 중앙에서 시달한 특별한 세금과 함께 일정한 양의 조세만 상납한다면 그들의 수탈행위에 대해 개의치 않는다. 중앙정부에서는 방백수령들의 그와같은 "사소한 장난"에 개입하지 않는다.[233]…이는 마치 중세의

232 *Passing of Korea*, pp. 61-63.

233 *Passing of Korea*, p. 60.

영주가 없는 장원에 살고 있는 기사들이 그랬던 것과 같이 아무 거리낌없이 수탈에만 몰두하는 관리가 되고 있다.[234] "각 수령방백의 직책은 중앙정부의 축소형과 같다. 이를테면 자기가 다스리는 소왕국의 왕이 되는 셈이다.…중앙정부와 방백수령과는 너무나 흡사하다. 중앙정부의 부서명칭과 똑같은 吏(이)戶(호)禮(예)兵(병)刑(형)工(공) 등의 부서를 두고 있기 때문이다."[235]

더욱이 중앙정부는 개입하지 않음으로써 문제가 발생했을 때 백성들에 대해서 책임지지 않는 정치/책임전가형 정치를 할 수 있다.

만일 그들이 주민을 참을 수 없을 만큼 착취하여 주민들이 그들을 살해하거나 또는 관직으로부터 그들을 축출할지라도 방백이나 그의 가족들은 (중앙정부에) 자신들의 직위를 회복시켜달라거나 또는 선처하여 달라는 식으로 탄원해서는 안 된다는 것이다. 그러므로 착취를 당하는 인민들이 더 이상 참을 수 없어서 분노가 폭발하는 시점이 언제인가를 알아보기 위해 수사관처럼 인민의 인내심의 농도를 측정하고 진맥하듯이 인민의 맥박을 짚어서 어느 정도로 능란한가에 따라서 수령방백의 능력이 평가되는 것이다.[236]

그렇다면 중앙정부에서는 왜 대중을 위한 방백수령들의 수탈행위에 개입하지 않는가. 방백수령들이 주민에 의해 신속하게 축출되면 될수록 돈을 상납하고 그 자리에 교체될 사람들의 회전 속도가 빠르기 마련이다. 물론 이러한 사실에 대한 예외가 많아서 오히려 주민들이 수령을 붙잡고 중앙정부에 그의 임기를 연장해 줄 것을 요구하는 경우도 적지 않다. 주민들이 착한 일을 보았을 때에는 그것이 착한 일이라는 것을 잘 알며 착한 수령을 그 지방에 붙잡아두기 위해서 곽가에 잡혀가 곤장 맞기를 기꺼이 감수한다. 그들은 실제로 이렇게 말

234 *Passing of Korea*, p. 61.

235 *Passing of Korea*, p. 62.

236 *Passing of Korea*, p. 60.

한다. "우리는 이분이 우리의 수령으로 머물러 있기를 원한다. 만약 다른 사람이 온다면 우리는 그를 추방할 것이다. 일이 이쯤되면 거액을 들여서 그곳의 수령으로 부임하고 싶어하는 사람이 없게 되며…중앙정부로서도 그곳 주민의 의사에 따르지 않을 수 없다.…[237]

그렇다고 해서 지방관리들이 책임을 지는 것도 아니다. 왜냐하면 언급했듯이 지방관리들이 서울에서 임명되기 때문이다.

옛날의 수령방백들은 그들이 부임하고자 하는 당지의 주민들 중에서 선출되었다. 그는 당지의 어느 가문의 일원인 것이다. 따라서 수령이 중용을 지켜 정사를 살피는데 있어서 어떤 개인적인 유혹이 작용하게 된다면 이는 곧 눈에 띠게 된다. 왜냐하면 수령방백의 부정한 처사는 자신의 평판에 좋지 않은 영향을 끼칠 뿐만 아니라 자기 가문의 존립에도 중대한 위협이 되기 때문이다. 그러나 그러한 제도는 이미 사라졌다. 오늘날의 수령방백들은 서울에 있는 고관대작의 친구나 친인척 중에서 발탁된다. 따라서 자기와 아무런 일면식이 없는 곳에 부임하는 셈이다. 이는 마치 중세의 영주가 없는 장원에 살고 있는 기사들이 그랬던 것과 같이 아무 거리낌없이 수탈에만 몰두하는 관리가 되고 있다. 그는 주민들이 어떻게 생각하느냐에 대해서는 전혀 신경을 쓰지 않는다. 왜냐하면 극한상태에 이르도록 착취가 끝나면 곧 관직으로부터 물러날 것이기 때문이며, 그렇게 되면 주민들도 더 이상 아랑곳하지 않을 것이기 때문이다.[238]

요컨대 "정치제도가 오늘날과 같이 변혁됨으로써 해당 지역 주민들 중에서 방백수령을 선출하던 방법이 폐기되었고, 오늘날과 같은 무책임한

---

237 *Passing of Korea*, pp. 60-61.

238 *Passing of Korea*, p. 61.

방법이 채택되었다는 것이다."[239]

Ⅳ. 조선 관료제의 사법적 부패는 심각하다

헐버트는 특히 사법적 부패를 중시했다. 법치주의가 부재함을 보여주기 때문이다. 그런데 헐버트는 법치주의를 개혁의 출발점으로 보았다. 그것이 신분제 사회를 부정할 뿐만 아니라, 한국인들의 공동체가 나아가야 할 방향을 제시할 것이기 때문이다. 그는 한국의 사법적 부패의 원인을 다음과 같이 진단했다.

〈1〉 왕의 주도에 의한 법치개혁은 가능한가. : 헐버트는 먼저 최고 권력자에 의한 법치 개혁의 가능성 여부였다. 그러나 불가능하다고 결론 내렸다. 권력계급(왕과 신하)들의 '범법 동맹'이 맺어져 있기 때문이다. 범법 동맹은 법의 부재에서 기인한다.

> 한국에는 성문법이 있으며, 왕은 그 법에 의거하여 자신의 권한을 제한한다는 말을 종종 듣게 된다. 그러한 법이 존재하고 있다는 것은 사실이다. 그러나 문제는 그것이 왕의 절대권을 감소시키는데 있어서 중요한 역할을 하지 못한다는 것이다.…태고적부터 한국의 왕들은 불문법이나 성문법을 무시하고 인민에게 귀를 기우리지 않고 그들의 기호에 따라서 행동하였다. 그렇기 때문에 왕이 전통이나 법을 어길 의사만 있다면 아무것도 그의 앞길을 막지 못한다.…물

239 *Passing of Korea*, p. 62.

론 이와 같은 범법행위는 멀지 않아 왕의 근신이 될 만한 입장에 놓여있는 관리들의 묵인없이는 이루어지지 않는다.[240]

즉 관료들의 동의가 없으면 왕이 결심한다고 할지라도 법치는 불가능하다. 왕과 신하는 권력을 공유하고 있기 때문이다.

어느 의미에서 보면 한국통치자가 가지는 권력은 절대적인 것이다. 그러나 권력이라는 요소는 그를 행사할 수 있는 도구와 이에 필요한 지식이라는 두 가지 요인에 전적으로 의존하는 것이다. 때문에 왕이라고 해서 매사에 자신의 뜻대로 할 수 있다고 말하는 것은 사실과 다르다.…그러나 왕에 대한 신하들의 예정된 숭배는 엄청난 것이다. 그래서 왕은 그들로부터 隱遁(은둔)하지 않을 수 없다. 그 결과 왕의 모든 명령은 가까운 측근이나 근신들이 제공해 주는 지식이나 정보를 토대로 한 것이다. 그렇게 때문에 명령을 수행하는데 있어서도 지식이나 정보를 제공한 근신들이 중요한 역할을 담당하게 된다. 그리하여 왕은 자신이 내린 명령이나 그 명령의 근본정신이 당초의 의도대로 수행되었는지의 여부를 알 수 없다.[241]

〈2〉 사법기관은 법치의 개혁세력이 될 수 있는가. : 헐버트가 다음으로 검토한 것은 사법기관의 법치개혁이 가능한가였다.

(1) 사법기관이 있지만 정의관념이 확립되어 있지 않다. "동양인들의 사고방식은 모두 수긍한다고 할지라도 정의를 추구하는 감정은 마치 기러기 사냥과 같다고 고백하지 않을 수 없다. 법도 있고 사법기관도 어느 정

240 *Passing of Korea*, pp. 55-56.

241 *Passing of Korea*, p. 55.

도 운용되고 있지만 그 결과는 만족스럽다고 할 수 없다."[242]

(2) 왜 정의의 관념이 없는가. 헐버트는 그 이유를 한국에는 변호사제도가 없다는 점에서 찾았다. "그 결과 형사피의자를 위해 변호해 줄 사람이 없게 된다. 설령 증인이 채택된다고 할지라도 그들이 정당하게 심문을 받으리라는 보장은 없다." "판관"은 "편견에 사로잡혀 있고", "증인"은 판관의 비위에 거슬리지 않게 증언한다.[243]

한국에는 변호사제도와 같은 것이 없다. 그렇기 때문에 당사자들이 법정에서 대면하여 각각 자신의 입장을 설명토록 하고 자신의 주장을 뒷받침할 수 있는 증거를 제시하는 것이 고작이다. 어느 쪽이든지 상대편에게 질문할 수 있는 서양에서 볼 수 있는 공판정과 같은 질서있는 모습을 보기 어렵다. 원고와 피고가 서로 대항하기 위해 아귀다툼을 벌여도 상관이 없다. 솔직히 말하자면 이때에도 대체로 돈이 크게 작용함으로서 공정을 흐리게 하는 경우가 많다.[244]

(3) 나아가 재판은 공갈협박의 도구이다.

법정은 인민들이 법률상의 어려움을 당하여 그들의 법익을 구제하기에 상당한 기회를 마련해 줄 수 있을 만큼 인민의 다정한 벗이 되지 못하고 있다. 그럼에도 한국인들은 "재판합시다"라는 말을 잘 한다. 이러한 語套(어투)는…기분에 하는 말임을 쉽게 알 수 있다.…그들이 권리구제를 위해 가장 흔히 쓰는 방법은 가해자를 비난하여 돈을 요구하거나 아니면 피해보상을 요구하는 것이다. 소송과 같은 방법을 취하기 전에 우선 가해사실을 분명히 밝혀둠으로써…

242 *Passing of Korea*, p. 66.
243 *Passing of Korea*, p. 75.
244 *Passing of Korea*, p. 67.

이러한 옳지 못한 방법은 급기야 공갈취득이라고 하는 비행을 저지르게 한다. 그러한 부정한 방법이 엄청나게 유행하고 있다는 것은 한국인의 도덕적 수준이 어느 정도인가를 보여주는 척도가 된다. 그러한 방법은 모든 분야에서 찾아볼 수 있지만 대체로 그 피해 대상은 하층 계급이다.[245]

(4) 또한 재판은 "자신의 이익을 얻기 위해 취해지는 대중조작의 방법" 중의 하나이다.[246]

이 나라에서는 돈과 권력은 사실상 동의어로 되어 있다. 따라서 재판 역시 제공되는 금액에 따라서 결정되며, 재판관을 위협할 만한 영향을 가진 사람이 뒤에서 밀어주거나 또는 상당한 돈을 지닌 사람에게는 틀림없이 판결이 유리하게 내려진다는 인식이 일반화되어 있다."[247]

다음과 같은 실례가 있다. "독자들은 이를 통해 한국의 정치제도의 내막"을 알 수 있다.

향리의 자기 집에서 편안히 살고 있는 한 시골 선비가 있다. 그의 전 재산은 1만 달러정도 되며 집과 논이 있다. 그는 법대로만 사는 순박한 사람이다.…서울에는 아무런 연고가 없다. 이때 어떻게 돈을 좀 마련하려는 정치 모리배가 나타났다. 그는 선비의 재산과 사화적인 대인관계를 염탐한 후 자신의 욕심을 채우기 위한 희생물로 삼기로 했다. 그는 계획을 실행키로 하고 서울에 가서 명예직을 임명하는 관리를 만났다. "翰林(한림)"이라는 자리의 값이 6000달러 정도

245 *Passing of Korea*, p. 75.

246 *Passing of Korea*, p. 68.

247 *Passing of Korea*, p. 68.

된다는 점을 알았다.…그리고 그 관리와 그 자리에 대한 계약을 맺는다. 값은 6000달러이지만, 문서상에는 1만 달러로 기재한다. 그리고 이자를 주고 대부받은 돈을 관리에게 지불한다. 그런 후 계약문서를 가지고 시골로 내려와 떠들어 댄다. 이 고을의 아무개가 한림이 되었으니 이는 고을 전체의 영광이라는 것이다. 그리고 즉시 선비네 집으로 가서 영달을 축하하고 임명장과 매작료에 관한 증서를 내어준다. 그 선비는 깜짝 놀라며 이렇게 말한다. "나는 이러한 벼슬을 청한 적도 없고 그만한 돈도 없다. 나는 이를 거절한다. 이 서류를 가지고 가서 되돌려 주라." 모리배는 놀라지 않는다. 이미 예상한 바이며 이때부터 본격적인 요리가 시작된다. "무엇이라. 당신은 조정에서 내려온 이 은전의 벼슬을 수락할 수 없다는 것인가. 당신은 이 명예로운 하사를 거절함으로써 간접적이나마 상관을 모욕하려는가."…일이 이렇게 되면 그 선비는 분연히 일어나서 그 모리배를 쫓아버리는데…일은 여기서 그치지 않는다. 모리배는 방백을 찾아간다. 그리고 문서를 보여준 후 어떤 조치를 요구한다. 그렇지 않으면 서울의 높으신 분들이 노할 수 있다는 것이다. 그리하여 방백도 이 문제에 연루된다. 방백은 마침내 모리배의 계략에 넘어가 그 선비를 불러 한림의 벼슬을 받도록 강요한다. 그 결과 선비는 자기의 처자를 부양할 수 없는 공허한 벼슬을 얻기 위해 자신의 전 재산을 바치게 된다.[248]

물론 "이와 같은 방법으로 순박한 양반을 착취하는 일은 세상에 그리 흔치 않다. 그러나 그와 같은 극단적인 현상이 한국에서는 가끔 일어난다."[249]

(5) 법은 공정하게 적용되지 않으며, 권력 장악의 도구가 되었다.

왕족이 요직에 등용될 수 없다는 점을 규정한 성문법은 점차로 무시되기 시

248 *Passing of Korea*, pp. 68-69.

249 *Passing of Korea*, p. 69.

작했다. 왕이 거느릴 수 있는 많은 처첩들과 연고가 있는 친인척들은 왕으로부터 은전을 받아 고관대직에 올랐다. 이것도 부족하여 내시들은 왕의 마음을 사로잡으려고 부심하였으며,…몇 번씩이나 정권을 전횡한 전력이 있다. 민중들의 사회적 지위는 점차로 하락하였다. 소위 양반들만이 득세하게 되자 사회적인 모순은 민중으로 하여금 더 이상 참을 수 없을 정도에 이르게 되었다.[250]

(6) 그리하여 한국 사회는 공정한 재판에 대한 희망조차도 가질 수 없게 되었다.

한국에 오래 산 외국인들도 왜 한국인들이 공정한 재판을 받으리라는 조그만 희망도 없는 싸움에서 적은 재산을 놓고 필생의 과업이나 되는 것처럼 다투는지 이해할 수 없다. 문명국가 같으면 폭동을 의미할 수도 있는 부정과 잔인한 사건들을 개인적으로 매주에 걸쳐서 겪고 있다. 이곳 사람들은 그러한 상황 속에서 어떻게 참고 살아가는지 의심스러울 정도이다.[251]

(7) 그 결과 민중들은 법정에서 해결되지 않는 정의를 찾기 위해 길거리로 나설 수밖에 없다. 그리하여 민중반란과 정부의 묵인이라는 악순환이 구조적으로 정착되었다.

양반들만이 득세하고…내시들이…서구적인 의미로서의 의회나 범국민적인 회의체도 없이 법을 집행하였다. 민중들이 자신의 소청을 관철시킬 수 있는 종국적인 법정은 반란의 길밖에 없었다. 그렇게 되자 관가에서도 법을 준수하게 되었다. 민중의 폭동이 일어난 지방의 관리가 축출되면 조정에서는 그의 직위를 복직시키는 문제를 대해 재고하게 될 것이기 때문이다.[252]

---

250 *Passing of Korea*, p. 57.

251 *Passing of Korea*, p. 67.

252 *Passing of Korea*, p. 57.

V. 평가 : 헐버트의 한국멸망론 분석은 개혁론(구한국 소멸과 신한국 건설론)의 일환이었다

〈1〉 헐버트가 한국 멸망론을 분석한 것은 개혁론의 일환이었다. : 한국이 일본의 수중에 들어갈 것이 분명히 예상되는 상황에서 신한국을 건설하려면 논리적으로 다음과 같은 점들을 검토하지 않을 수 없다. 먼저 구한국은 왜 망했는가를 분석해야 한다. 그것이 신한국 건설의 출발점이기 때문이다. 리모델링을 하든 리빌딩을 하든 당연한 수순이다. 다음으로 일본이 신한국 건설의 유능한 목수가 될 수 있는지를 검토한다. 한국이 자체적으로 할 수 없는 상황에 처했기 때문이다. 끝으로 일본이 신한국 건설에 부적격자라고 판단할 경우 누가 신한국 건설의 후원자가 되어야 할까도 고민해야 한다. A플랜이 작동할 수 없다면 B플랜을 마련하는 것은 당연했다. 헐버트는 미국이 새목수가 되어야 한다고 제안했다. 헐버트의 멸망론 분석을 신한국 건설을 위한 개혁론으로 보아야 하는 것도 이 때문이다.

실제로 그의 책들은 그런 내용을 담고 있다.

(1) 우선 *History of Korea*는 개혁 백서로서의 멸망론을 담고 있다. 이를 통해 한국인에게 '망해야 할 한국'과 '지켜야 할 한국'이 있음을 보여주려고 했기 때문이다. 전자는 수명을 다한 국가체제요, 후자는 장구한 역사 속에서 만들어 온 '정신적 민족/기억 공동체이다. 역사책을 소각시키지 않는 한 영원히 존재하는 국가이다.

(2) 다음으로 *Passing of Korea*는 '서구와 일본에게 책임묻기용 멸망론'으로 볼 수 있다. 일본인과 서구인에게 '멸망시킬 수 있는 한국'과 '멸망시킬 수 없는 한국'이 있음을 깨우쳐 주려고 했다.

(3) 끝으로 *Echoes of the Korea*는 '한국 멸망은 필연이 아니었다'는 주장을 했다. 그리고 한국을 멸망시킨 열강 역시 개혁되어야 한다고 주장했다. 한미수교 후 미국은 한번이라도 개혁의 도움을 받지 못했다는 점과 마음만 먹었으면 한국의 개혁을 주도할 수 있었다고 주장했다. 따라서 능력없는 일본이 한국 개혁을 자처하며 속국으로 삼았다는 것이다. 한미관계에 초점을 맞추어 한국 개혁실패를 조명했다고 볼 수 있다. *Passing of Korea*가 개혁론이기도 했다는 점은 다음 장을 통해서도 확인된다. 한국에 법치주의를 이식하는 것은 가능한가를 검토했기 때문이다.

제3장

법치개혁의 신한국(New Korea) 건설은 가능한가

-헐버트는 왜 한국의 법치개혁을 추적했을까
한국의 법치개혁은 실패인가, 중단인가-

Ⅰ. 문제제기 : 법치개혁 불능론

헐버트가 한국인을 변론하는데 있어서 가장 곤혹스러운 두 가지 질문 중의 하나가 이것이었다. 과연 한국의 법치주의가 가능한가.[253] 루즈벨트의 대한정책에 영향을 미쳤다고 평가받는 조지 케넌(George Kennan)은 이렇게 답했다.

> 한국은 자치할 능력이 없는 나라다. 미국은 한국에 대해서 책임을 져서는 안 된다. 일본이 한국을 차지하여 한국인에게는 불가능하였던 법과 질서를 유지하고 능률 있는 통치를 한다면 만인을 위해서도 좋을 것이다.[254]

253 다른 질문은 '한국사를 통해 국가가 존재했다'는 점을 입증할 수 있는가 였다. 이 점은 제1부 제4장에서 다루었다.

254 *Korea Review*, Vol. 6, June, 1906 ; 『한미관계 회고』, p. 61.

케넌의 답변은 서구 일반의 생각이었다. "조선의 법체계의 미비 때문에 치외법권은 불가피"하다는 것이다.[255]

II. 헐버트의 반론(1) : 한국의 법치개혁은 가능하다

〈1〉 정의는 사회조직의 분열을 방지하는데 필수적인 장치이다

헐버트는 한국은 법치주의가 불가능하다는 주장에 대해 다음과 같이 반박했다. 물론 한국에 법치주의가 없다. 그것은 서구와 같은 정의의 관념이 없기 때문이다. 그러나 정의가 인간 삶에 왜 필요한지를 가르쳐야만 한다. 다음과 같은 이유에서이다. 첫째, "약간의 정의마저도 실현되지 않는다면 사회 통일을 유지할 수 없기" 때문이다. "한국에서 정의가 실현되고 있는 정도는 국가의 조직을 분열로부터 방지하는 데에 절대적으로 필요한 수준에 이르지 못하고 있다."[256] 즉 "정의를 추구하는 감정"은 찾기 어렵고, "법과 사법기관"이 "어느 정도 작동"하지만 "그 결과는 만족스럽다고 할 수 없다."[257]

둘째, 관리로 하여금 법을 준수케 하는 방법이 민중 폭동이기 때문이다. "양반들만이 득세하고…서구적인 의미로서의 의회나 범국민적인 회의체도 없이 법이 집행"되는 사회에서 "민중들이 자신의 소청을 관철시킬 수

---

255 William Franklin Sands, *Undiplomatic Memories*(1930) ; Fred Harvey Harrington, *God, Mammon and the Japanese, Madison*(1944), 『해제집』, No. 67.

256 *Passing of Korea,* p. 75.

257 *Passing of Korea*, p. 66.

있는 종국적인 법정은 반란의 길밖에 없기" 때문이다. 그리고 그것만이 "관가에서도 법을 준수케"하는 방법이었다. "민중의 폭동이 일어난 지방의 관리가 축출되면 조정에서는 그의 직위를 복직시키는 문제를 대해 재고하게 될 것이기 때문이다."[258] 셋째, 관리들이 법을 무시하는 주체이기 때문이다. "관리들은 너도 나도 법을 무시했다." "발생 후 10년이나 지난 1882년 폭동의 연루 혐의자 6명을 처형한 것"이 이를 보여주다. 이에 "대규모 소요사태의 여건은 무르익어 가고 있었다." 어떻게 치유할 것인가. "정의에 입각하여 공정하게 통치하면 조선 백성들이 충성을 바치고 평화를 유지한다는 것을 역사가 보여주었다."[259] 요컨대 백성들이 관리들의 무법에 대응하는 방법은 부정의(폭동)이다. 부정의에 부정의로 맞서는 것만이 생존할 수 있다고 보기 때문이다. 헐버트가 법치주의를 이식해야 한다고 본 이유가 여기에 있다.

〈2〉 그렇다면 법치주의 이식은 가능한가

헐버트는 가능하다고 보았다. 한국의 역사가 "정의에 입각하여 공정하게 통치하면 조선 백성들이 충성을 바치고 평화를 유지한다는 것"을 보여주었기 때문이다. 그는 증거로 역사의 사례를 들었다.

1) 한국인들이 법치주의 개혁을 실험해 보았다. 이는 한국이 이미 "법 개정의 시대로 접어들었으며, 되돌리지 못할 정도"에 이르렀다. 즉 "구질

258 *Passing of Korea*, p. 57.

259 『한국사 드라마가 되다』, 2권, p. 352.

서를 완전히 되찾는다는 것은 불가능했다. 우린 이미 법개정의 시대에 접어들어 있었다. 왕은 새로운 궁궐로 옮겨 갔다. 그라고 법개정위원회의 발족을 명령하는 칙령이 발표되었다. 진보를 추구해온 이들의 입장에서는 환영할 만한 일이었다. 그 위원회 명단에는 김병시, 박정양, 이완용 등은 물론 브라운 박사, 그레이트하우스 장군, 르장드르로 박사, 서재필 등 많은 유명인사들의 이름이 포함되어 있었다."[260]

2) 제도를 만들었을 뿐만이 아니라 실제로 황후 살해범에 대한 고종의 재판은 법치주의가 가능함을 보여준다. 서구 법률의 자문 하에 공개재판이 열렸기 때문이다. 헐버트는 이에 대해 다음과 같이 평가했다. 1896년 초에 일어난 일들은 "진정한 개혁의 시대가 열렸다"는 "희망"을 주었다.

> 고종은 명성황후 시해 사건에 대한 진상을 새로 조사하라고 명했다. 조선인들에 대한 대대적인 검거열풍이 일었다. 단순한 의혹만으로 많은 사람들이 처형될 것이라는 두려움에 있었지만, 이는 기우였다. 재판은 법정신이 투철한 고종의 법률고문인 그레이트하우스(Greathouse)의 지휘하에 진행되었다. 열세 명이 체포되어 공개법정에서 재판받았다. 고문도 없었으며, 공정한 재판을 위해 피고들의 인권도 보장되었다. 재판 결과 이휘화 한 사람만 사형선고를 받았다. 네 명이 종신 유배형 또는 그 이하의 형벌을 받았다. 이 냉철한 재판은 조선 정치사에 개화시대가 열리고 있음을 알리는 중요한 조짐들 중의 하나였다.[261]

3) 봉건제는 없지만 장원과 같이 운영되는 지방제도가 있다. 즉 지방제도는 중앙정부도 개입할 수 없는 독자성, 이를테면 한편으로는 중앙정

---

260 『한국사 드라마가 되다』, 2권, pp. 433-434.

261 『한국사 드라마가 되다』, 2권, p. 425.

부와 지방관원 간에, 다른 한편으로는 지방수령과 고을민 간에 각각 사회 계약과 같은 묵계가 있다는 것이다. 그런데 "정치제도가 오늘날과 같이 변혁됨으로써 해당 지역 주민들 중에서 방백수령을 선출하던 방법이 폐기되었고, 오늘날과 같은 무책임한 방법이 채택되었다는 것이다."[262] 그렇기 때문에 법치주의가 가능하다고 보았다. 마치 서유럽의 장원이 자치제의 밑거름이 되었듯이 지방제도의 전통이 그것을 가능케 할 것이다.

Ⅲ. 헐버트의 반론(2) : 한국의 법치 개혁은 가능하다

군중집회가 한국판 마그나 카르타의 원동력이 될 수 있기 때문이다. : 헐버트는 한국 사회에 군중집회라는 전통이 있다는 점을 주목했다. 권력 행사의 최후의 심판자는 백성이라는 자각의 발로로 보았기 때문이다. 군중집회는 왕도 보장했으며, 독립협회도 복종해야 했다. 이는 일본에는 없는 제도이다. 일본 백성들은 성전이라는 이름의 전쟁을 수행할 정도로 맹목적으로 복종한다. "백성들은 자신들이 최후의 심판자라는 것을 잘 알고 있다. 만약 다른 모든 수단이 실패할 경우 백성들은 부당한 대우를 시정하기 위해 어떤 방법이라도 즉각 선택한다."[263] 그러나 다음과 같은 이유 때문에 군중집회는 사라졌다.

> 16세기 중엽에 이르러 여러 당파가 형성되었다. 그들의 피비린내 나는 정쟁이 끊임없이 계속되었다. 그 후의 한국 역사를 읽어보기도 끔찍할 정도였다. 일

262 *Passing of Korea*, p. 62.
263 『한국사 드라마가 되다』, 2권, p. 352.

본의 침략행위도 그에 못지 않은 참상을 야기하였다.…자신의 주장을 내세움으로써 정부에 대한 특별한 요구를 관철시켰던 인민 대중과, 상류계급과 하류계급의 사이에 가로막힌 새로운 장벽을 걷어올릴만큼 자신의 요구를 강력하게 밀고 나갈 수 있었던 인민대중을 무기력하게 만들었기 때문이다. 그때부터 한국인들이 가지는 가장 큰 욕망은 국권의 보호를 받아 첫째로 자기의 적에게 복수를 하고, 둘째로 돈을 많이 모을 수 있는 지위를 차지하는 것이었다.[264]

그런데 군중집회가 다시 등장했다. 왕의 승인하에 열린 이 집회는 법치개혁의 가능성과 문제점을 동시에 보여주었다.

11월 26일 혼란이 극도에 달했다. 이런 상황에서 왕은 대궐문 밖에서 대규모의 군중집회를 허락하였다. 독립협회는 합법적으로 그것에 참석했다. 외국사절들과 많은 외국인들도 그 자리에 참석했다. 이 자리는 어느 면에서 러니미드(Runnymede)와 같았다. --이제까지 엄숙하게 발표된 공약의 이행을 요구했다.…독립협회는 칙령에 의해 합법적안 존재로 존립하여야 하며, 왕이 약속한 6개조[265]가 이행되어야 한다고 주장했다.…그들에게 필요한 것은 교육운동이었다. 그들이 주장한 개혁안은 (실행하려면) 그러한 개혁안을 어렴풋이나마 이

264 『한국사 드라마가 되다』. pp. 56-57.

265 1. 관리이거나 시민이거나 간에 외국의 원조에 의존해서는 안 된다. 그러나 제국의 국력을 증진시키기 위해 각자 최선을 다한다.

2. 외국의 차관, 외국 군대의 고용, 외국인에 대한 권리 등 조선 정부, 외국 단체 또는 회사 간에 체결되는 사실상의 모든 문서들은 각부의 모든 대신과 중추원의 의장에 의해 서명 날인되어야 한다.

3. 중죄인은 공개재판과 자신을 변호할 충분한 기회가 부여된 다음에 처벌되어야 한다.

4. 왕은 대신을 임명할 권리를 갖는다. 그러나 왕이 지명한 사람일지라도 내각의 다수가 승인하지 않을 경우 그는 임명될 수 없다.

5. 모든 재원과 조세를 증가시키는 방법은 탁지부가 관장하려야 한다. 다른 어느 부나 관리 또는 단체도 이를 관여할 수 없다. 연차 예산과 그 균형은 공개리에 작성되어야 한다.

6. 현재의 법률과 법규는 아무런 두려움이나 특혜가 없이 실시되어야 한다.

Passing of Korea, p. 164.

해하고 이행할 수 있는 사람들이 필요했다. 그들이 몰려있는 곳이 정부였다. 그러나 이러한 개혁안을 주장할 수 있는 사람은 독립협회 회원 중에 2-3명에 불과했다.[266]

즉 한국에서 러니미드 광장과 같은 일이 벌어졌다. 비록 마그나 카르타와 같은 결과를 얻어내지 못했지만 그 이유는 보여주었다. 두 가지였다. 하나는 개혁안의 설계자도 중요했지만, 대중들의 개혁안에 대한 이해도 필수적이다. 만일 그렇지 않으면 대중집회를 개혁의 에너지로 만들 수 없기 때문이다. 즉 "조선에서는 대중집회가 어떤 현명한 결론을 얻게 될 것이라든지 또는 건설적인 정치 활동을 위한 어떤 계획에 참여한다는 것은 거의 불가능하다."[267] 이를 위해 필요한 것은 교육이다.

(독립협회의 개혁가들은) 현존하는 상황에 반대하여…무엇을 할 것인가에 대해서는 언급…그러나 어떤 방법으로 달성할 것인지에 대해서는 언급하지 않았다. 이 나라를 괴롭히고 있는 난문제는 보통교육이 결여되어 있다는 사실이다. 국민들이 보통교육의 수준까지 수학하기 전에는 진정한 개화도 모색될 수가 없다.[268]

그리하여 대중이 개혁의 필요성을 자각하면 독립협회의 개혁운동은 그들의 지지를 받아 민주주의 혁명으로 발전할 수 있다. 마치 영국의 존(John)왕이 승인했던 마그나 카르타가 영국 법치주의의 토대가 되었듯이, 고종이 승인한 6개조는 한국판 마그나 카르타로 만들 것이다.

266 *Passing of Korea*, p. 167.

267 *Passing of Korea*, p. 164.

268 *Passing of Korea*, p. 210.

대중에 대한 호소가 필연적으로 혁명을 초래하는 필사적인 수단으로 해석…그러한 생각은…정당화될 수 있다. 왜냐하면 조선의 일반대중은 자기들이 겪고 있는 악정이 자기들로 하여금 문제점을 해결할 수 있는 최후의 수단인 폭민정치로 이끌어 갈 만한 정도가 아니면 아예 불만에 대해 항변하여 본 적이 없기 때문이다. 독립협회의 그와 같은 행동은 민주주의로 향하는 것이었지만, 한국인들이 그러한 움직임에 대해 준비가 되어 있었는지의 여부는 누구도 판단할 수 없다.[269]

대중집회가 마그나 카르타를 결과하지 못한 다른 이유는 구체제가 저항하기 때문이다. 구체제 옹호자들은 외형상으로는 전통고수(유교)를 주창하지만, 실제로는 자유민주주의적인 제도를 반대하기 위한 것이었다.

우선 고종 자신이 워낙 보수적이어서 국가 재정에 대한 자신의 장악력을 약화시키는 행정상의 변화들을 고운 시선으로 보지 않았다. 이 때문에 새로 만들어지는 이런 질서들에 대해 분개하고 있었다. 그런 와중에 또 지도적 위치에 있던 많은 관료들이 뒤에서 왕을 충동질했다. 그들 입장에선 <u>자유민주주의적인 제도</u>가 확립될 경우 권력을 잡을 기회도 또한 그 권력을 키워나갈 기회도 사라질 수 밖에 없었기 때문이다. 그들 모두는 <u>구질서</u>에 매력을 느꼈다. 이에 정부는 다시 급속도로 예전의 독단적이며 파벌 중심적인 통치형태로 바뀌어 가고 있었다.…이제 대세는 권력의 바람직한 분산보다는 권력의 집중 쪽으로 흘러가고 있었다. 그래서 새롭고 활기찬 나라라는 비전에 환호했던 사람들은 그 비전이 신기루에 지나지 않았다는 걸 인정하지 않을 수 없게 되었다.…그리하여 1896년 후반 내내 독립협회 측과 수구파 간의 간극을 더욱 커졌다.…서재필은 중추원 고문이라는 중책을 맡고 있으면서 고종에게 직언을 서슴지 않았다. 그

269 *Passing of Korea*, p. 164.

러나 고종은 그런 입바른 제안에 짜증스러워 하며, 아무리 좋은 제안에도 별 반응을 보이지 않았다. 당시 학무대신은 『유교의 기본』이라는 책을 썼다. 과거로 회귀하려는 수구파들의 사고를 대변하는 글이었다. 이 중에 여러 대목은 외국 대표들이 해명을 요구하지 않을 수 없을 정도로 극단적으로 반개혁적이었다. 김옥균을 암살한 인물에게 정부 요직이 주어졌으며, 박영효를 살해하려고 한 인물에게는 법무대신이 주어졌다. 여기저기서 독립협회의 개혁을 비웃은 소리들이 들려왔다.[270]

Ⅳ. 평가 : 헐버트는 한국의 법치주의 이식을 매우 중시했다

〈1〉 법치주의 이식은 한국을 국제사회의 일원/세계조약체제로 안내하기 위한 대전제이다. : 이처럼 헐버트의 법정은 한국의 법치주의 개혁을 심문하고 그것이 가능함을 보여주려고 했다. 헐버트에게 이 점은 자신에게도 중요했다. 한국의 국권을 회복시켜야 할 당위성을 미국민에게 설득해야 했기 때문이다. 뿐만 아니라 20세기의 세계는 세계조약체제를 만드는 중이었다. 따라서 조약을 준수할 능력과 의지가 있느냐는 조약 공동체의 참가 자격이 되었다. 그리고 그러한 의지와 능력의 유무를 판단하는 근거가 바로 그 나라가 법치주의 국가인가의 여부였다. 그리고 그것이 미국정부가 한국을 조약체제 제거를 축출하고, 새로운 조약체제에 가입하는 것을 막은 이유였다. 따라서 헐버트는 한국의 개혁운동을 주시하며, 법치주의 개혁의 가능성을 찾으려고 했던 것이다. 그가 법치주의의 뿌리를 찾

270 『한국사 드라마가 되다』, 2권, pp. 429-431.

은 곳은 한국 역사였다.

〈2〉 한국사 속에서 마그나 카르타의 가능성을 찾을 수 있을까. : 법치주의의 가능성을 찾기 위해 헐버트가 한국사를 해석하는데 들이댄 틀이 바로 마그나 카르타였다. 마그나 카르타는 서구 법치주의 원리를 담고 있는 문서이다. : 서양은 봉건제를 거쳐 근대국가를 만들면서 법치제도를 정착시켰다. 그 과정에서 봉건제는 그리스…로마법과 더불어 법치주의 발달에 초석이 되었다. 봉건제는 귀족 간의 쌍무계약과 영주와 농노 간의 계약에 토대를 두었기 때문이다. 그리고 이런 불문의 관습법으로 전해지던 계약관계의 실체를 눈으로 보여준 것이 바로 13세기 초의 마그나 카르타(Magna Carta, 1215)였다. 존왕에 대한 귀족의 반란과 왕의 굴복으로 앵글로 색슨에게 관습으로 전해졌던 봉건적 계약이 문서화된 것이다. 모두 63개조로 이루어진 문서지만, 골자만 소개하면 이렇다.

> 첫째, 왕도 법에 복종한다.(Rule of Law), 둘째, 대표없이 과세없다.(No Taxation, without Representation), 셋째, 소급입법 금지, 넷째, 인신보호령. 자유인의 생명, 재산 등을 제한하거나 박탈하려면 정당한 법적 절차(영장발부와 재판)에 따라야 한다. 다섯째, 혁명권. 왕이 마그나 카르타를 위반하고 시정권고를 거부할 경우 귀족위원회(런던시장 포함)는 시정을 강제하는 조치를 취할 수 있다.[271]

---

271 마그나 카르타 전문, pp. 375-401, John Gillingham, *1215 : The Year of Magna Carta*(2003), 황정하 옮김, 1215 마그나 카르타의 해(생각의 나무, 2005)

마그나 카르타의 사상은 법 앞의 평등(왕도 법에 복종해야 한다), 죄형법정주의, 재산권의 불가침성, 재판받을 권리, 혁명권 등과 같이 근대헌법의 토대가 되는 원리였다. 물론 최초의 수혜자는 귀족과 런던 시민에 국한되었다. 17세기에 이르러 마그나 카르타는 영국 시민혁명의 이데올로기가 되었다. 이것을 토대로 권리청원, 권리장전, 인신보호령 등이 나왔기 때문이다. 그리고 19세기에 이르러 영국인 전체에게로 확장되었다. 또한 17세기 혁명을 통해 마그나 카르타에는 없던 권리가 보태졌다. 그것은 '법제정의 평등'이다. 그리하여 마침내 '법 앞의 평등'은 '법적용의 평등'과 '법제정의 평등'이라는 두 개의 개념이 동전의 양면을 이루며 완성된 개념이 되었다.

그런 후 마그나 카르타는 다시 대서양 건너편 아메리카대륙에서 미국 혁명의 사상적 기원이 되었다. 영국왕과 입법부가 과세권(인지세 등)을 남발했을 때, 13개 식민지 의회는 대표없이 과세없다는 영국 헌법의 원리를 들고 나왔기 때문이다. '수백년 동안 창고 속에서 먼지를 뒤집어 쓴 채 잠자던 그 망할 놈의 마그나 카르타가 잠에서 깨어나 문을 삐걱거리면서 열고 나올 때 미국 혁명은 시작되었다'는 영국인의 한탄에서 마그나 카르타가 근대 서구문명의 법치주의의 진앙지로서의 가치를 알 수 있다.

〈3〉 서구형 봉건제가 없지만 한국의 법치주의는 가능하다. : 헐버트는 바로 대서양을 건너간 마그나 카르타를 태평양 너머의 한국으로 다시 이식시키려고 했던 것이다. 그리고 그 연결고리를 찾기 위해 한국 역사 속에 봉건제가 있었는지를 추적했다. 즉 서양에서 봉건제가 바로 법치주의 토대가 되었기에, 동양세계에 법치주의 이식이 가능한지의 여부를 봉건제의 유무에서 찾아보자는 것이다. 다음은 이를 보여준다.

> 한국은 봉건주의를 경험하지 못했다. 봉건주의의 원심적인 권력구조가 교회의 구심적인 권력구조에 의하여 견제를 받았을 경우에 문명, 교육, 자유 등은 개화되지 못한다. 이는 유럽 남부에서도 확인했던 사실이다. 바꾸어 말하면 봉건제도는 인민들이 자유로운 자치정부를 만개시키기 위한 도약을 가능토록 준비해주는 과도기적 현상이다. 일본이 불과 10년 만에 배타주의를 벗어나 세계주의로 전향할 수 있었던 것도, 반면 한국과 중국의 개화가 일본에 뒤진 것도 이 때문이다. 비유하자면 한국은 누에고치에서 나방처럼 날개를 펴고 밖으로 나오는 대신, 계란처럼 부화되지 않을 수 없었다.[272]

그럼에도 한국 봉건제가 없기 때문에 법치가 존재할 수 없다는 서구의 명제는 틀렸다는 것이 헐버트의 생각이었다. 법치주의는 교육시스템을 통해서 도달할 수 있기 때문이다. 다만 법은 문화이고, 문화를 받아들이는 것은 시간이 걸린다. 예컨대 한국과 일본을 비교해 보자. 양국은 외래문물의 수입방식은 "포란"의 방식(한국)과 "변태"의 방식(일본)으로 비유할 수 있다.

이 때문에 양국의 근대화는 속도에 있어서 차이가 날 수 밖에 없다. 그러나 그 요소가 문명의 질의 차이를 결정하는 요인은 아니다.

> 이같이 느리고도 끈질긴 과정을 거쳐서 얻어지는 결과가 근대 일본의 마력적인 성장에 의한 공적보다도 열등한 것이냐의 여부, 즉 체험적으로 표현한다면 계란처럼 부화과정을 거친 것은 누에고치와 나방과 같이 스스로 나온 것보

---

272 *Passing of Korea*, p. 17.

다도 더 위대한 가치를 갖지 못하느냐의 여부에 관한 질문은 매우 의의가 있다. 한국의 상황을 이해하기 위해서는 무엇보다도 먼저 이 질문에 대한 해답을 얻어야 한다."[273]

헐버트가 1905년 초까지 일본의 한국 보호국화를 받아들여야 한다고 했던 것도 이 때문이었다. 한국 개화파가 실패한 법치주의를 일본 사무라이들을 통해 전달하는 것도 좋은 방법으로 보았던 것이다. 즉 일본인들은 동양의 양키가 되어야 한다는 것이다. 그러나 한국의 법치주의를 정착시키기 위해서 이식작업이 필요하다는 그 조건이 바로 일본의 한국지배를 반대한 이유가 되었다. 헐버트가 한국에서 실제로 목격한 일본의 통치는 법치주의와 반대되는 정책이었기 때문이다. 나아가 헐버트는 일본을 통해서 한국에 법치주의가 이식될 것을 기대할 수 없다고 보았다. 그리고 그 이유를 일본 근대화의 역사를 통해서 제시했다. 사무라이들이 서구로부터 산업화만을 배우려고 했을 뿐, 법치주의의 이식을 배척했다는 것이다. 즉 서구의 껍데기만을 받아들일 뿐, 서구 문명의 정수(精髓)는 의도적으로 거부했다는 것이다. 이에 헐버트는 1905년 가을부터 일본의 한국지배를 반대하기 시작했다.

대신 미국의 개혁 지원을 요구했다. 고종과 한국민은 미국의 도움이 있으면 일본과 달리 개혁을 수행할 수 있다는 점을 강조했다. 헐버트의 주장은 동정론에서 나온 것이 아니다. 19세기 말 주한미국 공사의 다음과 같은 평가가 이를 보여준다.

273 *Passing of Korea*, pp. 17-18.

현시점에서 한국에서 미국의 이익은 미소한 것이다. 그러한 한국이 향후 발전함에 따라 한국은 미국의 이익의 중요한 부분을 차지하게 될 것이다.…한국은 본질적으로 우리와 다른 사회제도를 지닌 국가이지만, 동시에 풍부한 천연자원으로 인하여 부강해 질 수 있다. 한국인들은 현명하고 진보적이어서 주어진 조건 속에서 자신들의 번영을 찾을 수 있다. 그러나 그들은 제도적으로 노동을 천시하고 국민의 대부분은 과중한 세금과 관의 압박을 참고 막대한 수에 달하는 나태한 양반들을 먹여 살려야 하는 것이다. 혁신의 과업은 거의 절망적인 것으로 보이나, 모든 분야에서 그런 것은 아니다. 고종은 친절하고 선의를 지닌 사람이며, 자신의 앞에 놓여진 문제들…특히 자신의 길을 가로막는 난점들을 명확하고도 융통성 있게 인식하고 있다. 만약 미국이 보수적 중립주의라는 종전의 정책을 고수하면서 고종을 격려하고 도와줄 수 있다면 그는 더욱 강력한 왕이 될 것이며, 한국에서 미국의 선의의 세력의 영향권을 확장시킬 수 있을 것이다.[274]

274 1890.10.9. 어거스틴 허드 공사, 『한미관계1세기 회고와 전망』, pp. 77-78.

제4장

일본은 한국을 지배할 능력/자격이 있는가

–일본은 미국을 대신하여 아시아의 양키가 될 수 있을까./명치유신은 성공한 개혁인가–

Ⅰ. 문제제기 : 과연 일본은 한국의 근대화의 교사가 될 수 있을까

헐버트의 법정에 다음으로 소환된 것은 일본이었다. 한국인에게 법치주의 이식을 도와줄 후견국이 필요하다고 했기 때문에, 먼저 일본이 한국에게 법치주의를 전수할 수 있는 능력과 의지를 갖추었는지를 검토하는 것이 논리적으로도 타당했다. 교사가 훌륭해야 지도받는 학생도 제대로 배울 것이기 때문이다.

그리고 이 문제는 헐버트 개인에게도 중요한 문제였다. 처음에는 일본의 한국 보호국화를 찬성했다가,[275] 1905년 후반기부터 생각을 바꾸어 반대했기 때문이다.[276] 이에 헐버트는 다음을 입증해야 했다. 첫째, 일본은

275 헐버트는 1904년-1905년에 *Korea Review*를 통해서 한국의 보호국화를 주장한 바 있다. 편집자 논평을 통해 '일본의 대한정책에 대한 분노와 비판이 있다. 그들은 무자비하며 신용할 수 없다는 것이다. 그럼에도 우직하게 다음을 주장했다.' 우리는 일본이 한국을 정중함을 가지고 완전한 독립을 보전할 의도를 지니고 있다고 믿는다. 현재의 위기로부터 한국인을 기쁘게 하고 나아가 그들 자신의 이익이 될 수 있는 길을 제시하는 것은 불가능하다.(1904. 3월) Dennett, *Russo-Jpanese War*, p. 116.

276 헐버트가 반대로 돌아선 것은 일본이 다음과 같은 기대를 깼기 때문이다. "우리는 일본이 한국의 독립과

한국에게 법치주의를 가르칠 의지가 없다. 둘째, 그럴 능력도 없다. 이는 쉽지 않은 일이었다. 청일전쟁 및 러일전쟁을 거치면서 서구인들의 기억 속에 일본에 대한 다음과 같은 인식이 새겨진 상태였기 때문이다.

〈1〉 서구의 일본의 한국지배 정당화 논리 : 서구세계가 일본의 한국 지배를 정당화해주는 근거는 다음과 같은 한국 및 일본의 국가 이미지의 비교였다.

첫째, 정치적인 관점에서 볼 때 "극동=지구상에 남은 마지막 미지의 세계이자, 새로운 정치적 분쟁의 발원지"이기 때문이다.[277] 또한 '19세기 말 극동은 유럽 정치의 축소판'이다. 한반도의 각축전은 영러대결이 세계를 돌아다니면서 벌이는 대결의 일환이다.[278]

> 청일전쟁은 멀리 떨어진 아시아의 한 구석에서 일어난 경미한 분쟁이 아니라, 인류사에 지대한 영향을 미친 중대한 사건이다. 첫째, 서양의 대일 인식을 깼다. 둘째, '중국의 시대'가 가고 '일본의 시대'가 열렸다. 셋째, 청일전쟁은 오랜 역사적 기원을 지닌 전쟁이었다. 일본은 한반도를 기원 3세기 경부터 지배해 왔다.[279]

자치를 세우기를 기다릴 것이다. 그것은 미국이 쿠바에서 수립한 것과 같은 것이어야 한다. 주사위는 던져졌으며, 미래에 맞서야 한다. 한국을 돌보는 사람들은 스스로를 조정해야 한다. 그들은 극동의 폴란드를 지적 및 도덕적으로 향상시키는 것을 최선의 목표로 삼아 활동해야 한다."(1905. 9월) Dennett, *Russo-Jpanese War*, p. 116.

277 『해제집』, No.26(1895).

278 『해제집』, No.61(1904).

279 『해제집』, No.107(1896).

둘째, 반면 일본은 국가 개혁에 성공했으며, 따라서 그에 합당한 국제적 지위가 주어져야만 한다는 것이다. 일본에 대한 서구인들의 다음과 같은 3가지 질문은 일본의 국제적 위상을 보여준다. 1) 일본의 근대화가 "현대사의 일대 쟁점"이 되어야 하는 이유는 어디에 있는가. 일본이 단기간에 봉건국가의 틀을 벗어나 명치유신을 거쳐 근대화된 강대국으로 변신할 수 있었기 때문이다. 2) 일본은 미국을 대신하여 "동양의 양키"가 될 수 있을 것인가. 페리의 방문에 따른 문호개방이 발전 중이던 일본 자본주의에 외부적 충격으로 작용하여 근대화의 기폭제 역할을 했기 때문이다. 3) 일본은 영국 해군을 대신하여 "극동의 경찰"이 되어야 할까. 일본은 극동지방에서 경찰역할을 해야 한다. 그리하여 독일의 3국 간섭과 같은 것은 재현되어서는 안 된다.[280]

〈2〉 헐버트의 반론 : 이러한 서구의 인식에 대해 헐버트는 정면으로 반박했다. 다음의 반문이 그 점을 보여준다. 과연 "일본은 극동의 개발에 (문명 전달 및 이식) 역할을 담당할 수 있을까."[281] 헐버트의 이러한 반문을 던진 것은 일본에 대한 회의론이 깔렸기 때문이다. 즉 서구는 '일본의 한국 개혁이 가능하기'를 기대하지만, 일본은 그런 역할을 할 수 없으며, 일본이 그렇게 하도록 허락되어서도 안 된다. 이유는 간단하다. 첫째, 일본은 한국을 개혁할 의지가 없다. 둘째, 물론 능력도 없다. 헐버트의 일본 회의론의 구체적 논리는 무엇이며, 어디서 근거한 것일까.

280 『해제집』, No.132(1922), No.145(1905), No.26(1895), No.122(1904).

281 *Passing of Korea*, p. 18.

Ⅱ. 사무라이 개혁의 한계(1) : 법치주의를 거부한 명치유신

〈1〉 법정신의 문제점 : 헐버트는 먼저 을사협약이 불법적으로 체결되었음을 고발했다. 일본은 한국을 옥박질렀기 때문이다. 그는 여기서 그치지 않았다. 불법 협약 체결의 기원도 밝혔다. 일본이 협약체결과정에서 드러낸 강압성은 일본의 "법정신의 문제점"에서 그 원인을 찾을 수 있다는 것이다.

> 이 질문에 정확한 답변을 얻기 위해서 연구하지 않으면 안 되는 것이 있다. 그것은 바로 일본의 "법정신에 있어서의 문제점"이다. 그리고 이 점을 밝히는 것은 중요하다. 이러한 문제가 한국에 어떤 관계를 미치고 있는지를 밝힐 단서가 되기 때문이다.[282]

법정신의 문제점은 무엇인가. 그것은 바로 법치주의가 부재하다는 점이다. 따라서 일본은 한국에게 법치주의를 가르칠 능력이 없다는 것이다. 그렇다면 일본의 법정신의 문제점은 어디서 비롯된 것일까. 여기서 헐버트는 일본의 역사를 다시 검토하며 다음의 명제를 반박했다.

〈2〉 일본은 극동개발의 주역이 될 수 있을까. : 즉 "일본은 극동의 개발에 과연 얼마만한 역할을 감당할 수 있을까."[283] 이 문제에 대한 해답은 러일전쟁 후의 일본의 행위를 분석해야 한다. 일본은 전쟁을 통해 문명국의

282 *Passing of Korea*, p. 18,

283 *Passing of Korea*, p. 18,

궤도를 이탈하기로 결심했기 때문이다.[284]

> 러일전쟁은 문명을 위한 전쟁인가. 일본은 주장하고, 서구가 동조하는 구호였다. 그리고 (헐버트)자신도 처음에는 동의한 바 있다. 그러나 일본은 전쟁을 통해 일본은 문명국의 궤도를 이탈했다. 일본에 대한 문명 이식은 서구로 하여금 일본 육군 및 해군의 눈부신 전공을 보게 했다. 이는 서구로 하여금 웃음을 잃게 했다. 서구는 이제 일본이 군사적 능력을 여러 가지 권리로 환전해 달라는 요구에 직면케 될 것이다.[285]

즉 헐버트의 인식은 이런 식이었다. 불법적인 한국보호국화는 군사력을 제국주의 권리로 환전한 결과였다. 이에 서구는 충격을 받았다. 서구의 기대를 깨는 이런 일이 어찌하여 벌어졌을까. 이에 먼저 "일본의 근대화가 무엇을 결과했는지"를 검토해 보기로 했다. 러일전쟁은 "근대화가 일본을 군사 강국으로 만들었음"을 입증했다.[286]

뿐만 아니라 러일전쟁은 법정신의 문제점도 보여주었다. 한국을 불법으로 차지했기 때문이다. 법정신의 문제점이 무엇인지를 알기 위해 헐버트는 일본의 봉건제 해체과정을 추적했다. 유럽의 역사는 봉건제 해체가 근대 법치주의로 가는 징표 중의 하나였음을 보여주기 때문이다. 우선 사무라이들은 싸움 끝에 중앙집권화를 이루었다는 점을 확인했다. "1868년에 수많은 봉건 영주 간의 피나는 투쟁에서 일본 천황인 미까도(帝)의 정권이 정당함을 인정받게 되있다. 이로써 막부시대는 일단 사라졌으며, 일

---

284 *Passing of Korea*, p. 18.

285 *Passing of Korea*, p. 18.

286 *Passing of Korea*, p. 18.

본 정부의 중앙집권화 과업은 완수되었다."[287]

다음 과제는 중앙집권화의 유지였다. 경쟁에서 패배한 막부정치의 반란으로부터 중앙집권화된 정부를 보호해야 했다. 이에 사무라이로부터 칼을 빼앗기로 했다. "그들의 반란을 감시하기 위해 모든 영주들을 동경에 모아 저항할 수 없도록 강제하는 것이 현명한 방법이라고 생각하게 되었다. 그렇게 하기 위해서 먼저 영주들의 가신인 사무라이(侍)를 해산할 필요가 있었다."[288] 이에 "영주들이 동경으로 소환하고, 사무라이를 해산했다. 그 결과 사무라이에게 항상 관인처럼 되어있던 두 자루의 칼을 착검하는 것이 금지되었다."[289] 이로써 사무라이들 간의 복수전이 끊임없이 재생산/악순환하는 것을 막고 중앙집권화를 유지할 수 있었다.

그러나 일본의 봉건제 해체가 서구의 그것과 같은 점은 여기까지였다. 그럼에도 사무라이들은 다음과 같은 불안감을 떨쳐버릴 수 없었기 때문이다. 검회수령이 신분하락으로 이어질 수 있다는 점을 두려워했던 것이다. "(검회수령은) 그들로 하여금 하층 계급에 속하는 사람들의 지위로 떨어지게 할지도 모른다는 위험성으로 인하여 面面相顧(면면상고)하게 했으며, 이제까지 그들은 기고만장한 자존심으로 인하여 자신들을 한없이 추켜세웠던 사람들이기 때문에 사태는 숙명적으로 더욱 살벌하게 되었다."[290]

사무라이들은 이런 상황을 감당할 수 없었다. 봉건제하의 하층민에 대해 지녔던 생사여탈권을 포기하는 것이기 때문이다. "사무라이가 지나갈

287 *Passing of Korea*, p. 18.

288 *Passing of Korea*, p. 18.

289 *Passing of Korea*, p. 18.

290 *Passing of Korea*, p. 18.

때면 하층계급은 머리를 조아렸다. 그들은 결과에 대하여 아무런 두려움을 느끼지도 않고 하층에 속하는 사람들 하나쯤은 함부로 죽일 수 있었다."[291] 뿐만 아니라 사무라이들은 지적 능력을 하층민과 나누고 싶지 않았다.

> 그 당시 사무라이들은 일본의 무사인 동시에 학자였다. 이 점에서 중세유럽과 달랐다. 문자를 읽고 쓸 수 있는 기사가 드물었다. 문예는 오직 승려계급에게만 국한되어 있었다. 그러나 사무라이라고 하는 단일 계급은 물리적인 힘과 지적 능력을 동시에 갖추고 있었다. 이 때문에 다른 나라의 어떤 계급보다도 더 엄청난 특권을 누리고 있었다. 그 결과 다른 어느 나라와도 비교될 수 없을 정도로 상류계급과 하층계급 간에 격차를 크게 만들었다. 그리하여 사무라이들은 대중들로부터 오는 두려움과 찬사를 함께 받게 되었으며, 어느 계급과도 나누려고 하지 않았다.[292]

요컨대 사무라이들은 검을 포기했지만, 그동안 지녔던 폭력행사권의 독점권과 지식의 독점권만은 버리고 싶지 않았다는 것이다.

Ⅲ. 사무라이 개혁의 한계(2) : 법치주의를 거부한 명치유신

〈1〉 일본의 근대화에 있어서 '산업화'와 '법치화'는 공존할 수 없는 목표였다. : 일본 사무라이들의 이러한 욕망은 다음을 고민케 했다. '신분제

291 *Passing of Korea*, p. 19.

292 *Passing of Korea*, p. 18.

의 특권유지를 위한 후속 조치는 무엇이어야 할까.' 여기서 사무라이들은 서구로 시선을 향했다. 무사로서의 특권과 학자로서의 신분을 동시에 유지할 수 있는 탈출구가 그곳에 있다고 보았기 때문이다. "이처럼 명백한 위기에 직면하게 되자 그들은 문명도가 높고 정치적 · 사회적 생활이 훨씬 세심하게 표현된 제도를 갖추고 있는 서양으로 눈길을 돌리게 되었다."[293] 그리고 사무라이들은 그곳에서 해결책을 발견했다.

> 만약 일본이 서양의 제도를 채택하게 된다면 모든 관직은 그것이 외교직이든, 영사직이든, 경찰직이든, 교육직이든, 사법직이든 또는 그것이 군사직이든, 대민사업에 관한 직이든 간에 당연히 그들에게로 돌아갈 것이며, 그렇게 되면 그들 자신은 평민의 지위로 떨어지지 않을 수 있다는 사실을 알게 되었던 것이다.[294]

이에 "일본은 자신의 모든 낭만적인 미혹을 벗어버리고 놀라운 체질을 개선하였던"것이다. 그것은 사무라이들 간의 새로운 타협이었다. 첫째, 사무라이들은 개인의 충성대상을 군주로부터 중앙정부로 옮기기로 했다. "사무라이들은 그들의 군주에게 바쳤던 개인적인 충성"을 아무런 일도 없었다는 듯이 "중앙정부로 향하게" 했다. 즉 정부의 서구문명에 대한 개방 및 개혁정책을 수용한다. 둘째, 반면 "중앙정부는 그들의 제안을 기꺼이 지지키로" 하고, 다음을 반대급부로 주었다. 사무라이의 봉건적 특권을 근대적 권력으로 교체해 준다는 것이다. 그리하여 정부는 "그들의(사무라이)

293 *Passing of Korea,* pp. 18-19.

294 *Passing of Korea,* p. 19.

제안이 사회의 항구적인 불만과 반란의 위협을 즉시 제거하고, 마치 아무런 일도 없었던 것처럼 국론을 통일시킬 수" 있었다. 따라서 사무라이들의 "개혁은 순전히 이기적인 움직임이었으며" 그들 자신들도 "계급차별을 조장하는 것으로 이해"했다. 그럼에도 외양상으로는 "애타적인 정신의 발로라고 선전되었던 것이다." 바로 여기서 특유한 "일본형 애국주의"가 "민족적 자존심의 씨앗을 이루게"되었던 것이다.[295] 요컨대 문호를 개방한 후 펼친 사무라이들의 개혁정치는 처음부터 실질적인 법치주의(법 앞에 평등=신분해방)가 존재할 공간을 만들지 않았다. 따라서 법을 통해서 국가에 대한 충성을 끌어 낼 수 없었다. 대신 일본은 애국주의를 이용했다. 그리하여 애국주의는 법치주의보다 상위의 개념이 되었다.

일본의 근대화는 구조적으로 애국주의와 법치주의가 공존할 수 없었다. 헐버트가 일본의 보호국화를 반대한 것도 이 때문이다. 조선의 양반관료층의 '실패한 법치주의'를 일본 사무라이의 '가짜 법치주의'로 대체케 할 수는 없었던 것이다.

〈2〉 그렇다면 일본은 장래에는 법치주의 개혁을 할 수 있을까. : 헐버트는 어렵다고 보았다. 명치유신을 단행한 실제적 동기가 이후에도 계속되었기 때문이다. 서구문명의 기초가 되고 있는 여러 가지 원칙…인민정부나 대의정부…들은 껍데기만 받아들이고, 내용물은 자신들의 계급이익으로 가득 채운다는 것이 실제동기였다.

> 이때부터 지금에 이르기까지 일본은 상류사회와 하류사회의 간극이 지속

---

295 *Passing of Korea*, p. 19.

되고 있다. 소위 인민정부나 대의정부니 하는 것이 있기는 하다." 그럼에도 "계급차별은 중국보다 더 심각하며 브라마니즘(Brahmanism)으로 신분제도를 조장하고 있는 인도를 제외하고는 극동의 어느 나라보다도 사회적인 격차가 심하다는 점은 의심할 여지도 없다. 이 같은 현상의 원인은 일본인들의 성격에 깊이 뿌리박고 있다. 그들이 서구적인 방법을 채택했을 때 그것은 순전히 공리주의 정신에서 비롯된 것이었다. 그들은 서구문명의 기초가 되고 있는 여러 가지 원칙에 대해서는 아무런 관심을 두지 않았다. 그들이 추구하는 것은 완제품이었지, 그 과정은 아니었다." (비유하자면) 그들은 서양의 의복을 입으려면 정력과 결실만이 필요하다고 보았다. 반면 그러한 의복을 만들고 그것을 몸에 맞도록 하는 요인이 무엇인지는 전혀 관심을 두지 않았다.[296]

뿐만 아니라 서구 문명의 기초 개념을 배우는데 장시간이 필요하며, 여성의 지위, 종교개혁 등 일본인들이 습득해야 할 많은 과제들이 남았지만, 이를 생략한 채 서구문명을 마스터한 양 거꾸로 서양문명에 대해 자신들의 목소리를 내려고 한다. "서양인들이 자신의 문명을 이룩하기 위해 겪었던 수세기의 투쟁을 거치지 않고 일본 민족이 서구 문명의 고유한 가치를 흡수하고 그 본질을 향유하려면 다음과 같은 자세"를 갖추어야만 했다. 한편에서 "서구문화를 의심하면서 동시에" 다른 한편에서 "경의를 표해야 한다." 이러한 원리는 반대의 경우에도 성립된다. "우리가 아무리 동양의 철학을 깊이 연구한다고 할지라도 짧은 시간 내에 그 오묘함을 알 수 없다." 그럼에도 "마치 서구인들이 저만큼의 문명을 이룩하기 위해 겪어야만 했던 시련을 거치지도 않고 서구문명에 대해 자신의 입장을 옹호하려는 일

296 *Passing of Korea*, p. 19.

본의 태도는 우리에게 우스꽝스러워 보인다."[297]

또한 "일본에서 활동한 선교사들"은 온갖 노력을 했지만 그들의 업적은 "상류사회에게만 국한되었다." 이는 "유감"이다. 그리고 "일본을 방문하는 관광객들은 도처에서 절이 중수되고 있다는 사실"을 목격한다. "일본 문명의 결과가 어떻게 될 것인지를 예측하기란 어려운 일이다. 아직 이에 대해서는 결정적인 단계에 이르지 않았다." 일본 내 "상충하는 세력들 또한 "일본의 강력한 민주주의가 어떠한 방향으로 발전할 것인가에 대해서 아직 아무런 언급이 없다." [298] 요컨대 헐버트의 주장은 이런 것이었다. 명치유신을 통해서 실제로 사무라이는 해체되지 않았다. 따라서 법치주의는 세워질 수 없었다. 법치주의의 대전제는 신분해방이기 때문이다.

Ⅳ. 일본의 한국 개혁안은 가짜요 불법이다

일본의 법치주의가 가짜임을 입증한 헐버트는 다음 타깃을 일본의 대한정책이 가짜(불법)임을 밝히는데로 옮겼다. 이에 을사협약의 불법체결과정은 물론이요, 실제 통치정책 및 방식에 대해서도 불법이라며 비판했다. 즉 협약의 집행과정에 폭력성과 계약 위반이 발생했다는 것이다. *Japanese in Korea*(1907)는 바로 이 점을 서구세계에 전하려고 한 것이다.

297 *Passing of Korea*, p. 20.

298 *Passing of Korea*, pp. 20-21.

〈1〉 서구는 진짜 한국정책과 선전용 한국정책이 있음을 알아야 한다. : 1) 즉 일본은 두 개의 한국정책을 가지고 있다. : 일본의 대한정책은 이토의 설계도가 아니라, 한국에 파견된 일본 관리들의 폭력과 실제 정책을 통해서 파악해야 한다. "한국에서의 실제 상황(actual conditions in Korea)"을 "완전하고 공개적으로 토론할 필요성을 주장하는 것(we urge that a necessity of the full and open discussion of the question."은 "일본이 자신의 영역 밖에서 할 수 있는 일"이 무엇인지는 "일본이 한국을 취급(her handling of Korea)"하는 것보다도 더 잘 보여줄 수 있는 "실물 교육(object lesson)"은 없다. "일본의 극동에서의 우월한 지위는 세계평화(the peace of the world)에 위협이 된다."[299]

즉 일본이 한국에 대해 펼치고 있는 정책은 두 개다. 하나는 동경에 있는 이토의 대한정책이요, 다른 하나는 서울에서 현지 관리의 집행이다. 전자는 대외용이요, 선전용이다. 그럼에도 서구의 일본 지지자들은 전자만을 가지고 한국의 보호국화가 유리하다고 선전하며 옹호한다. 이는 공평하지 못하다. 동경 외무성의 진열장 안에 전시된 대한정책이 아니라, 서울에서 집행되는 현지의 정책을 통해서 한국 보호국화의 실체를 보아야 한다.

2) 일본이 한국을 통치할 자질을 갖추지 못했다는 점이다.

한국만이 관심대상은 아니다. 일본이 자신의 경계 밖으로 나와서 무엇인가를 잘 할 수 있는지를 아는 것도 필요하다. 그런데 일본이 한국을 취급하는 모

299 *Japanese in Korea,* Preface.

습보다도 더 분명하고 정확하게 알려주는 교훈적 사례는 없다. 일본의 에너지와 정신은 칭찬받아 마땅하다. 일본은 엄청난 일들을 수행해 왔다. 그러나 일본이 그들의 관심을 올바르지 않은데로 돌렸을 때 입증된 것이 있다. 그것은 바로 극동의 안전한 교사(safe teacher)가 되거나 지도자가 될 수 있는 자질이 완전히 결여되어 있다는 것이다. 극동의 누구도 일본과 같은 봉건국가(feudal state)를 경험하지 않았다. 이 때문에 일본이 다른 동아시아 국가들의 모델이 될 수 없다. 일본인은 그 자신의 방법으로 그것을 했다. 동아시아인들 역시 그들의 방식대로 해야만 한다. 그런데 일본은 이를 이해하지 못하거나 적어도 무시하고 있다. 일본이 안전하게 다른 국가를 지도하기에는 아직 어리다. 극동에서 일본의 지배가 세계평화(world peace)에 대한 위협이 될 것임은 분명하다. 일본의 야망은 제1차 나폴레옹전쟁의 그것과 같다. 만일 열강이 아시아에서 정치적 상업적 조건이 완전히 변하고 바뀐 것을 보고 싶다면, 먼저 이 문제의 중요성(일본의 지배가 세계평화를 위협할 것이라는 점)을 깨달아야만 한다.[300]

헐버트의 이러한 주장은 *Japanese in Korea*(1907. 9. 27)을 통해서 펼쳐졌다. 이 해에 헐버트는 제2차 헤이그 회의에 참석했다. 원래는 고종의 특사로 예정되어 있었지만, 회의가 예정된 해보다도 늦게 열리게 됨으로써 신임장을 제정받지 못했다. 그럼에도 헐버트는 헤이그 회의에 참석했다. 그리고 그해 9월에 책을 발간했다. 9월은 헤이그 회의가 개최 중인 시기였다.(6월-10월) 그는 헤이그 회의장에 입장하지 못했다. 대신 이 책을 내었다. 그리고 주장했다. 일본의 대한정책은 서구의 가치관을 알고 있는 이토의 언설을 통해서가 아니라, 한국에 파견된 관리들의 실제정책을 보고 판단해야 한다는 것이다. 즉 그들이 대외적으로 신전하는 대한정책이 아니라 실제 행동으로 펼치는 대한정책을 통해서 보라는 것이다. 따라서

300 *Japanese in Korea,* Preface.

이 책의 출판 의도는 분명했다. 고발서였다. 헤이그에서 좌절된 국제법정 대신에 책이라는 가상의 공간에 모의법정을 열고 세계여론이라는 배심단의 심판을 받아보자는 것이다. 그렇다면 헐버트의 고발논리는 구체적으로 무엇일까.

〈2〉 일본은 한국을 가르칠 수 있는 자격과 능력이 있는 국가인가. : 이 문제는 이미 *Japanese in Korea*를 통해서 분석한 바 있다.

1) 일본은 그럴 능력이 없다.

한국만이 관심대상은 아니다. 일본이 자신의 경계 밖으로 나와서 무엇인가를 잘 할 수 있는지를 아는 것도 필요하다. 그런데 일본이 한국을 취급하는 모습보다도 더 분명하고 정확하게 알려주는 교훈적 사례는 없다. 일본의 에너지와 정신은 칭찬받아 마땅하다. 일본은 엄청난 일들을 수행해 왔다. 그러나 일본이 그들의 관심을 올바르지 않은데로 돌렸을 때 입증된 것이 있다. 그것은 바로 극동의 안전한 교사(safe teacher)가 되거나 지도자가 될 수 있는 자질이 완전히 결여되어 있다는 것이다. 극동의 누구도 일본과 같은 봉건국가(feudal state)를 경험하지 않았다. 이 때문에 일본이 다른 동아시아 국가들의 모델이 될 수 없다. 일본인은 그 자신의 방법으로 그것을 했다. 동아시아인들 역시 그들의 방식대로 해야만 한다. 그런데 일본은 이를 이해하지 못하거나 적어도 무시하고 있다. 일본이 안전하게 다른 국가를 지도하기에는 아직 어리다. 극동에서 일본의 지배가 세계평화(world peace)에 대한 위협이 될 것임은 분명하다. 일본의 야망은 제1차 나폴레옹전쟁의 그것과 같다. 만일 열강이 아시아에서 정치적·상업적 조건이 완전히 변하고 바뀐 것을 보고 싶다면, 먼저 이 문제의 중요성(일본의 지배가 세계평화를 위협할 것이라는 점)을 깨달아야만 한다.[301]

301 *Japanese in Korea*, Preface.

즉 일본 근대화가 한국 근대화의 모델이 될 수 없다. 첫째, 양국인의 기질이 다르기 때문이다.[302] 둘째, 언급했듯이 외래 문물을 받아들이는 방식도 다르다.

2) 무엇보다도 일본의 한국지배가 오히려 신한국을 건설하는 데 장벽이 된다는 점이다. 무엇보다도 한국인이 스스로 실패를 통해서 스스로 학습할 기회를 박탈하기 때문이다. 도대체 일본인이 방해한 것은 무엇인가. 헐버트는 *Japanese in Korea*에서 그것을 다음과 같이 14가지로 요약했다. 바꾸어 말하자면 헐버트는 한국의 보호국화를 예찬한 미국과 유럽의 옹호자들에 대해 일본의 한국지배와 관련하여 토론해보자고 던진 쟁점과 같다.

(1) 일본은 강제적으로 한국을 보호국화했으며 매우 효과적이다. 그러한 효과는 자신의 말을 스스로 깨고, 미국을 국제적 불법행위(international outrage)에 연루시킴으로써 가능했다. → 일본이 국제적인 룰을 준수하고, 미국은 일본의 한국 지배에 무관하다는 주장에 대한 반론

(2) 한국은 일본 자본가와 모험가들의 이익만을 위해 착취되고 있다. → 일본의 지배가 한국에게도 유리하다고 주장하는 자들에 대한 반론

(3) 한국인에 의한 자원개발은 사실상 원천 봉쇄되고 있다. → 한국인에게도 자원개발권이 열려있다는 주장에 대한 반론

(4) 일본은 서구 자본과 기업의 한국 진출을 모든 방법을 동원해 차단하고 있다. → 서구의 한국 투자가 가능하다는 주장에 대한 반론, 즉 일본은 한국에 대한 문호개방을 보장했다는 주장에 대한 반론, 즉 통상조약상의 다른 권리는 보장받고 있다.

(5) 일본은 한국에서 아편과 도박 같은 사업을 할 수 있게 했다. 이런 사업

302 *Passing of Korea*, pp. 21-22.

은 일본 내에서는 허락되지 않는 것이다. → 의도적인 한국인의 도덕적 타락화 음모, 즉 한국인을 보호(계몽교육)하지 않고 있다. (한국인의 타락화)

(6) 한국인에게 교육이라는 수단을 통해 지적 상태를 개선시키려는 어떤 시도도 없었다. →(계산된 조선인의 무지화)

(7) 토지는 정적한 보상도 없이 일본인에게 넘어가고 있는 중이다. → 조선 토지 강탈(조선인의 빈곤화)

(8) 한국인은 정상 임금의 극히 일부만 받고 일본인에게 서비스할 것을 강요받고 있다. →노동착취(한국인의 노예화)

(9) 한국인들은 일본인이 자행한 악행에 대해 법적 구제(legal redress)받을 수 있는 수단이 없다.(법적 보화망의 배제)

(10) 어업, 염전업, 다른 산업 분야의 일들은 일본이 점령했으며, 수천 명의 한국 노동자들이 쫓겨났다.(한국 산업의 독점화)

(11) 일본체제(Japanese regime)는 부패했다. 그 결과 과거의 그 어느 때보다도 강도집단(brigandage)이 되었다.…한국의 지배가 일본을 타락시킨다.(일본의 폭력화)

(12) 일본은 한국에게 돈을 빌려갈 것을 강요하고 있다. 그리고 이 돈은 한국 안에 있는 일본인들을 이익을 위해서만 사용된다.…일본인에 대한 경제적 예속화(한국인의 채무자화)

(13) 일본 군대가 주둔하는 지역에 있는 일본인의 매춘부들이 한국의 젊은 이들을 방탕하게 만든다.…한국청년의 도덕적 타락 유도

(14) 일본 당국자들은 그들의 통치가 성공했다는 발표를 늘어놓지만, 이는 사실과 다르다. 만약 진실이 알려진다면, 세계가 나서서 일본을 비난할 일들을 감추기 위한 언설이다. 일본은 제국의 능력이 있음을 입증하고 싶어 한다.[303]

---

303 *Japanese in Korea*, p. Summary.

따라서 한국인이 국가를 건설할 수 있는지의 여부를 알려면 한국인에게 국가건설의 기회를 되찾아주어야 한다.

V. 헐버트로 인하여 일본의 대한정책의 불법성에 대한 논쟁 구도 가 정착되었다

〈1〉 헐버트와 래드의 논쟁

'일본의 대한정책은 폭력적'이라는 헐버트의 고발은 국제사회에 새로운 논쟁을 일으켰다. 헐버트의 문제제기에 대해 서구의 지식인들의 답변이 뒤를 이었기 때문이다. 일본은 미국인 교수 래드(George Trumbull Ladd)를 초청하고 반박케 했다. 래드는『한국에서 이토와 함께』*In Korea with Marquis Ito*(1907)를 통해서 다음을 주장했다. 1) 일본의 한국보호국화를 막을 수 있는 열강은 없다. 병합의 경우에도 마찬가지이다. 2) 일본인 이민이 한국인의 저항을 잠재울 것이다.

래드와의 논쟁은 이후 국제사회에서 한국문제를 놓고 논쟁하는 하나의 양식이 되었다. 뿐만 아니라 세계의 지식계의 거대 논쟁 구조에 한국문제를 끼어 넣는 의미도 지니게 되었다. 왜냐하면 세계대전을 계기로 '전쟁을 폭력으로 보아야 할 것인가.' '식민지인에 대해 인간으로서의 권리를 어느 정도로 줄 것인가.' 등이 토론의 주제가 되었기 때문이다. 이제 이후에 이 토론에 끼어 들려는 서구의 지식인이나 정부들은 다음과 같은 질문에 의무적으로 답변해야 했다. 즉 헐버트의 일본이 한국을 지배할 능력도 없으며, 의지도 없다는 주장에 대해서이다. 답은 2가지 밖에 없었다. 수용하든가, 재반박하든가 중의 하나였다.

(1) 헐버트의 '일본 경계론'의 지지론 : 먼저 헐버트의 견해를 수용하는 입장이다. 다음과 같은 이유였다. 1) 한국인들은 사실상 자기 나라에서 포로생활을 하고 있다. 일본의 한국지배는 독일의 폴란드 지배와 유사하다. 또한 2) 일본이 한국을 통치하는 방식과 정책은 타당하지 않다. 케넌의 한국 인식은 편견이다. 3) 일본의 한국지배는 근본적으로 침략적이다. *The Renaissance of Korea*=한국의 독립을 위한 중요한 선전서이다. 1920년대부터 서양인들은 이러한 방향으로 인식이 전환되었다. 일본인의 동화정책은 의도가 나쁘다. 독립운동은 1919년에 시작된 것이 아니라, 14년간이나 지속된 투쟁의 일환이다. 독립운동은 세계도처에서 진행되고 있다. 한반도는 두 개의 한국이 있다. 하나는 일본의 한국이고, 다른 하나는 한국인의 한국이다. 4) 일본은 약속을 지키지 않는다. 일본을 믿지 말라. 일본과의 동맹은 금지. 청일전쟁, 영일동맹, 러일전쟁 등 일본은 약속을 지키지 않았다.[304] 로우톤(Lawton) 역시 지금까지 일본의 관점에서 극동을 조명했다고 비판하며, 이제 사태를 냉정히 재평가해야 한다고 경고했다. '왜 세기의 전환기에 중국, 일본, 한국이 각기 판이한 운명을 맞이하게 되었는가'라는 문제의식에서 출발하여 일본의 식민지배 야욕을 비판했다. 유럽에서 독일이 영국에 위협하듯이, 일본은 호주, 뉴질랜드, 미국 등에게 위협이 된다는 것이다. 일본의 팽창은 문명의 팽창이 아니라, 군사력의 팽창이며, 따라서 일본의 지배는 문명의 승리가 아니라 "야만의 승리"였다.

304 『해제집』, No. 58(1923), No. 44(1919), No. 143(1908, 1920), No. 59(1907).

한국을 침탈하는 일련의 과정이 이를 보여주었다.[305]

(2) 미국의 한국 후견인론 대두 : 뿐만 아니라 미국이 한국의 후견인이 되어야 하는 것도 공론화되기 시작했다. 이는 중요한 변화였다. 한국의 후진성이 일본의 지배를 정당화하지 않는다는 것이다. 그렇다면 누가 한국의 새로운 후견인이 되어야 할까. 그리하여 다음과 같은 문제가 논의되었다. 1) 3.1운동의 실체를 미국에 알리고 민족자결주의의 도움을 받자. 그리고 선교사들은 봉건적 잔재를 어떻게 청산했는가에 대해서 알리자. 2) 한반도는 재생가능한가. 미국이 도우면 가능하다. 1920-30년대의 아시아는 혁명적 상황에 놓였다. 민족자결주의와 세계공황에서 기인한 현상이다. 한국은 과거 아시아에서 가장 부패하고 잘못 통치된 최악의 은둔 국가 중의 하나였다. 그러나 "동토의 한국"에도 독립의 기운과 민족자결주의 움직임이 있다. 또한 아시아의 여러 지역에서 경제적 정의와 정치적 자유를 위한 요구가 나오고 있다. 아시아의 새로운 정신으로 1776년의 미국 독립운동의 정신, 프랑스혁명의 정신과 같다.[306]

또한 일본의 폭력에 누가 대항하느냐의 문제에 대해서도 헐버트의 견해에 동의하는 세력이 등장했다.

미서전쟁 후 미국의 전략적 목표는 무엇이어야 하는가. 한반도를 비롯한 아시아에서 미국은 영국을 대신해 국제경찰이 되어야 한다. 태프트정부의 달러외교는 일본과의 협조를 유발하기 때문에 폐기해야 한다. 20세기 일본은 인구

305 『해제집』, No.27(1912)

306 『해제집』, No.48(1920, 1921, 1922, 1930, 1937). No.59(1907, 1931)

과잉을 해소하기 위해 대륙이나 태평양으로 진출해야만 한다. 한반도와 만주는 이런 고민을 해소할 수 있는 곡창지대가 있다. 일본이 국제적 역할을 하는 시대가 도래할 것에 대비하라.[307]

헐버트의 비판론은 일본의 대응방법에도 영향을 미쳤다. 일본의 한국지배의 정당성을 경제와 사회변화상을 통해 입증하자는 것이다. 일본의 한반도 통치가 한국인의 생활상의 발전을 초래했다. 조선의 새로운 행정은 구한말 조선왕조의 극도로 부패하고 타락한 점과 대비된다. 따라서 구조선하에서 한국인의 복리증진이 불가능했다. 그리하여 한반도는 극동의 화약고로 변했다. 일본은 불가피하게 이 지역을 병합할 수밖에 없었다는 것이다.[308]

즉 헐버트가 도덕 및 폭력성을 문제시 하자, 일본은 한반도의 경제구조가 근대화되었다는 점을 내세우며 정당화했다. 이후 일본의 한국병합은 성과…한국에게 유익…있었는가. 여기서 국제여론은 양분되었다. 그 기준점은 바로 헐버트였다. 헐버트의 논리에 동조하거나, 반대하는 사람들로 나뉘었던 것이다. 요컨대 헐버트의 일본의 대한정책의 불법성/폭력성 고발은 서구의 일본 및 한국에 대한 인식을 도덕과 법의 차원에서 접근케 하는 중요한 계기가 되었다.

---

307 『해제집』, No.57(1911) ; 미국인들은 일본을 경계해야 한다. 대륙침략의 야욕을 드러내기 시작했다.…또한 일본은 단체생활에 있어서 독일과 같다. 『해제집』, No.58(1923).

308 『해제집』, No.53(1918, 1920, 1921, 1924), No.55(1921).

〈2〉 헐버트의 Lafcadio Hearn의 〈일본해석〉론 비판

헐버트의 일본 봉건제 비판은 라프카디오 헤른(1850-1904)[309]의 테제에 대한 공격으로 나아갔다. 헤른은 일본의 정신세계를 분석한 당대의 권위자로 평가받는 인물이었다. 그의 결론은 악용될 소지가 있었다. '일본은 법치주의를 이식하지 않은 것이 아니라, 못한 것'이라는 테재의 근거가 될 수 있었다.

(1) 헤른의 〈일본해석론〉[310] : 그는 러일전쟁이 일어나기 직전에 죽었다. 그런데 이때 그의 마지막 책이 인쇄 중이었으며, 제목 그대로 '일본을 해석해 보자(*Japan, An Attempt at Interpretation*)는 것이다. 서론에서 헤론은 한가지 고백을 했다. 잭 런던(Jack London)의 설명에 따르면 이런 것이었다. '헤른은 자신이 일본에 대해 아는 것이 없다는 점을 깨닫는데 오랜 세월이 걸렸다고 했다. 일본에 관해 수십년 간을 연구한 후에 비로서 일본인의 영혼이 자신을 사로잡아서 판단력을 흐리게 했다는 점을 알아챘다. 그는 그들의 영혼을 이해할 수가 없었으며, 그들의 심리적 과정은 여전히 수수께끼로 남아있다고 했다. 그동안의 연구를 통해서 둘째, 일본인에 관한 백인의 생각의 대부분이 잘못되어 있다. 왜냐하면 그것은 일본인

309 라프카디오 헤른(1850-1904) : 그리스계 어머니와 아일랜드계 아버지 사이에서 태어난 작가이자 신문기자였다. 그는 일본에 정착하여 일본 여자와 결혼하고 야쿠모 쿠아주미라는 이름으로 일본에 귀화했다. 동경대 영문학 교수로 근무하며 일본에 대한 많은 저서를 남겼다. 글 중에는 "한국에 대한 것(on Korea)"도 있다. Jack London, *La Coree En Feu,* 『조선사람 엿보기 : 1904년 러일전쟁 종군기』(한울, 1995), p. 243

310 Lafcadio Hearn, *Japan, An Attempt at Interpretation*(New York, MacMillan, 1905) *Gleanings in Buddaha Fields : Studies of Hand and Soul in the Far East*(1897, New York, Haper & Brothers)

의 정신을 구성하는 섬유와 피륙에 대한 상상적 지식에 기초한 것이기 때문이다."[311]

그리하여 백인은 일본을 알 수 없다는 그의 해석은 백인들에게 통설로 받아들여졌다. 잭 런던의 다음의 회고는 이를 보여 준다.

> 만약 다른 사람의 정신적 발전과정을 이해하지 못한다면 어떻게 그가 취할 다음 행동을 알 수 있겠는가. 이것이 바로 오늘날 백인과 일본인 사이에서 존재하는 상황이다.…우리들은 일본인에 대해서 아무것도 모른다. (우리가 그들에 대해 무엇인가를 좀 안다고 생각하는 경향이 있는데, 이는 차라리 아무 것도 모르는 것보다도 더 심각한 일이다). 인류가 자기의 모습에 따라 만들어졌다고 생각하는 것이 바로 인간의 약점이다. 일본인이 우리처럼 생각하고 우리처럼 행동하며 우리와 비슷한 관점을 가지고 있다고 생각하는 것이 백인들의 약점이다."[312]

즉 백인의 사고로 일본을 분석할 수 없다는 것이다. 그런데 서구인들은 왜 일본인의 정신세계를 알려고 했을까. 잭 런던은 다음과 같이 설명했다. "일본이 경이로운 발전을 이룩해 나가며 빈번이 세계를 놀라게 했다.…만일에 우리가 정말로 일본인들을 잘 알았더라면 우리는 결코 놀라지 않았을 것이다.…그들이 우리를 미래에도 놀라게 할 것이다.…그리고 일본인이 나폴레옹과 똑같은 어떤 광대한 꿈을 불태우고 있지 않는다고 누가 장담할 수 있겠는가.…일본 민족은 전 아시아 민족 중에서 물질적 실현의 측면에 있어서 우리의 기술을 도입하거나 우리와 같은 장비를 갖출

311 잭 런던, 『조선사람 엿보기 : 1904년 러일전쟁 종군기』, pp. 243-248.

312 잭 런던, 『조선사람 엿보기 : 1904년 러일전쟁 종군기』, p. 242.

수 있는 유일한 민족이다. 일본은 군사적으로 상업적으로 공업적으로 우리의 기술을 자신의 것으로 만들었다.…일본이 우리의 꿈에 따르는 것이 아니라 자신들의 꿈에 따라 중국을 깨운다면 어떤 일이 일어날까."[313]

(2) 헐버트의 반론 : 헐버트는 헤른의 테제를 비판했다. 일본의 정신세계를 이해하기 어렵다는 그의 연구 결과는 "위험한 주장"(pregnant hyperbola)이다. 일본은 이런 존재다. "일본인들은 그들의 마스트에 깃발이 걸리면 그것을 민족적 우월감(national superiority)의 상징과 광범위하게 확장된 정복의 최후의 재가로 받아들이며, 이를 발판으로 삼고", 천황제를 "종교"로 이용하여 "극동에서 벌이고 있는 현재의 성전(Jihad)으로 태어나게 한다"는 것이다.[314] 그것은 "역사, 철학, 분명한 상식 등"을 "종합"하여 "증언"할 수 있다. "시간의 흐름과 계몽의 진보는 진위가 불분명한 주장이 허구였음을 폭로케 할 것"이기 때문이다. 바꾸어 말하자면 헤른은 일본의 관료제는 천황에 절대 복종하며, 백성들의 저항에 대해 열려 있다고 말하지만, 헤른의 이러한 생각은 틀렸다. 왜냐하면 그는 관료들에게 다른 선택지가 있다는 점을 보지 못했기 때문이다. 그것은 바로 성전이다. 그리고 성전의 논리는 역사적 증거와 이성의 추론과 상식만으로도 추적할 수 있다. 성전이란 다름 아닌 폭력이론이기 때문이다.

그렇다면 헐버트의 분석은 무엇인가. 첫째, 사람들은 이렇게 생각한다. 극동을 이해하려면 일본을 이해해야 하고, 일본을 이해하려면 헤른의 테

313 잭 런던, 『조선사람 엿보기 : 1904년 러일전쟁 종군기』, pp. 243-248.

314 *Echoes, of thr Orient,* pp. 92-93.

제를 이해해야 한다는 것이다. 헤른은 전통적인 일본의 문화, 또는 일본 사무라이의 문화를 통해서 일본을 추적했다.[315] 그러나 헐버트는 일본의 봉건제를 통해서 일본을 이해할 수 있다고 보았다. 둘째, 일본과 튜턴의 봉건주의는 다르다는 점도 알아야 한다. 유럽의 봉건제는 1) 로마의 절대주의로부터 발전했다. 2) 유럽의 봉건제는 근대로 가기 위한 디딤돌이 되었다. 반면 일본 봉건제는 목적 그 자체이며, 수정과 같은 결정체이다. 즉 유럽 봉건제는 근대로 진화했지만, 일본의 봉건제는 화석이 되었다. 이유 중의 하나는 일본과 유럽의 봉건제 간에는 비교되는 점에서 찾을 수 있다. 그것은 지도자에 대한 인식의 차이가 있다는 점이다. 따라서 일본의 발전은 봉건제를 경험했기 때문이라는 통설적 주장은 재고되어야 한다. 셋째, 일본인의 개혁은 마그나 카르타를 결과하지도, 프랑스 혁명과 같이 정치범이 수용된 감옥(바스티유)을 파괴하지도 않았다. 오히려 절대주의(천황제) 권력의 집중을 초래했으며, 사무라이들 간의 일종의 안보동맹일 뿐이었다. 따라서 일본은 앵글로 색슨의 후계자도 아니다. 넷째, 따라서 일본 문명의 한계는 두 가지이다. 하나는 헌법이 없다는 점이요, 다른 하나는 자유(liberty)가 없다는 점이다. 따라서 일본의 근대주의는 프랑스식도 영국식도 아니다. 그렇다면 서구는 고민해야 한다. 일본의 근대화는 '왜 자유탄생의 계기가 되지 못했을까.' 그럼에도 문제는 '세계가 일본에 대해 다음과 같이 찬사한다'는데 있다. '일본은 역사를 바꾸었다'는 것이다. 그러나 '일본의 역사 바꾸기는 50년 전부터 지속되었다.' 따라서 '기적이 아니다.'

---

315 *Echoes, of thr Orient*, p. 86.

VI. 평가 : 헐버트의 일본 비판론과 다른 미국인의 비판론 비교

〈1〉 일본의 봉건제와 유럽의 봉건제는 같은가

서구의 관찰자들이 일본은 봉건제를 겪었기 때문에 서구와 같은 근대화를 경험할 수 있었다고 한다. 헐버트는 이 테제에 대해 정면으로 이의를 제기했다. 과연 일본의 봉건제가 서구의 봉건제와 같은 것이었을까. 첫째, 일본의 봉건제는 마그나 카르타를 만들어내지 못했기 때문이다. 둘째, 일본의 봉건제는 이원화된 사회(권력사회와 도덕사회)로 나뉘어져 있지 않았기 때문이다. 따라서 일본 봉건제와 서구의 봉건제는 다르다. 이러한 결론은 매우 중요한 의미를 지닌 것이었다. 서구의 일본에 대한 신뢰의 근원이 바로 여기서 만들어졌기 때문이다. 즉 이런 식이다. 명치유신으로부터 시작된 일본의 근대화는 경탄스럽다. 그런데 그렇게 할 수 있었던 이유 중의 하나는 중세 유럽기사제도의 주종제와 사무라이의 가신제도는 유사하기 때문이다. 둘 다 주군에 대한 충성을 매개로 한 계약이며, 봉건영지를 경제적 기반으로 했다. 이처럼 일본은 중세부터 유럽과 같은 역사의 궤적을 그려왔다면, 일본과 다른 아시아는 구별해야 하다. 그렇다면 일본은 서구의 근대가 걸어온 법치주의, 민주주의, 자유주의 등의 길도 따라올 것이다. 이런 신뢰감은 일본이 한국에 대해 불법을 자행했음에도 바뀌지 않았다.

헐버트도 처음에는 일본의 근대화에 감탄했다. 그리고 위의 장에서 언급했듯이 그것을 가능케한 원인 중의 하나로 봉건주의를 지적하고 한국에는 그것이 없기 때문에 일본의 지도를 받아야 한다고 했다. 그러나 일본이 한국을 보호국화하기 위해 불법을 행하자 그러한 테제를 의심하기 시작했던 것이다. 일본이 러일전쟁기에 보여준 군사력이 근대화의 산물이라면 전쟁을 이용하여 불법을 행하는 것도 근대의 산물일 수 있다. 왜냐하면 근대는 서구의 근대법과 접촉이 일어난 시기이기 때문이다. 즉 서구식 법개념이 입력(input)되었다면, 서구식 법개념이 출력(output)되어야 한다. 그런데 러일전쟁기의 일본의 행위(문명의 궤도이탈), 한국보호국화 과정에서 보여준 강제행위 등은 서구의 법개념이 전혀 작동하지 않았다는 증거에 다름 아니다. 뿐만 아니라 앞으로도 법치주의로 복귀할 가능성이 보이지 않는다. 군사력을 권리로 환전하는 시스템을 갖추었기 때문이다. 즉 전쟁으로 겁박한다. 그러면 서구는 양보한다. 러일전쟁기에 목격한 일본의 군사력에 겁을 먹었기 때문이다. 그렇다면 의심해 볼 수밖에 없다. 명치유신기에 서구식 법개념이 입력되기는 한 것일까. 일본의 법정신을 문제시하며 그 원인을 근대화에서 찾아야 한다는 결론에 도달하기까지 이런 식의 추론이 있었다. 그리하여 일본 봉건제를 서구의 그것과 비교하게 되었던 것이다. 그렇다면 헐버트가 비교의 잣대로 적용한 마그나 카르타와 이원론적 사회개념은 무엇인가.

〈2〉 마그나 카르타 "있는" 유럽 봉건제와 마그나 카르타 "없는" 일본 봉건제

한국의 법치주의의 존재를 확인하기 위해 마그나 카르타라는 잣대를 적용했듯이 헐버트는 일본에게도 동일한 방법을 사용했다. 서양에서 봉건제가 바로 법치주의 토대가 되었기에, 서구인들은 일본에게서도 동일한 결과를 기대했다. 사무라이제도가 서구의 기사제도와 같은 봉건제였다면,

그리고 그것이 일본의 급속한 근대화의 추동력으로 작용했다면, 당연히 법치주의도 초래할 것으로 내다본 것이다. 즉 일본 또한 법치주의로 나아갈 것이라는 것이다. 그리고 일본이 헌법을 만들고, 의회를 설립했기 때문에 서구의 예측은 맞는 것 같았다. 즉 일본의 산업화는 서구 역사가 걸어온 길을 되밟고 있는 것처럼 보았다.

헐버트도 처음에는 그런 식으로 생각했었다. 그리고 그렇게 판단했기 때문에 한국 개화파가 실패한 법치주의를 일본 사무라이들을 통해 전달하는 것도 좋은 방법으로 보았던 것이다.

그러나 한국을 통해서 자신의 판단이 틀렸음을 깨닫고 서구 봉건제와 비교/대조하였던 것이다. 그리고 위에서 언급한 바와 같은 결론을 얻었던 것이다. 즉 일본의 봉건제가 근대화의 원동력이 되었던 것은 인정하지만, 그렇기 때문에 법치주의 또한 정착된 것으로 될 것/된 것으로 보는 것은 오판이다. 두 가지 이유가 있다. 첫째, 일본 봉건제는 서구의 봉건제와 다르다. 전자는 후자와는 달리 마그나 카르타 없는 봉건제였기 때문이다. 따라서 일본 사무라이들은 근대화로 안고 갈 중세의 유산(마그나 카르타) 자체가 없었다. 둘째, 그렇다면 서구의 전직 기사들로부터 마그나 카르타를 배워야 했는데, 내용은 빼놓고 껍데기만 가져갔다. 그리하여 장식용 법치주의가 명치 헌법이라는 이름으로 탄생했던 것이다. 법치주의의 대전제는 진정한 신분 해방이다. 그러나 사무라이들은 이를 원치 않았다.

요컨대 사무라이들은 서구와 같은 식의 근대화를 위해 명치유신을 한 것이라는 통설과 달리 그들 간의 권력 다툼(존황파 대 막부)의 결과로 서구문물의 도입을 결정했다. 때문에 서구 문명의 본질을 수입할 의지는 처음부터 없었다. 사무라이 계급의 특권은 '칼을 찬 무사 학자' → '펜을 든

무사 관리'라는 사실상의 신분제도로 갈아탈을 뿐이다. 헐버트가 사무라이들에게 자신의 특권을 포기해야만 가능한 '법 밑에서의 자유' 또는 '법 앞에 평등'을 근본원리로 하는 법치주의를 도입하는 일을 기대할 수 없다고 본 것도 이 때문이었다.

〈3〉 유럽 중세의 또 다른 유산은 이원론적 사회(concept of Social Dualism)이다. 그리고 이는 서구문명의 DNA와 같다

일본과 서구의 봉건제 간의 근본적인 차이는 또 있다. 유럽의 중세 기사는 武를, 성직자들이 文을 나누어 가지고 있었지만, 일본은 두 가지를 모두 가지고 있었다는 점이다. 그리하여 유럽의 봉건제하에서 성직자는 도덕적 권위를 내세워 기사를 견제할 수 있었다. 이를 왓킨스는 권력과 도덕이 분리된 사회라는 의미에서 "이원론적 사회(ideal of a twofold organization of society)"로 불렀다. 이는 동양문명이 가지지 못한 서구문명의 특성이요 유산이었다. 이 제도는 중세 1000년 동안 교회가 실행함으로써 내면화되었다. 그리고 절대왕정과 시민혁명을 거치며 부활했다. 의회와 시민사회가 바로 중세의 교회사회를 대체하는 이원론적 사회개념을 지닌 제도였다.[316]

그러나 일본의 사무라이는 이런 유산을 물려받지 못했다. 그렇다면 토대를 만들어야 했다. 마그나 카르타와 마그나 카르타의 가치로 무장한 시

---

316 Ferderick Watkins, *The Political Tradition of the West* (Cambridge, Massachusetts, Harvard University Press, 1948), Chapter 1, 2.

민사회가 그러한 역할을 할 수 있었다. 그러나 사무라이들은 지식도 독점함으로써 서구와 같은 시민계급의 등장을 막았다. 서양의 이원론적 사회의 진화사에 비추어 보자면, 일본은 절대왕정 단계에서 멈춘 것이다. 그리고 절대왕정 다음의 갈림길, 즉 시민혁명을 거쳐 산업혁명을 나아가는 자유주의 길과 시민혁명 없이 산업혁명을 하는 전제주의 길 중에 후자를 택했다. 러일전쟁과 을사협약이 그 분수령이었다. 요컨대 유럽에서는 귀족계급의 해체를 다른 계급, 즉 부르조아 계급이 했지만, 일본에서는 그런 계급이 없었기 때문에, 사무라이계급의 해체를 사무라이가 스스로 하게 맡겨야 했다는 것이다. 그러나 이들은 위장 해체에 그쳤다는 것이 헐버트의 결론이다.

헐버트가 이원론적 사회개념으로 무장하고 있었다는 점은 다음을 통해서 확인할 수 있다. 일본정부는 헐버트식의 비판을 막기 위해 미국정부를 통해 압력을 넣었다. 한국 내 미국인들은 내정불간섭원칙을 준수하라는 요구였다. 미국은 이를 수용하고 다음과 같은 지침을 미국인들에게 통보했다.

> 조선 거주 미국인 모두에게 다음을 전하라. 어떤 의견을 표시하거나 그 나라의 내정에 관해 충고하거나 또는 정치문제에 개입하는 것 등을 엄격히 자제하라는 것이다. 만일 미국인이 그렇게 행동한다면 스스로 손해와 위험을 자초하는 일이 될 것이다. 또한 거주자들이 그렇게 하면…미국정부는 그들의 그러한 행동을 용납할 수 없다. 뿐만 아니라 그들을 적절하게 보호할 수도 없다. 거주자들은 조선으로 건너갔을 당시의 목적대로 선교 활동, 즉 학교교육이나 복음전도 혹은 환자 간호 이외의 활동을 벌여서는 안 된다.[317]

317 청일전쟁 직후에 미국정부가 주한 미국공사 실(Sill)을 통해서 내린 한국 내 자국민의 행동지침이다. Department of State, *United States Policy Regarding Korea,* 한철호 역, 『미국의 대한정책, 1831-1950』

헐버트는 이런 지침에 정면으로 맞섰다. 정부에 대해 다음을 분명히 했다. 정의는 구현되어야 하며, 한국이야말로 그 결전장이다.

> 어떤 선교사도 자신의 조언을 감히 유지하려고 하지 않을 것이다.…그러나 일본 당국자에 대한 저항을 조언함으로써 비록 수동적이기는 하지만, 정치와 섞이고 만다. 또한 경우에 따라 선교사의 조언은 개입의 의무가 된다.…우리는 이교도 한국인을 기꺼이 돕는다. 이는 마치 기독교인이 정의를 취하는 것과 같다. 그럼에도 양자를 구별하는 것은 매우 큰 부정의를 행하는 것이며, 기독교 교회에 대하여 해를 끼치는 행위가 된다.[318]

그러면서 헐버트는 일본정부에 대해 '정치학이란 무엇인가'라며 논쟁을 시작했다. 정치를 어떻게 규정하든지 간에 역사가 가르쳐 주는 것은 도덕적 힘이다. 로마의 역사가 보여주듯이 기독교인 황제가 로마황제가 되었다는 사실이 전하는 메시지가 그것이다.

> 정치학(politics)의 개념을 협소하게 보더라도 그것의 조타작용(steering clear-아마도 steering gear가 잘못 인쇄된 듯함 : 필자)은 건전(laudable)하다. 그리고 선교사들에게 그것이 권리임은 의심할 바 없으며, 그들이 지녀야 할 태도이다. 그들은 종교로서의 기독교(Christianity)만, 즉 선교사들은 종교로서의 기독교만 가르치는 것이 아니라, 도덕, 정직, 순결함(cleanness), 애국주의(patriotism) 등도 가르친다. 그것은 사람들로 하여금 비위생에 대해 그랬던 것처럼 부도덕에 대해 맞서게 할 것이다. 악에 대해서도 그렇게 할 것이다. 그리

(한림대학교 아시아문화연구소, 198), p. 22. 이하에서 *United States Policy Regarding Korea* 또는 『국무성의 한국관련문서집』으로 요약함.

318 *Japanese in Korea*, p. 68.

하여 마침내 피를 흘리지 않고 사회를 혁명화하고 기독교인 황제에게 로마 황제의 옥좌에 앉힐 수 있었다. 정치란 무엇인가. 반드시라고 말할 수는 없지만, 정치와 그것을 포함하는 것보다도 큰 무엇이다. 한국에서의 선교는 오늘날 급속히 이루어지고 있다. 어떤 정치적 의미(political signification)도 역사를 속일 수는 없다. 그리고 이 문제는 중국, 일본, 인도, 페르시아, 태국 등을 비롯한 모든 곳에서 직면한다는 점에서 선교의 전체 관심사이다. "정치란 본질적으로 도덕적 힘(moral forces)으로 구성되어 있다. 기독교는 만일 도덕적 힘이 아니라면 존재할 가치가 없다." 선교가 정치에 영향을 미치는 것을 막으려면, 당신은 모든 선교사와 모든 성서를, 그리고 기독교에 대한 소책자와 기독교를 연상할 수 있는 모든 것(tract and suggestion)을 그 나라 바깥으로 몰아내야만 한다.… 기독교 선교사를 정치적 의의로부터 분리시키면서 동시에 기독교를 가르치라고 허용하는 것은 아무런 소용이 없으며(futile), 비논리적이다. 마치 그것은 선교사들을 그 자신과 그의 일을 정치 바깥에 머물 능력을 갖추라고 요구하는 것과 같다. "당신은 조직체로서의 교회/교권(the Church)과 국가/속권(the State)를 분리할 수 있다. 그러나 당신은 도덕성, 순결함, 정직, 정의 그리고 애국주의와 기독교의 다른 속성(qualities)로부터 분리시킬 수 없다."…이 일과 국가를 분리시킬 수 없다. 역사상에 어떤 정부도 시저의 정부보다도 더 독재적이지 않았다. 그런데 그곳에서 조차도 국가는 개인의 의지(individual wills)의 집합(aggregate)이라는 것이 입증되었다. 독재주의는 가독교의 조용한 진보 앞에 굴복했다. 그것은 겨울이 여름으로 바뀌는 것 만큼이나 확실하다.[319]

요컨대 헐버트의 법치주의 검증은 서구의 법치주의 투쟁사와 '속권과 교권의 투쟁'이라는 역사적 사실을 토대로 하여 이루어졌던 것이다. 그리고 일본의 근대화가 법치주의를 결과할 수 없다는 결론은 헐버트의 생각

319 'Missionaries in Korea'(1906. 10. No. 10), *Japanese in Korea*, pp. 66-67.

을 바꾸게 했다. 일본의 근대화가 이런 것이라면, 사무라이들의 한국지배는 오히려 한국인들로 하여금 서구문물을 직접 받아들여 개혁할 수 있는 기회를 차단하는 결과를 초래할 뿐이다. 그리고 자신들의 국민에게도 특권을 포기하지 않은 사무라이들이 하물며 한국을 위해 개혁한다는 것도 전혀 기대할 수 없다. 이는 한국인에게도 불행이다. 나아가 민주주의/자유주의의 철학에게도 불행이다. 따라서 한국인의 법치주의는 반드시 실현되어야 한다. 비록 한국인 자신의 실험은 실패했고, 일본은 법치주의를 이식할 의지와 능력이 없다면, 어떤 방법이 있을까. 여기서 헐버트는 미국이 한국의 법치 이식을 후원해야 한다는 결론을 내렸던 것이다. 다음 장에서 검토할 것이다.

제5장

왜 미국이 한국 개혁의 새로운 후원자가 되어야 할까

-미국책임론 : T. 루즈벨트의 대한정책은 역사와 법의 심판을 받아야 한다-

Ⅰ. 문제 제기

일본이 한국 개혁안이 가짜임을 폭로한 헐버트가 다음으로 소환하여 책임을 추궁한 국가는 미국이었다. 그는 미국이 책임져야 할 것은 두 가지라고 했다. 첫째, 미국이 일본의 한국지배에 협조했다. 이에 대해 당사자인 루즈벨트에 대한 법적 및 역사적 책임을 묻고, 미국인들은 속죄를 위해 일본을 대신하여 한국의 개혁을 후원해야 한다. 둘째, 미국은 한미조약을 통해 한국의 개혁을 지원하겠다고 약속한 바 있다. 따라서 미국은 그동안 이행이 지체된 약속을 지켜야 한다.

Ⅱ. 헐버트의 법적 책임론의 근거

그렇다면 헐버트의 법적 책임론의 구체적인 근거는 무엇인가. 그는

1906년에 『대한제국멸망사』(*The Passing of Korea*)에서 루즈벨트의 대한 정책에 대해 다음과 같이 비판했다.

(1) 먼저 루즈벨트의 공사관 철수행위가 국제 신의를 저버린 배신행위라는 점을 분명히 했다.

> (한일보호국)협정(agreement)이 체결되자마자…미국은…조선에게 확인도 하지 않고…즉시 서울주재 공관을 철수시켰다.…그러나 고종황제의 서신은 미국 정부가 그러한 조치를 취하기 전에 워싱턴에 도착하였으며, 대통령은 이 사실을 보고받았다. 그럼에도 미국은…접수를 미루었다. 미국 대통령의 이 같은 태도가 한미 간의 오랜 우호관계에 일치되는 것인지…한국인들이 그러한 행위를…배신행위(treachery)로…생각했음은 의심할 바 없다.…지금까지 조선이 지녔던 미국에 대한 우의의 감정이 반감으로 돌변할 수 있었지만 그렇지 않은 것이 놀랍다.[320]

즉 '신의 성실의 원칙'은 조약의 '보이지 않는 손'과 같다. 그런 후 미국이 배신했다는 점을 입증하기 위해 다음과 같은 법리를 전개했다.

(2) 미국은 조약에 규정된 약속을 지키지 않았다. 특히 루즈벨트는 한미조약 제1조를 위반했다. 그 조항은 거중조정을 약속하고 있음에도 거부했기 때문이다. "만일 어떤 강대국이 불공정하거나 공격적인 처사로서 쌍방의 어느 정부를 공격한다면 다른 한 측은 호의로서 이에 응할 것이다. 그 경우 양 정부 간에는 우호의 처서로서 강한 공감을 보여야 한다."[321]

---

320 *Passing of Korea*, p. 220.

321 거중조정은 미청 천진조약(1858. 6) 제1조에서 기인한다. '양국은 우의를 돈독히 할 것이며, 만약에 제3국이 중국에 대해 불공경모지사가 있을 경우에 미국이 도와줄 것'이다. 『한미수교 1세기 회고외 전망』, p. 50.

(3) 그리고 미국에게 거중조정조항의 의미를 주지시켰다. 그것은 폭력의 개입을 막고 정의를 실현하기 위한 것으로 국제 간의 공정한 계약(square deal)을 담보하기 위해 마련된 것이다. 이는 미국이 대외적으로 주창해온 원칙이었다.

미국은 한국과 국교를 맺은 최초의 서방국가이다. 조약이 체결되는 자리에서 미국은 한국의 안전과 이익을 존중하겠노라고 약속했다. 미국은 야수와 같은 폭력에 대항하고 정의를 구현하기 위해 공정한 계약(square deal)을 위해 싸워왔다. 한국은 자신의 독립이 위기에 처할 때 이를 막아둘 수 있는 국가로 다른 어떤 나라보다도 미국에게 구원을 청할 권리가 있다는 말을 한국에 거주하는 외교관과 민간인에게 수없이 되풀이했다. 그러나 미국은 한국에 환란이 오고 구원이 절실하게 필요할 때…우리 미국 시민들이 이제까지 미국이 주창했던 여러 가지 원칙에 배치되는 그러한 행동에 동조하지 않았다는 것을 한국민에게 납득시키려면 어떻게 해야 할까.[322]

(4) 미국은 일본의 한국 보호국화의 불법성을 덮어주었다고 비판했다. 즉 미국과 일본이 협조하며 한국인의 국제법상의 권리(거중조정)를 Passing했다. 거중조정의 원리는 Square Deal로부터도 나오며, Square Deal을 집행하려면 독립을 침해당한 자의 항변을 들어야만 한다.

일본의 한국 보호국화는 불법이며, 열강은 이를 알면서도 Passing했다. 특히 미국은 그것이 미국 헌법을 침해하는 것을 알면서도 도와주었다. 그러면서도 미국은 수교한 이래로 25년간이나 한국문제에 대해 Square Deal한 입장을

322 *Passing of Korea*, pp. 442-443.

견지했다고 주장해 왔다. 야수적인 행위에 대해서만 거중조정의 권리가 있는 것이 아니라, 독립을 침해당할 때에도 개입을 요구할 수 있는 권리다. 그것은 조약으로 보장했으며, 우리 국민의 Good will이기도 하다. 일본과 미국은 강제력에 도덕을 수반(the morality of the force)했다고 말하고 싶어하지만, 그것은 아카데믹한 이론일 뿐이며, 현실에서 소용없다. 즉 Square Deal한 입장을 지키려면 독립을 침해당한 자의 항변을 듣는 것이 공평한 것이다. 또한 힘이 도덕을 수반했다는 주장은 가해자의 입장이며, 이는 불공평하다. 피해국의 입장을 듣는 것도 필요하다.[323]

(5) 거중조정의 거부는 헌법위반이라는 점도 지적했다. 명문화된 거중조정을 행정부가 임의로 거부한 행위는 한미조약의 수정 내지는 폐기와 같다. 그러나 헌법은 행정부에게 그러한 권한을 부여한 바 없으며, 상원에게 주었다. 조약은 상원의 비준을 받아야만 효력을 발휘하기 때문이다. 그렇다면 조약의 수정 및 종결행위 또한 상원의 허락을 받아야 했다. 그러나 루즈벨트는 그렇게 하지 않았다. 따라서 그의 거중조정의 거부 행위는 헌법위반이다.

조약체결권은 의회에 있는 것이지, 행정부에 있는 것은 아니다. 행정부는 미국-열강의 조약에 자구 하나도 부가할 권한이 없다. 따라서 행정부는 현존하는 조약을 폐기하거나 자구를 삭제할 권한도 없다. 그렇다면 어떠한 권한에 의해서 한국에 대한 미국의 조약의 의무가 그렇게 되었는지를 물어 보아야 하지 않았을까.[324]

---

323 *Passing of Korea*, pp. 465-466.

324 *Passing of Korea*, p. 440.

한국이 다른 민족으로부터 압박받을 때 거중조정을 한다고 명문으로 보장했음에도 행정부가 무시할 수 있다면, 일본은 미국민을 자국의 사법관할권하에 놓도록 변경시키거나, 미국 정부가 자국민에게 약속한 상거래를 말살시킬 수 있을지도 모른다. 그러나 미국은…수정에 동의해서는 안 된다. 그 이유는 무엇인가. 이는 미국 행정부가 입법부에 책임을 지는 데서 나오는 당연한 결과이다.[325]

(6) 루즈벨트가 국제법도 위반했다고 비판했다. 미국이 초청하고 열강이 공동보증인이 되어 받아들인 '조약 공동체'에서 한국을 축출했기 때문이다.

1883년 5월에 슈펠트 제독은 인천에서 한미조약을 체결했다. 같은 해 가을에 이르러 한국은 영국 및 독일과도 조약을 체결했다. 조선은 이제 조약국가군(the family of treaty powers)의 정규 회원(regular standing)으로서 승인받았다. 청 또한 이 같은 조약 체결을 방해하지 않고 도와주었다. 따라서 조선은 국제법상 완전한 독립국가(de jure independent kingdom)가 되었다.[326]

(7) 루즈벨트는 을사협약에 협조했다는 점도 문제시 했다. 아울러 을사협약은 국제법상 보호국협정으로 볼 수 없다며 그 이유를 제시했다. 1) 우선 이 협약의 진짜 목적은 보호국이 아니라 병합이기 때문이다. 일본이 원하는 것은 조선반도를 일본인 이주자의 해외영토로 만드는데 있다. 2) 또한 을사협약은 체결과정에 있어서도 폭력적으로 체결되었기 때문이다. 3)

325 *Passing of Korea*, p. 440.
326 *Passing of Korea*, p. 123.

열강이 을사협약이 체결되기까지 일본을 도와주었기 때문이다. 그렇다면 루즈벨트는 과연 을사협약의 이러한 문제점을 몰랐을까. 헐버트는 루즈벨트가 일본의 한반도 지배 목표가 한국의 보호국화에 그치지 않을 것임을 알고 있었으며, 나아가 이를 옹호하고 은폐했다고 비판했다.

> 한국인은 타락되고 경멸과 무시를 받을 민족이다. 그들은 훌륭한 일을 할 수 있는 능력이 없을 뿐만 아니라, 지식 수준이 낮다. 따라서 독립국가로 존속하는 것보다는 일본의 통치를 받는 것이 좋다고 말하는 미국인들이 있다. 이는 특별한 목적을 위해 꾸며진 비난이다. 특별한 목적은…1905년 11월 17일 밤에 체결된 을사협약이다. 그날 밤 한국인들은 칼로 겨누임을 당했다. 그리고 자신의 독립을 결정적으로 파괴하는데 행위에 대해 자발적으로 동의하도록 위협을 당했다.…미국을 비롯한 열강은 이 비극을 연출하는데 어떤 역할을 했다.[327]

> (일본)정부를 대변할 만한 입장의 정치인들은 한국이 합병된 것이 아니며, 아직도 독립국이라고 말한다. 이는 세상을 속이는 표현이다. 현재로서는 상상할 수 없을 정도의 커다란 국제적 변혁이 일어나기 전에는 한국은 결코 독립국으로 재기할 수 없다. 일본은 한반도에 대량 이민을 보낼 의사를 가지고 있음을 감추지 않고 있다.…아마도 일본 이민은 10년 내로 강력한 세력을 형성하여 무력항쟁을 진압할 충분한 힘을 갖게 될 것이다.[328]

(8) 일본의 한국지배가 폭력적으로 이루어졌다는 점과 미국이 이를 묵인했다는 점을 고발했다.

---

327 *Passing of Korea*, pp. 22-23.

328 *Passing of Korea*, pp. 440-441.

나는 이 책에서 일본인이 한국인에게 저지른 폭력을 논했다.…일본의 폭력을 논하려는 나의 의도는 두 가지이다. 하나는 "(일본인이 조선인에게 저지른) 폭력에 대한 역사적 기록을 남기자는 것"이다. 다른 하나는 "미국인들이 한국인에 지고 있는 의무를 각성시키자는 것"이다.[329]

요컨대 헐버트에 따르면 루즈벨트의 대한정책은 미국 헌법, 한미조약, 국제법 등을 위반하고, 일본의 불법적인 한국지배에 협조했다는 것이다. 더욱이 그는 태프트-가쓰라협정의 존재를 모르는 상황에서도 배신이라는 결론에 도달했다. 그리고 나중에 미국이 데넷을 통해 태프트-가쓰라협정을 공개함으로써 배신 논쟁은 본격화되었다.

Ⅲ. 미국은 한국의 법치개혁의 후원자가 되기로 약속했는가

이어서 헐버트는 과연 통상조약의 의미가 무엇인지를 물었다. 특히 미국에게 그것은 상대국의 법치개혁을 지원한다는 의미가 아니냐는 것이다.

〈1〉 통상조약을 통해 한국에 법치주의 이식이 가능하다. : 서구인들에게 법치주의는 두 가지 의미를 지녔다. 첫째, 서구문명과 동양문명을 가르는 분수령이다. 따라서 서구인들이 외부세계의 문명화의 유무와 정도를 파악하는 기준이다. 예컨대 그 나라는 왕도 복종하는 헌법을 지녔는가. 둘째, 법치주의는 비서구세계와 서구세계가 교류하고 궁극적으로 하나의 세

329 *Passing of Korea*, p. 444.

계(one world)를 구축하는데 있어서 근본적인 토대요, 공통분모가 되어야 한다고 생각한다. 이런 식의 논리였다. '하나의 세계가 되자는 이상은 고대의 도덕을 현대적으로 해석하며 탄생했다. 그리고 그것에 합리적 평가를 덧붙였다. 그것은 인간의 생존(human survivals)을 위해 요구된다는 것이다. 그런 후 현대에 직면한 현실적인 삶에 부과된 조건이 머리 속에 머물던 생각을 책상 위에서 끌어냈다는 것이다.'[330] 통상조약이 그러한 꿈과 의지를 담고 있다. 따라서 서구의 개방요구는 법치주의 개혁을 과제로 준 것과 같다. 통상조약의 권리와 의무를 준수할 수 있는 법치주의의 시스템을 세우라는 것이다. 특히 미국의 경우는 후자를 중시했다. 한미통상조약의 다음과 같은 조항은 미국의 그러한 의도를 보여준다. 우선, 치외법권조항(제4조)은 한국의 사법제도 개혁을 요구했다. 치외법권을 폐지하려면 미국인을 조선의 법정에서 재판할 수 있도록 고치라는 것이다.

> 조선주재 미합중국 국민은 조선정부 지방관으로부터 생명 및 재산의 보호를 받을 것이며…만약 불법한 자들이 미국인이 거주하는 방과 가옥을 파괴할 때에는 지방관은 영사의 요구에 의하여 군대를 파견하고 소란자를 해산한 후, 범법자를 체포해 처벌한다. 조선인으로서 조선에 있는 미국인에게 범행한 자는 조선국이 조선법률에 의해 처벌한다. 미국인으로서…조선인의 생명과 재산을 손상케 한 자는…미합중국 영사 또는 해당하는 권능을 가진 기타 관리인이 미합중국의 법률에 의해 체포하고 처벌한다. 조선국 내에서 미국인과의 사이에 분쟁이 생기고, 그것이 양국 관원의 심문과 판결을 요하는 사건일 때는 피고국적의 해당관리가 법에 의해 심리한다. 그리고 해당권능을 지닌 원고국적의

330 Inis L. Claude, Jr., *Swards Into Plowshares : The Problems and Progress of International Organization*(New York, Random House, 1956), p. 3.

관리에게는 심리참석이 자유로이 인가되며, 그 지위에 상당한 예로 대우해야 한다. 공정을 기하기 위하여 소송절차를 감시함에 적당한 일체의 편의가 제공되어야 한다. 만일 그가 원한다면 그는 증인을 소환하여 심문하거나 반대심문할 권리를 갖는다. 만약 그가 소송에 불만을 가질 때에는 항변할 권한을 허락한다. 그러나 대조선국이 조선 법령과 재판절차에 일치된다고 미국이 판단할 때에는 언제든지 조선 내 미국인에 대한 치외법권을 철폐할 것이다. 그 후에는 미국인이 조선 경내에 있을 때에는 지방관의 관할에 속한다.[331]

다음으로 미국은 한국이 원하면 법치주의를 가르쳐 줄 수 있다는 것이다.(제11조)

양국 학생이 언어, 문자, 법률 또는 기술을 학습하기 위해 왕래하는 때에는 돈독한 친목과 우의로 가능한 모든 보호와 원조를 해야 한다.[332]

끝으로 미국은 한국의 법치개혁의 정도에 따라 조약을 수정할 수 있으며, 그것은 5년 단위로 재평가한다는 것이다.(제12조)

본 조약은 조선국이 최초로 입약한 조약으로…이에 포함되지 않는 것은 5년 후 양국 관민이 언어에 익숙할 때 만국공법의 통례상 공평하게 상의하고 상세한 통상조관 및 규칙에 관해 재교섭한다.[333]

즉 위의 조항은 다음의 의지를 담고 있다. 미국인에게 비문명적인 법을

331 한미수호조약 제4조.
332 한미수호조약 제11조.
333 한미수호조약 제12조.

적용할 수는 없다. 그러나 한국이 대등한 수준의 법치로 개혁할 경우 치외법권은 당연히 폐기된다. 따라서 한국은 법치개혁을 단행해야 한다. 그리고 미국은 유학제도를 통해 미국법을 전수하여 이를 도와줄 것이다. 요컨대 한미조약 자체가 미국이 제시한 한국 개혁 프로그램이기도 했다.

Ⅳ. 루즈벨트의 반론

헐버트의 이런 고발에 대해 루즈벨트는 이를 부정했다. 그리고 항변했다. '나는 한미조약에도 불구하고 거중조정요청을 거부하고, 주한미국공사관을 철수했다.' 나의 이러한 행위는 국제법상 정당하다. 다음과 같은 법원리가 있기 때문이다.

(1) 사활적 이익론(긴급의 원칙/중대한 이익의 원칙)

> 아무도 불가능한 일을 이행할 것을 요구당하지 않는다. 불가능한 일이라는 것은 국제법상으로 국가의 중대한 이익(주로 안전보장을 의미함)에 유해한 행위를 포함하는 것이라고 종종 주장된다.[334]

루즈벨트는 왜 이 원리를 내세우는지를 다음과 같이 부연했다. 일본은 한국을 차지하기 위해 두 차례나 전쟁을 했다. 그런데 미국이 한미조약의 거중조정조항에 의거하여 개입하려면 일본과 전쟁을 각오해야 한다. 과연

334 Carr, 『대전 간의 역사』, p. 249.

한미조약의 거중조정조항을 '이행하는 것'과 '거부하는 것' 중에 어느 편이 미국의 중대한 이익인가. 후자가 아닐까. 그 경우 국가안보를 지킬 수 있기 때문이다.

(2) 사정변경의 원칙 : 이어서 루즈벨트는 두 번째 국제법 원리를 변명의 법리로 내세웠다. 사정변경의 원칙이 그것이다.

> 국가는 두말할 것도 없이 자기가 충분한 이유가 있다고 생각할 때에는 조약을 엄숙하고도 공연한 방식으로 파기할 권리를 갖는다. 이것은 국가가 충분한 이유에 의하여 전쟁을 선언하고 또는 다른 실력을 행사할 수 있는 권리를 가지고 있는 것과 꼭 같은 것이다.[335]

즉 국가의 조약파기는 필요하다고 판단한다면 상대국의 동의없이 언제라도 파기할 수 있다는 것이다. 따라서 주한미국공사관의 폐쇄조치는 일방적으로 취할 수 있다는 것이다.

사실 루즈벨트가 이런 원리를 내세운 것은 이유가 있다. 한미조약은 다음 조약과 달리 조약을 종결시키는 절차를 조약에 명시하지 않았다. 이 점은 한국과 다른 열강이 맺은 통상조약과 대조해보면 확인할 수 있다. 대체로 그 경우 다음과 같은 종결절차를 두고 있다. '조약의 유효기간은 10-12년으로 한다. 조약의 종결은 유효 기간이 만료되기 1년 전에 통보해야 한다.' 그런데 한미조약은 이런 조항이 없다. 이는 미국의 경우 의도된 것이

335 Carr, 『위기의 20년』, p. 247.

다. 미국은 한미조약은 모델조약(model treaty)[336]으로 삼았다. 약소국과 강대국 간의 조약의 모델이 되어야 한다는 것이다.

> 본 조약은 조선국이 최초로 입약한 조약으로…이에 포함되지 않는 것은 5년 후 양국 관민이 언어에 익숙할 때 만국공법의 통례상 공평하게 상의하고 상세한 통상조관 및 규칙에 관해 재교섭한다.[337]

위의 조항은 한미조약으로 한국이 맺은 '최초의 조약'이라고 선언했다. 따라서 1876년의 한일조약을 인정하지 않았다. 불평등조약을 모델로 삼을 수 없다는 것이다. 또한 5년마다 개정한다고 했을 뿐, 조약의 유효기간이나 폐기절차를 두지 않았다. 이는 '입법조약' 또는 '영구조약'의 의미를 담아낸 것이다. 즉 조약들 중에 헌법과 같은 효력을 지닌 조약이라는 것이다. 실제로 미국은 그러한 메시지를 담았으며, 이는 타일러 데넷도 인정했다. 유럽의 아시아 정책은 불평등 조약을 통해 아시아를 분할하자는 정책임에 반해 미국의 그것은 평등조약을 통해 영토 분할과 식민지화를 막자는 것이다. 데넷은 전자를 'Weak Asia'정책으로, 후자를 'Strong Asia'정책으로 각각 불렀다. 헐버트가 한미조약에 대해 신의성실을 강조한 것도 바로 이 조약의 이러한 의미를 알고 있었기 때문이다. 제1부 4장에서 소개했듯이 헐버트는 한미조약의 의미를 다음과 같이 부여한 바 있다. '은둔왕국의 개방으로 그동안 세계를 통상조약으로 연결하는데 끊겨 있었던 부분이

---

336 '입법조약'이라고도 한다. Carr, 『위기의 20년』, p.232. '통상조약'은 대표적인 모델조약이다. Alexander DeConde (ed.) Encyclopedia of American Foreign Policy : Studies of the Principal Movements and Ideas Ⅲ (New York, Charles Scribner's Sons, 1978), pp. 945-979.

337 한미수호조약 제12조.

이어졌다'는 것이다. 이처럼 한미조약은 문서상에 명문화하지 않았지만, 성문화한 것과 다름없는 원칙을 담고 있었다. 신의성실의 원칙이 바로 대표적이었다.

그랬기 때문에 루즈벨트 역시 '보이지 않는 신의성실의 원칙'에 대항하기 위해 '보이지 않는 원칙,' 즉 '사정변경의 원칙'을 주장했던 것이다. 원래 이 원리가 '조약의 불문법과 같다'는 주장은 크리미아전쟁기(1853-1856)의 국제법 학자들이 제기했다. 즉 전쟁이라는 상황은 조약을 폐기할 수 있는 사정에 해당한다는 것이다. "이 원칙(사정변경)은 모든 조약에 포함되고 있다. 즉 조약상의 의무는 그 조약이 체결될 당시에 일반적인 제 조건이 지속되고 있는 한 국제법상의 구속력을 가지며 그렇지 않을 때에는 이미 구속력을 가지지 않는다."[338]

따라서 루즈벨트는 이 원리를 러일전쟁기의 국제법으로 끌어들인 것이다. 그리고 그것을 한미조약에 투사했다. 비록 미국은 러일전쟁의 교전 당사국은 아니지만, 러일전쟁이 초래한 국제정황의 변화는 미일전쟁을 예고했다는 점에서 한미조약의 폐기를 정당화한다는 것이다. 그리고 이 원리는 훗날 이상주의 외교를 펼쳤다고 평가받는 윌슨(Wilson)조차도 수용했다. 윌슨이 민족자결의 원칙을 한국에 적용하지 않았던 국제법의 법리였다. "내가 국제법을 강의할 때 국가는 언제든지 그가 구속을 받고 있는 조약을 파기할 권리를 가지고 있다고 생각하고 있었다." [339]

---

338 Carr, 『위기의 20년』, p. 246.

339 Carr, 『위기의 20년』, p. 247.

(3) 저항의 의무 : 나아가 루즈벨트는 한국이 조약을 준수할 의지가 있었는지를 반문했다. 즉 거중조정을 요청하려면 먼저 한국이 이에 대해 강력한 저항을 했어야 한다는 것이다.

우리는 한국을 위하여 일본에 대항하면서까지 한국문제에 개입할 수 없을 것이다. 한국이 스스로를 지키기 위해 일본에 단 일격도 가할 수 없기 때문이다.[340]

사실 한반도를 둘러싼 국제정황은 미국이 개입할 경우 전쟁을 각오해야 한다는 루즈벨트의 주장은 그만이 한 것도 아니었다. 한반도가 '동양의 화약고'이기 때문에 개입하지 않는다는 것이 청일전쟁 이래로 미국의 대한정책의 기조였기 때문이다.

서울은 청국, 일본, 러시아 그리고 열강의 이해가 얽히고 설킨 갈등의 중심지요, 적의에 찬 음모가 이루어지는 곳이다. 그렇기 때문에 미국의 이익을 위해서…이익을 얻어보고자 서로 대립되고 있는 나라의 한편이 되거나 음모속에 끼려는 것처럼 보이는 어떤 일에도 휘말려서는 안 된다.[341]

미국이 일본으로 하여금 한국을 장악하지 못하도록 노력하지 않았음을 이유로 많은 사람들이 아직도 분을 삭이지 못하고 있다. 그러나 미국이 한국을 지키기 위해서 할 수 있는 방도는 싸우는 수밖에 없었다. 그런데 의회가 선전포고를 허용하지 않을 것이며, 의회에서 승리한다고 하더라도 미국민이 의회를 불신하게 될 것이다. 우리가 다른 방도를 취한다는 것은 곧 스스로를 감당할 수

340 『한미수교 1세기 회고와 전망』, p. 90.
341 『한미수교 1세기 회고와 전망』, p. 84.

없는 위험을 짊어지는 것과 같다.[342]

한국은 청일전쟁 전에 일본군대의 진주에 대해 미국에게 거중조정을 요청했다. 이때 국무장관은 다음과 같이 답변했다. 미국은 한국의 처지를 동정하고 주권을 존중한다. 그러나 유럽 열강과 공동으로 한국문제에 간섭하지 않을 것이다. 불편부당한 중립적인 위치를 견지할 것이다.[343]

미국 국무성의 이런 지침은 주한미국공사들을 통해 집행되었다. 포크 공사의 언설은 이를 보여준다. "미국은 한국뿐만 아니라 어느 국가라도 그 국가의 수호신이 될 의사는 없다."[344]

헐버트의 변론은 바로 이런 상황에서 이루어졌던 것이다.

V. 평가

헐버트의 고발의 논리는 일본의 한국지배의 불법성을 놓고 국제재판이 열렸다고 가상할 때 검사의 기소문과 같았으며, 판사의 판결문과도 같았다. 특히 헐버트의 기소법리는 치밀했다. 무엇보다도 그의 기소문은 일본이 1905년부터 1906년에 한국인에게 저지른 행위만 가지고 국제재판에 회부할 수 있는 다양한 경로를 담고 있다.

(1) 일본의 보호국화는 절차상의 하자가 있다. : 협약이 강요에 의한 것

342 『한미수교 1세기 회고와 전망』, pp. 92-93.
343 『한미수교 1세기 회고와 전망』, pp. 54-55.
344 『한미수교 1세기 회고와 전망』, p. 79.

이기 때문이다. 이에 대해 헤이그협약에 의해 국제심판을 구할 수 있다.

(2) 일본의 보호국협약은 국제법상의 보호국제도가 아니다. : 사실상 병합을 목적으로 한 것이며, 따라서 보호국협약은 병합을 감추기 위한 가짜 조약이다. 즉 계약위반으로 제소할 수 있다.

(3) 을사협약은 미국 상원의 심판을 받을 수도 있다. : 을사협약은 한미조약의 조약체결권은 물론 상원의 조약비준권에 대한 침해이기 때문이다. 따라서 상원은 두 가지 대응이 가능하다. 하나는 루즈벨트의 결정을 헌법(3권분립)위반으로 고발하는 것이다. 다른 하나는 을사협약에 대한 무효선언이다. 특히 후자와 관련하여 상원은 대법원에 제소할 수도 있었다. 대법원은 조약을 둘러싼 분쟁의 일심관할법원임을 명시했으며, 외국의 법률이 미국법과 저촉될 때 그것을 소환한 후 심판할 수 있다고 했기 때문이다. 일본 또한 미국이 헌법을 근거로 하여 조약을 심판할 수 있다는 점을 알고 있었으며, 이 때문에 대미외교 현장의 실무자들은 이 점에 대해 외상 고무라의 특별한 사전 교육을 받았다. 고무라는 하버드 법대 출신으로 조약법을 전공했으며, 미국 헌법에 해박했다.

(4) 헐버트는 일본의 대한정책이 폭력에 의해 집행되었다는 점도 문제시 했다. 그리고 일본의 한국보호국화는 러일전쟁의 결과로 취한 것이 아니라, 목적이었다고 했다. 제3부에서 밝히겠지만 미국은 일본의 대한정책을 법적으로 응징했다. 요컨대 헐버트의 일본 기소는 일본이 빠져나갈 구멍이 거의 없었다. 더욱이 헐버트의 전쟁주권 자체를 제한하자는 주장과 일본의 한국지배를 사법적으로 처벌하자는 주장은 시대를 앞서가는 것이었다.

제6장

왜 미국은 한국을 위해 미일전쟁을 각오해야 할까

-미일전쟁론 : 러일전쟁은 성전(holy war)인가, 국가범죄인가-

Ⅰ. 문제 제기

헐버트의 한국을 위한 변론과 미국의 책임 묻기는 논리 귀결로서 반대론자들로부터 다음과 같은 질문을 피할 수 없었다. 그렇다면 '미국은 한국을 돕기 위해 일본과 전쟁을 해야 하는가.' 실제로 헐버트는 비밀특사로 워싱턴을 방문했을 때 루즈벨트 정부의 국무장관 루트로부터 직접 질문을 받았다.

> 국무장관은 나에게 물었다. 당신은 우리가 일본과 트러블에 들어가기를 원하는가.(Do you want us to get into trouble with Japan?)[345]

그리고 헐버트는 한국이 보호국화될 당시부터 한국의 독립은 전쟁과 같은 대격변을 통해서만 올 수 있다고 보았다. 1906년의 *Passing of Korea*는 이를 보여준다.

345 *Echoes of the Orient*, p. 278.

지금으로서는 상상도 할 수 없는 커다란 국제적 대격변(great international cataclysm)이 나타나지 않는 한 한국은 결코 독립국가(autonomous power)로 재기할 수 없다.[346]

사실 한국의 독립을 지원하기 위해 미국이 전쟁을 각오해야 하느냐의 문제는 헐버트만의 고민은 아니었다. 한국의 독립을 위해 싸우는 외국인들이 모두 지니고 있는 딜레마였기 때문이다. 헐버트의 동료로서 런던 데일리 뉴스(London Daily News)의 특파원으로 한국을 두 번이나 방문한 매킨지(Mackenzie)의 다음과 같은 답변을 통해서 이를 알 수 있다.

"우리보고 어떻게 하라는 말입니까." 나는 종종 이런 질문을 받았습니다. "미국과 영국이 한국을 돕기 위해 일본과 우호관계를 깨뜨리거나 심지어는 일본과 전쟁이라도 할 각오를 해야 한다는 말입니까. 이야기만 해야 무슨 소용이 있습니까. 일본인들의 감정을 더욱 악화시킬 뿐입니다. 우리가 할 일이요, 있고 말고요.…여러분은 우리가 무엇을 할 수 있느냐고 물으십니다. 여러분의 민주 정부가 여러분에게 준 권한, 즉 불의에 대해 분노를 가짐과 동시에 행동에 옮길 수 있는 권한을 가질 것입니다.…한국 문제로 전쟁을 각오해야겠느냐고 여러분이 우리에게 물으신다면 나는 이렇게 답하겠습니다. 오늘날 꿋꿋하게 행동하면 마찰은 있겠지만, 위험은 아주 적습니다. 그러나 나약하게 행동하면 거의 틀림없이 극동지역에서 30년 내에 큰 전쟁을 하게 될 것입니다. 그리고 그 전쟁에서 서양 제국 중에 가장 큰 부담을 질 나라는 미국일 것입니다.[347]

346 *Passing of Korea*.

347 Frederick Arthur McKenzie, *Korea's Fight for Freedom*(1920), 이광린, 『한국의 독립운동』(일조각, 1969), pp. 225-228.

즉 '미국만이 일본과 한국을 위해 전쟁할 수 있는 유일한 국가'라는 점이 한국을 돕는 미국인에게나 영국인에게 고민거리였던 것이다. 헐버트 역시 그랬다. "미국이 그 문제(일본의 한국지배 거부)를 미국땅에서 결정되어서는 안 된다"는 입장을 고수한다면 "어떤 서구 열강이 한국의 독립을 보전하기 위해 일본과 싸울 것인가.(What Western power desired to fight Japan for the preservation of Korean independence)?"[348]

매킨지는 다음과 같은 해법을 제시했다. (1) 미국민들은 전쟁 말고도 할 수 있는 일이 있다. 민주주의 시민으로서 "불의에 대해 분노"하고 "행동"하는 것이다. (2) 전쟁을 피할 수 없다면, 해야 한다. 누가 해야 할까. 미국이 해야 할 것이다. 매킨지의 이 말은 중요한 메시지를 담고 있다. 일본과 한국문제를 놓고 전쟁할 수 있는 유일한 국가는 미국이다. 민주주의 수호가 그러한 결정을 각오케 할 것이다.[349] 그렇다면 헐버트는 어떤 입장이었을까. 이 장에서 검토하려는 것이 이 문제이다.

---

348 *Echoes of the Orient*, p. 282.

349 과연 일본과 싸울 수 있는 서구 열강은 누구일까 이 문제는 한국 독립운동가들에게 중요했다. 미일전쟁 또는 일소전쟁이 한국에게 해방의 기회를 줄 것으로 보았기 때문이다. 이승만의 경우 이렇게 분석했다. 영일전쟁을 통한 한국 해방은 기대할 수 없다. 영국은 국제경찰의 역할을 하기 위한 전쟁을 하지 않을 것이기 때문이다. 제1차 대전 후의 영국은 그 점을 보여주었다. 일소전쟁은 예상할 수 있지만, 소련은 한국의 지배권을 일본으로부터 양도받으려고 할 것이다. 미일전쟁은 한국의 해방을 결과로 할 것이며, 시간 문제로 보았다. (참고) 이승만, *Japan Inside Out : The Challenge of Today* (1941), 이종익 역, 『일본군국주의 실상』(나남, 1987) ; 최정수, 「이승만의 『미국의 영향하에 성립된 중립론』과 외교독립론」, 『저서를 통해 본 이승만의 정치사상과 현실인식』(연세대출판부, 2011).

Ⅱ. 헐버트의 비폭력 투쟁과 미일전쟁론(1) : *Passing of Korea*(1906)

〈1〉 서구인들은 왜 한국인들의 무장항쟁을 중시했을까

헐버트는 1905년 비밀특사로서 워싱턴을 방문했을 당시 '미국민이 한국을 돕기 위해 일본과 전쟁을 각오해야 하느냐'는 루트의 반문에 대해 답변을 회피했다.

> 나는 다음과 같이 답변했다. 나는 편지를 전달하는 임무를 부여받았을 뿐이다. 그리고 문제가 이미 결정되었기 때문에 말할 만한 것은 없다.[350]

헐버트가 이때 답변하지 못했던 것은 이해할 수 있다. 만약 헐버트가 '한국을 위한 미일전쟁 각오론'을 펼치려면 다음과 같은 반대론을 설득할 수 있어야 했다. 첫째, '국가 안보를 책임진 최고 책임자로서 국민을 전쟁터로 데리고 갈 수는 없었다.'(타일러 데넷) 둘째, 미국민은 '워싱턴의 고립주의를 해외전쟁 금지원칙'으로 간주하고 있다는 것이다. 셋째, '한국인은 저항하지 않는데, 미국인이 대신 싸워주어야 하는가.'(대통령 루즈벨트) 헐버트를 가장 고민케 한 것은 이 질문에 답변하는 것이었다. 청일 및 러일전쟁을 보면서 서구인들이 가장 충격은 받은 사실은 한국인들이 물리적 저항을 하지 않았다는 점이었기 때문이다.

그리고 이 문제는 서구인들에게 중요했다. 한 국가의 국민성을 판단하

350 *Echoes of the Orient*, p. 278.

는 기준이었기 때문이다.

> 오늘날에 있어서 전쟁은 인간사의 마지막 심판자이며 또한 국민성을 최후로 시험하는 관문인 것이다. 이 시험에서 한국국민은 실패했다. 외국 군대가 자기 나라를 통과해 가려고 하자 어려움을 이기지 못하고 모두 도망갔다. 그들은 문짝이며, 창문이며 할 것 없이 주워 갈 수 있는 것 모두를 등에 지고 들키지 않은 은신처인 산으로 발길을 돌린 것이다. 후에 그들은 어쩔 수 없는 호기심에 이끌려 구경하려 마을로 내려온다. 하지만 그것은 정말로 단순한 호기심에 의해서이다. 그들은 약간의 위험만 느끼면 언제라도 서둘러 도망칠 준비를 하고 있었다.[351]

이처럼 한국인의 무력함은 국제적인 관심을 끌었다. 그리고 실제로 중요한 문제였다. 저항하지 않는 한국은 일본의 보호를 정당화하는 논거였기 때문이다. 즉 일본의 지배를 반대하지 않는 징표요, 한국인 지배자 대신에 일본인 지배자를 선택했다는 증거로 간주되었기 때문이다. 다음은 이를 보여준다.

> 조약이 공표되고 난 며칠 후, 이로 인하여 한국민중의 동요가 그렇게 극심하게 증대되지 않았음이 확인된 후에야 그때까지 비밀에 붙여졌던 바 한국 군주가 자신의 군대를 해체한다는 추가 협약사항이 공포되었다.…이곳 외무성은…외국신문들에 실린 기사를 발췌해서…발표했다. 한국에서의 사건 경과에 대한 세계의 여론이 자신들(즉 일본인)의 사악한 양심이 기대했던 것보다는 심

351 잭 런던, 『조선사람 엿보기』, p. 222. ; 한국인의 물리적 저항력이 무력하다는 점은 중국과도 비교되었다. '중국인은 겁쟁이가 아니다. 다른 나라 군대가 자기 마을을 점령하면 그들은 문짝과 창문을 짊어지고 산으로 숨는 것이 아니라, 남아서 그것을 지킨다.' pp. 227-228.

각하지 않고 또한 수용태세가 되어 있음을 확인하고…매우 기뻐하고 있다.[352]

이런 평가는 한국의 독립을 위해 미국에게 일본과의 전쟁을 요구하는 외국인들을 곤혹스럽게 만들었다. 매킨지는 이렇게 항변했다. '한국인이 물리적 저항을 하지 않았다는 것은 사실이 아니다. 한국인은 물리적 저항을 했다. 그러나 일본은 언론통제를 통해 이를 감추었다'는 것이다. 매킨지는 이를 위해 직접 무장투쟁을 하는 한국 의병을 만나 사진도 찍고 인터뷰를 한 후 이를 소개하는 책을 발간했다. 『자유의 투사』, 『매킨지, 조선의 비극』이라는 제목이 시사하듯이 한국인은 총을 들고 일어났다는 것이다.

의병항쟁은 미국의 시선도 끌었다. 1907년 9월 말…10월 초에 만주의 문호개방과 이민문제를 해결하기 위해 일본을 방문한 태프트가 '해산된 한국의 무장저항이 대륙으로 가려던 일본군 2개 사단이 한반도에서 발목을 잡혔다'는 점을 지적했기 때문이다. 이 지적에 함축된 메시지는 이런 것이었다. 의병항쟁은 한국이 분쟁지역임을 알려준다. 해산된 군대의 투장투쟁은 주권(전쟁권) 박탈에 따른 저항이요, 주권에 근거한 저항이다. 따라서 미국은 마음만 먹으면 현재 진행 중인 제2차 헤이그 평화회의에서 이 문제를 꺼낼 수 있다. 일본 역시 태프트의 언설에 담긴 이런 경고를 알아챘다. 이에 일본은 다음과 같이 응수했기 때문이다. '일본은 필리핀에 대해 아무런 관심이 없다'는 것이다. 이는 일본이 결심만 하면 일본의 것으로 만들 수 있다는 것이다. 즉 미국의 입장에서 보면 협박이었다. 왜냐하면 미국은 이 무렵 일본과의 전쟁위기(war scare)라 부를 정도의 갈등에 직

352 서울대학교 인문대학 독일학연구소 옮김. 『한국 근대사에 대한 자료』(신원문화사, 1992), p. 580. 이하에서 『한국 근대사에 대한 자료』로 약함.

면하여 전쟁계획(Orange war plan)을 검토했는데, 미일전쟁시 미국은 패배하며, 일본의 필리핀 지배를 막을 수 없다는 결과를 얻었기 때문이다.[353] 대일전쟁 계획 수립을 명령했던 루즈벨트가 '필리핀은 아킬레스 건'이라고 한탄했던 이유도 여기에 있다. 따라서 '필리핀에 대해 관심이 없다'는 식의 일본의 언설은 미국에 대한 협상제안이기도 했다. '만약 미국이 한국문제를 거론하면 일본은 필리핀의 안전을 보장해 줄 수 없다. 대신 미국이 한국인의 무장저항에 침묵하면 일본은 미국의 이민제한을 인정할 수 있다.' 그리하여 일본은 미국으로부터 군대해산을 정당화한 정미7조약을 추인받았으며, 대신 일본은 일본 노동자 이민을 금지시킨다는 내용의 신사협정을 미국에게 해주었던 것이다. 요컨대 한국인의 물리적 저항은 왜 중요한가. 그것이 한국문제를 놓고 국제재판을 청구하고 승소할 수 있는 요건이기 때문이다. 외교권을 박탈했을 때, 전쟁권을 빼앗았을 때 그때마다 법원리로는 국제재판이 가능했다. 의병의 무장투쟁은 을사협약을 정당화하는 근거 중의 하나로 든 '저항이 없었다'는 일본의 주장이 거짓이었음을 보여주기 때문이다. 따라서 열강은 이 점을 국제재판을 통해서 확인해보자고 주장할 수 있었다.

〈2〉 의병항쟁인가. 교육투쟁인가

그러나 헐버트는 매킨지와 달리 처음에는 의병항쟁보다는 교육을 중시

353 이때 일본도 대미전쟁 계획을 세웠다. 골자는 이랬다. 미일전쟁에서 미국을 항복시킬 수는 없다. 그러나 승리할 수 있다. 필리핀을 먼저 공격하고 빼앗은 후 미국과 협상을 하는 것이다. 태평양의 다른 도서를 빼앗기지 않으려면 협상에 응할 것이다.

했다. 몇 가지 이유가 있다.

1) 헐버트는 일본의 지배를 폭력으로 간주하고 서구 여론에 고발 중이었기 때문이다

Passing of Korea가 그 점을 보여준다. 여기서 헐버트는 러일전쟁을 국가 폭력으로 간주했다.

또한 한국을 보호국화하는 과정과 한국인에 대한 통치방식이 폭력적인 방법으로 진행/수행되고 있다는 점을 적시했다. Passing of Korea는 '폭력에 대한 증언서'와 같았다.

2) 한국인의 물리적 저항은 성공할 가능성이 없기 때문이다

일본인은 군사력이나 야수적인 폭력이 아니면 그것을 능력이라고 인정하려 들지 않는 민족이다. 때문에 한국민족의 그 같은 노력은 아무런 소용이 없을지도 모른다. 오늘날 일본은 미국이 자기들을 두려워하고 있다고 믿고 있기 때문에…미국인들을 비웃고 있다. 하물며 일본인들은 한국인들을 어떻게 생각하겠는가.[354]

3) 교육이 시급하고 유효한 대일 투쟁이 될 수 있기 때문이다.

한국은 조만간 폴란드나 아르메니아나 콩고 자유국과 마찬가지로 되어가고 있음을 보여준다. 이와같은 상황 속에서 한국은 장차 어떻게 해야 할까. 한 국가를 형성하고 있는 민족의 멸망을 저지하기 위해 한국은 어떻게 헌신하는 것이 합리적인가. 이에 대한 답은 하나 밖에 없다. 한국은 자기 민족이 자신을 정복한 민족과 대등하게 될 때까지 자기 민족에 대한 교육에 전념해야 한다.[355]

354 *Passing of Korea*, p. 441.

355 *Passing of Korea*, p. 441.

그렇다면 현 단계(1906)에서 미국이 한국을 돕기 위해 할 수 있는 일은 무엇인가. 한국인의 교육을 지원하는 것이다.

> 한국민이 하나의 민족을 형성할 수 있도록 도와주고 그토록 쏟아져 나온 한국에 대해 비방하는 미국의 성명들이 미국인들의 진의가 아니었다는 점을 한국인들이 알도록 시간과 기회를 주는 것이다. 그 길은 곧 미국인들이 한국인의 교육에 참여하는 것이다. 한국인들은 이미 여러 해 전에 벌써 관심을 쏟아야 했던 이 교육만이 이제 최후로 의지할 수 있는 보루라는 점을 깨닫고 무지에서 깨어나자고 외치고 있다.…지금 한국은 그와 같은 체제를 이룩하는 데에 있어서 도움을 필요로 하고 있다.…미국 국민 중에 한국을 위해 거대한 민족운동의 구심점이 되고 구심력이 될 교육기관을 설립하는 영광된 기회를 차지하고 싶은 독지가는 없는가. 교육에 투자된 자본이 더 크고, 더 확실하고, 더 유익한 결실을 이룰 수 있는 나라는 한국 외에는 없다. 이 말은 한국인의 마음씨를 가장 잘 알고 있는 사람이 아니면 할 수 없는 의견이다.[356]

이런 이유들 때문에 한국을 돕기 위해 일본과 전쟁해야 하는가라는 문제에 대해 즉시 답변할 수 없었던 것이다.

그러나 헐버트는 생각을 바꾸었다. 결국 일본을 굴복시키는 방법은 전쟁 밖에 없다는 점을 인정했다. 일본이 국가 간의 관계를 결정하는 요소로 힘만을 신봉하기 때문이다.

> 일본인은 군사력이나 야수적인 폭력이 아니면 그것을 능력이라고 인정하려 들지 않는 민족이다.…오늘날 일본은 미국이 자기들을 두려워하고 있다고

356 *Passing of Korea*, pp. 443-444.

믿고 있다. 때문에 미국인들이…지적으로 위대한 과업을 성취하였음에도 일본인들은 뒤에서 미국인들을 비웃고 있다.[357]

요컨대 헐버트의 입장은 이런 것이었다. 첫째, 한국인은 비폭력 투쟁을 하고 대신 교육에 힘써야 한다.(교육독립론) 둘째, 미국은 한국인의 교육을 도와야 한다. 셋째, 종국적으로는 전쟁을 각오해야 한다. 폭력 반대/회피를 비겁함으로 간주하는 일본인의 본성에 대응하는 방법은 그것이 유일하기 때문이다. 넷째, 일본의 폭력에 맞설 수 있는 국가는 미국이 유일하다.

Ⅲ. 왜 일본과 전쟁해야 할까. : *Echoes of the Orient*(1930s)

〈1〉 헐버트의 미일전쟁론 : 조약체제 수호는 미국의 전쟁명분이다

비록 질문을 받았던 1905년 당시에는 답변은 못했지만, '한국인을 돕기 위해 미일전쟁을 각오해야 하느냐'는 국무장관의 반문은 헐버트의 화두가 되었다. 1930년대 후반에 나온 *Echoes of the Orient*를 통해 다음과 같이 토로했기 때문이다. '만약 내가 이 질문을 다시 받는다면 이렇게 답변할 것이다.'

그러나 나중에 나는 그것이 다음과 같이 답변을 할 수 있는 좋은 기회였음에도 그렇게 하지 못한 것을 유감으로 생각해 왔다. 국무장관 각하. 누구도 일

357 *Passing of Korea*, p. 441.

본과 트러블을 원치 않습니다. 그러나…다른 한편에서 트러블을 겪어야만 하는 사이에 놓여 있다면 나는 트러블을 선택할 것이다.[358]

그러나 이를 선뜻 미국에게 요구할 수는 없었다. 먼저 루즈벨트가 던진 다음의 질문에 답변을 해야 했기 때문이다.

1) 첫째, '한국인은 자신을 지키기 위해서 한 주먹도 날리지 못하는데, 미국이 대신 나서서 한국을 위해 싸워야 하느냐'는 루즈벨트의 반문이다. 이는 헐버트에게 다음을 요구했다. 한국인이 물리적 저항하지 않더라도, 미국이 한국인을 위해서 일본과 전쟁을 해야 하는 이유를 제시해야 했다.

2) 둘째, '안보를 책임진 대통령에게 미국민을 일본과의 전쟁에 나서라고 할 수 있느냐'는 데넷의 테제에 대해서도 답변해야 했다. '한국을 위해서만이 아니라, 미국의 안보를 위해서 대통령은 미국민을 데리고 태평양을 건너가 일본과 한국의 독립을 되찾아주기 위한 전쟁을 해야 한다'는 논리가 필요했다. 즉 헐버트는 한국을 위한 전쟁이 미국을 위한 전쟁이라는 설득 논리를 마련해야 했다.

3) 셋째, 미국민에게 불문의 헌법과 같은 '해외의 전쟁에 연루되지 말라'는 워싱턴의 테제에 대해서도 다른 해석이 필요했다. 예컨대 워싱턴 고별사는 '필요하다면 해외의 전쟁에 연루되어야 한다'는 충고를 담고 있다는 식의 논리를 준비해야 했다.

결국 헐버트는 다음과 같은 미일전쟁을 정당화하는 논리를 찾아냈다. 그것은 바로 국제법/조약체제를 수호하기 위해 투쟁하라는 것이다.

358 *Echoes of the Orient*, p. 278)

만일 그것이 한편에서는 우리 자신을 무능력하다고 주장하고, 우리의 조약들(treaties)이 휴지와 같이 가치가 없음을 입증하는 것과 같은 점이 되면…나는 트러블을 선택할 것이다.[359]

즉 일본과의 전쟁을 회피하는 것이 일본에게 미국은 무능하고, 미일 간에 또는 미국이 맺은 조약들을 언제든지 무효화시킬 수 있다는 자신감을 들게 한다면 미국은 싸워야 한다는 것이다. 바꾸어 말하자면 한미조약을 지키는 것이 미국이 추진 중인 조약체제를 지키는 것과 같으며, 이를 위한 미일전쟁은 의당 해야 한다는 것이다.

〈2〉 헐버트의 '서구 전쟁론'과 '일본의 전쟁론' 분석

헐버트의 미일전쟁론은 당위로서만 주장한 것은 아니다. 그는 역사를 통해서 인류 사회에서 전쟁을 영구 추방하는 것은 불가능하다고 보았다. 다음과 같은 논리였다.

(1) 인류는 그동안 전쟁을 피하고자 하는 다양한 이유와 방법을 생각해 내었다.

아마도 인류의 가장 공통적이고 보편적인 욕구는 전쟁을 제거하는 일이다. 그러나 그런 욕구를 수행하는 근원적인 이유들(underlying reasons)은 극단적이라 할 정도로 다양하다. 일부는 전쟁을 피하기를 원한다. 그들이 이길 수 없다는 것을 알기 때문이다. 일부는 그들이 충분히 혼자 살 수 있으며, 이런 삶을

359 *Echoes of the Orient*, p. 278.

만족하기 때문에 피한다. 일부는 자신들의 직업이 상업적 발전에 달려 있기 때문에 피한다. 전쟁은 상업의 발전을 교란하기 때문이다. 또 일부는 전쟁은 철학적으로 옹호될 수 없기 때문에 피한다. 전쟁은 분쟁을 해결하는 방식을 이성의 영역으로부터 제거하기 때문이며, 분쟁을 중재(arbitrament)의 형식에 통해서 해결할 수 있기 때문이다.…마지막으로 전쟁이 비윤리적이고, 잔혹하고, 야수적이기 때문에 피해야 한다는 주장도 있다.[360]

(2) 그럼에도 인류는 결코 전쟁을 추방할 수 없었다. 전쟁을 해야 할 이유를 가지고 있는 국가들이 존재하기 때문이다.

그러나 전쟁을 중단(cessation of war)해야 한다는 공통의 욕망조차도 전혀 보편적이지 않다. 오늘 강력한 국가들이 있다. 그들은 전쟁을 국가적 목적과 야망을 달성하는데 지렛대로 이해한다.[361]

(3) 그런 국가와는 평화가 가능하지 않다. 때문에 이들과의 휴전은 또 다른 전쟁을 예비할 뿐이다.

올바른 국제주의(true internationalism)는 전쟁의 일시적 휴전 속에 존재하지 않는다. 전쟁의 휴전은 경쟁자(contestants)들과 붕괴의 전조(presage)이며, 미래의 전쟁을 준비하기 위해 숨을 고를 수 있는 공간을 줄 뿐이다.[362]

(4) 또한 전쟁을 수단으로 사용하는 국가와의 외교도 불가능하다. 국가 간의 관계를 공포감을 통해서 지배하려고 하기 때문이다.

360 *Echoes of the Orient*, pp. 328-329.

361 *Echoes of the Orient*, p. 329.

362 *Echoes of the Orient*, p. 330.

두려움(fear)이 국제 간의 태도를 지배한다면 어떤 것도 이루어질 수 없다.[363]

헐버트는 일본을 바로 그러한 나라로 보았다. 언급했듯이 '일본인은 군사력이나 야수적인 폭력이 아니면 그것을 능력이라고 인정하려 들지 않는 민족'이기 때문이다.

그런데 일본이 전쟁을 두려워하지 않는다는 점을 어떻게 알 수 있을까. 전 국민이 천황의 명령 한마디에 전쟁터로 향하기 때문이다. 그리고 자신들의 전쟁을 성전(Jihad)으로 간주한다. 따라서 전쟁을 제어할 수 있는 어떤 국내적 제동장치도 없다. 전쟁을 피하는 미국을 비웃는 것도 이러한 전쟁심리가 그들의 구조적인 정신세계를 이루고 있기 때문이다.

〈3〉 워싱턴의 고립주의는 전쟁 불가론인가

이런 적이라면 미국은 어떻게 행동해야 할까. 여기서 헐버트는 워싱턴의 고립주의를 불러냈다. 이 원칙은 미국인들에게 전쟁 금지의 유언으로 간주되어 온 것이었다. 헐버트는 이렇게 반문했다.

유럽의 분쟁(European entanglement)에 얽혀드는 것으로부터 자유로워야만 한다는 조지 워싱턴(George Washington)의 충고는 분쟁구조(entanglement)와 짜여진 국가 간의 구조물(woven fabric) 간에 급격한 차이가 있다는 점을 숙고해야만 한다. 만일 그 고귀한 신사가 이 시대에 살아있다면 그의 풍부한 상식(common-sense)은 다음을 보여줄 것이다. 국가들은 세계의 활동으로부터 홀

363 *Echoes of the Orient*, p. 330.

로 떨어져 있을 수 없다. 그리고 만일 국가들 간의 관계가 짜여진 구조물(woven fabric)이 아니라면, 그것은 분쟁(tangle)을 피할 수 없을 것이다.[364]

즉 헐버트의 말은 이런 것이었다. 워싱턴이 살아있었다면, 미일전쟁을 피했을까. 워싱턴은 기꺼이 미일전쟁을 수행했을 것이다. 그는 상식만으로도 분쟁구조(정치적 동맹)과 "국가 간의 구조물"(국가들 간의 조약공동체)를 구별하고, 전자를 막기 위해 후자가 필요하다는 점을 알 수 있었을 것이기 때문이다.

요컨대 헐버트의 대일전쟁 각오론은 이런 논리였다. 전쟁을 국가의 정책으로 쓰는 국가와는 어떤 국제체제도 가능하지 않다. 그리고 이들과의 휴전은 진정한 평화가 아니며, 미래의 전쟁을 담보할 뿐이다. 전쟁을 피해야 할 많은 이유들이 있다. 상업적(상업에 불리하다.), 철학적(전쟁을 정당화할 수 없다.), 법률적(중재재판소가 있다.), 역사적(고립주의) 이유들이 있다. 문제는 이런 전쟁 회피/불가론이 통하지 않는 나라가 있다는 점이다. 전쟁을 국가정책으로 채택하는 일본과 같은 나라 앞에서는 이런 담론들은 두려움의 표시요, 국가의 자존심을 스스로 능멸하는 행위일 뿐이다. 전쟁을 정책으로 사용하는 국가에 대해 어떻게 대응해야 할까. 싸워야 한다. '미국이 일본과 전쟁해야 하는가'라는 질문에 대한 헐버트의 답변(전쟁론)은 이런 논리였다.

364 *Echoes of the Orient*, p. 323.

Ⅳ. 그러면 왜 미국은 한국을 위한 전쟁을 해야 할까

〈1〉 한반도에서 일본 근대 전쟁의 진앙지이기 때문이다

헐버트의 대일전쟁론의 근거는 국가 명예와 자존심 수호가 전부는 아니었다. 그는 한국의 독립을 위한 미일전쟁은 미국의 책임으로 보았다. 그래야만 하는 이유가 있다.

(1) 일본이 전쟁을 국가정책으로 삼은 곳이 한국이었기 때문이다. 헐버트는 러일전쟁과 을사협약을 바로 그 증거로 제시했다. 일본은 체결과정에서 폭력을 행사했으며, 집행과정 또한 폭력적이었다. 또한 한국에 대한 일본의 궁극적 목적은 병합이다. 그리고 일본은 이런 과정을 되풀이할 것이다. 러일전쟁과 을사협약을 통해서 일본은 군사력을 전리품으로 환산하는 방식에 대해 미국이 침묵할 것으로 판단했다는 것이다.

> 일본 육해군의 찬란한 전공으로 인하여 세계는 웃음을 잃었다. 일본의 위대한 전투 능력은 모든 분야에 있어서 그에 상당하는 권리 행사를 주장하게 되리라는 것은 너무나 당연하다.…(이제) 일본이 극동의 개발에 얼마만한 역할을 감당할 수 있을까 하는 결론에 대해 미국인들은 답변할 수 있게 되었다.[365]

일본이 한국에서 취한 정책이 침략의 역사를 나아가게 하는 디딤돌과 같았다는 점은 당시의 다른 외교관도 인정했다. 오스트리아의 외교관이었던 칼 남작은 본국에 이렇게 보고했다.

---

365 *Passing of Korea*, p. 18.

200,000평방 킬로미터도 넘는 영토와 천만이 넘는 인구를 지닌 한 국가가 정치적 지도로부터 그처럼 간단히 사라져 버린다는 것은…유럽적 척도에서…보더라도 하나의 역사적 사건이다.…지난 수년간 비역적으로 발전해 온 이 신예국가가 목하 이룩한 영토 확장은 이 권력의 영향력을 계속 확대시키는데 대한 장애물이었다는 것이 드러나게 될 것이라고 말할 수 있다.…그러나 한가지 확실한 것은 이것이다. 일본은 아시아 대륙의 한쪽에 손을 댐으로써 루비콘 강을 건넜다는 사실이다.…이전의 폐쇄적인 섬나라로 회귀하는 것은 이제 영영 불가능할 것이다. 이렇게 해서 일본은 아시아의 인근부근에서 미래에 나타날 중요한 문제들을 해결하는데 적극적으로 참여하겠다는 자신의 의지를 표명한 것이다. 다시 말해서 일본은 장래의 문제해결에 있어서 결정적인 발언을 할 수 있는 힘도 있고 사명도 있다는 과도한 자부심에 빠져 있다는 것이다. 이로써 일본은 섬나라 역사 발전에 있어서 새로운 전기가 시작되었다. 그러나 일본은 앞으로도 꽉 차 있는 자신의 목표를 향해 가는 도상에서 지금보다도 더한 분규에 휘말려 들 수 있는 만일의 경우들도 각오해야 할 것이다. 최근 몇몇의 성공에 의해서 제멋대로 구는 이 나라가 팽창욕에 사로잡힌 나머지 자신의 밑천을 과대평가하는 것인지 아닌지의 여부도 반드시 밝혀질 수밖에 없을 것이다.[366]

이처럼 헐버트를 비롯한 서구인들의 눈에는 한반도의 식민지화가 대륙 진출의 출발점이며, 결국 이 문제로 인하여 분규에 휩싸일 것을 예상했다. 요컨대 한국에서 일본이 1905년에 저지른 행위는 다음과 같은 의문에 해답을 준다는 것이다.

왜 일본 제국주의는 전쟁을 최종 수단으로 삼을까. 그것을 일본의 특성으로 볼 수 있을까.[367]

366 『한국 근대사에 대한 자료』, pp. 672-673.

367 *Passing of Korea*, p. 134.

(2) 그런데 일본이 그렇게 할 수 있었던 것은 미국이 한국을 버렸기 때문이다.

어떤 서구 열강(western power)이 한국의 독립을 보전하기 위해서 일본과 싸우기(fight)를 바랬을까. 다음과 같은 언설(assertion)이 이 문제에 대한 답변을 구성한다. 즉 우리는 그 문제가 결코 미국 땅에서 결정되어야 한다는 제안을 해서는 안 된다는 주장이다. 바로 그러한 행동이 우리로 하여금 일본을 만족시킬 만한 어떤 해결책을 발견케 했다. 한국을 일본에게 양도한 것은 러시아가 아니다. 그 나라를 경고도 없이 오랜 숙적(immemorial enemy)에게 넘긴 것은 우리 자신이었다. 그것도 우리가 한국과 완전한 조약관계를 맺고 있었으며, 한국의 친구로 간주되어 왔기 때문이다.[368]

(3) 미국의 조약체제에 대한 일본의 무력화 작업이 한반도에서부터 시작되었기 때문이다. 다음이 이를 보여준다. 일본은 한국문제로 국제소송을 할 수 있는 유일한 국가가 미국이라는 점을 알고 있었다. 미국은 다른 열강과 달리 한국을 디딤돌로 사용한 적이 없다. 여기서 일본의 대한정책은 미국에 대해서는 국제적인 권리침해(international usurpation)문제가 발생하게 된다. 즉 한국의 자치권을 파괴하는 것은 미국의 권리를 침해하는 것이 된다. 이는 국제소송(헤이그중재재판)의 대상이다. 이것은 바로 일본으로 하여금 한국을 지배함에 있어서 미국의 승인을 얻는 것을 필수적인 조건으로 만들었다.

368 *Echoes of the Orient*, pp. 282-283.

나아가 이런 의문도 일어난다. 왜 일본은 한국의 자치권(autonomy)을 파괴하면서 이를 묵인(acquiesce)해 줄 것을 미국정부에게 요청했을까. 한국은 이미 일본의 뒤꿈치 밑에 깔렸다. 러시아는 일본의 지배에 반대할 수 없었다. 일본은 왜 그러한 때에 미국인의 친절함(complacency)을 얻으려고 했을까. 세계의 모든 열강은 한국과 조약관계(treaty relations with Korea)에 있다.…이 모든 열강 중에 권리침해(usurpation)의 죄(sin)를 범하지 않은 유일한 국가가 미국이다.[369]

(4) 만약 미국이 한국의 자치권의 파괴를 이유로 국제소송을 하면 어떤 일이 일어날 수 있을까. 다음과 같은 일이 뒤따를 것이다. 미국의 소송은 한국과 조약관계에 있는 모든 국가들이 가세하여 집단 소송이 될 것이다. 왜냐하면 유럽은 현재와 같은 일본의 한국지배방식에 대해 내심 환영하지 않기 때문이다. 유럽이 1905년 시점에서 일본에게 허락한 한국의 지배범위는 보호국이었으며, 용도 또한 '한반도=완충지'로 제한했다. 그러나 일본은 한반도를 병합하고 대륙진출의 발판으로 이용했다.

세계의 모든 열강은 한국과 조약관계에 있다. 그들은 누구도 한국이 일본에 병합되기를 바랬다거나, 한국이 일본의 아시아 대륙진출의 발판(stepping stone)이 되기를 바랬을 것으로 상상하는 것은 어렵다.[370]

즉 일본은 미국이 앞장설 경우 다른 열강이 줄줄이 가세하여 제2의 삼국간섭(법적 삼국간섭)을 피할 수 없게 된다.

---

369 *Echoes of the Orient*, pp. 282-283.
370 *Echoes of the Orient*, p. 283.

그리고 이 점은 이미 입증되었다. 이는 '왜 러일전쟁의 마무리를 짓는 강화회의가 동경/피터스버그/목단 등으로 가지 않고, 포츠머스로 갔는가' 라는 문제를 검토해 보면 알 수 있다. 누가 포츠머스를 강화회의 장소로 원했을까. 일본과 미국이었다. 러시아는 어디를 원했을까. 피터스버그였을 것이다. 일본은 피터스버그나 목단을 받아들일 수 없었다. 그것은 결국 헤이그 중재재판소로 가는 경유지일 뿐이기 때문이다. 동경에서 열려도 마찬가지였다. 즉 러시아가 헤이그 중재재판의 원리에 따라 처리하자고 제안할 것이기 때문이다. 그리하여 '일본이 동경이나 피터스버그 또는 목단에서 러시아와 직접 만나서 협상했다면 결과는 포츠머스 중재와 달랐을 것'이다. 헐버트는 이렇게 추론했다. 다음이 이를 보여준다.

> 미국은 모든 주요 열강 중에 극동문제에 최소한으로 관련되고, 가장 덜 편파적이기 때문에, 강화협상이 미국 땅에서 열렸을 때, 자연적으로 우리와 보조를 맞출 수밖에 없었다. 만일 일본이 소위 자유의 여신(palladium og liberation)으로 불리는 미국으로부터 한국을 약탈한 행위를 묵인받을 수 있다면, 어떤 열강도 일본의 행위에 대해 항의하기 어려울 것이다. 이는 일본이 10년 전에 만주에서 겪었던 일(삼국간섭)을 생각해 보면 알 수 있다. 그러나 현재는 영일동맹과 미국의 묵인이 그러한 일의 반복을 막았다. 만일 일본이 동경이나 피터스버그 또는 목단에서 러시아와 직접 만나서 협상했다면 결과는 지금과 많이 달랐을 것이다.[371]

요컨대 이런 논리였다. 미국이 나서면 다른 나라들도 따를 것이기 때문이다. 반면 자유의 여신으로 상징되는 미국이 일본의 국제적인 권리침해에

371 *Echoes of the Orient*, pp. 283-284.

대해 침묵한다면, 나머지 모두를 침묵케 할 것이다. 루즈벨트의 중재(포츠머스 강화조약)가 헤이그 중재재판소를 가는 길을 막았다고 볼 수 있는 것도 이 때문이다.

(5) 한국을 위해 전쟁을 불사해야 할 마지막 이유는 일본의 대한정책에 대한 미국의 묵인을 미국 또한 국제법을 위반한 것으로 보기 때문이다. 이런 식의 논리가 이를 보여준다. 즉 미국도 인디언의 땅을 빼앗은 주제에 일본이 한국 땅을 빼앗았다고 비판할 수 있느냐는 것이다. 그러나 이러한 주장의 진의는 국제적 권리침해가 있었다는 사실과 이를 문제시할 수 있는 미국인의 입을 닫게 만들려는 의도를 지닌 것이다. 비유하자면 국제법 파괴의 공범으로 만들자는 것이다. 그러나 미국은 이를 받아들여서는 안 된다. 미국이 인디언의 땅을 빼앗았다는 사실이 일본이 한국인에게 저지른 행위에 대해 면죄부를 주는 것은 아니다. 또한 인디언의 사례를 전례로 삼아 한국에서 일본의 행위를 정당화하는 것은 일본이 역사 철학과 문명 진보의 법칙에 대한 무지함으로 보여주는 것이다. 그런데 미국이 이를 묵인하는 것은 역사철학과 진보의 법칙에 역행하는 것이다.

> (물론) 미국 또한 완전히 깨끗한 것은 아니다. 우리는 미국 인디언을 몰아내고, 그들의 나라를 차지했다. 그러나 오늘날 너도 마찬가지였다는 식의 비판을 하는 사람들이 있다. 국제적인 권리침해(international usurpation) 앞에 미국민을 침묵케 할 의도로써 사용하는 사람들에 대해서는 통탄할 수밖에 없다. 그들은 역사 철학(philosophy of history)과 인간의 진보의 법칙(laws of human progress)에 무지하기 때문이다.[372]

---

372 *Echoes of the Orient*, pp. 282-283.

즉 일본은 한반도에서 미국의 조약체제를 무너뜨리려고 한다. 그렇다면 미국은 어디서 조약체제를 방어해야 할까. 한반도가 아닐까. 미국은 일본에 대한 한국의 독립을 위해 전쟁으로 맞서야 하는 이유가 여기에 있다.

V. 평가 : 미국은 왜 남의 나라를 위한 전쟁을 해야 할까

〈1〉 헐버트의 '전쟁론'은 기존의 '전쟁론'을 연구한 결과였다

헐버트는 제국주의 시대에 미국 위정자로 하여금 다음을 고민케 했다. '미국은 한국인을 돕기 위해 한국문제에 개입하라. 일본이 불법으로 한국을 점령했기 때문이다. 그리고 그것이 미국의 책임이다. 한국의 구원 요청은 한미조약에 근거한 것이기 때문이다'고 비판했기 때문이다. 이는 '한국을 위해 일본과 전쟁을 각오하라'는 요구와 같았다.

다음과 같은 반문과 반대 이유가 그것을 역설적으로 보여준다. 1) '한국을 위해 미국이 일본과 전쟁을 해야 할까.'(국무장관 루트) 2) '아무런 저항을 하지 않는 한국인을 위해 미국은 일본과 전쟁을 해야 할까.'(루즈벨트) 3) '국가의 안보를 책임진 대통령이 국민을 전쟁터로 보내지 않게 하기 위해 한미조약 폐기는 당연했다.'(데넷) 4) 해외에서 전쟁금지는 워싱턴의 가르침이었다.(고립주의)

그런데 위의 미국 위정자들의 언설은 단순한 답변이 아니라, 반격으로서 헐버트의 답변을 요구했다. 이런 식의 반론이었기 때문이다. '당신은 미국이 한국을 위해 일본과 전쟁을 해야 한다고 주장하지만, 나는 반대한다. 그러니 당신이 그 점을 미국민에게 설득해 보라'는 의미를 담고 있다는 것이다. 즉 1) '한국을 위해 미국이 일본과 전쟁을 해야 할까.'(국무장관 루트) → 비록 조약을 맺었다지만, 다른 나라를 위하여 미국민이 피를 흘려야 하는 이유는 무엇인가를 설득해 보라는 것이다. 2) '아무런 저항을 하지 않는 한국인을 위해 미국은 일본과 전쟁을 해야 할까.'(루즈벨트) → 자신들도 지키지 않는 나라를 대신 미국이 지켜주어야 하는 이유를 나에게 설명해 보라는 것이다. 3) '국가의 안보를 책임진 대통령이 국민을 전쟁터로 보내지 않게 하기 위해 한미조약 폐기는 당연했다.'(데넷) → 한국을 지키기 위해 미군이 태평양을 건너가 한국을 지키는 것이 미국의 안보를 책임진 대통령의 정책이어야 하는 이유를 납득시켜 보라는 것이다. 4) 해외에서 전쟁금지는 워싱턴의 가르침이었다.(고립주의) → 한국을 위해 미국이 일본과 전쟁하는 것이 고립주의에 위배되지 않음을 입증하라는 것이다.

여기서 헐버트는 자신만의 '전쟁론'을 만들게 되었던 것이다. 먼저 기존의 전쟁 불가론을 연구했다. 상업적 동기(전쟁은 상업에 불리하다.), 철학적 동기(전쟁을 정당화할 수 있는 철학은 없다.), 법률적 동기(국가 간의 분쟁을 평화적으로 해결할 수 있는 중재재판소가 있다.), 역사적 동기(남의 나라에서 전쟁을 하지 말라는 것은 국부의 유언이다.)

다음으로 이런 서구의 '전쟁불가론'이 일본에게 통할 수 있는지를 검토했다. 이를 위해 일본의 사무라이들의 전쟁론과 비교했다. 그 결과 서구의 전쟁불가론은 일본에게 먹혀 들 수 없다는 것을 알았다. 사무라이들의 전쟁론은 이슬람의 성전과 같은 개념이요, 유사 종교와 같았기 때문이다. 뿐만 아니라 그러한 전쟁론은 세뇌를 통해 일본 역사의 일부로 만들어 버렸다. 또한 현실적으로 전쟁론은 국가의 통치구조의 필수적 부분이 되었다.

사무라이들이 자신들의 특권을 유지하기 위해 천황을 앞에 세우고 국민들을 조정했기 때문이다. 따라서 일본은 자신들의 전쟁론을 절대로 포기할 수 없으며, 자구 수정도 불가능하다고 보았다.

끝으로 헐버트는 한국의 독립을 위해 미국이 싸워야만 하는 이유 또한 찾았다. 한국인을 위해 싸우는 것은 미국인을 위해 싸우는 것과 같다는 점을 내세웠다. 한국인의 자유를 위한 투쟁이기 때문이다. 만일 일본이 한국인의 자유를 박탈하는 것을 묵인한다면, 그들은 미국인의 자유도 부정할 것이다. 또한 한국에서 일본의 불법을 좌시한 결과를 추적했다. 그러자 일본은 불법적인 전쟁과 조약을 통해 만주와 중국으로 확대했다. 이는 무엇을 의미하는가. 러일전쟁과 을사협약이 일본 제국주의 전략의 모델이 되었음을 의미한다.

그렇다면 이제 미국은 선택해야 한다. 일본의 조약파괴에 대해 한미조약처럼 처리할 것인지, 아니면 조약체제를 수호하기 위해 싸울 것인지, 일본과 타협이라는 제3의 방법(유화책)은 없다. 미일조약체제(신사협정)를 별도로 운영했지만, 일본의 조약파괴를 방조한 셈이 되었기 때문이며, 언급했듯이 일본의 전쟁론은 타협 불가하다. 그러면 싸워야 하지 않을까. 그리고 워싱턴이 살아있다면 역시 전쟁을 피하지 않았을 것이다. 그리고 조약체제를 지키기 위한 전쟁이라면 1882년의 한미조약의 복원이야말로 대명분이 될 수 있지 않을까. 만일 이를 방치하면 미국의 가치관이 붕괴될 것이다.

이제 미국은 결자해지의 자세로 개입해야 한다. 미국이 일본의 한국지배를 앞장서서 지지함으로써 다른 열강으로 하여금 뒤따르게 했기 때문이다. 따라서 이번에도 미국이 선례가 되어야 한다. 미국 땅에서 한국 독립을 결정하면 유럽은 따라올 것이다. 헐버트의 전쟁론은 이런 사고과정을 거쳐 등장한 것이었다.

〈2〉 루즈벨트의 '미일전쟁론'과 헐버트의 '미일전쟁론' 비교

그런데 미국은 실제로 미일전쟁을 했다. 일본이 미국령 진주만을 공격했기 때문에 피할 수 없는 전쟁이 되었다. 그리고 이후 헐버트의 전쟁론과 같은 명분을 세우며 진행되었다. 전쟁 중에 한국의 독립을 약속하고 세계에 선포했기 때문이다. 그리고 승전하자 한국을 해방시켰다. 여기서 한국을 위한 미일전쟁의 성격을 포함하게 되었다.

그렇다면 헐버트의 미일전쟁론이 영향을 미쳤다고 볼 수 있을까. 어느 정도 이를 긍정할 수 있다. 대통령을 비롯하여 미국의 지도적 그룹이 헐버트의 미일전쟁론을 인지하고 있었기 때문이다. 그렇다고 해서 미국의 대일전쟁론이 헐버트의 전쟁론을 수용한 결과였다고 말할 수는 없다. 왜냐하면 미국정부는 전략가들이 세운 독자적인 미일전쟁론을 지니고 있었기 때문이다. 1907년에 드러난 대일전쟁계획(Orange War Plan)이 그것이다. 그것의 수립을 명령한 대통령이 루즈벨트였다. 그리고 미일전쟁론을 탄생케 한 배경이 러일전쟁이었다.

대일전쟁계획은 세 부분으로 되어 있다. 첫째, 군사전략이다. 이 부분은 알프레드 마한의 해군전략을 근간으로 했다. 마한은 대일전쟁계획의 주설계자였다. 일본과 싸울 경우 어떻게 해야 군사적 승리를 얻을 수 있을까. 둘째, 경제전략이다. 문호개방을 위해 해양 통상로는 확보되어야 한다는 것이다. 통상로서의 태평양의 섬들은 양자강과 연결되어야 한다. 양자강은 내륙 깊이 증기선의 항해를 가능케 하기 때문에 공해(해양의 자유)로 취급되어야 한다. 그런데 양자강은 청일전쟁기에 보여주었듯이 일본 해군에 의해 봉쇄될 수 있다.

셋째, 정치전략이다. 이 무렵 미국은 세계체제를 추진 중이었다. 그것의 토대를 놓은 대통령이 루즈벨트였다. 그는 국가들 간의 관계를 재설정함으로써 세계정치의 구조를 바꾸려고 했다. 국가 간의 관계를 지배하는 제1의 규칙은 힘의 정치(power politics)가 아니라, 법의 지배여야 한다는 것이다. 이를 위해 국가 간의 분쟁을 해결할 수 있는 중재재판소를 세계체제로 만들고, 집행을 보증하기 위해 국제경찰을 창설하며, 통상조약과 중재재판조약을 세계 헌법의 지위로 격상시킨다. 따라서 국가 간에 불법이 행해질 경우 중재재판에 회부하고, 국제경찰이 판결의 집행을 담보한다는 것이다. 이때 세계헌법은 중재재판과 국제경찰행위의 정당성을 부여하는 근원이 된다. 즉 루즈벨트가 세운 거대전략은 해군력과 더불어 국제법을 양대 근간으로 삼은 것이었다. 바로 여기서 미일전쟁론은 세계정치의 필수적 일부를 이루게 되었다. '미국이 추진하는 세계전략을 위해 일본이 방해한다면 전쟁을 해야 할까.' 바꾸어 말하자면 '미국이 지향하는 세계조약체제를 수호하기 위해 일본과 전쟁을 감수해야 할까.' 해답은 정해져 있었다. '세계조약체제를 지키기 위해 일본이 그것을 파괴한다면 전쟁한다.' 만일 전쟁을 피하면 세계조약체제를 포기해야 했기 때문이다.

이런 전략은 한미조약 때문에 딜레마에 빠졌다. '을사협약을 한미조약에 대한 일본의 파괴행위로 보느냐'의 문제를 초래했기 때문이다. 즉 을사협약에 따르면 한미조약의 교섭 상대방은 한국이 아니라 일본이었다. 그 협약이 외교권을 양도한다고 했기 때문이다. 따라서 일본이 한국의 조약권을 행사하게 되었다. 국가 간의 이런 협정을 맺는 것은 국제법상 가능하다. 보호국은 독립국의 지위를 상실하는 것이 아니며, 한시적으로만 가능하기 때문이다. 그러나 한국은 그러한 합의가 강제된 것이라고 주장하며, 그것을 미국이 심판해 줄 것을 요청했다. 만일 한국의 주장이 사실이라면 일본의 행위(을사협약 강제)는 불법이며, 한미조약에 대한 침해요, 미국 헌법에 근거한 미국의 조약권에 대한 공격행위와 같았다. 따라서 일본의 행위는 루즈벨트가 설계한 세계조약체제에 대한 도전과 같았다. 여기서 루즈벨트 역시 '한국을 위한 미일전쟁을 해야 하느냐'란 문제에 직면했던 것이다. 한국을 위한 미일전쟁론은 헐버트의 요구가 아니더라도 루즈벨트의 세계조약체제의 논리적 귀결이었다고 보는 것도 이 때문이다.

그러나 루즈벨트는 미일전쟁론을 유보키로 했다. 1) 미일전쟁에서 승리할 가능성이 거의 없다고 판단했기 때문이다. 아직 미국 해군은 일본과 싸울 수 있는 능력을 갖추지 못했다는 것이다. 전함의 숫자도 부족하지만, 미함대의 태평양 도하를 지탱해 줄 군수지원 기지도 아직 없다. 따라서 미일전쟁이 일어나면 미국 함대를 러시아의 발틱함대와 같은 운명에 빠질 것이다. 그리고 필리핀은 일본에게 빼앗길 것이며, 하와이 이동의 서태평양의 제해권은 일본에게 넘겨야 한다. 나아가 유사시에 일본해군은 하와이는 물론 미국 서부해안을 공격할 수 있다. 따라서 당장은 미일전쟁을 피해야 한다. 미국이 태평양의 독립함대를 만들 때까지, 또한 대서양에 배치된 함대의 신속한 이동을 통해 전력을 배가시킬 수 있는 운하(파나마운하 : 1903년 부설권 양도받음. 1916년 개통)가 완공될 때까지, 또한 태평양에서 미함대가 작전할 수 있는 기지망(모항=하와이, 중간보급기지)이 완성될 때까지 미일전쟁을 연기한다는 것이다.

그리고 미일전쟁론을 유보하기 위해 한가지 조치가 더 필요했다. 그것은 한미조약의 파기였다. 그러면 한미조약을 위해서 미일전쟁을 해야 하는 경우는 피할 수 있기 때문이다. 즉 한미조약을 세계조약체제에서 분리(배제)시킴으로써 '일본의 한미조약 침범=미국이 운영하는 세계조약체제 침해'로 받아들여야 하는가 라는 딜레마를 벗어날 수 있었다는 것이다. 헐버트의 한국을 위한 미일전쟁론은 바로 이런 루즈벨트의 우회정책과 편법을 공격하고 폭로한 것이었다. 즉 미국의 전략가들이 감추고 싶어하는 자신들의 세계전략의 약점을 드러낸 것이다.

〈3〉 미국의 미일전쟁론과 헐버트의 미일전쟁론의 결합

미국의 미일전쟁론은 언제까지나 연기될 수 있는 것이 아니었다. 루즈벨트는 1906년 시점에서 한 세대 후인 1930년대 후반 경에는 미일전쟁은 불가피할 것으로 내다보았다. 실제로 미일은 1937년에 일어난 중일전쟁에서 군사적으로 교전했다. 퇴역한 미국 조종사들이 중국에 판 전투기를 몰고 일본전투기와 싸웠기 때문이다. 그리고 이 무렵 하와이 해군기지는 완성되었으며, 미국의 태평양 함대 건설도 완성을 향해 가고 있었다.

그리고 1940년에 미국은 중대 결단을 내렸다. 미일신통상조약(1911)을 폐기하기로 하고 일본에 통보했다. 국제 관행상 통상조약의 일방적인 파기 선언은 선전포고와 같았다. 실제로 일본에게 미국의 통상조약파기는 제국의 생명줄을 끊는 것과 같았다. 특히 두 가지 점에서 그랬다. 하나는 일본은 미국으로부터 석유를 공급받을 수 없게 되었다. 다른 하나는 미국이 한국지배를 거부했다. 왜냐하면 그동안 미일통상조약을 통해 미일 간에는 한국문제를 놓고 다음과 같은 합의를 했었기 때문이다. 첫째, 한반도에 거주하는 미국인들에게 적용되는 조약은 한미조약이 아니라, 미일통상조약이다. 즉 한반도는 일본이 실질적으로 관할하는 지역이다. 둘째, 한반도는 미일통상조약상의 관세가 적용되지 않는다. 즉 한반도는 미일조약이 아니라 일본의 국내법이 적용된다. 따라서 미일통상조약의 파기는 이러한 1911년에 한 미일 간의 한국관련 합의를 파기한 것과 같다.

이후 태평양전쟁이 일어났다. 그리하여 '한국(한미조약)을 위해 미국은 일본과 전쟁을 해야 한다'는 명제는 실제 집행된 셈이 되었다. 전쟁 중의 미국은 미일전쟁의 한 명분이 '한국을 위한 전쟁'이라는 점을 계속 확인했다. 다음과 같은 일련의 조치가 이를 보여준다. 미국은 대서양 헌장(Atlantic Charter)을 한국에 적용한다. → 1943년에는 일본이 한국인에 행했던 폭력과 인권침해를 처벌하기로 선언했다. → 1948년에는 신생한국으로 재탄생시켰다. 즉 미국의 전략가들이 세운 세계조약체제에 의하더라도 '한국을 위한 미일전쟁'은 가능했다. 헐버트의 미일전쟁론이 영향을 미쳤다고 보기 어려운 이유도 여기에 있다.

그렇다고 해서 헐버트의 '한국을 위해 미국은 일본과 전쟁을 해야 한다'는 주장이 담고 있는 역사적 의의를 간과해서는 안 된다. 1) 한 개인이 미국의 전략가들이 세운 거대전략에 근거한 전쟁론과 맞설 만한 미일전쟁론을 펼쳤기 때문이다. 2) 헐버트의 미일전쟁론이 미국의 전략가들의 전쟁론으로 하여금 한국을 위한 전쟁을 할 것이냐를 환기시켰기 때문이다. 3) 헐버트의 미일전쟁론의 또 다른 가치는 동시대의 한국독립운동가들의 미일전쟁기대론, 매킨지의 미일전쟁론 등을 통해서 확인할 수 있다. 한국 독립운동가들에게 미일전쟁론은 독립전쟁론의 일부였다. 이승만의 *Inside out Japan* (1941년 4월 출간)에서 확인할 수 있다. 이승만의 플랜은 미국이 일본과 전쟁할 경우 한국은 동북아에서 제2전선을 구축한다는 것이었다. 매킨지의 미일전쟁론은 '한국을 위해 미일전쟁을 할 수 있는 유일한 능력을 가진 국가가 미국'이라는 점을 지적했다. 그런데 헐버트는 '미국이 한국을 위해 전쟁을 해야 할 도덕적, 역사적, 법적 명분과 논리'를 만들었다. 당시의 누구도 이런 정도로 구체적인 명분과 플랜을 만들지 못했다는 점을 고려하면 그 가치가 보인다.

영화 〈Black Hawk Down〉 역시 헐버트의 미일전쟁론의 가치를 상징적으로 보여준다. 실화에 기초한 이 영화는 소말리아의 내전에 휘말린 미군의 생존을 위한 전투를 보여 준 후 살아남은 병사의 다음과 같은 독백을 전했다. 미군은 항상 받는 질문이 있다. '왜 남의 땅에서 전쟁을 하는가.' 헐버트는 바로 1905년에 이런 질문을 받았던 것이다. 왜 미국은 한국을 위해서 전쟁해야 하는가. 헐버트는 훗날 책을 통해 답변했다. 보편적 가치(자유 vs 전체주의)와 조약을 수호해야 하기 때문이다. 즉 '세계조약체제를 추진하려면 한미조약을 복구해야 한다.' 여기서 헐버트의 대일전쟁론은 미국판 성전(Jihad)이 되었다. 그리하여 한반도는 두 개의 지하드가 정면으로 충돌하는 격전지가 되었다. 헐버트의 미일전쟁론의 가치는 바로 여기에 있다.

제7장
한국을 포함시킬 수 있는 세계공동체는 무엇인가

-20세기의 세계 공동체 개혁론 : 루즈벨트의 한국없는 세계체제론
vs 헐버트의 한국있는 세계체제론-

Ⅰ. 문제제기

헐버트의 미일전쟁론은 한국의 독립이 최종 목표는 아니었다. 궁극적인 목표는 한국과 같은 국가를 가맹국으로 하는 '세계공동체'의 설립이었다. *Echoes of the Orient*는 헐버트가 설계한 세계공동체의 청사진을 보여준다. 그것은 정의와 같은 보편적 윤리를 이상으로 삼은 '윤리적 공동체'였다. 또한 공통의 법을 매개로 했다는 점에서 '국제법공동체'였다. 그것은 가족 간의 사랑과 같은 감정을 국가들이 세계에 요구했다는 점에서 '감정의 공통체'요, '가족공동체'이기도 했다.

그것은 칸트(Immanuel Kant)의 『영구평화론』[373]이나 기독교인의 『영구평화론』과도 달랐다. 다음을 고민하며 만들었기 때문이다.

---

373 Immanuel Kant, 이한구 옮김, 『영구평화론』(서광사, 2008).

(1) 세계공동체는 전쟁 추방을 목표로 해야 하는가. (2) 주권을 제한해야 하는가. (3) 국제주의와 애국주의는 결합이 가능한가. (4) 외교는 국가의 독점물인가. (5) 작은 국가의 역할을 어떻게 재설정할 것인가. 작은 국가의 식민지화를 어떻게 막을 것인가. (6) 일본과 같은 공포외교를 하는 국가로부터 세계공동체를 어떻게 지킬까. 즉 국제연맹을 인질로 잡는 협박외교로부터 어떻게 벗어날 것인가. (7) 일반의지는 세계공동체로 확장할 수 있을까. (8) 비밀조약은 추방되어야 한다. (9) 세계공동체는 분열상태에 있는 국가를 통합시키는 역할을 할 수 있을까. 국가통합의 역할을 할 수 있을까. (10) 미국인에게 전통국인 고립주의를 탈피하고 일본 협박외교에 굴복하지 말아야 하는 이유를 어떻게 설득해야 할까.

그리고 이러한 설계원리는 한국문제가 직접 및 간접적인 배경으로 작용했다. 1) 작은 국가에게 개방된/식민지화 금지를 원칙으로 하는 세계공동체의 개념 등장 : 그러나 한국은 가입을 거부당하고 국제경찰의 보호를 받아야 한다고 했다. 2) 비밀조약 금지 원칙의 대두 : 그럼에도 한국의 운명은 비밀조약을 통해 처리되었다. 3) 국가 개혁의 훈련 기관으로서의 세계공동체 유용론 : 한국은 조약준수 능력이 없다는 이유로 국제조약공동체에서 쫓겨났다. 4) 국제주의와 애국주의 결합론의 주창 : 그럼에도 한국은 약육강식의 민족주의의 희생양이 되었다. 5) 국제공동체를 위해 주권은 제한되어야 한다는 원리의 등장 : 한국에게는 주권박탈론이 되었다. 6) 침략적인 무력외교는 추방되어야 한다는 선언과 조약체제 : 일본을 무력외교를 사용하는 국가의 범주로 분류케 했다. 이런 원리들은 헐버트로 하여금 자신만의 세계공동체를 설계하는 원리로 검토되었다. 그것들이 한국을 국제공동체에서 축출하는 이론의 틀로 작용했기 때문이다. 그렇다면 헐버트가 설계한 세계공동체는 어떤 원리를 지닌 것일까. 제2부의 마지막 장에서 이를 추적할 것이다.

II. 루즈벨트는 왜 한국을 세계조약체제에서 축출하려고 했을까

루즈벨트가 한국을 세계조약체제에서 축출해야 했던 이유는 두 가지이다. 하나는 한국 때문에 미일전쟁을 할 수 없다는 것이다. 다른 하나는 일본을 세계조약체제에 끌어들어야 한다는 것이다. 전자의 문제는 제6장에서 알아보았다. 여기서는 후자를 다루려고 한다.

1. 루즈벨트의 세계체제론 : '한국있는 세계공동체'로부터 '한국없는 세계공동체'로 가자.[374]

20세기 세계사의 한 특징은 미국이 펼친 세계체제론의 중단없이 지속되었다는 것이다. 헤이그협약체제(1899, 1907), 국제연맹체제(1919), 태평양조약체제(1921-1922), 켈로그 부전조약체제(1928), 베르사유조약체제(1919) 등이 20세기 전반부를 관통했으며, 20세기 후반부는 국제연합이 지배했

374 연구자의 다음 글들을 요약했다. 최정수, 「헤이그 중재법정체제와 미국의 대독봉쇄전략 1899-1914」, 『세계역사와 문화 연구』 47 (2018) ; 최정수, 「미국의 세계조약체제와 한국문제, 1905-1946 : T. 루즈벨트의 한국정책을 둘러싼 헌법 및 국제법상의 논쟁을 중심으로」, 『서양사론』 141 (한국서양사학회, 2019) ; 최정수, 「제2차 헤이그 평화회의와 미국의 '세계평화전략' : '국제경찰'과 '약한국가' 처리문제를 중심으로」, 『한국사학보』 30 (고려사학회, 2008)

다. 베르사유조약체제를 제외한 나머지 5개가 미국이 주도한 조약체제이다.[375]

그러나 미국의 세계체제가 헤이그체제로부터 시작된 것은 아니었다. 그것은 19세기 중반 이래로 미국이 아시아에서 추구한 통상조약체제로부터 비롯되었다. 처음에는 유럽과 같은 불평등조약체제에 가담하는 식으로 출발했다. 유럽이 일으킨 제1차 및 제2차 아편전쟁에 참여하여 맺은 미일 천진조약과 북경조약과 일본 및 유구와 맺은 통상조약이 그것이다. 하지만 1880년대 들어 미국는 새로운 통상조약체제를 추구했다. '아시아 분할통치(divide and rule)'을 목표로 한 유럽과 달리 아시아의 분할을 방지하고, 영토와 행정적 실체를 보전하여 미국의 신통상조약망이 포섭하자는 것이다. 타일러 데넷은 이를 일러 유럽의 아시아 분할정책(Weak Asia)에 맞서 미국의 아시아의 독립유지정책(Strong Asia)으로 지칭했던 것도 이 때문이다.

그리고 한미통상조약이 바로 그 분기점이었다. 이전의 통상조약과 달리 상대적으로 평등했다는 점, 그리고 유럽의 한국과의 통상조약이 이를 모델로 했다는 점 등이 이를 보여준다. 미국도 한미조약의 이러한 점을 의식했다. 한미조약은 한국이 맺은 최초의 조약이라고 명기함으로써 '미국

375 헤이그 체제는 헤이그 평화회의를 통해서 만들어졌다. 제1차 회의는 러시아가 주도했다. 그러나 제1차 회의는 미국이 주도했다. 그리고 헤이그 회의가 헤이그 시스템으로 자리 잡을 수 있었던 것도 미국의 역할이 컸다. 원래 제1차 헤이그 회의의 초점은 군축조약체결이었다. 그러나 미국의 제안으로 국가 간의 분쟁을 해결하자는 중재재판제도가 설립되었다. 이후 제2차 헤이그 회의의 중심 의제는 중재재판소의 확정으로 무게 중심이 바뀌었다. 아울러 헤이그 회의를 정기적으로 열기로 했다. 미국이 헤이그 회의를 헤이그 시스템(Hague System)으로, 다시 세계체제(World System)로 진화시켰다고 평가하는 것도 이 때문이다. 루즈벨트가 헤이그 체제를 세계체제로 발전시키는 작업을 한 이후 모든 대통령들은 헤이그 체제의 계승 빌전을 위한 개혁은 기본적이고 근본적인 임무가 되었다.

은 한일조약을 서구식 개념의 조약으로 보지 않는다'는 점을 분명히 했다. 무엇보다도 미국은 한미조약의 유효기간과 종료방법을 쓰지 않았다. 이는 유럽의 통상조약과 달랐다. 일반적으로 통상조약은 유효기간을 정한 후 갱신하는 방법을 사용했기 때문이다. 그러나 한미조약은 5년마다 조약을 개정할 수 있다고 했을 뿐이다. 따라서 이는 보편적 가치를 추구했다는 점에서 영구조약이요, 모델조약이었다. 모든 조약의 모델이 되는 조약이라는 의미이다. 유럽 열강이 미국이 한국과 맺은 조약을 모델로 했다는 점이 이를 보여준다. 미국 또한 한미조약이 중국 및 일본 등의 아시아에서와 달리 한반도에서 이전과 다른 패턴의 새로운 외교가 펼쳐질 것을 기대하면서 미국의 아시아 외교의 최고 성과로 간주했다. 이러한 중요성은 미국이 필리핀을 차지할 때까지 유지되었다.

그러나 1899년에 새로운 조약체제가 등장했다. 제1차 헤이그 평화회의가 그 계기가 되었다. 왜냐하면 이 회의에 미국 국무장관 헤이(John Hay)가 국제분쟁을 평화적으로 해결하기 위한 방법으로 중재재판제도를 설립하자고 제안했기 때문이다. 유럽 열강은 탐탁하지 않았지만, 약소국들이 찬성함으로써 제도화되었다. 그리하여 '헤이그 중재협약(the Hague Convention of Arbitration)'이 제정되었다. 그리고 이에 근거하여 '헤이그 중재재판소(Hague Arbitral Court)'가 설립되었다. 따라서 헤이는 미국이 중재재판소를 중심으로 하여 세계조약체제를 건설할 수 있는 토대를 만든 인물이다. 알려진 바와 같이 헤이는 1899년과 1900년에 문호개방을 선언한 장본인이었다. 그리고 중재재판제도는 미국의 대법원제도를 모델로 한 것이라고 통보했다. 따라서 헤이의 문호개방선언은 한편에서는 헤이그 중재재판소의 원리로서 결합되었으며, 다른 한편에서 통상조약과 결부되었다. 즉 문호개방 선언(원칙 제시), 통상조약체제(국제법), 중재재판제도는 삼위일체를 이루는 하나의 시스템이었다는 것이다.

그리고 헤이그 중재재판소가 설립됨으로써 '중재재판조약(treaty of arbitration)'이라는 새로운 종류의 조약이 탄생했다. 이 조약을 체결하면 체약국 간의 분쟁이 발생할 경우 헤이그에 설립된 중재재판소에 회부하고 판결에 복종할 것을 의무화할 수 있다. 이로써 일종의 "체제(Establishment)"로서 중재재판조약공동체가 등장했다. 이를 추진한 인물이 루즈벨트였다. 그는 미국을 중심으로 한편에서 열강과, 다른 한편에서 약소국들과 동일한 내용의 중재재판조약을 체결했다. 비록 쌍무조약이지만, 동일한 내용의 중재재판조약이 체결되어 누적된다면 그야말로 지구적 차원의 조약체제가 성립된다고 보았다. 즉 하나의 세계(one world)를 만들어 보자는 국제주의의 이상은 루즈벨트에게 이르러 몽상가의 꿈이 아니라 현실적인 꿈이 되었다.

그리하여 기존의 통상조약과 새로운 중재재판조약은 동전의 양면을 이루며, 세계헌법의 역할을 할 수 있었다. 루즈벨트는 여기서 멈추지 않았다. 나아가 루즈벨트는 집행력을 담보하기 위한 국제경찰의 창설을 제안하고 추진했다. 이로써 미국의 통상조약체제와 헤이의 중재재판제도는 루즈벨트에 이르러 하나로 통합되었다. 또한 비록 설계도상의 제도였지만, 국제경찰이라는 집단안보의 개념을 지닌 새로운 세계체제를 지향하게 되었다. 그리고 무엇보다도 그의 노력으로 헤이그 평화회의를 정기적으로 열기로 했다. 이로써 국제입법부의 성격을 지닌 기구도 마련된 셈이다. 요컨대 루즈벨트는 종이법정(paper court)으로 예상된 헤이그 중재재판소를 가동시켰으며, 일회성으로 끝날 수 있었던 헤이그 평화회의를 정례화했다.

뿐만 아니라 루즈벨트는 중재재판조약을 통해서 군사동맹체제를 약화시키려고 했다. 분쟁을 전쟁터에서 해결한다는 것이 후자의 분쟁 해결방식이었던 반면, 전자는 법정에서 해결한다고 했기 때문이다. 예컨대 미국과 영국, 일본, 프랑스 등과 중재재판조약을 맺은 경우 영일동맹(1902, 1905), 영불협상(1904)은 미국을 가상의 적국으로 삼기 어렵다. 실제로 루즈벨트는 영불일 등과 1908년에 중재조약체제를 구축하였다. 즉 미국의 세계체제는 유럽의 군사동맹체제의 폐기를 목적으로 했다.[376] 루즈벨트가 헤이그 회의를 정례화함으로써 '헤이그시스템'으로 만들고, 다시 헤이그시스템을 '세계체제(world system)'로 만들려고 했다는 평가가 따르는 이유도 여기에 있다.

2. '루즈벨트 이후의 세계조약체제' : 한국없는 세계체제 계승

루즈벨트의 세계조약체제는 이후 미국 대통령들의 숙제가 되었다. 루즈벨트의 설계도를 수정하거나 보완할 수 있었을지라도 폐기는 할 수 없었다. 태프트는 중재재판소를 세계 사법부(World Court)로 발전시킴으로써

376 중재재판조약을 이용하여 군사동맹체제를 약화시킨다는 전략은 실제로 작동했다. 태프트정부(1905-1912)에서 그 점을 확인할 수 있다. 태프트 정부는 1911년에 영국에게 신중재재판조약을 제안했다. 양국 간에 분쟁을 모두 중재재판조약을 통해 해결하자는 것이었다. 이를테면 불가침조약을 맺자는 것이다. 대신 미국의 제안을 수락하려면 영일동맹을 폐기해야 한다고 했다. 영일동맹조약의 자동참전조항과 법을 통한 분쟁해결조항은 양립할 수 없다는 것이다. 이에 영국은 일본에게 요구하여 아직 5년이나 유효기간이 남은 제2차 영일동맹 개정을 요구하고, 다음을 제안했다. 즉 영일동맹조약의 자동참전조항은 중재재판조약을 맺은 국가에게는 적용되지 않는다는 새로운 조항을 삽입하자는 것이다. 만일 일본이 거부하면 영국은 동맹을 계속하기 어렵다는 뜻도 전했다. 영국은 영일동맹 때문에 미국과 전쟁하는 일은 없어야 한다는 것이다. 그리고 미국이 영일동맹의 폐기를 요구해 왔다는 점도 솔직히 전했다. 영국으로서는 미국과 일본을 모두 친구가 되고 싶지만, 하나를 택한다면 미국과 적이 될 수 없다는 것이다. 따라서 일본이 동맹수정을 받아들이는 수밖에 없다는 것이다.

중재법정의 세계화를 추구했다. 태프트의 뒤를 이어 윌슨은 헤이그 체제를 바탕으로, 세계입법부를 만들었다. 그리고 루즈벨트가 발의했던 국제경찰제도를 받아들여 집단안보체제를 구축했다.

그러나 미국은 국제연맹에 가입하지 못했다. 이에 따라 미국은 새로운 조약체제를 추진했다. 하딩(Warren G. Harding)은 태평양조약체제(The Pacific Treaty System)를 통해 헤이그조약체제를 지역화하고 심화시켰다. 헤이그 중재재판제도는 미영불일 등 4개국 부전조약체제로 특화되고, 통상조약체제는 중국의 문호개방을 국제법화한 9개국 문호개방조약으로 구체화되었다. 그리고 헤이그에서 시작된 군축조약은 워싱턴 군축조약(5대국 조약)으로 처음으로 구현되었다. 이후 문호개방조약, 군축조약, 부전조약은 개별적으로 추진되었다. 문호개방조약으로 문호개방은 국제법이 되었으며, 군축조약은 런던군축회의로 이어졌고, 부전조약은 켈로그-부리앙 조약체제로 발전했다. 이 모두는 불가침조약을 지향했으며, 세계조약의 법전화를 추구했다.

문제는 미국이 추진한 이러한 국제조약체제들이 한국의 운명에 큰 영향을 미쳤다는 것이다. 이때마다 미국은 다음을 묻지 않을 수 없었기 때문이다. 누구를 가맹국으로 삼아야 할까. 이는 조약체제의 성격에 따라 달랐다. 군축조약이라면 군사력을 보유한 열강이 초청대상이었다. 예컨대 워싱턴 군축조약(1921)의 경우가 그렇다. 이때 미국은 영국, 프랑스, 일본, 이탈리아 등을 초청했다. 5대국 회의로 불리는 것도 이 때문이다.

그러나 헤이그 중재협약체제의 경우는 가맹국의 숫자는 많은수록 좋았다. 국가 간의 분쟁을 해결하기 위해 중재재판에 회부한다는 협약문이었기 때문이다. 따라서 이 협약문에 서명한 국가가 많으면 많을수록 국제

분쟁해결기구로서의 권위와 실질적인 역할이 커지게 된다. 우선 가입한 열강이 많으면 많을수록 이 협약은 불가침조약의 성격을 지니게 된다.[377] 특히 약소국의 가입은 매우 중요했다. 열강과 약소국 간의 분쟁 시에 약소국이 식민지로 전락하는 것을 막자는 것이었기 때문이다.[378]

---

377 이러한 효력은 가옥세 심판사건(1901-1905)에서 확인되었다. 1850년대에 열강-일본 통상조약에 의해 치외법권이 적용된 지역에 일본이 과세권을 발동하자 영국, 독일, 프랑스 등이 반발했다. 일본은 세 가지 이유를 들었다. 1) 통상조약은 불평등한 것이었기에 무효이다. 2) 일본 헌법의 효력은 일본 전역에 관통되어야 한다. 3) 일본 헌법은 과세 평등을 원칙으로 한다. 이는 내국인에게는 물론 일본 내 외국인에게도 적용된다. 결국 헤이그 중재재판소에 회부키로 합의했다. 1905년에 나온 판결은 일본의 패소였다. 근거는 간단명료했다. '불평등 조약일지라도 개정될 때까지는 준수되어야 한다'는 것이다. 이는 다음과 같은 메시지를 담고 있었다. 첫째, 국제법으로 합의했다면, 이는 국내법도 구속한다. 통상조약일지라도 헌법에 복종해야 한다는 일본의 주장을 거부한 것이기 때문이다. 둘째, 조약은 조약으로만 개정할 수 있다. 신헌법을 제정함으로써 구일본법하에 체결된 기존의 통상조약을 개정할 수 있다는 일본의 주장을 거부한 것이기 때문이다. 요컨대 이 판결로 조약=국제헌법과 다름없다는 점을 선언한 셈이 되었다.

378 1899년 헤이그에서 미국이 제안한 중재재판소를 채택할 것이냐의 여부를 놓고 참가한 국가들은 편을 나누어 논쟁했다. 한편에서는 열강과 열강이, 다른 한편에서는 약소국과 약소국이 각각 대립했다. 쟁점은 세 가지였다. 첫째, 국제법을 법으로 보아야 할까. 만일 중재제도를 인정하면 국제법이 국민들이 합의한 국내법을 구속하는 것이기 때문이다. 뿐만 아니라 법을 위반할 경우 법의 집행을 강제할 방법이 없다. 둘째, 중재재판제도가 그동안 신성불가침한 것으로 간주되어 온 주권의 개념과 충돌한다는 것이다. 특히 무제한 권리로 인정되어 온 전쟁주권을 제한한다는 점을 문제시 했다. 국가 간의 분쟁을 전쟁터가 아니라 중재재판을 통해서 하자는데 합의하는 것이기 때문이다. 셋째, 과연 이 제도가 약소국에게 유리할까, 불리할까. 이 제도를 반대하는 약소국들은 트로이 목마와 같이 열강이 약소국을 합법적으로 침탈하는 제도가 될 것으로 내다보았다.

이러한 논쟁은 바로 제2차 베네수엘라 위기(1901-1903)에서 헤이그 중재재판제도의 그러한 효력은 확인되었다. 베네수엘라가 유럽으로부터 빌린 차관의 상환능력을 상실하자, 영국과 독일 등 6개국 차관단이 독일 군함을 앞세우고 강제 회수에 나섰다. 베네수엘라가 국가 파산을 선언한 상태였기 때문에 결국 채권단이 할 수 있는 방법은 토지 할양이나 이권양도 등 사실상 식민지화하는 외에는 없었다. 그러자 미국이 먼로독트린(Monroe Doctrine)을 근거로 개입했다. 다음과 같은 상황을 염려했기 때문이다. 이를 방치할 경우 자칫하면 채권 회수를 빌미로 유럽의 공동식민지로 만드는 선례가 될 수 있다. 그렇게 되면 미국이 독립을 승인했던 중남미 18개 국가가 유럽의 식민지로 다시 포획될 수 있다. 이에 당시 대통령 루즈벨트는 유럽의 퇴거를 요구하며, 불응 시 전쟁 불사를 선언했다. 그리고 전 세계에 배치된 미국 함대의 총동원령을 내렸다.

결국 미국과 유럽 채권단은 이 문제를 헤이그 중재재판소에 회부키로 합의했다. 중재재판소의 판결은 이랬다. '회수불능에 빠진 차관일지라도 무력을 통한 강제징수는 허용되지 않는다'는 것이다. 대신 공동감시단으로 만들어 베네수엘라의 항구 두 곳의 관세 징수권을 한시적으로 양도키로 했다. 이 판결은 중요한 메시지를 남겼다. 즉 차관회수는 채권국의 권리이지만, 권리행사방법은 제한한다. 특히 전쟁권 행사는 금지한다는 것이다. 그런데 그동안 채권회수를 위한 무력행사는 채권에 부속된 권리라는 것이 국제관습으로 여겨 그런데 바로 이러한 설립취지가 헤이그 중재재판소의 약점이기도 했다. 언급한 베네수엘라 사건에서 확인되었듯이 약소국이나 심지어는 열강조차도 이를 적극적으로 활용할 경우 열강의 제국주의식 식민지 팽창의 발목을 잡을 수 있기 때문이다. 열강 중에 이 문제를 가장 고민해야 했던 열강은 일본이었다. 헤이그협약이 작동할 수 있는지의 실험이 남은 지역이 아시아였기 때문이다. 아프리카 대륙은 유럽이 식민지로 합의했기 때문에 문제가 되지 않았다. 헤이그 협약이 체결되기 전인 1880년대 초에 비스마르크 주도하에 콩고-베를린 협약(1884)을 맺음으로써 식민지 분할방식을 정하고 이를 상호승인했기 때문이다.[379] 중남미 대륙도 문제가 안 되었다. 베네수엘라 위기를 통해 미국, 유럽, 중남미 간에는 헤이그협약을 적용키로 합의한 것이기 때문이다.

3. 일본이 있는 세계조약체제

문제는 아시아였다. 그중에서도 한국과 중국이었다. 다른 지역은 유럽이 국가로 승인하지 않은 상태에서 그들의 식민지가 되었기 때문에, 이 지역이 중재재판에 회부될 일은 없었다. 그러나 한국과 중국의 경우는 달랐

져 왔다. 따라서 판결문은 국제법을 제정하는 판례법과 같은 의미를 지니게 되었다. 또한 무제한 인정되던 전쟁주권을 제한하는 의미도 지니게 되었다. 이처럼 헤이그 중재재판제도는 약소국에게 유리하다는 점이 확인되었다. 제2차 헤이그 평화회의에서 아르헨티나 외상 다르고가 중남미판 먼로독트린으로 볼 수 있는 다르고 선언(Dargo doctrine)을 발표하고, 베네수엘라 사건의 판결을 성문화된 국제법으로 제정해야 한다고 촉구했던 것도 이 때문이다.

379 미국은 이를 부정하고 헤이그협약이 적용되어야 한다는 입장이었다. 벨기에의 콩고 식민지 회사와 미국이 통상조약을 체결했기 때문이다. 통상조약은 국가 간에만 가능했다. 이는 미국이 콩고 식민지 회사를 벨기에의 식민지가 아니라 독립된 국가로 간주했음을 뜻한다.

다. 열강은 이미 독립국가로 승인했다. 중국은 1840년대에, 한국은 1880년대에 각각 통상조약을 맺었기 때문이다. 따라서 이 두 국가의 식민지화는 중재재판의 대상이 되었다. 즉 헤이그 협약의 적용지역이었다. 그런데 문제는 일본이 이 지역에 대해 식민지화의 야망을 지니고 있었다는데 있다. 특히 한국에 대해서는 독점적 권리를 주장하고 있었으며, 청일전쟁을 통해 그 점을 드러내었으며 그리고 다시 러일전쟁을 통해서 재차 보여주었다.

일본의 이러한 야망은 미국을 고민케 했다. 헤이그 중재재판소를 만든 장본인이었기 때문이다. 원칙대로라면 일본이 한국에서 취한 조치는 제소해야 했다. 즉 아시아판 베네수엘라 사건으로 만들어야 했다. 그 경우 반대할 유럽 열강은 없었다. 모두 한국과 통상조약을 체결하고 있었기 때문이다. 이들의 이러한 의도는 러시아와 영국을 통해서 확인되었다. 전자는 러일전쟁의 마무리를 헤이그 중재재판소에서 하자고 제안했으며, 후자는 영일동맹을 개정하고 한국의 보호국화를 인정해 달라는 일본의 요청을 가장 강력하게 거부한 국가였다. 물론 한국은 이 재판을 원했다. 그리고 재판에 회부되면 일본의 패소는 불을 보듯이 뻔했다. 조약과 관련된 두 번의 헤이그 중재재판소의 판례가 일본의 패소를 예상케 했다. 베네수엘라 위기와 가옥세 심판사건의 판례는 통상조약을 국제헌법으로 간주했기 때문이다.

그러나 미국은 그렇게 할 수 없었다. 루즈벨트가 구상하고 추진 중이던 세계체제가 그것을 막았다. 즉 루즈벨트의 구상은 이랬기 때문이다. 1) 미국은 중재재판조약를 세계체제로 만든다. 2) 이를 위해 영국과 일본이 이 조약체제의 양대 중심축이 되어야 한다. 대서양지역에서는 미영중재조약을, 아시아와 태평양지역에서는 미일중재조약을 각각 기축으로 삼는다.

그 경우 군사동맹체제를 약화시키고 나아가 궁극적으로 국제정치에서 퇴출할 수도 있다는 것이다. 이 때문에 사실상 상원의 동의절차와 고립주의로 동맹이 불가능한 상황의 미국에게 매우 중요한 제도였다.

일본이 꺼려하는 이유 중의 하나도 여기에 있었다. 그 경우 영일동맹이 작동할 수 있을까를 염려하지 않을 수 없었기 때문이다. 언급했듯이 일본의 입장에서 볼 때 이는 기우가 아니었다. 그리고 영국은 중재재판조약을 그러한 의도로 사용 중이었다. 1903년 10월과 1904년 4월에 맺은 영불중재재판조약[380]과 영불협상을 통해서였다. 프랑스는 이를 통해 러불동맹이 영불전쟁으로 전화되는 것을 막고자 했다. 영국 역시 영일동맹이 영불전쟁으로 전이되는 것을 원치 않았다. 바꾸어 말하자면 영불은 중재재판조약을 통해 각각 자국의 동맹체제를 불구로 만들었던 것이다. 이 조약이 불가침 조약의 성격을 지녔다는 것도 이 때문이다.

일본이 중재재판조약을 꺼려한 두 번째 이유는 미일중재재판조약을 맺으면 한국을 식민지로 만들 수 없게 된다는 것이다. 언급했듯이 이 조약을 체결하면 체약국 간의 조약을 둘러싼 분쟁은 중재재판소에 회부해야 하며, 이는 의무가 되기 때문이다. 따라서 일본의 한국지배는 한미통상조약체제를 위반하는 것이요, 당연히 중재재판에 회부되어야 하다. 그렇다고 일본은 무작정 중재재판조약을 체결하자는 미국의 제안을 거부할 수 없다. 영국은 미국과의 중재재판조약을 환영했는데 그 경우 영국이 가장 두려워하는 미영전쟁을 막을 수 있기 때문이다. 만일 일본이 미국의 제안을 거부한다면 영국을 다음의 상황으로 몰아넣은 것과 같다. 한편에서 영국

380 영불은 모로코와 이집트를 놓고 전쟁하는 일은 없어야 한다고 약속했던 것이다.

은 미국과 중재재판조약체제를 준수해야 하고, 다른 한편에서 일본과 군사동맹협정을 지켜야 한다. 이때 미일전쟁이 일어나면 어떻게 할 것인가. 그 경우 영국은 택일해야 한다. 분명한 것은 누가 보더라도 영국은 미국과 전쟁하기 어렵다는 것이다.[381]

4. 미일중재협정 및 중재조약체제의 탄생 : 태프트-가쓰라협정과 미일중재조약의 결합

일본이 이런 진퇴양난의 딜레마에 빠져 있을 때, 루즈벨트가 활로를 열어 주었다. 그가 제안한 중재재판조약은 이런 것이었기 때문이다. 1) 일본은 통상조약을 둘러싼 분쟁, 법적 성격을 지닌 분쟁, 외교로 해결할 수 없는 분쟁은 중재재판소에 회부해야 하며 이것이 의무라는 점을 수락해야 한다. 2) 대신 미국은 일본의 사활적 이익(vital interest)을 재판대상에서 면제해 준다.[382] 일본은 이 예외 조항이 한국을 염두에 둔 것임을 알고 있었다. 즉 미국은 일본이 한국을 지배하더라도 한미통상조약을 근거로 중재재판을 청구하지 않겠다는 것이다.

381 영불은 같은 조상을 두었기에 내란이 된다는 점, 미영전쟁은 미국의 캐나다 병합을 결과할 것이라는 점, 캐나다의 분리주의자들은 미국 연방에 자발적 병합을 바라고 있다는 점, 그 경우 호주와 뉴질랜드도 캐나다의 전례를 따를 것이 예상된다는 점, 독일의 제국주의 팽창의 호기를 줄 것이라는 점 등이 미영전쟁을 거부했다. 영국은 1908년에 제국방어위원회를 열고 대영제국의 방어전략 중에 영미전쟁계획을 영구 폐기하고, 캐나다로부터 군대를 철수시켰다. 미영중재재판조약이 불가침조약으로 작용할 것을 믿어 의심치 않았던 것이다.

382 물론 이 조항은 일본에게만 해당되는 것은 아니다. 쌍무조약이었기 때문에 미국도 적용된다. 미국의 경우 필리핀과 이민문제를 사활적 이익으로 간주했다. 그리고 재판을 청구할 수 없는 대상은 사활적 이익 외에도 국가의 명예에 관한 일과 독립에 관련되는 일도 포함되었다.

그러나 일본은 이를 확신할 수 없었다. 여기서 미일 간에 태프트-가쓰라협정이 요구되었던 것이다. 미국은 일본의 외교권 양도를 인정한다고 했지만, 이런 뜻이었다. 1) 미국은 일본에 대해 중재재판청구권을 행사하지 않는다. 2) 한국이 한미조약의 거중조정조항에 근거하여 중재재판청구를 요청하더라도 미국은 응하지 않을 것이다. 나아가 미국은 한미조약 자체를 사실상 폐기했다. 주한 미국공사관을 철수시켰기 때문이다. 그리고 1905년 11월에 을사협약이 채결되자마자 그러한 조치를 취함으로써 일본의 한국보호국화 협약을 추인하고 다른 열강에게도 미국과 같은 방식을 취할 것을 은근히 촉구했던 것이다.

동시에 루즈벨트는 자신의 행위를 정당화하기 위해 한국이 조약능력이 없는 국가이며, 따라서 독립국으로 간주할 수 없으며, 나아가 한미조약은 미국정부의 오판으로 체결된 것이었다고 이전 정부를 비판했다. 따라서 1882년 한미조약을 체결한 정부의 조치를 바로 잡는 것은 자신의 임무라는 것이다. 즉 한국이 국가 간의 가족공동체의 구성원이 될 수 없는 세 가지 이유를 제시했다.

> (1) 조약 능력이 없다. 무능국가(impotence)이기 때문이다. (2) 그럼에도 조약을 악용한다. 중립정책이 대표적인 사례 중의 하나이다. 따라서 한국의 조약체결권은 국제분쟁의 원인이다. 조약권을 박탈하는 것이 국제평화를 위해서 필수적이다. (3) 약한국가(weak state)는 완충지역(Buffer Zone)으로 기여해야 한다.

요컨대 한국은 개인으로 말하자면 심신미약자로서 권리의무주체가 될 수 없는 사람에 해당되는 국가로 분류했던 것이다. 루즈벨트의 중재재판조약체제가 한국에게 재앙으로 작용했다는 이유가 여기에 있다.

그리하여 1882년에 한미조약을 통해 '한국있는 세계조약공동체'에 가입했던 한국은 1905년에 루즈벨트의 신조약체제를 출범시킴으로써 축출되었다. 이로써 루즈벨트가 만든 '한국없는 세계조약체제'가 가동하였으며, 이는 후임 대통령들에 의해서 계승되었다. 민족자결주의를 선언한 윌슨조차도 그랬다. 그는 이 원칙을 한국에 적용한다는 점을 생각해 본 적도 없지만, 위임통치청원조차도 허락할 수 없었다. 루즈벨트와 같은 논리였다. 일본을 국제연맹체제에 가입시키기 위해 한국의 가입을 막는다는 것이었다. 한국을 가입시키면 일본이 가입하지 않을 것이기 때문이다. 즉 '일본있는 국제조약체제'를 가동시키려면, '한국없는 국제조약체제'여야 한다는 것이다. 이러한 셈법은 1939년 말 미국이 일본과 모든 조약체제를 폐기한다는 선언을 할 때까지 유지되었다. 그리고 1945년의 국제연합을 통해 '한국있는 국제조약체제'는 구축되었다. 한국없는 국제조약체제를 작동시킨 1905년으로부터 40년 만의 일이었다.

Ⅲ. 헐버트의 기존 국제공동체 비판 논리(1)

1. 헐버트의 한미조약 해석 : 미국정부는 '조약공동체'로부터 한국을 축출했다. 그러나 그렇게 하면 안 되었다.

루즈벨트의 이러한 전략에 대해 정면으로 반발한 인물이 헐버트였다. 그는 1906년부터 루즈벨트가 1905년에 집행한 대한정책이 국제법과 미국

헌법을 위반했다는 점을 지적하며, 이를 바로 잡을 것을 요구했다. 아울러 일본의 대한정책(을사협약)이 불법를 저질렀음에 미국정부가 침묵하고 있다며 공격했다. 그리고 미국의 이러한 조치들이 한국을 국제조약체제에서 축출하려는 의도를 지녔다는 점도 비판했다. 그리고 한미조약의 복구를 요구했다.

그러나 미국은 받아들이지 않았다. 위에서 지적했듯이 한국과 일본은 루즈벨트기 추진한 조약체제에서 공존할 수 없었다. 마침내 헐버트는 이 점을 문제시했다. 미국이 추진 중인 세계조약체제를 비판했을 뿐만 아니라 대안도 제시했기 때문이다. 그는 자신이 구상한 세계체제론을 *Echoes of the Orient*를 통해서 세상에 소개했다. 여기서 헐버트의 세계공동체론은 국제조약체제의 장단점을 분석한 후 '한국을 포함시킨 세계체제'론을 펼쳤다. 이는 기존의 미국의 '세계체제론'의 개혁을 요구한 것과 같다. 미국이 추진한 세계체제안은 '한국을 배제한 세계공동체'였기 때문이다. 더욱이 민간인으로서 세계체제론을 펼쳤다는 점, 하물며 한국을 포함시킨 세계체제론을 주장했다는 점에서 역사상에 그 전례가 없었다고 해도 과언이 아니다.

2. 한미조약은 국제공동체의 마지막 연결고리였다. : 한미조약은 지구공동체 만들기 운동의 일환이었다. 이로써 한국은 지구 연방의 일원이 되었기 때문이다. 이때 한국을 서구 국가들의 가족공동체로 안내한 나라는 미국이었다.

한국은 슈펠트 제독(Commodore Schufeldt)의 거중조정(good offices)을 통

해서 비로소 서구국가들의 가족공동체(the family of Western Family Nations)의 일원으로 안내받았다.[383]

3. 한미조약은 한국 개혁의 도구가 되어야 했다. : 따라서 미국은 한국을 개혁할 의무가 있다. 개방 후 개혁정책을 지원한다고 조약문서상으로 약속했기 때문이다. 특히 두 가지 조항이 이러한 의미를 강조하고 있다. 첫째, 진정한 의미의 최초의 조약이다. 둘째, 한국의 개혁을 돕는다.

한미조약 제11조 : 체약국의 학생으로서 언어, 문예, 법률 또는 기술을 연구하기 위해 상대국을 방문하는 경우 호의의 증표로서 가능한 모든 보호와 원조를 제공해야 한다.

한미조약 제12조(조약개정) : 본 조약은 조선국이 최초로 입약한 조약이다. 따라서 그 조약문의 내용이 개괄적이고 불완전하다. 그렇지만 일단 약정된 조항들을 실시될 것이다. 그리고 여기에 포함되지 않은 규정들은 5년 후 양국 관민이 각각 상대방의 언어에 익숙하게 되었을 때 상세한 통상조관 및 규칙에 관하여 재교섭한다. 교섭 원칙은 국제법에 합치되어야 한다. 또한 그 어느 편에도 불평등한 차별이 없게 한다.[384]

이 때문에 미국의 아시아 정책은 'Strong Asia'정책으로 부르며 유럽의 'WeakAsia'와 구별했던 것이다. 한미조약은 바로 그 점을 잘 보여준다.

---

383 *Echoes of the Orient*, p. 11.

384 This being the first Treaty negotiated by Chosen,… in conformity with international law andwithout unequal discriminated on either part, shall be had.

4. 한미조약은 국제공동체에서 작은 국가의 역할을 보장한다. : 미국은 작은 국가(little state)들의 역할이 있다는 점을 깨달아야 한다. 즉 국제조직 속에서 한국과 같은 작은 국가들은 다음의 기능을 할 수 있다.

① 국가 간의 조직체에서 작은 국가는 완충국(Buffer state)의 역할을 할 수 있다. 이 경우 국제조직은 '작은 국가가 자치국임을 보장하는 시스템이 될 수 있다.' 즉 '집단' 승인의 의미를 지닌다.

② 작은 국가의 존재는 세계제국(Universal empire)의 등장을 막을 수 있다. 세계제국은 작은 제국을 보호국/병합함으로써 이루어지기 때문이다. 따라서 작은 국가로 머무는 것을 집단이 보장하는 것은 세계제국을 예방하는 것이 된다. 즉 "세계를 탐하는 거인(world devouring giant)"[385] 등장은 막아야 한다.

③ 또한 '거대한 제국 중국이 변방에 있기 때문에 문명의 독자성이 없으며, 창조적인 문명/문명의 발원지가 될 수 없다'도 명제는 부정되어야 한다. 비록 로마 제국의 파편이었지만, 유대국가 없이 프랑스가 있을 수 없다. 또한 고대 그리스와 로마는 위대한 문명을 이루었다.[386] 즉 작은 국가들이 문명의 창조자가 될 수 있음은 역사가 입증한다. 그런데 한국은 유대왕국과 같이 작은 국가이다. 그리고 유대왕국보다도 훨씬 오래 전에 문명을 이루었다.

그럼에도 실제로 미국을 비롯한 외국인들이 작은 국가에 대해 펼친 정책은 무엇인가. 1) 조약의 의무인 개혁을 지원하기는커녕 최혜국조관을

385 *Echoes of the Orient*, p. 305.

386 *Echoes of the Orient*, Chap. 11.

이용한 착취에만 관심이 있었다. 즉 열강의 내부의 요구(경제진출)/불만(빈곤)을 분출하는 안전판(Safety valve)이나 교두보(Stepping stone)로 악용했다. 따라서 '개방'시킨 후에 뒤따르는 '개혁'에는 관심이 처음부터 없었다. 더욱이 영국이나 미국은 기회는 있었지만 그렇게 하지 않았다. 이러한 사례를 데니(Denny)의 개혁 작업이 좌절된 데서 알 수 있다. 그는 한국인에게 미국인의 아메리카니즘(Americanism)의 실체가 자유(liberty)임을 알려주려고 했다. 그러나 영국은 오히려 미국인 판사 데니를 사임시켰다. 그리고 미국은 이를 막지 않았다. 데니의 사임은 나에게 충격을 주었다. 한국에서 물리적 싸움을 피했기 때문이다. 이러한 행위들은 앵글로 색슨(Anglo Saxon)의 전통에 배치된다.[387] 요컨대 미국은 진정으로 한국 개혁에 힘쓴 적이 없으며, 비유하자면 잿밥에만 관심이 있었다는 것이다.

5. 일본이 아니라 국제조약체제가 한국의 개방과 개혁을 도와주어야 한다. : 이런 나의 입장은 지금도 변함이 없다.

> 한국은 국가 가족공동체(Family of Nations)의 구성원(member)이다. 그리고 그런 지위(status)가 의미(imply)하는 보호(protection)를 받을 자격이 있다.[388]

이를 위해서 일본의 한국의 보호국화를 지지했던 것이며, 마찬가지로 일본이 한국을 국제체제에서 빼내었기 때문에 반대로 돌아섰던 것이다.

---

387 *Echoes of the Orient,* Chap. 11, Chap. 12.

388 *Echoes of the Orient,* Chap. 17.

> 나는 일본이 계속해서 약속들을 깰 것으로 믿지 않았다. 또한 일본이 국제가족공동체라는 최상의 이상(highest ideals of international comity)을 표방하는 대신에 모든 금지를 내던져버리고 최악을 택할 것으로도 보지 않았다.…그러나 2000만의 인민들을 그동안 존속시킨 자유(continued Liberty)를 교수형에 처한 것 외에는 어떤 일도 일어나지 않았다. 여기서의 자유는 자기 발전(self-development)을 위해 필수적인 선행조건(prerequisite)을 의미한다. 국가는 크든, 작든, 부국이든 빈국이든, 약한 국가이든, 강한 국가이든, 문명화되었던 비문명화 상태에 있든 간에 그렇다.[389]

그리고 일본을 대신하여 미국의 지원을 요구했던 것이다. 그러나 1905년의 미국의 한국 철수는 한국인의 자유를 박탈하는 일본의 행위를 방관하는 행위였다. 역사가 하워드 빌(Howard Bill)이 이 점을 지적한 바 있다.

> 1905년 11월에 일본은 미국이 묵인하는 가운데 한국을 손아귀에 넣었다. 따라서 미국은 스스로가 엄숙한 조약을 통해서 보장할 것이라고 맹세한 한국인의 자유가 파괴되었다는 사실을 최초로 인식한 국가가 되었다.[390]

Ⅳ. 헐버트의 기존 국제공동체 비판 논리(2)

(1) 한국을 보호할 수 없는 기존의 조약공동체는 개혁되어야 한다. : 한국을 국제공동체에서 빼버리는 정책은 윌슨정부하에서도 계속되었다. 이때 미국은 한국의 국제연맹의 공동보호령 요청을 거부했는바, 이는 한국

389 *Echoes of the Orient*, p. 260.
390 『한미수교 1세기의 회고와 전망』, p. 91.

의 지배를 용인함으로써 일본을 국제연맹에 가입케 하자는 정책에 다름 아니었다. 따라서 미국의 국제연맹(League of Nations)도 진정한 평화공동체가 될 수 없다고 비판했다. 그것은 '국가 간의 가족공동체(Family of Nations)'에 필수적인 공정한 법칙(Square Deal)을 상실했기 때문이다.[391]

이처럼 국제연맹이 한국에 대한 보호망을 제공하기를 거부한다면 이 또한 개혁되어야 한다. 조약열강(Treaty Powers)이 하나의 가맹국으로서 제기하는 것이 아니라, 전체 조약열강의 이름으로 일본이 한국에서 손을 뗄 것을 요구해야만 한다는 것은 서구문명의 한계를 보여주는 것이기 때문이다.[392] 바꾸어 말하자면 현재의 수준과 그동안의 행적을 볼 때 조약열강이 국제연맹의 이름으로 일본에게 한국에서 철수하라는 식으로 결의하는 일은 일어날 가능성이 없다는 것이다.

요컨대 헐버트의 주장은 이런 것이었다. 국제조약체제가 한국의 개방과 개혁을 도와주어야 한다는 나의 입장은 지금도 변함이 없다. 이를 위해서 일본의 한국의 보호국화를 지지했던 것이다. 또한 같은 이유로 일본의 한국 보호국화를 반대로 돌아서게 되었다. 일본이 한국을 국제체제에서 빼내었기 때문이다. 이에 나는 미국이 지원할 것을 요구했던 것이다. 그런데 윌슨의 국제연맹이 한국에 대한 보호망을 제공하기를 거부했다. 여기서 나는 미국이 추진해 온 국제조약체제의 근본적인 개혁안을 제시하게 되었던 것이다.

391 *Echoes of the Orient*, p. 313.

392 *Echoes of the Orient,* Chap. 17. 을미사변과 명성왕후 시해재판.

(2) 일본을 견제할 수 없는 조약공동체도 개혁되어야 한다. : 기존의 조약공동체는 일본을 견제하지 못했다. 일본을 견제할 수 있는 국제공동체여야 한다. 그러나 그렇게 하지 못했다. 기존의 국제체제의 가장 큰 문제점은 이 점이다. 만일 일본의 불법을 눈감아주는 현재의 방식으로 운영된다면 미국의 국제연맹 가입은 저지되어야 하며 이는 당연하다. 즉 "윌슨의 국제연맹 가입안"은 가입의 당위성을 "주장"하면서 '가입 반대론'을 다음과 같이 "비판"한다. 미국의 국제연맹 가입을 반대(비준거부)하는 것은 "국제적 배신(international treachery)"행위와 같다는 것이다. 그런데 누가 배신한 것인가. 일본의 "중국 약탈(spoliation)을 묵인하는 것"이 국제적 배신이 아닐까. 비준 반대론 속에는 이처럼 "소멸시킬 수 없는 사실을 담고 있다." 그럼에도 이를 외면하고 비준거부를 국제적 배신으로 비판하는 것은 "공정한 거래(Square deal)라는 미국의 이상(American Ideal)을 제거"하는 것과 같다. 일본을 연맹에 가입시키기 위해 산동문제를 놓고 협상하는 것은 마키아벨리적인 발상이며, 공개협정의 원리(principle of open agreement)를 공공연하게 반대하는 것과 같다. 일본만 기쁘게 하고, 중국을 어렵게 한다면 미국이 국제연맹에 가입해야 할 이유는 무엇인가.[393]

또한 산동반도를 놓고 국제연맹의 원칙과 배치되는 타협을 함으로써 이후 미국이 준비한 국제조약체제도 무력화되었다. 그리고 미국이 만든 대일견제체가 일본의 팽창을 막을 수 없다는 점은 만주사변을 통해 확인되었다. 이제 일본의 전체주의 실험을 막을 장치는 없다. 일본은 오직 미일전쟁에 전념할 수 있게 되었다.

393 *Echoes of the Orient*, p. 324.

만주정복을 초래한 일련의 사건들과 현재의 중일전쟁은…현대사(contemporary history)의 문제들이다. 1922년 워싱턴 군축회담, 영일동맹의 종식, 산동반도의 환부 등이 상호 간의 밀접한 관련성을 지니며 전개된 현대사이다. 산동반도의 환부를 성사시키기 위해 미국정부는 굴욕적인 조건(humiliating conditions)을 받아들이도록 압박받았다. 그것은 바로 우리가 하와이 이서 지역에 어떤 군사적 방어책을 강화할 수 없다는 것이다. 따라서 필리핀은 때가 무르익었을 때 일본의 침투를 쉽게 허용할 것이다. 켈로그 부전조약(Kellog Pact)도 만주에 대한 리튼 보고서(Lytton Reports)도 일본에 대해 결정적인 영향력을 미치지 못했다. 오히려 일본은 유럽 외교에 대한 선입견을 강화하고, 전체주의적인 실험을 안심하고 계속했다. 일본의 의지를 방해할 장벽이 없었기 때문이다.[394]

(3) 공갈외교가 통하는 조약체제는 개혁되어야 한다. : 그리고 일본의 대미 협박외교를 막아야 했다. 그러나 그렇게 하지 못했다. 일본대사는 미국이 이민배척법을 통과시키면 미일의 갈등을 유발할 것이라고 경고했다. 이는 일본의 외교적 협박에 다름 아니며, 미국 정부의 존엄성을 침해하는 행위였다.

일본인 배척법(Japanese Exclusion Act)을 통과시킬 때…주미 일본대사 하니하라는 국무성에 다음과 같은 간결한 내용의 각서를 보냈다. 법안의 통과는 불화(trouble)을 야기할 것이다.(Echoes of the Orient, 252) 만일 그가 불화가 일어날 장소를 분명히 말했다면, 실제 분쟁(difference)이 되었을 것이다.…대통령 쿨리지는 그 법안을 극도로 혐오했지만 서명했다. 달리 선택할 수 있는 길이 없었기 때문이다. (외교적 처리는) 정중함으로도 안전하게 처리할 수 없는

394 *Echoes of the Orient*, p. 252.

> 한계가 존재한다.…(트러블을 일으킬 것이라는 일본의 협박)이…미국을 분개(resent)시킬 수는 없다. 그러나 그러한 협박은 미국을 이렇게 변하게 할 것이다. 미국이 보여준 관대함은 모욕을 초래했을 뿐이며, 나아가 정부의 존엄성(dignity)에 대한 중대한 침해(encroachment)를 자초하고 말았다.[395]

요컨대 기존의 국제체제는 개혁되어야 한다. 일본의 전쟁 욕구를 막을 수 없기 때문이라는 것이다.

V. 헐버트의 글로벌 공동체(Comity of Nations)의 양대 설계 원리 : 민주주의와 국제주의

헐버트는 마침내 자신이 꿈을 꾼 진정한 국가들의 공동체론을 펼쳤다. 그는 다음 3가지를 검토했다. 첫째, 외교는 국가의 독점 영역인가. 즉 개인은 미국 외교에 대해 개입할 수 있는가. 둘째, 기존의 국제체제가 존속되어야 하는가. 셋째, 미래의 국제공동체를 어떤 원리에 토대를 두어야 할까.

1. 외교의 민주주의 : 외교에 대한 개인의 참여를 인정해야 한다.

(1) 개인은 외교에 대해 비평할 수 있다. : 왜냐하면 외교를 관장하는 국무성은 미국인의 하인이기 때문이다. 그러나 전통적인 외교는 다음과

395 *Echoes of the Orient*, p. 253.

같은 인식에 기반을 두었다. 1) 외교관은 군인의 하인이다. 2) 외교는 국가의 독점 영역이다.

> 개인은 외교에 대해 비평할 수 있다.…국무성은 미국인의 가장 친한 친구요, 하인이다. 심지어는 대법원(Supreme Court) 조차도 예외는 아니다.[396]

즉 국제공동체는 미국민의 지지를 얻도록 해야 한다. 그러나 실제로 그렇지 못했다. 윌슨의 국제연맹이 비준을 받지 못한 것은 고립주의 때문이 아니라, 국민들에게 그 필요성을 설득하지 않았다는데서 비롯된 것이다.

> 현재 미국은 베르사유조약체제 가입문제로 분란 중이다. 윌슨이 동의한 조건에 대해 의회는 반대했다. 그러한 조건은 의회의 비준을 받을 때까지 미국정부를 법적으로 구속할 수 없다는 것이다. 윌슨의 결정은 일반적으로 받아들여지고 승인된 이 정부의 정책으로부터 급진적으로 이탈하는 것이라는 점을 부정하기 어렵다. 그런 정책의 변화는 만장일치의 투표까지는 아닐지라도 인민들의 압도적 지지를 받아야만 시도해 볼 수 있다. 그런 움직임을 헌법 수정만큼이나 중요한 것으로 인정해야 할까. 그러나 그러한 수정은 연방의 3/4의 동의를 요구한다. 또한 의원들은 정당으로부터 자유롭게 투표할 수 있어야 할 것이다. 합리적인 사람들이라면 국제연맹 가입만큼 중요한 행위는 정당의 소속여부에 상관없이 미국민 전체의 진정한 동의를 받아야만 한다는 것은 분명하다. 그러나 대통령은 그런 점에서 기질적으로 무능력했다. 즉 그가 파리로 갈 때 모든 정당의 대표들을 동반했어야 했다. 또한 당파직 야망도 잊어야 했다. 그리고 자신은 공동위원회의 규율(discipline) 그 자체가 되어야 했다. 그러나 윌슨은 이러한 능력이 결여되었으며, 그것이 그로 하여금 워싱턴에 돌아온 후에 다음

---

396 *Echoes of the Orient*, p. 253.

과 같은 정책을 펼치게 했던 것이다. 국가 전체의 정책을 정당의 문제로 만들었으며, 국민적 지지 대신에 자신의 후원세력의 지지를 받기 위해 국제연맹 가입을 민주당의 업적으로 만들었던 것이다.[397]…불행히도 미국이 베르사유조약체제 비준 반대를 정당을 통해 해소할 수 없는 상황에 이르렀다. 현재의 환경하에서 이는 피할 수 없다.[398]

(2) 국제주의는 개인의 영역에서도 취급할 수 있다.

나의 국제주의에 대한 연구는 격식을 차리지 않았으며(casual) 미숙(inadequate)하다.…나의 "결론은 아마도 개인적 경험(personal experience)으로부터 나오는 해석/설명(account)"일 뿐이다. 그러나 국제주의는 "나를 명확한 결론(definite conclusions)으로 이끌었다."[399]

(3) 일반의 외교관념(외교=사기술이다)은 비판받아야 한다. 그럼에도 그것을 이유로 국가 외교에 대한 비판을 막아서는 안 된다.

평범한 시민(ordinary citizen)은 가장 호의적인 외교(most benevolent diplomacy)조차도 극도로 민감하고 어려운 임무라는 것을 인식하기 어렵다. 외교란 단지 눈속임(legerdemain)이요, 협잡(charlatanry)이라는 일반의 관념은 부정의하고 위험스럽다. 그러한 인식은 모든 전문적인 증거(expert testimony)조차도 공공연하게 비난/탄핵할 것이기 때문이다.[400]

---

397 *Echoes of the Orient*, pp. 323-324.

398 *Echoes of the Orient*, p. 324.

399 *Echoes of the Orient*, p. 253.

400 *Echoes of the Orient*, p. 253.

2. 국제주의는 다시 정의되어야 한다.

(1) 국제분쟁을 막을 수 있는 국가들의 구조물이어야 한다.

헐버트가 요구하는 공동체는 고립주의를 탈피해야 했다. 그리고 헐버트가 전쟁을 각오해야 한다고 본 것은 국제공동체를 성사시키기 위한 필요충분조건이었다. 워싱턴의 고별사에 대한 해석에서 그랬던 것과 같이 "만일 국가들 간의 관계가 짜여진 구조물(woven fabric)이 아니라면, 그것은 분쟁(tangle)을 피할 수 없을 것이다.[401]

(2) 국제주의는 '휴전'의 수단이 되어서는 안 된다. 휴전은 미래의 전쟁을 준비하기 위한 발판만을 줄 뿐이다. 전쟁 대신에 스포츠와 같이 경쟁할 수 있는 조직이어야 한다.

> 올바른 국제주의(true internationalism)는 전쟁의 일시적 휴전 속에 존재하지 않는다. 전쟁의 휴전은 경쟁자(contestants)들과 붕괴의 전조(presage)이며, 미래의 전쟁을 준비하기 위해 숨을 고를 수 있는 공간을 줄 뿐이다. 올바른 국제주의는 경쟁(emulation)이 쓴맛(bitterness)을 주지 않고 또한 패배가 어떤 수치도 주지 않는 운동회(athletic meet)와 같아야 한다. "싸움하는 것을 자존심이 허락하지 않는다.(too proud to fight)"는 어구는 오직 자존심(self respect)보다 성공을 더 중요하게 생각하는 정신 속에서만 경멸되어야 한다. 필요로 하는 것은 국제적인 정정당당함(international sportsmanship)이다.[402]

401 *Echoes of the Orient*, p. 323.
402 *Echoes of the Orient*, p. 330.

(3) 또한 새로운 개념의 국제주의는 '두려움'에 기초해서는 안 된다. 인류애가 발휘할 수 있는 공통의 이상에 토대를 두어야 한다. 즉 실질적으로 작동하는 규범을 지닌 국제공동체여야 한다.

두려움(fear)이 국제 간의 태도를 지배한다면 어떤 것도 이루어질 수 없다. 우리가 인간의 형제애(the brotherhood of Man)에 대해 유창하게 말할 때 다음을 망각하고 있다. 공통의 아버지(fatherhood) 없이 어떤 형제애(brotherhood)도 존재할 수 없다는 것이다. 나는 이 문제를 종교적 관점에서 생각한 것은 아니다. 비록 그 문제에 대한 철학적 탐구는 궁극적으로 종교적(spiritual)로 귀착될 것이다. 그러나 국제주의가 성공하게 하려면 공통의 이상(common ideal)을 눈으로 보여주어야(visualize)한다. 그렇지 않은 국제주의가 성공한 경우는 없다. 모든 위대한 우주론적(cosmic) 종교들은 황금률(golden rule)의 정당성(validity)을 승인한다. 그리고 최상층권(stratosphere)에 있는 그러한 고귀한 개념들이 아래로(지상) 끌어 내려질 때, 그리고 실제적이고 관습과 같은 국제적인 규범(practical norm of international usage)이 만들어질 때까지 어떤 진정한 국가들의 공동체(genuine comity of nations)도 존재할 수 없다.[403]

(4) 국제주의는 공통의 적을 설정해서는 안 된다. 즉 전쟁 방지를 목표로 해서는 안 된다. 오직 보편적인 공동의 이상에 토대를 두어야 한다.

국제적 여론을 위한 공동의 유인(incentive)을 어디서 발견할 수 있을까. 우리의 미국연방(Federal Union)의 주요한 논거 중의 하나는 외국의 적(foreign foes)에 대한 공동의 방어(common defense)의 필요성이다. 그러나 이것을 세계연방(world federation)에 적용할 수는 없다. 왜냐하면 공통의 적(common

403 *Echoes of the Orient*, p. 330.

foe)이 없기 때문이다. ((비유하자면) 화성을 제외하고는 정해진 공통의 적은 없다. 국가는 아마도 적으로서 친구처럼 될 것이다.)[404]그 이유는…내부에 있다. 만일 인간들이 함께하는 집합체(body of men)가 될 수 있다면, 그들 모두가 흥미를 갖는 그 무엇이 있기 때문이다.…하나는 사람들과 문명의 다양성(diversity)에도 불구하고 공동으로 갈망하는 그런 대상들이 있다. 물론 그것은 공통의 문화(common culture)를 지닌 사람들 사이에서 보다도 훨씬 적다. 다른 하나는 공동의 조화(common accord)의 성장이 점차적으로 공통의 이상(common ideals)에 의존하게 될 것이라는 점이다.[405]

(5) 국가의 특권을 제한하는 것도 필수적으로 요구된다. 즉 주권은 제한되어야 한다.

개별적 국가들의 그러한 구조(structure of the individual state)가 보다 큰 선(good)을 얻으려면 그들의 특권을 내려놓는 것은 자명한 일이다. 인간들이 클럽에 가입할 때 그는 클럽의 규칙들과 제한에 복종한다. 보다 큰 선을 누리기 위해서이다. Chesterton은 말했다. 만일 인간이 야생을 발견하기를 원한다면, 아프리카나 버마의 정글로 갈 필요가 없다. 그는 단지 집으로 가면 된다. 그곳이야말로 세계에서 그를 기쁘게 하는 일을 할 수 있는 유일한 곳이기 때문이다.[406]

(6) 공개조약체제여야 한다. 이 점은 언급한 바 있다.(제1부 3장) 즉 '국제조직의 종류는 두 가지뿐인데, 혼란을 야기하는 카오스적인 조직과 상

404 *Echoes of the Orient*, p. 328.
405 *Echoes of the Orient*, p. 328.
406 *Echoes of the Orient*, p. 327.

호의존적인 조직이 그것이다. 후자를 만들려면 비밀조약을 축출하고, 공개협정을 근간으로 삼아야 한다. 그것이 미국의 이상이며 공정(square deal)한 국제사회를 가능케 한다. 공개된 협정들만이 그런 식의 연맹을 만들 수 있으며, 미국을 국제분규에 연루시키려는 계획으로부터 격리시키는 법칙이 될 것이다.'

(7) 국가의 대표자의 조직이어야 한다. 그래야만 공동체의 이상, 소망, 정신 등은 대표를 통해서 발현될 수 있기 때문이다. 개개인이 모두 참여하여 만들어지는 공동체 정신은 이제 가능하지 않다. 그것은 오래된 뉴잉글랜드의 읍민회의(town meeting)와 더불어 사라졌다. 대신 대표를 뽑아야 한다.[407]

> 지방적 단결을 보존해야 하는 이유 속에 성공적인 국제주의의 뿌리가 놓여 있다.…현재 국가(state)나 민족(nation)은 말할 나위도 없고, 한 도시(city)의 전체 인구가 어떤 것을 토론하고 결정하기 위해 한 시점에 또 한 장소에서 하나로 모일 수 없다.…만나서 토론하고 결정할 수 있는 그러한 권위는 대리인을 선출함으로써 만들어진다. 공동체의 이상과 소망은 규모의 크기에 상관없이, 선출된 대리인들의 마음속에서 결정화된다. 유권자(constituency)의 의지를 나타내는 대변자(mouthpiece)로서 행동한다. 바로 여기에 전체 문제의 핵심(crux)이 있다. 만일 그러한 의지(will)가 없다면, 대표자들이 유권자들의 의지를 어떻게 표시할 수 있을까. 1789년(헌법비준)에 13개 식민지를 떠올려보라. 국가적 협약(national convention)이 그것을 보여준다.…공화국은 분리된 가옥의 열을 지어 있는 것이 아니라, 단일 구조물이기 때문이다. 세대주(household)

407 *Echoes of the Orient*, pp. 326-327.

의 다수는 집을 무너뜨리는 것을 거부했다. 미국은 복수로서의 종합이 아니라, 단수로서의 종합이다. 〈The United States is (not are) a synthesis.〉[408]

(8) 또한 국가들의 연합은 미국이 모델이 될 수 있다. 국가연합은 오히려 지방적 결속을 가능케 할 것이다. 대표를 보내야 할 것이기 때문이다. 또한 대표들은 국가들의 대등한 관계로 통합될 수 있다.

> 그때 미국 연합(Union of American)의 인민들은 하나의 언어, 하나의 문화, 하나의 윤리, 하나의 종교, 하나의 전통 그리고 하나의 사회 시스템을 가졌기 때문에 고도의 지방적 통합(local cohesion)에 성공할 수 있었다.…만일 이런 식으로 미국이 통합했다면, 많은 점에서 상이한 인종들, 언어들, 종교들, 법들(laws), 전통들과 사회구조들로 구성된 모든 인류가 대등(coordination)한 관계로 통합하기 위해 무엇이 말해져야만 할까. 그것은 개인들로부터 선출된 권한을 지닌 대표가 없다면 만들어질 수 없다. 그리고 그 뒤에 국가적 통일체(national entity)가 분명하게 존재하지 않는다면 실제 대표(real representation)도 없다.[409]

요컨대 1) 국제주의는 '휴전'의 수단이 되어서는 안 된다. 휴전은 미래의 전쟁을 준비하기 위한 발판만을 줄 뿐이다. 2) 또한 새로운 개념의 국제주의는 '두려움'에 기초해서는 안 된다. 3) 전쟁의 추방은 공동체의 목표가 될 수 없다. 저마다의 동기가 다르기 때문에 전쟁추방은 공동체를 단결보다는 분열로 이끌 것이다. 4) 정정당당함이 규칙이 되어야 한다.

---

408 *Echoes of the Orient*, p. 327.

409 *Echoes of the Orient*, p. 328.

Ⅵ. 평가 : 헐버트가 설계한 세계공동체의 역사적 의미는 무엇인가. 가치있으며, 실현 가능한 플랜이었을까

(1) 헐버트의 세계체제안은 독자성을 지닌 플랜이었다. : 세계체제개혁안과 신한국 건설안을 연계시켰다는 점에서 그렇다.

19세기 말부터 서구에서는 세계공동체안이 제시되었다. 이는 자연스러운 현상이었다. 계몽주의의 논리적 귀결이 국제주의였기 때문이다. 그리고 산업화로 인한 통신 및 교통수단의 발발은 지구적 차원의 공동체 설립을 꿈꾸게 했다. 그리하여 정치인의 플랜(루즈벨트), 법학자의 플랜(태프트 : 세계법정), 역사학자의 플랜(윌슨 : 세계입법부), 군인의 플랜(마한 : 세계해양동맹), 상인의 플랜(카네기 : 중재조약을 통한 미영합중국), 철학자의 플랜(칸트 : 통상 및 중재조약 공동체) 등이 인류 앞에 제시되었다. 그리고 미국은 이미 추진 중이었다. 통상조약체제 → 헤이그협약체제 → 국제연맹규약체제 → 태평양조약체제 → 켈로그-부리앙 부전조약체제 등이 그것이다.

헐버트의 플랜은 이런 플랜들이 존재하는 곳에 뛰어들어 경합한 것이다. 헐버트는 이런 조약체제들이 20세기 전반기에 어떻게 관통되었는지를 추적하고, 이로부터 세계조약체제에 대한 많은 데이터를 얻을 수 있었다. 무엇보다도 한국이라는 대상을 놓고 1882-1930년데 후반까지 반세기 이상을 직접 보고 연구한 결과를 바탕으로 했다는 점에서 매우 가치 있는 설계도였다. 기존의 세계체제안들과 설계원리를 공유하지만, 어느 플랜과도 같지 않은 이유가 여기에 있었다. 특히 한미일 국제관계사를 통해 역사학은 현장실습과 실험의 학문이 될 수 있어야 한다는 Square Deal 사관의 이상을 실행했다. 즉 헐버트에게 세계체제를 설계하는 것은 의무요 사명이었다.

더욱이 헐버트의 플랜은 유럽식 세계체제론과는 차원이 달랐다. 유럽에서는 국제관계를 결정하는 유일한 요소가 힘이다. 세력균형(Balance of Power)을 유럽의 외교 헌법으로 간주하는 것도 이 때문이다. 그리고 미국의 전략가들이 수립한 세계체제론에 대해서도 '독립(Independence)은 상호의존(Interdependence)관계를 의미한다'는 명제를 환기시켰다. 왜냐하면 루즈벨트를 비롯한 정부의 세계체제안은 엘리트 국가 간에만 이 원리를 적용했기 때문이다.

그러나 헐버트는 열강과 약소국 간에도 그러한 관계가 작용한다는 것을 실험으로 보여주었다. '한국을 배척한 국제체제의 역사'가 결국 맞이한 것은 세계평화체제가 아니라, 전체주의 전쟁체제였다는 것이다. *Echoes of the Orient*는 바로 이 점을 보여 주려고 했다는 점에서 마법사의 수정구슬과 같았다. 개디스의 표현을 빌리면 국제관계에 있어서 독립상수는 없으며, 오직 "상호종속변수만 있을 뿐"이라는 것이다.[410]

(2) 헐버트의 세계체제안은 가치가 있었다. : 역사의 유용성, 즉 역사가 세계공동체 수립에 어떤 기여를 할 수 있는지를 입증했기 때문이다. 그동안 법, 경제, 외교, 군사 등만이 세계공동체 설립에 도움을 줄 수 있는 것으로 여겨져 왔기 때문이다.

미국에서도 "역사연구가 무익하고, 해롭기조차 하며, 역사에 의해 끌

410 John Lewis Gaddis, *The Landscape of History : How Historians Map the Past,* (2002), 『역사의 풍경, 역사가는 과거를 어떻게 그리는가』(에코, 2004), pp. 114-117.

어내려지지 않는 인간 정신과 비상의 가능성에 대해 제한이라고 보는 사람들은 늘 있어 왔다." 그리고 이런 '역사 무용론'은 역사가들이 "서양문명의 몇몇 단계에서 많이 논의되어 온 토픽"에 대해 답변하지 못했다는 점에서 비롯되었다는 점을 알아야만 한다. 즉 역사가들은 "역사연구의 효용"보다는 "효용의 한계"를 보여주었다는 것이다. 역사가들이 역사의 유용성을 보여주는데 실패한 문명의 단계는 무엇일까. 그중의 하나가 세계체제론에 대한 역사가들의 외면이었다. 역사가들이 외면하는 것은 나름대로 이유가 있었다. 우선 역사철학적 사고를 해야 한다. 인간의 미래에 대한 상상과 그것을 가능케 할 법칙이 있다는 믿음이 세계체제의 설계 동력이며 추진력이다. 그러나 역사가는 역사철학의 그러한 점을 거부했다. 따라서 세계체제론을 연구 대상으로 삼을 수 없었다.

다음으로 세계체제론을 이해하려면 인문학과 사회과학, 군사학, 심리학 등의 종합적 지식을 요구했다. 특히 법과 국제법 등에 대한 전문적인 지식은 필수적이었다. 세계체제의 설계자들이 법학자 수준의 지식을 가지고 있었다는 점이 이를 보여준다. 루즈벨트는 대학 졸업 후 법학을 별도로 공부했으며, 태프트는 그 자신이 법학자였다. 대통령을 퇴임한 후 대법원장을 역임할 정도였다. 루즈벨트가 군사 문외한인 태프트를 필리핀 방어를 책임진 육군성 장관으로 임명한 것도 일본과의 비밀특사를 염두한 포석이었다. 일본과의 외교는 비밀을 요하는바, 이를 위해서는 워싱턴에서는 비밀이 불가능하니 일본에 가서 협상해야 했는데, 그 경우 국무성의 관리를 파견하면 회의 내용을 비밀로 유지할 수 없었다. 그 경우 상원으로부터 특사 파견의 사전 승인을 얻어야 했기 때문이다. 그러나 비공식 특사의 경우 그럴 필요가 없었다. 대신 협상시 국무성의 법률 자문을 받을 수 없었다. 즉 일본과의 협상테이블 위에서 단독으로 법적 문제를 검토해야만 했다. 법적 지식은 대일비밀특사에게 필수적이었던 것이다.

그리고 대통령을 보좌한 국무장관의 필수적인 자격 요건은 법적 능력이었다. 헤이그체제를 추진한 루즈벨트가 거느렸던 두 명(존 헤이와 루트)의 국무장관이 당시 미국행정부 내의 법률가를 대표했다는 점도 이를 보여준다. 헤이는 헤이그협약체제의 미국 측 플랜을 설계한 인물이요, 루트는 태프트정부의 헤이그 플랜을 기획한 인물이다. 윌슨정부의 랜싱(Lansing)도 법률가였음은 말할 필요가 없다. 미국이 대외전략을 짤 때 법률가와 군사전략가를 참석시켰던 것도 이 때문이다.

그렇다면 세계체제를 설계할 때 역사적 지식은 필요 없었을까. 사실 미국의 세계체제의 설계 및 작동에 가장 큰 영향을 미친 것이 역사였다. 루즈벨트는 역사학자로 먼저 명성을 얻었으며, 다음과 같은 테제로 미국 역사학회 회장이 되었을 정도였다. 즉 미국사를 연구하고 미국사=축소판 세계사였다. 유럽에서 온 이주민들이 원주민들 및 흑인들과 어울어져 갈등하며 결국 연방국가를 이루었기 때문이다. 그렇다면 미국사의 이러한 경험은 세계가 공유할 수 있을 것이다. 즉 미국연방은 세계연방의 모델이 될 수 있다. 루즈벨트는 대통령이 되기 전에 이런 생각을 했다. 미국사 연구서인 Winning of the West에다 새겨 넣었다. 그리고 대통령이 되자 실현에 나섰다. 즉 역사는 세계체제의 설계원리요, 작동법을 적어 놓은 설계도였다. 태프트의 경우 헌법의 역사에 해박했다. 미국 헌법만이 아니라, 유럽의 헌법사를 꿰뚫고 있었다. 세계의 모든 분쟁을 해결할 수 있는 "세계법정"을 설립하겠다는 꿈을 헤이그체제에 새기려고 했던 것도 배후에 있는 역사지식이었다. 윌슨 역시 마찬가지였다. 그는 프린스톤의 역사학 교수였다. 많은 사가들이 외교의 문외한인 상태에서 대통령이 되었다고 비판하지만, 근자의 한 연구는 이를 부정한다. 그는 방대한 분량의 미국사를 집필했는바, 그 과정에서 미국의 대외관계사와 헌법의 역사를 자연스럽게 습득했을 것이라는 것이다. 즉 그는 국제연맹의 큰 그림을 설계할 수 있는 능력을 잠재한 준비된 대통령이었다는 식이다.

'해양을 지배할 수 있는 능력(sea power)을 지닌 국가가 세계를 지배해 왔으며, 앞으로도 그럴 것'이라는 테제로 유명한 마한 역시 저명한 역사학자였다. 그를 세계적인 인물로 만든 *History of Sea Power*는 기본적으로 세계사책이었다. 당시로서는 혁명적인 사관을 가지고 세계사를 다시 해석했던 것이다. 이런 식이었다. 역사는 바다에서 시작되었다. 지구상의 대륙은 바다에 떠 있는 섬들에 다름 아니기 때문이다. 미국도 마찬가지였다. 아메리카는 '대륙'이 아니라 '대륙섬(continental island)'이며, 미국은 '대륙국가'가 아니라 '해양국가'이다. 따라서 미국도 바다에서 탄생했다. 유럽의 해양 투쟁사의 산물이기 때문이다. 이후의 해양사는 해양의 조건에 적응한 국가는 번영을 누리지만, 그렇지 못한 국가는 쇠망했다. 이제 15세기 이래로 미국에 영향을 미친 대서양의 시대는 저물었다. 영국에서는 그것으로 해양의 시대는 종식되었으며, 유라시아대륙의 시대가 도래할 것으로 보지만, 그것은 오판이다. 대서양의 시대보다도 더 큰 여파를 가져다가 태평양의 시대가 열리는 중이기 때문이다. 그렇다면 미국은 어떻게 대응해야 할까. 지금까지의 미국의 자세로는 대응할 수 없다. 미국을 개혁해야 한다. 그리고 고립에서 벗어나 세계체제를 마련한 후 아시아와 태평양으로 가야 한다.

요컨대 미국은 물론 세계를 개혁할 수 있는 세계전략을 수립하라는 것이다. 비유하자면 콜럼버스의 발견을 문명의 에너지로 바꾼 시대는 갔지만, 태평양을 탐사한 마젤란의 발견은 아직 문명력으로 바뀌지 않았으니, 미국은 이에 맞추어 국내외적인 개혁에 돌입해야 한다는 것이다. 미국의 대외원칙의 전면적인 개혁이 필요하며, 무엇보다도 미국민들의 발상 또한 바꾸어야 한다. 미국은 대륙국가가 아니라, 해양국가였으며, 외부세계로부터 고립된 적이 한 번도 없다. 섬이라는 조건을 가진 국가가 바다라는 교통로를 차단하고 만리장성을 쌓을 수 없기 때문이다. 마한 역시 미국 역사학회의 회장이 되었으며, 미국 역사학회는 해양사, 또는 군사사(military history)를 보편사(general history)를 분류해야 할 것인지를 놓고 별도의 토론장을 만들 정도로 고민해야 했다. 그리고 이런 고민은 두 차례의 세계대전을 거치면서 미국 역사학의 주요한 주제 중의 하나가 되었다.

그리하여 분명해졌다. 세계체제는 세계사에 대한 해박한 지식과 통찰력의 산물이라는 것이다. 그리고 법과 군사 그리고 미국사 및 세계사에 대한 지식은 필수적이다. 마한 또한 국제법을 놓고 토론할 정도의 지식을 가지고 있었다. 또한 윌슨을 제외하고 전문 역사가 출신이 아닌 사람들이 세계체제를 설계했다. 그럼에도 주류 미국 역사가들은 세계체제에 관심을 갖지 않았다. 이들은 오히려 대학에서 전문과정을 거치지 않으면 역사학자의 자격을 주지 말자는 규칙을 만들었다. 세계사를 쓰고 그것을 세계전략으로 만든 사람들이 아마추어 사가들이었기 때문이다. 이들은 역사가들의 관습에 얽매이지 않고 자유롭게 해석하고 논쟁했다. Square Deal의 역사관이 이것이었다. 정규 사학자들이 세계체제에 관심은 보이기 시작한 것은 1920년대에 들어서였다. New History라는 이름으로 시작했다. 그렇게 본다면 루즈벨트, 태프트, 윌슨, 마한 등은 이미 19세기 말-20세기 초에 이미 신역사운동을 벌였다. 헐버트의 세계체제론은 바로 이런 배경하에서 나온 것이다. 물론 헐버트 역시 대학 전공자 출신의 역사가들이 경원시하는 아마추어 출신의 역사가였다.

(3) 헐버트의 세계공동체 플랜은 역사지식의 악용을 막자는 의도도 지니고 있었다. :

이것이 헐버트가 세계체제를 설계해야 했던 또 다른 이유요, 역사가로서의 사명의식이었다. 이 또한 Square Deal 역사관의 중요한 테제였다. 예컨대 이러한 사관은 인간의 이상을 공학적으로 설계할 경우 현실로 만들 수 있다는 문화공학(Cultural Engineering)적 발상을 경계했다.'그 개념은 소수의 전문가들이 대중을 능란하게, 그리고 효율적으로 통솔하는 사회를 상상해 낼 수 있음을 보여주었기 때문이다. 그리하여 사람들을 유혹했다. 그러나 문화공학이 설계한 사회가 민주적인 사회일 수는 없다. 창조적인 소수의 과학자는 해결의 실마리를 제공할 수 있다. 그러나 그 실행은 자유롭고 충분한 토론과 개인적 판단이라는 국민적 전통을 거쳐야만 실행에 옮길 수 있을 것이다. 따라서 천재의 발상으로부터 일반인들에게 보급되고, 작동하기까지 과정을 추적하는 작업이 중요하다. 그러나 아직 잘 알려지지 않았다.[411] 역사가들은 바로 이 작업을 알려야 한다.

헐버트의 세계체제 설계는 바로 이 작업을 수행했던 것이다. 역사를 바

---

411 이들이 경계한 모델은 헉슬리(A. Huxley)의 『멋진 신세계 *Brave New World*』, 스키너(B. F. Skinner)의 『월든 투 *Walden Two*』였다. Crane Brinton, 『서양사상의 역사』, pp. 28-29.

탕으로 하여 설계된 세계체제안들 역시 문화공학(Cultural Engineering)적 발상을 깔고 있기 때문이다. 이런 식이기 때문이다. 즉 '인간은 하나가 될 수 있다. 역사는 그 점을 보여주었으며, 법은 그것을 가능케 할 것이다. 이런 발상을 '역사공학'적 개념으로 부를 수 있을 것이다. 헐버트는 바로 이를 경계한 것이다.

국제주의자로서 세계체제는 도달해야 할 목적지였다. 이에 역사가로서 국제주의에 토대를 둔 국제관계사를 썼다. 그러나 Square Deal 역사가는 국제체제의 부작용과 문제점도 지적해야 했다. 더욱이 헐버트는 이를 입증할 수 있는 실제적인 예를 가지고 있었다. 한미일의 국제관계사가 그것이다. 즉 한국은 국제체제에 가입했다가, 쫓겨났는데, 미국이 이를 주도했다는 점을 기록한 것이기 때문이다. 이 과정에서 루즈벨트는 헌정질서를 공격했으며, 윌슨은 국가적 중대사인 국제연맹 가입을 국민들에게 사전 양해를 구하지 않고 추진했다. 국제연맹 가입은 헌법 수정에 해당하는 사안으로, 국민 전체의 동의 과정을 거쳐야 하는 문제였다는 것이다. 그러나 윌슨은 그러지 않았다. 이는 반민주적이며, 독재자의 행위와 같았다. 뿐만 아니라 윌슨도 한국을 국제체제 가입을 막았다. 헐버트가 보기에 적어도 한국문제에 관한한 윌슨은 '루즈벨트 없는 루즈벨트 정책(Rooseveltian Policy without Roosevelt)'을 추종하고 있었다. 이에 루즈벨트에게 그랬듯이 헐버트는 이 문제를 미국민에게 고발하는 한편, 역사가들의 동참을 촉구했던 것이다.

그리고 정규과정의 역사가로서의 수련과정을 거쳤다면 할 수 없었을지 모르는 세계체제안을 직접 설계하기로 했던 것이다. 이를 통해서 기존의 세계체제의 장단점을 보여줄 수 있기 때문이었다. 일종의 미국정부의 세계체제안에 대한 자화상을 보여줄 수 있다는 것이다. 그리하여 미국민은 두 개의 세계체제론을 앞에 놓고 비교할 수 있게 되었다. 한편에는 미국정부가 내놓은 공식적인 세계체제론들이며, 다른 한편에는 헐버트의 세계체제론이다. 즉 '미국정부의 세계체제론 vs 헐버트의 세계체제론'은 세계법정에서 미국 및 세계 여론과 역사의 신의 판결을 기다리는 양상이 되었다. 헐버트의 Square Deal 역사관의 실체가 무엇인지 드러나는 순간이었다. 요컨대 헐버트의 세계공동체 플랜은 Square Deal 역사관의 논리적 귀결이었다. 한편에서는 역사의 유용함을 보여주기 위해서, 다른 한편에서는 역사 지식의 악용을 막기 위해서 해야만 하는 의무요, 사명이었다.

요컨대 헐버트의 세계공동체안은 1882년부터 1930년대 후반까지 한미일 국제관계를 추적하면서 얻은 임상 데이터를 가지고 설계되었던 것이다. 그리고 한국을 모델로 한 세계공동체 플랜이 이전에도 없었지만, 이후에도 등장하지 않았다.

제3부

최종 심판

헐버트의 역사법정은 어떤 성과를 거두었을까. 이 연구는 마지막으로 이 문제를 검토하지 않을 수 없다. 헐버트가 미국의 대한정책을 비판하는 근거가 법이었기 때문이다. 한미조약 위반, 헌법 침해, 국제법 위반 등이 비판의 법리였다. 그리고 미국 정부는 헐버트의 비판을 묵살할 수 없었으며, 시간의 문제였을 뿐 답변을 해야만 했다. 19세기 말부터 미국은 국제법을 근간으로 한 세계법치주의 공동체를 추구하기 시작했기 때문이다. 특히 루즈벨트는 법을 근간으로 한 세계연방(World Federation)을 추진했다. 그것은 다음 3가지를 원리로 했다. 1) 통상조약(Commercial Treaty)을 세계헌법(World Constitution)으로 삼는다. 2) 중재재판조약(Arbitral Treaty system)을 지구적 차원의 체제(Establishment)로 만든다. 3) 국제법(International Law) 체제의 강행력을 보장하는 국제경찰(International Police)을 창설한다. 미국은 이를 유토피아의 관점에서 추진한 것은 아니다. 국제법체제를 통해 유럽의 군사동맹체제를 폐기하자는 현실적인 목표가 있었기 때문이다.

이후 루즈벨트의 세계연방은 미국의 세계체제의 기본 설계도가 되었다. 이를 토대로 태프트(William Howard Taft)는 '세계법정(world Court)'을, 윌슨(Wilson)은 세계의회(World Parliament)'를 중심축으로 하는 세계체제를 발전시키려고 했다. 이어 등장한 하딩(Warren G. Harding)정부는 태평양조약체제(The Pacific Treaty System)을 추진했다. 그중에 4대국 부전조약체제는 독립된 조직으로 발전하여 세계부전조약체제(겔로그 부전조약체제)로 진화했다. 이러한 국제체제들은 제2차 대전 후 프랭클린 루즈벨트(F. D. Roosevelt)정부의 대서양헌장(Atlantic Charter System)체제로 귀결되었다. 즉 루즈벨트의 세계연방 이후 미국은 일관되게 세계조약체제를 추진했다.

헐버트의 비판을 무시할 수 없었던 이유가 여기에 있다. 헐버트의 비판이 맞는다면, 루즈벨트의 대한정책은 세계법치주의 공동체 만들기 전략에 아킬레스건이 되기 때문이다. 더욱이 헐버트의 비판은 1905년 말부터 1930년대 후반까지 계속되었으며, 이를 문서로 남겼다. 그렇다면 헐버트의 비판은 루즈벨트 이후 미국이 추진한 세계전략과 상호작용하지 않았을까. 제3부에서 바로 이를 알아보려고 한다.[412]

---

412 루즈벨트의 대외정책에 대한 설명의 전거는 연구자의 다음의 글이다. 일반 독자를 대상으로 이 책의 성격상 출전을 구체적으로 명시하지 않았다. 최정수, 「T. 루즈벨트의 세계정책」(한양대학교 대학원 박사논문, 2000) ; 태프트-가쓰라협정의 국제법적 기원 : 미일중재조약과 헤이그협약(1899)」『서양사론』 118 (한국서양사학회, 2013) ; 헤이그 중재법정체제와 미국의 대독 봉쇄전략 1899-1914」, 『세계 역사와 문화 연구』 47 (2018) ;「미국의 세계조약체제와 한국문제, 1905-1946 : T. 루즈벨트의 한국정책을 둘러싼 헌법 및 국제법상의 논쟁을 중심으로」, 『서양사론』 141 (한국서양사학회, 2019) ; 제2차 헤이그 평화회의와 미국의 '세계평화전략' : '국제경찰'과 '약한국가' 처리문제를 중심으로, 『한국사학보』 30 (고려사학회, 2008) ; 「미국 '현대외교'의 기원 : 시어도어 루즈벨트의 '세계연방'」, 『미국사연구』 17 (한국미국사학회, 2003) ; 특사 태프트의 제2차 대일방문과 미일조약체제, 1907-1908 : 한국병합을 중심으로」, 『동북아역사논총』 29 (동북아역사재단, 2010) ; 한일병합조약의 국제법적 기원과 국제적 승인문제 : 일본의 '헤이그 포비아(Hague Phobia)'와 '국제법 전쟁'」, 『한일관계사연구』 51 (한일관계사학회, 2015)

제1장

루즈벨트의 거중조정 거부는 한미조약 위반이다

-헐버트, 고종, 루즈벨트, 역사가 데넷 등은 이 문제를 놓고 논쟁했다-

Ⅰ. 문제제기 : 헐버트의 기소(1)

헐버트는 1906년부터 미국의 거중조정거부가 한미조약위반임을 고발해 왔다. 그리고 이 문제를 심판할 역사법정을 요구했다. 아울러 헐버트는 1905년의 미국의 대한정책을 심판해야 하는 이유와 법리는 물론 자신이 생각한 판결문까지 제시했다.

이를 법정 공방전의 형태로 재구성해보기로 했다. 마치 의뢰인/고발자와 피고발인, 변호사, 검사, 판사, 증인 등이 참석하여 논쟁을 벌이는 재판으로 재구성했다. 그 경우 의뢰인은 고종이, 고발자/기소 검사는 헐버트가 될 것이다. 그리고 피고발자는 루즈벨트이다. 국무장관 루트/당대의 외교관/역사가들이 각각 고발자와 피고발자의 변호인으로 참석했다고 가상할 것이다. 여기서 판사의 역할은 '정의의 신'이, 증인은 '역사의 신'이 각각 한다고 가상했다. 전자는 양측의 공방전으로부터 옳고 그름을 판단하는 재판관의 역할을 하고, 후자는 이때 일어날 수 있는 피고발자의 변명/거짓 증언을 가려내는 증인(목격자)의 역할을 한다고 설정했다. 요컨대 역사라는 신이 한미일 3국 간에 일어난 사건의 전말을 목격하고 기록하고, 정의의 신은 이를 토대로 공정한 재판을 했다고 가상해 보자는 것이다.[413]

II. 쟁점(1) : 한미조약의 거중조정조항은 의무인가

* 정의의 신 : 미국 대통령 루즈벨트가 1905년에 실행한 미국의 대한정책을 심판하는 법정을 개정한다. 헐버트가 그 정책이 부당하다며 고발했기 때문이다. 이에 법정은 먼저 사실 및 법적 근거를 확인할 것이다. '헐버트 씨! 당신이 재판을 청구한 구체적인 이유는 무엇인가.'

→ (답변) 헐버트 : 〈루즈벨트는 1905년에 고종의 거중조정요청을 거부함으로써 일본의 한국지배에 협조했다. 이는 한미조약 위반이다.〉

* 정의의 신 : 그렇다면 고종황제에게 묻겠다. '당신은 그런 요청을 한 적이 있는가.'

→ (답변) 고종 : 〈나는 헐버트를 비밀특사로 임명하고 거중조정을 요청한 바 있다. 밀서의 내용을 한마디로 정리하면 이렇다.〉

을사협정(agreement of November 17, 1905) 체결에 강박(duress)이 있었다. 한미조약의 거중조정조항(good offices clause)의 발동을 호소(appeal)한다.

---

413 이 논쟁은 1905년부터 1920년대까지 한미조약의 거중조정조항과 관련하여 일어난 사건들을 법정 공방전으로 재구성한 것이다. 〈 〉표시는 인용부호가 아니다. 필자가 역사적 사실을 토대로 정리한 것이다. 출전은 생략했다. 연구자의 그동안의 연구물을 기반으로 한 것이기 때문이다. 연구물은 주410에서 소개했다.

* 정의의 신 : 미국 측은 이에 대해 답변하라. '고종의 진술은 사실인가.'

→ (답변) 루트 : 〈헐버트의 메시지를 전달받은 것은 사실이다. 그리고 다음과 같이 처리했다. 나는 대통령에게 헐버트의 편지를 전했다. 그런 후 대통령으로부터 다음과 같은 답변을 받았으며, 이는 즉각 헐버트에게 전달되었다. 골자만 소개하면 이렇다. '미국정부는 거중조정에 나설 수 없다. 그 책임은 고종에게 있다. 첫째, 그는 거중조정을 비공개로 할 것을 요청했기 때문이다. 둘째, 고종은 거중조정을 부탁한 후 일본과 협약을 맺었기 때문이다. 이로써 거중조정권이 작동할 수 있는 여지가 없어졌다.' 다음은 미국정부가 헐버트에게 보낸 답신이다.〉

귀하가 본인에게 준 한국 황제의 친서는 대통령이 받아 보았다. 황제는 이 친서의 전달을 비밀로 하기를 원했다. 그리고 그것을 귀하에게 위탁한 후 황제는 일본과 하나의 새로운 조약을 맺었다. 이로써 이 서한에서 언급한 모든 문제를 처리했다. 따라서 그 친서에 의거해 어떤 조치를 취한다는 것은 매우 불가능한 일로 보인다.[414]

* 정의의 신 : 루즈벨트 씨에게 묻는다. '국무장관의 말이 사실인가. 그리고 비밀을 부탁한 것이 왜 문제인가. 그리고 한국이 일본과 맺은 협약은 무엇이며. 그것이 거중조정을 발동할 수 있게 했다는 이유는 어디에 있는가.'.

→ (답변) 루즈벨트 : 〈국무장관의 진술은 사실이다. 나는 헐버트가 전한 고종의 서신을 읽었다. 그리고 루트에게 다음과 같이 지시한 바 있다.〉

본인은 헐버트가 당신을 통해 나에게 전달한 한국황제가 보낸 서신을 주의깊게 읽었다. 그는 한국에 오랫동안 거주해 왔으며, 이 편지를 위임받았다. 나

---

414 F. A. McKenzie, *Korea's Fight for Freedom,* (New York. 1920), p. 98.

는 당신으로부터 다음을 알았다. 이곳에 있는 주미한국공사관은 당신이 아는 한, 이 편지의 존재를 인지하고 있지 못하다는 점이다. 그리고 헐버트의 말도 이해했다. 황제가 바라는 것은 이 편지의 존재가 비밀을 유지해야 한다는 것이며, 어느 누구에게도 알려지지 않아야 한다는 점이다. 특히 일본에게 알려져서는 안 된다는 것이다. 물론 우리는 이 사실 때문에 편지를 공식적으로 수교된 문서(official communication)로 보는 것이 불가능하게 되었으며, 헐버트가 말한 것이 곧 황제가 바란 것이었다는 점을 부정하지 않고, 공식적으로 할 수 있는 다른 방법은 없었다. 더욱이 그 편지가 쓰인 이후에 우리는 공식적으로 다음을 통보받았다. 한국정부가 일본과 그 협정(the very arrangement, 을사협약)을 체결했다. 그런데 편지에 따르면 그것은 한국 황제가 원하지 않았던 협정이었다는 것이다. 이 모든 일을 고려할 때 (황제의) 편지에 대해 내가 취할 수 있는 가능한 조치가 무엇인지를 알 수 없다.[415]

즉 루즈벨트의 반론은 이랬다. '황제가 이 협정을 원치 않았다'는 점과 '거중조정을 부탁했다'는 점을 감추면서 어떻게 거중조정을 할 수 있느냐는 것이다.

* 정의의 신 : 헐버트 씨에게 묻는다. '루즈벨트의 이러한 진술은 사실인가'.

→ (답변) 헐버트 : 〈루즈벨트의 진술은 변명에 불과하다. 첫째, 왜 고종은 비밀을 요구했는가. 만일 고종이 이 편지를 공개적으로 요청할 경우 암살당할 위험에 처할 수 있었다. 러시아의 힘을 빌리려던 왕비가 살해당한 전례가 있지 않은가. 때문에 공식적인 외교경로인 주미 한국공사관을 통할 수도 없었다. 둘째, 왜 한국인이 아닌 외국인을 특사로

415 Dennette, *Russo-Japanese War*, pp. 304-305.

임명했는가. 아직 한국 궁정에는 영어로 한국의 급박한 사정을 전달할 수 있는 인물이 없기 때문이다. 셋째, 그리고 한미조약에 쓰인 모든 내용은 체약국의 의무이다. 예를 들어보자. 개인 간의 계약이 성립되면 그 안의 모든 내용은 상호 간에 권리와 의무가 된다. 하물며 국가 간의 계약은 말할 것이 없다. 따라서 미국은 한미조약에 근거하여 거중조정의 의무를 이행했어야 했다. 거중조정 요청 이후에 한국이 을사협약을 체결했다는 사실을 이유로 거중조정을 할 수 없게 되었다고 변명하는 것은 조약의무를 회피하기 위한 핑계에 불과하다.〉

* 정의의 신 : 루트 씨에게 묻는다. '당신은 국무성을 대표하는 법률전문가이다. 한미조약의 거중조정은 의무조항이라는 헐버트의 지적은 사실인가.'

→ (답변) 루트 : 〈나는 이렇게 답변하겠다. 그 조항은 효력을 발휘할 수 없었다. 을사협약때문만이 아니다. 그보다도 고종은 1904년에 두 차례나 일본과 다음과 같은 조약을 맺었기 때문이다. 따라서 을사협약은 그것의 재확인에 불과했다. 즉 미국의 입장은 이렇다.〉

1904년 2월 23일과 8월 22일의 한일 양국 간에 체결된 '조약들'에 아무런 하자가 없다. 그 이유는 다음과 같다.…한일 간에 체결된 (이들 두) 조약들(treaties)은 일본에게 한국의 대외관계에 대한 통제권을 실질적으로 부여했다. 뿐만 아니라…과거에 존재했던 통제관계(1904년의 한일협정들 : 필자 주)에서 조금 발전한 것이 최근의 1905년 11월 17일자 조약(latest treaty)을 맺게 해준…것으로 보인다. 이들 과거의 통제관계만으로도 1883년(sic)의 조약에 따라 미국이 개입(interference)하는데 완전한 장애요소가 될 만한 것이다.[416]

416 『국무성의 한국관련문서집』, p. 35.

→ (부연) 루트 : 〈한일 간의 보호국협정들은 "1882년 5월 22일의 한미조약 제1조의 거중조정조항(good offices clause)"에 따른 "개입(interference)"을 할 수 없게 하는 "완벽한 장벽(complete bar)"이 되고 있다. 따라서 한국은 이미 을사협약 체결 전부터 "조약상의 독립국(Korea's Treaty Independency)"일 뿐이었다.〉[417]

* 정의의 신 : 고종 황제는 답변하라. 루트가 지적한 바와 같이 '당신은 1904년 초에 이미 외교권을 양도하는 조치를 취한 바 있는가.'

→ (답변) 고종 : 〈그런 협정을 맺은 사실이 있다. 그러나 그때에도 본인은 미국에 한미조약에 입각한 거중조정을 요청한 바 있다. 그리고 루즈벨트로부터 다음과 같은 답변을 받았다. 헐버트에게 한 회신과 같은 내용이었다〉.

나는 당신의 요청을 접수했다. 그러나 당신이 맺은 한일의정서 제5조[418]로 인하여 한미조약 제1조(거중조정)는 효력을 발휘할 수 없게 되었다.[419]

* 정의의 신 : 헐버트 씨. '당신은 이러한 루즈벨트의 반박 법리에 대해 동의하는가.'

→ (답변) 헐버트 : 〈나는 그러한 법리를 받아들일 수 없다. 한국이 거중조정을 요청하기 전에 일본과 먼저 협정을 체결했다는 점은 변명에 불과하다. 그 전에 루즈벨트는 생각해 볼 일이 있었기 때문이다. 일본이

---

417 *United States Policy Regarding Korea,* p. 35, p. 22. ; 을사협약 제2조 : 본국 정부는 한국과 타국 간에 현존하는 조약의 실행을 완수하는 임무를 맡는다. 한국정부는 금후 일본국 정부의 중개에 의하지 않고 국제적 성질을 지닌 어떤 조약이나 약속을 하지 않는다. 국회도서관 입법조사국 편, 『구한말조약휘찬』(1964, 1965) 상, p. 77.

418 한일의정서 제5조 : 대한제국정부와 대일본제국정부는 상호 간의 승인없이 본 협정의 취지에 반하는 협약을 제3국과 체결하지 않는다.

419 『구한말조약휘찬』, 상, pp. 65-66.

한국을 지배함에 있어서 왜 미국의 사전 승인을 받으려고 했을까. 만일 한일보호국협정으로 한미조약이 자동폐기된 것이라면, 미국의 승인을 구할 이유가 없기 때문이다. 그럼에도 일본은 미국의 승인을 얻으려고 했다. 그리고 미국은 승인했다. 주한미국 공사관을 철수시켰기 때문이다. 이로부터 미국과 일본은 다음을 알고 있었다는 사실을 추론해 낼 수 있다. 만일 미국이 승인하지 않으면, 한일협정에도 불구하고 일본이 원하는 방식의 한국보호국화는 불가능했을 것이라는 점이다. 사실 미국 외의 열강은 일본의 한국 보호국화를 승인할 생각이 없었다. 이는 역사가 입증한다. 요컨대 한일협정의 체결을 이유로 미국은 한미조약의 거중조정의 발동을 거부해서는 안 되었다.〉

* 정의의 신 : 헐버트가 역사를 증인으로 신청했다. 그때까지 휴정이다.

Ⅲ. 쟁점(2) : 미국의 협조가 없었다면 일본의 한국 지배는 어려웠을까

* 정의의 신 : 재판을 속개한다. 헐버트가 요청했던 역사의 신이 출석했기 때문이다. 역사의 신에게 묻는다. '당신은 지금까지 헐버트와 루즈벨트의 공방전을 지켜보았다. 헐버트의 진술은 사실인가.'

→ (답변) 역사의 신 : 〈헐버트의 진술은 사실이다. 미국이 일본의 보호국화를 승인하지 않았으면, 어떤 유럽 열강도 이를 허락하지 않았을 것이다. 패전국 러시아도 마찬가지이다. 러시아는 전쟁 중에 펼친 일본의 대한정책이 러시아의 권리에 대한 중대한 침해로 보며 헤이그 중재재판을 시도했지만, 미국의 일본지지 선언과 포츠머스 중재로 무산되었다. 그리고 일본의 군사동맹국인 영국은 일본의 한국보호국화가 한영조약 및 제1차 영일동맹의 약속(제1조 : 한국은 독립국이다)을 어겼다면서 가장 강력하게 항의했다. 또한 오스트리아 외교관은 본국에

보낸 보고문에서 이렇게 토로했다. 을사협약은 국제법상 불법이다. 그러나 이에 대한 항의는 전쟁을 각오해야 한다. 더욱이 미국이 침묵하는 한 항의하기 어렵다. 당분간 유럽은 미국이 취하는 태도에 따라갈 수밖에 없다. 즉 한일보호국협정으로 한미조약의 거중조정이 효력을 상실했다는 것은 핑계일 뿐이다.〉

→ (부연) 역사의 신 : 〈더욱이 루즈벨트는 1904년 초의 한일협정을 맺기 전에 이미 이러한 문제를 놓고 일본과 구두 합의한 바 있다. 다음의 증언은 러일전쟁 전야인 1903년 3월과 10월경에 미일 간에 있었던 미일의 대화이다. 골자를 재구성하면 이렇다. 먼저 1903년 3월에 있었던 대화이다.〉

일본 : 미국에게 문의한다. 러시아가 만한국경을 넘어 남하 중이다. 일본은 이에 대응하려고 한다. 미국의 생각은 어떤가.

국무장관 존 헤이(John Hay) : 일본의 그런 행위는 한미조약이 보장한 미국의 이익에 대한 중대한 침해이다. 미국은 이를 좌시하지 않겠다.

헤이 : 미국 대통령 루즈벨트에게 보고한다. 일본의 최근 요청에 대해 미국의 답변은 중요하다. 일본은 미국이 윙크만 하면 벌처럼 날아가 러시아의 뒷목을 쏠 준비가 되어 있있기 때문이다.

→ (부연) 역사의 신 : 〈그러나 일본은 포기하지 않았다. 그해 10월경에 다시 요청했으며, 미국은 마침내 승인했다. 그때 다음과 같은 식의 대화가 오고갔다.〉

일본 : 미국에게 다시 요청한다. 러시아는 만주철병협정을 최종적으로 파기했다. 일본은 더 이상 좌시할 수 없다. 러시아의 한반도 남하를 막아야 한다.

헤이 : 미국의 입장은 이렇다. 일본이 한반도에서 미국의 이익만 보장한다면 군사행동을 용인한다.

일본 : 미국의 승인은 매우 중요한 의미를 지닌 것이었다. 이로써 일본군이 개전과 동시에 한국 땅에 군대를 상륙시킬 길이 열렸기 때문이다.

→ (부연) 역사의 신 : 〈그뿐만이 아니다. 미국은 러일전쟁이 발발하기 직전과 직후에 일본을 위해 다음과 같은 조치를 취했다는 점도 간과되어서는 안 된다. 미국은 어느 열강보다도 가장 먼저 일본에 대해 우호적인 전시 중립을 선언했다. 문제는 이때 한반도를 전시 중립선언지역에서 배제시켰다는 것이다. 그런 후 다른 열강에게 미국의 예를 따를 것을 요구했다. 그리고 이 전쟁에 유럽이 개입하면 미국은 즉각 영일동맹에 가담할 것이라고 선언했다. 즉 '미영일 vs 러불독의 전쟁'이 되리라는 것이다. 아울러 미국의 분견 함대를 동해로 파견하고, 무력시위를 했다. 이에 러시아는 만약의 경우 블라디보스톡 군항이 봉쇄될 수 있음을 걱정해야 했다. 또한 전쟁 발발 직후 한반도와 여순은 일본이 차지해야 하며, 이것이 미국의 입장이라는 점을 분명히 했다. 이 점은 전쟁 중에도 유럽 열강에게 여러 차례 전해졌다.〉

* 정의의 신 : 역사의 신의 증언에 따르면 루즈벨트 씨. 당신은 한국이 요청해 오기 전부터 거중조정을 하지 않기로 작정했던 것으로 보인다. '이에 대해 이의가 있는가.'

→ (답변) 루즈벨트 : 〈솔직히 말하겠다. 나는 한국을 위해 중재할 의도가 전혀 없었다. 물론 한국은 법적으로 거중조정을 청구할 권리가 있었다. 또한 을사협약은 국제법과 한미조약 위반이다. 즉 일본이 한국에서 저지른 조약위반은 헤이그 중재재판소의 제소대상이다. 그리고 헤이그중재재판소가 세계평화체제의 핵심기구가 되어야 한다는 것이 나의 생각이다. 국가 간의 분쟁은 전쟁터가 아니라 국제법정에서 해결되

어야 한다는 믿음을 가지고 있기 때문이다. 그리고 그것이 가능함을 제2차 베네수엘라위기에서 확인했다. 영국과 독일을 포함한 유럽의 6개 차관국이 지급 불능을 선언한 베네수엘라를 무력으로 압박했지만, 미국의 개입으로 헤이그 중재재판에 회부하여 평화롭게 해결되었기 때문이다. 그렇기 때문에 나는 제2차 헤이그 평화회의의 개최를 제안함으로써 세계평화회의를 정기적으로 개최키로 했으며, 헤이그 중재재판기구를 중심으로 세계중재재판조약체제를 만들려고 했다. 그 근거는 헤이그 협약에 근거한 것이다. 법적분쟁은 중재재판에 회부한다는 다음의 조항이다.〉

(본문 조항) 두 체약국 간의 현존하는 조약의 해석이나 법적 본질과 관련하여 발생하는 분쟁, 그리고 외교에 의해 해결이 가능하지 않은 분쟁은 1899년 7월 29일 헤이그에 설립된 상설중재법정에 회부한다.[420]

→ (부연) 루즈벨트 : 〈뿐만 아니라 나의 국제 재판소 정착 노력은 후대의 학자들도 인정했다. 나는 포츠머스에서 러일전쟁을, 모로코에서 독불의 분쟁을 각각 중재했다. 이에 국제사회는 그러한 공로를 인정하여 정치인에게는 최초로 노벨평화상을 수여했다. 다음의 인용문은 후대의 평가이다.〉

1899년 이래로…개별 국가체제를 하나의 효과적인 틀에 묶으려는 노력…실제적 필요에 따라 국제법과 국제기구는 전례없는 발전을 이루었다. 개별국가들이…공동체(community)나 사회(society)와 같은 조직을 형성할 수 있으며, 또한 그렇게 해야만 한다는 발상은 더 이상 생소하게 들리지 않게 되었다.…19세기 후반에 들어서면서 어떤 국가든 가입할 수 있는 다자간 조약이 국

---

420 Hague Convention.

제법규범을 만드는 기본형태로 자리매김하게 되었으며,…조약에 의해 조인국 모두에게 적용되도록 제정된 법규범이 20세기 국제법의 주요 형태로 자리 잡아가고 있었다.[421]

* 정의의 신 : 그렇다면 왜 한국문제를 중재재판에 회부하지 않았는가. 한국을 제2의 베네수엘라문제로 만들어 중재재판에 회부할 경우 국제정의가 존재함을 보여줄 수 있는 최상의 기회가 아니었을까.

→ (답변) 루즈벨트 : 〈물론 헤이그 중재재판소의 설립 취지로 볼 때 한국문제는 중재재판의 적용대상이었다. 특히 한미조약의 거중조정조항은 1899년 이후에는 중재재판청구권과 다름없었다. 그럼에도 나는 고종의 거중조정 요청을 받아들일 수 없었다. 헤이그 중재협약에 따르면 헤이그의 국제재판소를 이용하려면 사전에 협정을 맺어야 하기 때문이다. 만약 분쟁이 발생할 시 중재재판에 회부한다는 사전 약속이다. 그런데 한국과 그런 약속을 할 수 있을까. 개항 후의 국제관계사가 보여주듯이 한국은 상습 분쟁지역이기 때문이다. 나는 왜 헤이그 국제재판이 작동하기 위해 개별국가들 간의 사전 조약과 협정이 필요하다고 보았을까.〉

헤이그의 국제재판소(international tribunal at Hague)의 무능함을 구제해야 하며, 국가들의 평화(peace of nations)를 위한 유능한 도구로 전환해야 한다. 이 정부는 중재재판소를 이용해 왔다. 다른 국가들도 그것을 이용해야 한다고 주창해 왔다. 이를 위해 정책을 수행함에 있어서 명예로운 방법으로 국제평화와 우의(good will)라는 대의명분을 증진시키려고 했다. 이 정책을 추진함에 있어서 먼저 중재재판조약(arbitration)과 우호적인 협정(friendly agreement)을 통해 토론한 후 분쟁을 해결했다.[422]

---

421 Adam Roberts, 「세계공동체를 향하여? 유엔과 국제법」, Michael Howard & Roger Lewis, *The Oxford History of the Twentieth Century,* 차하순 외 옮김, 『20세기의 역사』(가지 않는 길, 2000), pp. 464-465.

422 Theodore Roosevelt, *Letters of TR,* No. 3230. 1904. 9. 12.

→ (부연) 루즈벨트 : 〈그렇다면 나는 왜 한국과 중재조약을 맺을 수 없다고 보았을까. 나는 한국의 구조요청을 받아들 수 없었다. 그동안 한국이 조약을 대하는 태도 때문이다. 고종은 국제법을 악용했다. 그들에게 국제법은 오직 무능함을 감추고 개혁을 회피하기 위한 수단일 뿐이었다. 이런 국가에게 중재재판이라는 국제법의 보호망을 제공하는 것은 국제정의가 아니라, 부정의이다. 무능한 약소국의 조약체결권이 헤이그 국제재판을 무력하게 만든다고 본 것도 이 때문이다.〉

→ (요청) 루즈벨트 : 〈나는 미국 역사가 타일러 데넷을 증인으로 신청하겠다. 그는 이 나라의 미일관계사의 대가이며 나의 진술이 사실임을 입증해 줄 것이다.〉

* 정의의 신 : 데넷을 소환할 때까지 휴정한다.

Ⅳ. 데넷의 변론 : 러일전쟁기의 루즈벨트의 대한정책은 법적 심판 대상인가

* 정의의 신 : 데넷이 출석했으므로 재판을 속개한다. 데넷 씨에게 묻는다. 당신은 지금까지 헐버트와 루즈벨트의 공방전을 지켜보았다. 루즈벨트는 당신을 증인으로 신청했다. 루즈벨트의 진술은 사실인가.

→ (답변) 데넷 : 〈나는 루즈벨트의 진술에 거짓이 없다고 본다. 나는 루즈벨트가 남긴 서한집과 저작집은 물론 관련 국가들의 사료를 전거로

하여 러일전쟁기에 그가 펼친 대한정책을 검증한 바 있다. 이를 통해 나는 다음과 같은 결론을 내렸다.〉

(1) 첫째, 한국의 국제법 투쟁은 음모와 술책의 차원에서 전개된 것이다.

한국을 배신한 것은 미국 대통령이 아니라, 한국 황제이다. 가장 탐욕스러운 동기에 의해서였다. 기질상으로나 능력이라는 점에서 (짜르의 그것에) 미치지 못했지만, 그가 시도했던 것은 20세기에 짜르(Tsar)의 역할이었다. 고종의 국제법 투쟁은 음모 수준에서 전개된 것이다. 허버트 크롤리(Herbert Croly)가 쓴 윌라드 스트레이트(Willard Straight)의 자서전에 따르면 (비밀특사를 파견하기) 몇 개월 전에 서울로 초청받은 미국 상원의원 뉴랜드(Newland)와 미국 공사 모르간(E. V. Morgan)의 조언에 따른 것이다. 이때 두 사람은 국제법(international law)에 근거한 엄숙한 항의(dignified protest)를 하라고 했던 것이다. 그러나 한국 외교는 결코 술책(intrigue)의 수준(level)에서 벗어날 수 없었다.[423]

(2) 둘째, 한국문제를 결정한 것은 유럽의 국제체제였다. 즉 그들은 세력균형의 논리에 따라 이미 한국을 포함한 동아시아를 식민지화하는 중이었다. 한국은 청일전쟁의 결과로 일본의 식민지로 귀속 방향이 잡혔으며, 1898년에 러일 간에 맺은 니시(西)-로젠(Rosen)협정으로 최종 타결되었다. 러시아가 이때 일본에게 한반도의 정치적 헤게모니를 인정했기 때문이다.

1882-98년의 15년 동안의 한국을 연구하려면, 유럽의 병폐(maladies) 속에서 살펴야 한다.[424]

423 Dennette, *Russo-Japanese War*, pp. 305-306.

424 Dennette, *Russo-Japanese War*, p. 96.

(3) 셋째, 또한 필리핀의 안전을 위해서도 미국은 한국에서 자국의 조약상의 권리를 주장할 수 없었다. 한미관계를 살피는데 있어서 사람들이 간과해서는 안 되는 것이 있다. 그것은 1898년의 필리핀 획득이다.[425]

한미관계를 살피는데 있어서 사람들이 간과해서는 안 되는 것이 있다. 그것은 1898년의 필리핀 획득이다.[426]

요컨대 데넷의 변론에 따르면 미국은 한국문제에 개입할 수 없었다. 한국의 운명은 러일전쟁기가 아니라 1898년에 결정되었기 때문이다. 이때 미국은 필리핀을 보유하게 되었으며, 러일은 한국을 분할 통치키로 했기 때문이다. 따라서 한미조약도 사실상 이때 효력이 정지된 셈이었다. 또한 그러한 조건 때문에 1899년에 출범한 헤이그 국제재판의 법리가 한반도에 적용될 여지도 거의 없었다. 1905년의 미국의 대한정책에 대해서 미국에게 법적 책임을 물을 수 없는 이유가 여기에 있다.

V. 평가 : 정의의 신의 판결

* 정의의 신 : 지금까지 법정은 루즈벨트의 대한정책을 놓고 고발자와 피고발자 간에 다툼을 들었다. 판결을 내리기 전에 루즈벨트에게 최후 변론을 허락한다.

→ (최후 진술) 루즈벨트 : 마지막으로 나는 세상사람들이 다음을 알기를 바란다.

425 Dennette, *Russo-Japanese War,* p. 108.

426 Dennette, *Russo-Japanese War,* p. 108.

나는 평화를 가져오기 위한 사람들의 기여에 대해 감사를 표시한다. 그러나 친구여, 잊지 말아야 할 것이 있다. 나는 다른 국가들의 마음속에서 다음과 같은 점이 있다는 것을 확신할 수 없었다면 평화를 말하지(중재) 않았을 것이다. 첫째, 나는 절대적인 진정성과 훌륭한 신뢰를 가져야만 평화를 말한다. 둘째, 나는 내가 대변해주어야 할 국가가 그것이 필요함에도 불구하고 싸우는데 있어서 무능(unable)하거나 또는 그런 의지가 없다면(unwilling) 그런 국가와 평화를 바라지 않는다는 것이다.[427]

* 정의의 신 : 판결한다. 미국의 거중조정거부는 조약 위반이다. 지금까지의 공방전을 통해서 법정이 다음을 확인했기 때문이다. 〈1〉 우선 미국은 한미조약의 거중조정을 발동할 생각이 전쟁 발발 전부터 없었다는 점을 지적하지 않을 수 없다. 역사의 신의 증언을 종합하면 한국이 거중조정을 요청하기 전에 미국은 다음을 검토한 후 개입하지 않기로 결정했기 때문이다.

첫째, 일본이 한반도에서 전단을 열면 그것은 한미조약에 대한 중대한 침해이며 미국은 개입할 수 있다.

둘째, 한국이 전시 중립을 선언하고, 그런 상황에서 한반도에 일본군이 상륙하면 이는 국제법 위반이 되며, 이는 헤이그 중재재판의 제소대상이 될 수 있다.

셋째, 그런 경우를 피하기 위해 일본은 두 가지 점을 담보할 수 있는 협정을 한국과 맺으려고 할 것이다. 하나는 한반도를 군사기지로 이용할 수 있다. 다른 하나는 외교권을 양도받는다. 헤이그 중재재판에 회부하는 것을 막기 위해서이다.

427 Dennette, *Russo-Japanese War*, p. 333

넷째, 아울러 러시아가 한반도의 기지 사용을 문제시하며 한국정부와 제휴하여 중재재판에 회부할 수 있다. 일본은 이를 막기 위해 한국의 외교권을 양도받는 것만으로 부족하다. 청일전쟁기와 같은 간섭이 가능하기 때문이다. 따라서 미국이 유럽의 3국간섭 재현을 막아주어야 한다. 러시아와 일본 중에 한국을 차지하는 것을 막을 수 없다면, 일본의 보호국화가 미국에게 유리하다. 이 점에서 러일전쟁은 우리의 전쟁이다. 일본은 '미국의 게임(our game)'을 하고 있는 것이다.

다섯째, 일본이 한국의 외교권을 빼앗으려고 할 경우 한국은 거절할 것이다. 그리고 미국에게 거중조정을 요청할 것이다. 미국은 이를 거부해야 한다. 어떤 방법이 있을까. 일본이 한국과 외교권 양도 및 군사기지 사용 협정을 체결될 때까지 기다린다. 그런 후 외교권 양도를 명문화한 한일협정 때문에, 한미조약 제1조는 작동할 수 없게 되었다고 변명한다.

여섯째, 그런데 러일전쟁이 발발하기 전에 한국이 거중조정권의 발동을 요청하면 어떻게 해야 할까. 이를 막기 위해 종래와 같이 엄정중립을 취한다. 그리고 전쟁이 임박하면 미국은 전시중립을 선언함으로써 한국의 요청을 거부한다.

〈2〉 뿐만 아니라 미국은 한미조약을 지킬 수 없었던 실질적인 이유가 있었기 때문이다. 첫째, 미국은 필리핀의 안전을 위해서 한미조약을 지킬 수 없었다. 둘째, 중재제판조약체제에 일본을 끌어들이기 위해서였다. 만일 한국문제를 놓고 중재재판이 가능하다면 일본이 가입하지 않을 것이기 때문이다. 따라서 미국이 한미조약의 거중조정조항을 거부한 이유들은 부당한 변명에 불과하다. 한미조약은 준수되었어야 한다. 거중조정조항은 한미조약의 필수적인 부분이다.

제2장

태프트-가쓰라협정은 한국에 대한 배신이었다

-미국정부와 역사가는 협정을 공개함으로써 배신이 아니었다고 반박했다-

Ⅰ. 문제제기 : 헐버트의 기소(2)

루즈벨트는 1919년에 사망했다. 그럼에도 그의 대한정책을 둘러싼 재판은 끝나지 않았다. 두 가지 이유가 있었다. 첫째, 후속 정부들은 루즈벨트의 대한정책을 계승했기 때문이다. 태프트는 물론 민족자결주의를 주창한 윌슨조차도 그랬다. 둘째, 그러던 중 1920년대 초에 이르러 미국의 역사학자 타일러 데넷이 러일전쟁기의 루즈벨트의 대한정책을 옹호하며 헐버트의 비판을 반박했기 때문이다. 데넷은 미국의 역사학자로서 당대 최고의 미일관계사 연구자로 평가받았다. 데넷은 그동안 비밀로 유지되었던 태프트-가쓰라협정과 루즈벨트의 서한집을 근거로 헐버트의 비판을 재반박했다. 그리하여 루즈벨트와 헐버트 간의 재판은 헐버트와 데넷의 재판이 되었다. 비유하자면 죽은 루즈벨트가 데넷의 몸을 빌려서 살아있는 헐버트와 벌인 논쟁이었다. 그 논쟁은 다음과 같이 진행되었다.[428]

428 태프트-가쓰라협정에 대해 연구자의 다음 논문을 토대로 했다. 태프트-가쓰라협정의 국제법적 기원 : 미일중재조약과 헤이그협약(1899)」『서양사론』 118 (한국서양사학회, 2013) ; 특사 태프트의 제2차 대일방문

Ⅱ. 태프트-가쓰라협정의 공개 : 헐버트 vs 데넷 논쟁(1)

태프트-가쓰라협정은 1905년 7월 27일 체결되었으며, 7월 29에 대통령의 재가를 받았다. 그리고 비밀 문서로 분류되어 오다가 루즈벨트의 사후인 1924년 미국 역사학자 타일러 데넷이 발굴하여 논문의 형식으로 세상에 공개되었다. 여기서 데넷은 이 협정문의 내용을 소개하고 자신의 설명을 덧붙였다. 협정의 동기는 문서에 쓰인 그대로라는 것이다.

이 문서는 3가지 문제를 다루고 있다. 첫째, 필리핀 문제, 둘째, 한국문제, 셋째, 영일동맹에 미국이 가담하는 문제 등이다. 데넷은 3가지 현안을 놓고 미일 간에 오고 간 대화를 사실로 인정했다. 미국은 필리핀의 안전을 놓고 일본과 협상할 필요성이 있었다는 것이다. 이로부터 이 협정은 '필리핀-한국 교환론'이었다는 테제가 등장하게 되었다. 또한 데넷은 루즈벨트가 추인했다는 점에서 법적 협정으로 인정했다.

헐버트는 이 문서가 체결된 1905년에 이미 이 문서의 존재를 인지하고 있었다. 포츠머스 강화조약(1905. 9) 당시에 러시아의 지인으로부터 들었다는 것이다. 사실 이 협정의 존재는 공공연한 비밀이었다. 일본 정부의 기관지인 〈국민신보〉가 이 협정의 존재를 알렸기 때문이다. 미국이 영일해군동맹에 가담했다는 기사를 통해서였다. 주일미국공사 그리스콤(Griscom)이 이를 보고하고 일본에 항의할 것을 요청했지만, 루즈벨트는 묵살했다. 그러나 헐버트는 침묵했다. 당사자인 루즈벨트가 살아있었을 뿐만 아니라, 자신이 직접 본 것도 아니기 때문이다. 그러나 이미 비밀협정에 대한

과 미일조약체제, 1907-1908 : 한국병합을 중심으로」, 『동북아역사논총』 29 (동북아역사재단, 2010).

자신의 입장을 밝혔다. 1906년의 *Passing of Korea*를 통해서 미국의 행위는 한국을 배신한 것과 같다고 규정했기 때문이다. 뿐만 아니라 이때부터 일본의 한국보호국화 지지를 철회하고 반대투쟁에 나섰다.

그러나 루즈벨트 사후 '미국이 맺은 비밀조약이 있다면 공개하라'는 상원의 압박을 받은 국무성이 데넷을 통해 이 문서를 공개하고 이 역사학자가 1905년의 루즈벨트의 대한정책을 학술논문과 책을 통해 옹호하자 헐버트도 마침내 이 협정에 대한 자신의 입장을 밝혔다. *Echoes of the Orient*를 통해서였다.

헐버트는 데넷의 협정 해석에 대해 다음 3가지 측면에서 반론을 가했다. 첫째, 데넷이 어떤 식으로 옹호하든 루즈벨트의 대한정책은 한국에 대한 배신행위였음은 변할 수 없다. 둘째, 데넷의 해석은 문제가 있다. (1) 필리핀의 안전을 위해 한국의 보호국화를 불가피하게 인정했다고 하지만, 미국이 필리핀을 위한다는 것은 무슨 의미인가. 일본으로부터 필리핀인의 자유를 보장해주기 위한 것이었는가. (2) 미국은 한국에 대해서도 필리핀인에게 그랬던 것과 같은 약속을 한 바 있다. 한미조약의 체결 목적이 그것이었다. 그렇다면 한국인의 자유를 희생하여 필리핀인의 자유를 지켜준다는 것인가. 한미조약은 디딤돌(Stepping stone)이 될 수 없다. (3) 미국헌법은 상원에게 미국 대통령의 모든 조약에 대해 감독해야 할 의무와 권한을 주고 있다. 그럼에도 미국 상원은 그렇게 하지 않았다. 루즈벨트의 대한정책은 헌법위반이다. 그럼에도 감독기관이 침묵하는 것 역시 헌법위반이다.

셋째, 데넷은 역사학자로서 태도도 문제이다. 루즈벨트의 문서를 사료비판없이 그대로 옮겼기 때문이다. 그러나 데넷은 "이 각서(note)의 출처

(authorship)와 신빙성(authenticity)에 대해 도전"했어야 했다. 즉 역사학자라면 당연히 그러한 각서가 상원의 재가도 받지 않고 이루어졌다는 점을 문제시하고, 또한 각서에 쓰인 그러한 이유 때문에 맺은 것인지, 아니면 다른 숨긴 동기가 있는지를 검토했어야 했다는 것이다.[429]

Ⅲ. 태프트-가쓰라협정의 공개 : 헐버트 vs 데넷 논쟁(2)

데넷은 협정을 공개하면서 그동안 헐버트가 해온 다음 두 가지 비판에 대해서도 반격했다. (1) 루즈벨트의 대한정책은 '배신'행위이다. 한국을 위기시에 도와준다고 약속했기 때문이다. 한미조약은 그것을 약속한 문서이다. (2) 루즈벨트의 대한정책은 헌법위반이다. 주한미국공사관을 상원의 승인없이 철수했기 때문이다.

* (추궁 1) 헐버트 : 〈대통령 루즈벨트는 주한미국공사관을 철수했다. 이는 한미조약철회와 같으며, 헌법이 정한 삼권분립 위반이다. 조약의 효력이 발생하기 위해 상원의 비준이 필수적이었기 때문이다. 따라서 조약 철회 시에도 상원의 비준을 받아야 한다. 그것은 헌법의 명령이다. 그런데 상원은 왜 대통령을 소환하여 이 문제를 따지지 않는가.〉

* (추궁 2) 헐버트 : 〈주한미국공사의 철수행위는 한국에 대한 배신이다. 다음과 같은 이유에서이다. (1) 미국인들이 한국인들에게 신뢰할 만한 신호를 계속 보냈기 때문이다. 즉 미국은 한국인들에게 자신이 정의의 사

429 *Echoes of the Orient*, pp. 280-281.

도임을 되풀이하며 강조했다.〉

성조기는 공평과 정의의 표상이 되었다. 미국 국민은 자기에게만 도움이 되는 이익만을 오로지 추구하는 이기주의자가 아니라 정의…그것이 힘을 수반하는 것이든 아니든지 간에…의 편에 서서 싸워 온 국민이라고 각계각층의 미국인들은 25년간이나 장담해 왔다. 그러나 입장이 난처하게 되자…가장 오만한 방법으로 한국민을 배신하는데 제일 앞장서 왔다.[430]

(2) 한국의 독립이 위기에 처할 경우 미국의 도움을 요청할 권리가 있다고 강조해 왔다.

미국은 야수와 같은 폭력에 대항하여 정의를 구현하기 위해서 공정한 거래의 편에 서서 공공연히 싸웠으며, 한국은 자신의 독립이 위기에 처할 때에는 이를 막아 줄 수 있는 나라로서 다른 어떤 국가보다도 미국에게 구원을 요청할 권리를 갖는다는 말을…수없이 되풀이했다.[431]

(3) 미국은 구두 약속뿐만 아니라 조약을 통해서도 약속했다. 따라서 의무가 있다.

미국인들은 모름지기 깊은 관심을 가져야 한다. 흔히들 말하는 동정 이상의 깊은 우애를 가지고 이 문제에 손을 대어야 한다. 만약 이 지구상에서 미국민의 적극적이고도 참다운 도움을 받을 만한 민족이 있다면 그것은 다름 아닌 한국이다. 미국은 한국과 국교를 맺은 최초의 서방 국가이다. 그 자리에서 체결된 조약에서 미국은 한국의 안전과 이익을 존중하겠노라고 약속하였다.[432]

430 *Passing of Korea*, p. 220.

431 *Passing of Korea*, pp. 442-443.

432 *Passing of Korea*, p. 442.

(4) 그리하여 마침내 한국인들은 미국에 대해 다음과 같은 이미지를 갖게 되었다는 것이다.

한국의 황제와 국민들은 미국이란 한국을 옭아 맬 정치적인 음모도 가지고 있지 않고 한국을 넘어뜨릴 악의도 없으며, 순수하게 이기적인 정책도 가지고 있지 않은 강대국이라고 생각하고 있다.[433]

→ (항변 1) 루즈벨트 : 〈상원이 대통령의 조약을 비준했을 때, 동시에 그것은 조약철회권도 포함하여 인정한 것과 같다. 따라서 대통령의 조약 종결행위는 상원의 별도의 비준을 요하지 않는다.〉

→ (항변 2) 루즈벨트 : 〈또한 나는 한국을 배신하지 않았다. 나의 행위는 국제법의 원리에 따른 정당한 조치였다. 왜냐하면 다음의 로마법의 원리는 국제법에도 적용되어야 하기 때문이다. 하나는 사정변경의 원칙이요, 다른 하나는 사활적 이익의 원칙이다.〉[434]

→ (답변) 상원 : 〈우리는 대통령에게 조약 철회권을 준 적이 없다. 오히려 상원은 조약은 체결과정에서는 물론이요, 집행과정까지 비준을 받아야 한다고 요구해오던 중이었다. 예컨대 조약을 집행하기 위해 체결하는 행정협정(administrative agreement)의 경우가 대표적이다. 왜냐하면 협정을 통해 상원이 비준한 조약의 수정을 가할 가능성이 있기 때문이다. 따라서 조약의 집행하는데 필요한 부속 협정 역시 상원의 비준을 받아야 한다.〉

→ (증언) 데넷 : 〈루즈벨트는 한국을 배신하지 않았다. 그의 행위는 헌법적 시각이 아니라, 현실정치라는 관점에서 평가해야 한다. 다음과 같은

---

433 *Passing of Korea*, p. 337.

434 이 부분은 제2부 5장에서 설명했다.

이유에서이다.〉

> 루즈벨트 정책의 약점은 미국의 헌법의 희생을 전제로 하지 않으면 지속될 수 없다는데 있었다.[435] 1910년 이르러서 미국의 외교관계는 법률가-헌법적 법률가(constitutional lawyer)의 지시에 따르게 되었다. 그보다 5년 전의 상황은 달랐다.[436] 그 행동(대통령이 일본을 지지하며 전쟁에 개입한 것)은 위헌(unconstitutional)이었다. 그러나 정직한(honest) 정책이었다.…헌법사(constitutional history)에서 그것을 무엇이라고 하든지, 미국의 외교관계의 역사(history of American foreign relations)에서 볼 때 그것은 가장 명예로운 선언들 중의 하나였다.…대통령 루즈벨트는 미국사(American history)의 선례(precedent)가 되었다. 아시아 본토에서 특권(privileges을 얻으려면 대가가 지불되어야만 한다는 것이다.[437]

요컨대 데넷의 변론은 이런 것이었다. 러일전쟁기의 루즈벨트의 대외정책은 헌법사(constitutional history)의 관점에서 보면 헌법 위반이다. 그러나 그가 정책을 펼칠 당시는 '외교가 헌법에 일치되어야 하는가'는 문제가 되지 않았다. 설령 문제가 있을지라도 그것은 역사의 법정에서 재판해야 한다. 그리고 역사의 법정에서 심판하면 대통령은 사과할 필요조차 없으며, 오히려 후대 대통령의 외교를 위한 선례를 만들었다는 평가를 받아야 한다.

---

435 Dennette, *Russo-Japanese War,* p. 315.

436 Dennette, *Russo-Japanese War,* p. 315.

437 Dennette, *Russo-Japanese War,* p. 332.

Ⅳ. 루즈벨트가 태프트-가쓰라협정을 맺은 진의(眞意)가 있다
- 미일중재재판조약의 부속협정이 태프트-가쓰라협정이다-

도대체 일본은 왜 미국에게 가장 먼저 외교권 양도 협정을 원했을까. 이를 이해하려면 다음 두 가지 사실을 알아야 한다. 첫째, 이 무렵 루즈벨트는 중재재판조약체제의 세계화를 추진했다는 점이다. 둘째, 루즈벨트가 일본의 동참을 제안했다는 점이다. 이 문제에 대해 연구자의 '연구 결과'[438]를 요약 소개하면 이렇다.

헤이그에 상설 중재재판소가 설치됨으로써 한미조약의 거중조정권은 중재재판청구권으로 전환되었다. 따라서 국제재판을 피하려면 법적 논리가 요구되었다. 1904년의 한국과 일본 간에 외교권을 양도하는 협정이 그 점을 보여준다. 즉 이 협정을 통해서 일본은 국제사회에 다음과 같은 법리를 주장할 수 있었다. '외교권을 양도했으니 한국은 중재재판을 청구하는데 필요한 중재재판조약을 맺을 수 없게 되었다.' 왜냐하면 헤이그 협약에 따르면 중재재판을 청구하려면 다음과 같은 절차를 밟아야 했기 때문이다.

우선 중재재판을 청구하려면 분쟁 당사국이 중재재판청구조약을 체결해야만 했다. 다음과 같은 이유에서였다. 1) 분쟁 당사국이 합의할 때에만 중재재판을 청구할 수 있다. 2) 헤이그에 제소할 재판의 청구대상과 재판관을 사전에 정해야 한다. 3) 재판결과에 복종한다는 점을 서약해야 한다.

---

438 최정수, 〈태프트-가쓰라협정의 국제법적 기원 : 미일중재조약과 헤이그협약(1899)」『서양사론』 118 (한국서양사학회, 2013))

따라서 한국이 외교교권을 양도하는 협정을 체결했다는 점은 국제법상의 중재재판청구권을 포기한 것과 같다. 물론 한국이 자발적으로 넘겼을 때에만 그렇다.

그런데 한국은 외교권을 양도한 적이 없으며 강압적으로 이루어졌다고 항변했다. 사실 이 문제는 미국에게도 중요했다. 1904-1905년의 한일협정과 을사협약은 한국의 중재재판권은 물론, 미국의 한미조약에 근거한 중재재판권을 침해한 것이기 때문이다. 즉 미국의 조약주권과 헌법에 대한 중대한 침범이었다. 따라서 미국은 한국을 위해서가 아니라 미국의 주권을 수호하기 위해서도 중재재판을 청구했어야 했다.

그랬다면 어떤 일이 일어났을까. 제2차 베네수엘라위기를 선례로 삼아 적용하면 다음과 같은 일이 벌어졌을 것이다. 첫째, 일본은 이를 거부할 수 없었다. 만약 이를 거부하면 조약을 맺을 수 없는 국가로 낙인찍힐 것이기 때문이다. 둘째, 그리고 중재재판에 회부되면 집단소송이 될 것이다. 유럽 열강 전부가 한국과 통상조약을 맺고 있었기 때문이다. 언급했듯이 유럽은 일본 방식의 한국지배를 반대했기 때문이다. 셋째, 따라서 소송으로 가면 일본의 패소는 불을 보듯이 뻔했다.

일본은 이 점을 걱정했다. 국제재판을 벗어날 방법은 하나 밖에 없었다. 미국이 국제재판청구권을 포기하는 것이다. 그러나 이는 불가능했다. 미국 헌법이 지위를 보장한 조약의 권리를 대통령이라고 할지라도 포기할 수 없었다. 다만 한미조약을 폐기하는 방법이 있었다. 그러나 조약폐기는 상원의 비준을 얻어야 한다. 여기서 편법으로 등장한 것이 일본이 한국의 외교권을 빼앗고, 미국이 이를 행정협정으로 추인하는 것이었다. 행정협정 체결권은 비준을 요하지 않았으며, 대통령의 재량권에 속했기 때문이다. 태프트-가쓰라협정이 필요해진 이유이다.

그럼에도 장애물은 있었다. 상원이 대통령의 조약권 행사가 비준절차를 피하기 위해 협정권을 통해 우회한다는 점을 염려하여 다음과 같은 예방조치를 요구했기 때문이다. 즉 조약의 실행을 위해 필요한 부속협정은 상원의 재가를 받아야 한다는 것이었다. 루즈벨트는 반발했다. 이는 대통령의 외교권 전체를 박탈하는것과 같다는 것이다. 그러나 상원은 꿈쩍하지 않았다. 협정을 통해 조약의 비준권을 피한다면, 상원의 조약비준권은 없어지는 것과 마찬가지였기 때문이다.

여기서 루즈벨트는 행정협정을 비밀리에 체결하는 방식을 택하게 되었다. 태프트-가쓰라협정이 비밀협정의 형식을 취한 것은 바로 이런 사정 때문이었다. 즉 미국헌법이 보장한 한미조약하에서 불가능한 협정을 상원의 감시망을 피하며 맺기 위해 비밀협정의 방식을 취했다는 것이다. 일본 또한 미국의 이러한 사정을 잘 알았다. 외상 고무라와 전쟁기의 미국에 파견한 특사 가네코는 모두 하버드 법대 출신으로 조약법을 전공했으며, 미국헌법에 해박했다. 따라서 미국이 비밀리에 협정을 체결할 수 밖에 없다는 점도 잘 알고 있었다.

이는 이 협정이 맺어진 방식과 추인과정을 통해서 알 수 있다. 먼저 태프트와 가쓰라가 대화의 형식으로 의견을 나눈 후, → 태프트가 일본의 양해를 얻어 메모(note/memorandum)의 형태로 정리하고, → 루즈벨트가 이를 추인함으로써 맺어졌던 것이다. 이 점은 협정문에 나타나 있다. 가쓰라는 미국이 헌법적 제약과 상원의 감시망을 피하기 위해 불가피한 방법이라고 했기 때문이다. 그러나 일본은 만족했다. 이 협정을 통해 '미국은 일본에게 한국문제를 놓고 중재재판을 청구하지 않는다'는 약속을 얻은 것이기 때문이다.

미국이 포기하자, 영국도 비슷한 과정을 통해 중재재판권을 포기했다. 제2차 영일동맹(1905. 8)을 통해서였다. 그리고 일본은 미국과 영국을 제외한 나머지 국가들로부터는 다음과 같은 방식으로 승인받았다. 먼저 한일 간에 외교권을 양도하는 협정이 맺었다는 사실을 적시한 회람장을 돌린다. 만일 이의를 제기하지 않으면, 승인한 것으로 간주한다는 메시지였다. 어떤 열강도 공개적으로 이의를 제기하지 않았다. 그 경우 일본에 대한 선전포고와 같았기 때문이다.

그럼에도 러시아가 중재재판을 시도했다는 점, 제2차 헤이그 회의는 러일전쟁기의 일본의 행위를 심판하는 심판장이 될 것이라는 서구 언론의 보도, 일본이 자신들의 행위를 법적으로 변호하는 보고서를 런던 국제법학회에 제출했다는 점, 일본이 한국에서 취한 행동에 대해 미국의 대응을 예의주시했다는 점 등은 유럽의 경우 중재재판권을 포기한 것이 아니라 유보한 것임을 보여준다.

이 점은 매우 중요한 의미를 담고 있다. 한미조약을 비롯하여 유럽 열강과 한국 간에 맺은 조약은 존재했다는 점이다. 하위의 협정으로 가장 상위의 조약인 통상조약은 폐기할 수 없었기 때문이다. 비록 현실적으로 작동하지 않았지만 1905년의 시점에서 한국은 국제법상으로는 여전히 '조약상의 독립국'의 지위를 유지했다. 즉 한미조약은 사문화되었을지언정 폐기된 것은 아니다. 다만 미국이 중재재판권을 유보했기 때문에 유럽도 그렇게 할 수밖에 없었다는 것이다.

Ⅳ. 평가 : 헐버트는 태프트-가쓰라협정을 통해서 법적 투쟁의 힘을 얻었다

태프트-가쓰라협정을 둘러싼 헐버트와 데넷의 논쟁을 재구성함으로써 1905년에 한국문제를 둘러싸고 일어난 사건의 다음과 같은 실체를 알 수 있게 되었다.

〈1〉 태프트-가쓰라협정은 헐버트의 법적 투쟁에 큰 힘이 되었다. 특히 일본의 대한정책의 약점을 확인케 했다 : 헐버트는 1905년에 태프트-가쓰라협정이 체결되었다는 점을 알고 있었지만, 침묵했다. 러시아인 친구로부터 전해들었을 뿐이기 때문이다. 그러나 그 협정은 헐버트의 비판에 힘을 실어주었다. 특히 다음과 같은 비판론의 토대가 되었다. '왜 일본은 한국을 지배하는 문제를 놓고 미국의 승인을 얻으려고 했을까.' '왜 일본은 하얼빈이나 동경이 아닌 포츠머스에서 강화협상을 했을까,' '루즈벨트의 중재가 없었다면 일본은 과연 한국을 차지할 수 있었을까.' '유럽 열강은 일본의 한국독점을 바라지 않았다. 만약 미국이 개입하지 않았다면 제2의 삼국간섭이 일어났을 것이다. 이런 식의 비판은 미국정부나 일본에게 뼈아픈 것이었다. 양국이 비밀리에 더러운 뒷거래를 했음을 나는 알고 있다는 식의 메시지를 담고 있었기 때문이다.

〈2〉 헐버트의 이런 식의 비판은 다음과 같은 영향을 미치는데 일조했던 것으로 보인다. 우선 미국정부가 비밀협정을 공개토록 하는데 압력으로 작용했을 것이다. 다음으로 데넷에게도 영향을 미쳤다. 데넷은 그 비밀협정의 정당성을 변호하고 법적 정당성을 인정했기 때문이다. 비록 밀실에서 이루어졌지만, 더러운 흥정은 아니었다는 것이다.

그러나 데넷의 반론은 반대로 루즈벨트의 대한정책에 대한 헐버트의 법적 비판이 타당함을 인정해준 셈이 되었다. 첫째, 루즈벨트의 대한정책이 헌법적 절차를 밟지 않았다는 비판을 받고 있음에도 태프트-가쓰라협정을 법적으로 유효한 협정으로 보았기 때문이다. 둘째, 태프트-가쓰라협정이 미일중재조약의 부속/실행협정이라는 점에 대해서도 침묵했다. 이는 이해하기 어렵다. 조약에 부속된 실행협정에 대해서도 상원의 비준절차를 밟아야 하느냐의 여부를 놓고 상원과 대통령 간에 치열한 논쟁을 벌어졌기 때문이다. 데넷과 같은 학자가 이 점을 몰랐을 리가 없다. 셋째, 데넷이 협정을 공개한 1920년대는 헤이그협약체제, 국제연맹규약체제, 태평양조약체제 등이 작동 중이었다. 데넷은 미일국제관계사의 대가였다. 1920년대의 미국 외교는 미일관계가 거의 전부였다. 특히 일본의 조약위반이 큰 문제였다. 그럼에도 조약체제에 대해 일언반구 설명이 없다. 짐작은 간다. 조약체제를 건드리면 고구마 줄기처럼 한국문제가 나오기 때문이다.

그리고 헐버트가 루즈벨트의 대한정책과 관련된 법적 문제를 이미 제기해 놓았다. 1) 거중조정 거부는 한미조약 위반이다. 2) 주한미국공사관의 철폐는 미국 헌법 위반이다. 3) 루즈벨트의 대한정책은 한국에 대한 배신행위이다. 그러나 데넷은 이에 대한 직접 답변을 피하고 대통령의 정책은 법률가들의 법적 심판대상이 아니라 역사가들의 역사적 심판대상이라며 회피했던 것이다.

여기서 묻지 않을 수 없다. 왜 당대의 최고의 국제관계 역사가가 그것도 국무성과 루즈벨트의 개인 외교문서를 직접 볼 수 있는 지위에 있던 역사가가 헐버트의 비판에 정면으로 맞서지 않았을까. 혹시 루즈벨트의 대한정책을 은폐/조작하려는 의도가 있었던 것은 아닐까. 요컨대 헐버트의 반론의 행간에 깔린 질책은 이런 것이었다. 데넷 씨! 당신은 정말로 루즈벨트가 태프트-가쓰라협정을 맺은 이유를 몰랐는가. 그리고 국가의 정책에 대해 심판자가 되어야 할 역사가가 국가의 잘못을 비호할 수 있을까.

〈3〉 헐버트의 비판은 루즈벨트의 세계조약체제 구축 계획에 영향을 미쳤다. : 태프트-가쓰라협정은 미일중재재판조약의 부속/실행협정이었다는 점이다. 중재재판조약을 맺으면 일본은 한국문제를 놓고 헤이그 국제재판을 받아야 한다. 헐버트의 비판에 따르면 일본은 다음 3가지 점에서 불법을 저지른 셈이다. 1) 을사협약은 체결과정에서 강제되었다. 2) 을사협약은 국제법상의 보호국협정으로 볼 수 없다. 일본이 실제로 한국에서 한 행위는 국제법이 허용하는 보호국의 범위를 넘어선 것이기 때문이다. 3) 일본인의 통치방식도 문제이다. 폭력을 사용했기 때문이다.

그럼에도 일본은 미국과 중재재판조약을 맺었다. 미국이 제시한 초안에 다음과 같은 단서조항이 달려있었기 때문이다. 즉 미일 간에 통상조약 및 법률상의 성격을 띤 분쟁은 헤이그 중재재판에 회부해야 함을 의무로 하지만, 다음의 경우 재판 대상이 아니라는 것이다. '국가의 독립(Independence)에 관한 일, 국가의 명예(honor)에 관련된 일, 국가의 사활적 이익(vital interest) 등은 중재재판의 청구 대상이 아니다.' 즉 조약의 상대국이 사활적 이익으로 인정하면 중재재판청구권을 행사할 수 없게 된다.

바로 여기서 중재재판조약은 논리귀결로 부속/실행/협정을 요구하게 되는 것이다. 태프트-가쓰라협정이 그것을 약속해 준 것이다. 그리하여 중재조약의 '사활적 이익은 중재재판에 회부할 수 없다'는 조항은 태프트-가쓰라협정의 '미국은 한국의 외교권을 일본이 행사하는데 동의한다'는 조항은 같은 의미를 지닌 것이 된다. 둘 다 목적은 같다. 한국문제는 국제재판에 회부할 수 없다는 것이다. 바꾸어 말하자면 미국은 한국문제에 관한 한 중재재판권을 행사하지 않겠다는 점을 일본에게 약속해 준 것이다. 만약 미일중재조약과 태프트-가쓰라협정을 분리시켜 놓고 보면 그러한 의미를 찾아내기 어렵다.[439]

그러나 두 개의 문서를 합치면 다음이 보인다. 첫째, 태프트-가쓰라협정은 미일중재조약의 부속 또는 실행협정이다. 즉 태프트-가쓰라협정은 중재협정이다. 협정의 그러한 성격은 미국이 러일전쟁 중에 미일중재재판조약과 태프트-가쓰라협정을 동시에 추진했던 점을 통해서 확인할 수 있다. 둘째, 미일중재조약은 루즈벨트의 세계중재재판조약체제의 두 기둥 중의 하나이다. 다른 기둥은 미영중재재판조약이다. 즉 태평양에서는 미일중재재판조약을, 대서양에서는 미영중재재판조약을 각각 축으로 삼는다는 것이다. 따라서 태프트-가쓰라협정은 세계중재재판조약체제를 구축하고 유지하는데 있어서 매우 중요한 지렛대였다. 헐버트의 루즈벨트의 대한정책에 대한 법적 비판에 대해 루즈벨트를 비롯한 정부당국자들이 무시할 수 없었던 것도 이 때문이다.

439 그렇다면 일본이 보장한 미국의 사활적 이익은 무엇인가. 일본인 이민규제와 필리핀의 안전보장이었다. 1907-1908년의 신사협정, 미일상표협약, 루트-다까히라협정 등이 그것이다. 예컨대 일본인 이민금지는 미일통상조약의 위반이지만 일본은 중재재판에 회부하지 않는다는 것이다. 즉 이러한 미일협정들은 모두 태프트-가쓰라협정과 짝을 이루는 것으로 중재조약의 일부이다.

제3장

고종의 국제법 투쟁은 사대주의적 발상으로 볼 수 없다. 또 실효적 투쟁이었다

-일본은 한국인의 국제법 투쟁에 대해 헤이그 포비아(Hague Phobia)를 지니고 있었다-

Ⅰ. 문제제기 : 헐버트의 기소(3)

헐버트가 한국인을 위한 국제법 투쟁을 하는데 있어서 극복해야 할 난관이 있었다. 그것은 국제법 투쟁에 대한 당시대인들의 다음과 같은 부정적인 시각이다. 첫째, 고종은 사악하다. 개혁을 거부하고 정권을 수호하기 위해 국제법을 악용했다. 둘째, 고종은 무능하다. 국제법을 이용하여 투쟁할 능력이 없다. 다만 일부 미국인의 조언에 따라 행동할 뿐이다. 셋째, 고종의 어리석다. 국제법 투쟁이 힘의 국제정치 논리 앞에 무력하다는 점을 두 눈으로 보았음에도 여전히 믿었기 때문이다.

이런 비판은 한국이 쇄국이냐 개항이냐를 놓고 논쟁할 때부터 제기되었다. 개국파는 만국공법이 스위스와 벨기에와 같은 국제적인 보호막이 될 것으로 보았다. 반면 쇄국정책 고수파는 남경조약(1842)과 북경조약(1860)에서 드러났듯이 불평등한 조약체제라는 족쇄로 작용할 것으로 판단했다. 대포 앞에 국제법은 한낱 휴지쪼가리에 불과하다는 것이다. 결과적으로 후자의 예상이 맞았다. 개항 후 조약은 한국의 자원을 약탈하기 위한 도구로 쓰이다가 마침내 한국의 국권을 박탈하는 족쇄로 작용했기 때문이다. 그랬기 때문에 지금까지도 국제법 투쟁전략은 고종의 어리석음의 상징이요, 국가를 망하게 한 최악의 정책으로 비판받고 있다. 한미수교 100주년 학술대회에서 발표된 한 연구가 이를 보여준다.

> 초기의 한미관계를 살펴보았다. 불행히도 양국 국민은 서로 엇갈리는 이미지를 가지고 있었다. 1905년 말 일본에 의해 한국의 주권이 침탈되면서 양국간에는 국교가 끊어지기까지 하였다. 그런데 양국 국민이 상대방을 생각하는 이미지는 올바른 이해를 토대로 하여 형성된 것은 아니었던 것 같다. 우선 한국인 측에서 보면 미국에 대한 연구가 전혀 없었다. 그리고 미국정부의 정책도 알지 못하고 있었다. 한국의 처지를 동정하는 선교사들의 태도를 미국정부를 대변하고 있는 것으로 혼동하고 있을 정도였다. 주한 미국 공사관도 똑똑한 정보를 제공한 일은 없었다. 그러므로 공사관은 겉치레로 설치해 놓은 것에 지나지 않았다. 이런 상황에서 미국에 대해 정의와 인도를 구현하는 나라로서의 이미지를 굳히고 있었다는 것은 어리석은 일이라 하지 않을 수 없었다. 도대체 구 한국시대에는 대미외교정책이라는 것이 없었다고 해도 지나친 말이 아니다.[440]

과연 고종의 국제법 투쟁은 실패한 정책이었을까. 또는 고종의 국제법 투쟁을 사대주의적이라고 보거나, 실효성이 없었다고 단정할 수 있을까. 이 장에서 알아보려는 문제가 이것이다.

---

440 고병익, 「초기의 한미관계 : 엇갈린 이미지」, 『한미수교 1세기의 회고와 전망』, p. 62.

II. 헐버트는 한국인의 국제법 투쟁을 어떻게 평가했을까

사실 헐버트의 국제법 투쟁론은 명료하고 단순했다. 언급했듯이 이런 식의 논리였기 때문이다. 미국은 1882년에 한국을 위기 시에 도와준다는 약속을 문서상으로 했다. 이후 구두로 수차에 걸쳐 재확인했다. 한국은 그대로 믿었다. 그리고 누구라도 그런 식으로 반복해서 약속하면 믿는 것이 당연했다. 그러므로 미국은 도와주어야 할 의무가 있었다. 법적으로 그랬지만, 신의라는 측면에서도 그렇다. 개인 간의 계약에도 신뢰가 전제가 되는데, 하물며 국가 간의 약속은 말할 것도 없다. 그러나 루즈벨트는 지키지 않았다. 따라서 미국은 배신한 것이다. 헐버트의 이런 논리는 고종의 논리와 같다. 고종 역시 중립을 선언했으니, 지켜질 것이며, 조약을 맺었으니 보호받을 것이라는 믿음을 지니고 있었기 때문이다. 이 때문에 현실의 정치가들이 보면 세상물정 모르는 순진한 전략으로 볼 수 있다. 다음은 이를 보여 준다.

1. 고종의 국제법 투쟁에 대한 서구인들의 비판론

(1) 루즈벨트 : 고종은 국제법의 보호를 받은 자격이 없었다. 왜냐하면 황제는 음모수준의 이용이었기 때문이다. (2) 데넷 : 한국의 국제법 투쟁은 선교사들의 사주에 따른 것이다. 국제법의 보호를 받을 수 있는 국가는 법률상뿐만이 아니라 사실상의 독립국이어야 한다. 그러나 한국은 오직 법적으로만 독립국일 뿐이었다. 그럼에도 선교사들은 한국을 법적일 뿐만 아니라 사실상의 독립국으로 보았다.

대부분의 선교사들은 한국인들이 법률상의 독립국(de jure independence)인 것과 마찬가지로 사실상(de facto)의 독립국이라는 주장을 하는데 있어서 타협하지 않았다.[441]

(3) 오스트리아 외교관 : 그의 본국보고문은 한국인들의 저항은 외국의 동정심에 기대고 있다고 비판했다.

한국인들이 스스로의 운명을 받아들이지 못하는데에는 물론 심리적인 원인이 있다.…다른 한편으로 저항하는 것은…그것이 정복당하는 민족이 보이는 자연스러운 경향이라는 점은 논외로 하더라도…세계정세에 대해 여전히 순진한 환상을 품고 있기 때문이기도 하다. 그들은 청이나 기타 열강이 피압박민의 편을 들어줄 것으로 생각한다.[442]

(4) 매킨지 : 심지어는 한국을 위해 헐버트와 같이 헌신했던 영국인 매킨지조차도 그랬다. 그는 고종황제의 조약 인식을 다음 3가지 점에서 비판했다.

1) 힘이 뒷받침되지 않는 조약은 종이쪽지와 같다.

한국황제는 한국의 독립이 이미 열강과 맺은 여러 가지 조약에 규정되어 있으므로 자기는 안전하다고 생각하고 있었다. 그러나 그는 힘이 뒷받침되지 않는 조약상의 권리는 결국은 글자가 박힌 종이쪽지에 불과한 것이라는 점을 알았어야만 했다. 고종은 특히 1882년 한미수호조약을 맺을 때 만약 타국이 한국에 대해 불공정하고 무시할 때 미국은 우호적인 결과를 가져오도록 주선해보

441 Dennette, *Russo-Japanese War*, p. 106

442 『한국 근대사에 대한 자료』, p. 584.

겠다는 구절을 철석같이 믿었다. 그의 오랜 친구로서 아직 귀국하지 않았던 알렌 박사가 그들을 깨우쳐 주고자 무진 애를 썼지만 허사였다.[443] 가련한 황제여! 하나의 조약문에 그렇게까지 의지하려고 하다니, 정말 천진난만한 바보였다고 하겠다. 루트는 이미 서울에 있는 본국 공사에게 한국에서 철수하여 귀국할 것을 타전하였던 것이다.[444]

2) 국제법에 대한 믿음은 고종만 지닌 것이 아니었다. 지도층 인사들은 개혁을 하지 않고 오직 국제법에만 호소했다.

(러일)전쟁이 일어나기 전 필자 자신의 개인적인 추억 가운데 특별히 인상적이었던 것을 하나 이야기하겠다. 당시 나는 서울에 있었으며, 이용익과 면담한 일이 있다. 그의 방에서 다음과 같은 문제를 논의했다. 당시 나는 그에게 만일 한국이 파멸을 면하려면 나라를 개혁해야 한다고 말했다. 그러자 이용익은 재빨리 내 말을 반박했다. 한국의 독립은 미국과 유럽이 보장한 것이므로 염려할 바 없다고 하는 것이었다. 나는 다시 반박했다 "자체의 힘이 없이 맺은 조약은 무용한 것임을 모르시오. 그 조약이 존중되도록 하려면 그것에 합당한 생활을 먼저 해야 하오. 개혁을 하든가, 그렇지 않으면 멸망을 하든가 두 길 밖에 없소. " 그러자 이용익은 대답했다. "딴 사람들이 무슨 일을 하든 문제가 될 것이 없소. 우린 오늘 우리가 중립을 선언했다. 그리고 이 중립을 존중해 줄 것을 요구하는 성명도 발표했다." 나는 다시 말했다. "당신네가 당신에 자신을 보호하지 않고 있는데 딴 사람들이 왜 당신네를 보호해준다고 생각하는가." 이용익은 이렇게 답했다. "우리는 미국의 약속을 얻은 바 있다. 무슨 일이 일어나도 미국은 우리 편이 되어 줄 것이다."[445]

---

443 McKenzie, 『한국의 독립운동』, pp. 57-58.

444 McKenzie, 『한국의 독립운동』, p. 68.

445 McKenzie, 『한국의 독립운동』, pp. 49-50.

3) 한국인들은 미국이 국제법을 수호할 위치에 있지 않다는 점을 깨달아야 한다는 것이다. 일본의 국력이 강했기 때문이다. 또한 미국은 국제법을 통해 한국의 독립을 지켜주고 싶은 마음을 가지고 있지 않다는 점도 알아야 한다. 한국은 스스로 독립을 지키기에 너무나 약했다.

> 워싱턴 당국이 일본 측 성명에 속아 넘어갔다거나 혹은 그 조약에 강압적이지 않은 다른 방법으로 이루어졌음을 조금이라도 믿었다고 생각할 사람은 하나도 없을 것이다. 만일 그렇게 생각한다면 워싱턴 당국자의 지능에 대해 욕하는 결과가 된다. 여기서 기억해야 할 일은 그 당시 일본의 국위가 그 절정에 달해 있었다는 것이다. 루즈벨트 대통령은 주로 그의 옛 친구인 조지 케넌(George Kennan)의 영향으로 한국민족은 자치할 능력이 없다고 믿고 있었던 것이다. 그는 일본에 대해 좋게 해주고 싶었으며, 그렇기 때문에 이 일에 간섭하기를 고의로 거절했던 것이다. 그는 수년 후 이렇게 해명했다. "확실히 조약상으로 한국이 독립국으로 존속해야 한다고 엄숙히 규정되어 있었다. 그러나 한국은 그 자체가 너무 무력해서 이 조약을 이행해 나갈 수가 없었다. 한편 어떤 다른 나라가 아무런 이해관계도 없이 한국국민 자신이 전혀 할 수 없었던 일을 대신하여 해주리라고 생각한다는 것은 문제 밖의 일이다." 여기서 우리는 국제정치의 윤리가 지니고 있는 그 진수를 엿보는 것이다.[446]

요컨대 위의 비판은 모두 동일한 결론을 지니고 있다. 첫째, 당시대의 한국인의 국제법에 대한 믿음은 그릇된 전제에서 출발한다. 둘째, 개혁을 피하기 위해 국제법을 악용한다. 따라서 국제법의 보호를 받을 자격이 없다. 그리고 이러한 외국인들의 비판론은 오늘날 한국학자들에게서 그대로

446 McKenzie, 『한국의 독립운동』, p. 68.

발견된다. 이승만의 외교독립론에 대한 다음과 같은 혹평이 이를 보여준다. '그것은 신사대주의와 같다.' 그런데 이러한 비판은 서구가 한국의 국제법 투쟁에 대해 가했던 비난과 같은 논리이다. 그러나 언급했듯이 당시의 서구는 한국인의 이러한 투쟁에 대해 부담을 느꼈다. 그리고 헐버트는 이를 알고 있었다. 다음 절에서 이를 알아보자.

2. '고종의 국제법 투쟁'에 대한 헐버트의 옹호론

그러나 헐버트가 힘의 정치를 몰랐기 때문에 미국에 대해서 한미조약의 의무를 준수하라고 한 것은 아니다. 그는 정글의 법칙이 국제정치의 생리라는 점을 꿰뚫고 있었다. 그럼에도 국제법을 신뢰했던 것은 20세기의 국제사회는 과거와 같이 약육강식의 법칙이 아니라 국제법이 규범이 될 수 있어야 한다는 믿음과 그것이 가능하다는 판단 때문이었다. 그리고 이러한 국제사회가 만들어져야만 한국과 같은 작은 나라를 놓고 전쟁을 하는 일이 없어질 것으로 보았다. 따라서 고종의 국제법 투쟁은 헐버트에게 다음과 같은 루즈벨트의 논리를 반박할 수 있는 증거였다. 즉 '한국인은 국제법을 준수할 능력도 의지도 없으며, 따라서 국제사회에서 축출되어야 한다'는 논리였다.

아울러 한국인의 국제법 투쟁은 한국인도 깨달으면 도덕적 투쟁을 할 수 있는 민족이라는 점을 보여주는 증거로 보았다. 도덕적 투쟁이 정치적 영향을 미칠 수 있다고 믿었기 때문이다.

> 한국인들은 극동의 국민들이 가질 수 없는 심리적, 감정적 기질을 간직하고

> 있다.[447] 선교사들은…한국을 위한 그들의 노력이 한국인들의 도덕적 기개를 더욱 강경하게 함으로써만 정치문제에 영향을 미칠 수 있으며, 잠자는 듯한 한국인들의 지적생활을 밝게 일깨워 준다면 일본인에 대한 그들의 자아는 필연적으로 이루어지게 될 것이다.[448]

더욱이 헐버트는 한국인의 국제법 투쟁은 일본과 비교해 볼 때 국제법 체제를 구축하는데 있어서 매우 중요한 의미를 지니고 있다고 보았다. 두 가지 점에서 그렇다. 첫째, 일본인을 국제법체제의 일부로 만드는 것이 어렵기 때문이다. 이 때문에 한국인의 국제법 투쟁은 중요하다. "한국은 조만간 폴란드나 아르메니아나 콩고 자유국과 마찬가지로 되어갈 것이다.… 일본인은 군사력이나 야수적인 폭력이 아니면 그것을 능력이라고 인정하려 들지 않는 민족이다."[449]

둘째, 일본은 법치주의를 받아들일 생각이 없기 때문이다.

> 일본은 극동의 개발에 있어서 과연 얼마만한 역할을 감당할 수 있을까.…이 질문에 대한 정확한 답을 얻으려면 먼저 일본인의 "법정신(Judical Spirit)에 있어서의 문제점"을 연구하지 않으면 안 된다. 그러면 "이러한 문제가 한국에 어떤 관계를 미치고 있는가"하는 것이 밝혀질 것이다.[450]

언급했듯이 일본의 법치주의 이식 여부는 미국에게 매우 중요한 문제였다. 일본이 동양의 양키를 수행할 능력을 보여주는 지표였기 때문이다.

---

447 *Passing of Korea*, p. 54.

448 *Passing of Korea*, p. 442.

449 *Passing of Korea*, p. 441.

450 *Passing of Korea*, pp. 17-18.

루즈벨트조차도 일본이 서구와 같은 법치주의국가가 되지 못할 것으로 내다보았다. 즉 '일본은 경제적으로 산업화되었지만, 그럼에도 사무라이의 전쟁본능을 무디게 할 수 없었다'는 평가가 이를 보여준다. 그랬기 때문에 국제법체제에 동화되지 않는다고 할지라도 일본에 대한 감시망이 될 수 있기 때문이다. 그러나 헐버트는 반대로 생각했다. 동화될 가능성이 없는 일본에 매달리지 말고 한국을 통해서 국제법체제가 가능함을 보여주자는 것이다. 요컨대 고종의 국제법 투쟁은 헐버트에 두 가지 점을 확신시켰다. 국제법 사회에 부적격자는 한국이 아니라 일본인이다. 그리고 국제정의에 입각한 국제공동체를 만드는데 있어서 기여할 수 있는 국가는 일본이 아니라 한국이다.

Ⅲ. 국제법 투쟁은 대한제국의 안보전략이었다고 볼 수 있다

1. 국제법 투쟁은 고종만이 아니라 한국인의 투쟁전략이었다

국제법 투쟁은 고종만이 했던 것도 아니었다. 한국의 지식인들이 공유했던 구국의 전략이었다. 을사협약에 대한 '조선 국민위원회의 항의서'는 그 점을 보여준다.

> 조선에 대한 일본의 행위는 국제법에 위배되는 것이며, 배신과 잔혹성의 흔적을 지닌 것이다. 일본과의 조약체결 이래로 일본이 빠져든 행위들은 더 이상 헤아릴 수 없을 정도로 많다.…대한제국의 황제는 조선정부가 결코 그러한 조약을 체결하고자 하지 않았다는 점을 설명하기 위해 미국인 귀에르포트

(Guerpot)을 보냈다. 황제는 또한…일본이 조선에 대해 비열하고 야만적이며 신의없이 행동했다는 증거를 제시하기 위해 헤이그 국제회의에 은밀히 사람을 보냈다.…우리 조선인들은 우리 의무를 다해야 한다. 일본에 대항해 싸우기 위해 온갖 힘과 수단을 모아야 한다. 이를 목적으로 우리는 일본에 대한 항의를 발표한다. 그리고 우리는 조선 국민 위원회를 결성하였다.…우리는 세계 속에서 조선의 명칭을 그대로 간직하며 조선 백성에게도 그 호칭을 그대로 간직하기로 결정했다. 우리의 과업이 아무리 힘들지라도 우리는 자유에 이르기까지 손에 무기를 들고 일본에 대항하여 싸울 준비가 되어 있다. 우리 위원회는…귀국정부가 조선이 합병을 원했다고 생각하지 않았으면 한다.…다시 한 번 귀국정부에게 간청한다. 조선의 이 특수한 사건을 국제법에 따라 판결해 주기를 바란다. 우리는 귀국정부가 저들이…강제로 빼앗으려고 하는 권리를 존중해 주시고 20세기 초에 이 같은 비행이 문명사를 더럽히는 것을 용인하지 않기를 감히 바란다. 당신들은 법과 정의를 수호하는 것이다.…우리는 당신들이 불의를 지지하기 위해 당신들이 수세기 전부터 당신들의 영예요, 영광이었던 원칙들을 포기하지 않기를 바란다.…조선의 백성들은 진정한 백성들은 자유를 쟁취하기 위해 죽을 준비가 되어 있다.[451]

요컨대 청원서는 한국인들이 국제법을 서구 사회의 보편적 가치, 특히 국제주의에 호소하려는 통로로 생각했음을 보여준다. 더욱이 배타적인 민족주의가 횡행하는 국제사회에서 효과적인 전략이 될 수 있었다. 칼 슈미트가 규정했듯이 20세기 전반기는 "국제법의 시대"였다. 아울러 위의 문서는 한국인의 국세법 투쟁은 고종의 국제법 투쟁이 구심점이 될 수 있음도 보여주었다.

---

451 『한국 근대사에 대한 자료』, p. 708.

그리고 한국인의 국제법 투쟁은 서구인들의 자문에 전적으로 의존한 것도 아니며, 을사협약에 대한 응급처방으로 나온 것도 아니다. 한국인의 국제법 인식은 본질을 깨닫고 있었다. 〈독립신문〉은 이를 보여준다. 첫째, 국제법은 대등국임을 인정받는 것이다. 대등국이 되려면 자신의 허물을 깨달아야 한다.

> 대등국이 되기 위한 조건은 무엇인가. 자신의 허물을 깨닫는 것이다. 자신의 허물을 깨달으면 자신을 개혁할 수 있다.[452]

그러한 허물이 무엇인가. 한국인들의 대부분은 독립의 의미를 모른다는 사실이다. 독립의 의미도 모르는데 어떻게 대등국의 지위를 요구할 수 있느냐는 것이다.

> 한국의 자주독립은 투쟁을 통해서 얻어진 것이 아니다. 억지로 시킨 것이다. 이렇게 생각하는 사람이 있다. 전체 인민이 자주독립을 인지하지 못하면 진정한 독립은 없다.[453]

또한 대등국이 되기 위한 중요한 조건이 법치주의체제를 완비하는 것으로 보았다.

---

452 『독립신문』, 1897. 5. 25.

453 『독립신문』, 1897. 7. 27.

세계 각국 정부가 내치의 법을 정할 때에 작정해야 할 일은 그것이 효험이 있어야 한다. 그렇게 하려면…관원을 마련하여 장정과 법률과 규칙을 시행해야 한다. 이는 민간의 시시비비를 가리고 외국과 통상 및 교제하는데 공법과 경계를 밝히게 하며….[454]

즉 위의 기사는 당시의 한국인의 일부가 국제법과 국내법이 상호 작용함을 알고 있었음을 보여준다. 국제법체제의 일원으로 활동하기 위한 중요한 전제조건으로 국내법치주의 체계의 구축을 지적했기 때문이다.

동등국의 또 다른 조건은 서구의 문물에 대한 개방적인 태도, 즉 내면화해야 한다는 것이다.

조선이 세계의 동등국이 되려면 어떻게 해야 할까. 외국 문물을 외국 것으로 보지만 말고(배척 말고), 조선인의 것으로 만들어야 한다.[455]

조선의 것으로 만들어야 하는 서구 문물 중의 하나가 국제법에 대한 인식의 전환이다.

세상 사람은 말한다. 만국공법이 대포 한자루만 못할지라.…혹은 이른다. 대한국은 무엇보다도 兵備(병비)가 없다.…그러나 이는 지각없는 자의 말이다.…약한 나라는 만국공법을 쓰는 것이 당연하다. 만국과 맹약을 할 때에는 빈국과 부국이 섞여 살기 때문에 양자 간이 和同(화동)하며 지낼 수 있다. 이에 만국공법은 빈국이 널리 사귀는 수단이 될 수 있는 것이다.…이를 위해…구미 각

454 『독립신문』, 1898. 4. 19.
455 『독립신문』, 1897. 9. 21.

국의 법률학도 배워야 하며,--유학도 보내야 한다.[456]

요컨대 독립신문에 난 기사를 통해 볼 때 한국인의 국제법 인식은 이런 것이었다. 첫째, 독립은 국제법의 승인을 필요로 한다. 국제법은 동등국 간에 적용되는 것이기 때문이다. 둘째, 동등국임을 인정받기 위해 국내 법치주의가 마련되어야 한다. 국제법은 각국의 법치주의의 경계를 넘나드는 법이기 때문이다. 즉 국내법치주의와 국제법은 연동되어 있다. 셋째, 국제법은 힘으로만 움직이지 않으며, 그렇게 되어서도 안 된다. 한국과 같은 약소국과 군사강국의 공존을 가능케 하는 것이 국제법이어야 한다.

독립신문의 이러한 국제법 인식은 서구의 국제법의 본질을 정확히 이해한 것이었다. 미국인들은 독립(Independence)을 이렇게 규정했기 때문이다. 즉 독립은 다른 독립국과 상호의존(Inter-dependence)관계에 놓이게 됨을 의미한다. 이를 위해 미국은 공정한 경쟁을 할 수 있는 게임의 법칙(Square Deal)이 필요하며, 군사력은 배제되어야 한다고 했던 것이다. 한국인의 국제법 인식은 서구의 인식과 일치한다고 한 것도 이 때문이다.

그리고 헐버트의 다음과 같은 언설은 고종의 국제법투쟁이 헐버트에게 얼마나 큰 힘이 되었는지를 시사한다.

> 사람들은 나에게 묻는다. 한국을 변호하는 일을 계속할 것인가. 이제 나에게 남은 문제는 이것이다. 한국인들을 위한 희망없는 변론(hopeless defense of the Korean people)을 영원히 계속할 것인지 아닌지를 결정해야 한다. 그건 이렇다. 만일 한국 왕이 포기(surrender)하지 않는다면, 생명이 다하는 한 기꺼

---

456 『독립신문』, 1898. 1. 20.

이 폭풍에 맞설 것이다. 나는 결코 침몰하는 배를 포기하지 않을 것이다.[457]

즉 헐버트는 한국인이 투쟁을 계속한다면 자신은 어떤 경우에도 포기하지 않을 것임을 선언했다. 그리고 침몰하는 배에서 먼저 내리지 않는다는 표현은 특별한 의미를 지닌 언설이었다. 주한미국공사관의 철수조치를 동아시아 외교전문가가 다음과 같이 비유했기 때문이다. 마치 '미국의 태도는 침몰하는 배에서 앞다투어 탈출하는 쥐새끼와 같았다.'는 것이다. 침몰하는 배와 최후를 같이 하는 선장은 해양국가의 리더십을 보여주는 비유였다.

또한 루즈벨트를 겨냥한 말이기도 했다. 루즈벨트도 모름지기 지도자는 전쟁시 침몰하는 배의 마스트에 서서 끝까지 적선에게 포화를 퍼부을 것을 명령하거나 불가피하게 배를 버려야 할 경우 "당신 먼저"를 외칠 수 있어야 한다고 했던 것이다. 그랬기 때문에 루즈벨트는 고종의 국제법 탄원을 자신만 살고자 배를 버리는 비겁한 지도자로 보았던 것이다.

반면 헐버트는 고종의 국제법 투쟁을 국가라는 배와 운명을 같이하며 독전하는 선장과 같다고 보았다. 때문에 고종의 국제법 탄원 행위와 관리들의 국제법 악용을 구별해야 한다고 보았다. 오히려 국제법을 자신들의 보신책으로 이용한 것은 관리들이었다. 그들은 열강을 자신들의 후원세력으로 삼으려고 했다. 그러나 황제는 그것을 통제할 힘이 없다. 서구인들은 왕과 관리들의 이러한 관계를 모르고 있다. 고종은 유능한 황제는 아니었

457 The question was whether I should continue a hopeless defense of the Korean peopled.Well, if the King had not surrendered and was willing to face the storm as long as I would not abandon the sinking vessel. *Echoes of the Orient*, pp. 288-289.

다. 그러나 타락한 황제도 아니었다. 무능하고 타락한 것은 대부분의 한국의 관리들이었다. 그리하여 헐버트는 고종의 국제법 투쟁에 대해 다음과 같은 의미를 부여했다. '고종의 국제법 투쟁은 자신의 지위를 내걸고 국가의 멸망을 각오하지 않으면 선택할 수 없는 방법이었다. 때문에 고종의 투쟁 방식은 일본을 국제법정에 세우는 근거가 될 수 있다.'

Ⅳ. 국제법 투쟁에 대한 미일의 인식 : 일본은 헤이그 포비아(Hague Phobia)를 지니고 있었다[458]

한국인의 국제법 투쟁이 유효했는가. 그리고 사대주의로 보아야 할까. 이 점은 헐버트의 국제법 투쟁에 대한 당시대인의 반응을 통해서 확인할 수 있다. 헐버트는 고종의 법률대리인과 같았기 때문이다.

(1) 미국의 반응 : 미국은 헐버트의 국제법 투쟁을 정부에 대한 탄핵, 즉 헌법 재판을 청구한 것으로 받아들였다. 제2부 제1장과 제3부의 서론에서 이 점을 밝혔다. 세계조약체제를 만들려는 미국의 전략에 헐버트의 비판, 미국은 한미조약을 위반했으며, 또한 을사협약은 불법이라는 비판은 재를 뿌리는 것과 같았다. 왜 미국의 저명한 역사학자가 그것도 1920년대에 이르러 헐버트의 비판에 대한 반박에 나섰을까. 이렇게 볼 때 헐버트는 고종의 국제법 투쟁의 법률 대리인의 역할을 했다고 평가할 수 있다.

458 헤이그 포비아에 대한 설명는 다음을 토대로 했다. 한일병합조약의 국제법적 기원과 국제적 승인문제 : 일본의 '헤이그 포비아(Hague Phobia)'와 '국제법 전쟁', 『한일관계사연구』 51 (한일관계사학회, 2015)

따라서 헐버트의 법적 비판에 대한 미국의 항변은 고종에 대한 항변이기도 했다.

(2) 유럽의 반응 : 일본 역시 고종의 국제법 투쟁을 의식하지 않을 수 없었다. 독일 언론의 보도는 이를 보여준다.

> 독일인이 운영하는 신문들은…일본인들이 옥새를 강탈하여 조약문서에 날인했기 때문에 이 조약은 전적으로 무효라고 선언했다.…이러한 언론들의 비난이 또한 유럽과 미국으로 전파될 것이다. 더욱이 옥새문제는 도외시하더라도 일본의 강압에 대항하기 위해 외국의 간섭을 요구하고 있는 구체제의 많은 한국인들의 주목을 받을 것임을 이곳(동경) 정부는 각오하고 있다. 워싱턴의 국무장관 루트(Root)에게 원조를 요청…〈코리아 리뷰〉의 편집을 맡았으며 미국인으로서 자국민에게 일본에 대한 비난을 퍼뜨리고 있는 H. B. Hulbert…가 그중에 포함되었다. 그는 황제의 위임까지 받았다고 내세우고 있다.[459]

1) 즉 위의 보도에 따르면 한일협약의 불법성이 국제여론의 이슈가 되고 있으며, 그 중심에 헐버트가 있다는 것이다.

2) 유럽 언론은 또한 일본이 한국의 국제재판 시도를 영구적으로 차단할 방법을 모색할 정도로 노심초사했음을 보여준다.

> 한국대표단의 헤이그 회의 파견소식은…전 일본을 아연 긴상게 했다. 처음에는 회의에 참가하고 있는 그 어떤 나라가 한국대표단에게 귀를 기울일지 모른다는 우려가 팽배했다. 우려했던 일이 일어나지 않자 일본 측은 한국 황제의

---

459 『한국 근대사에 대한 자료』, pp. 551-552.

헤이그 밀사 파견을 을사협약 위반이라고 한 후 "한국의 조약위반행위를 영구적으로 불가능하게 만들 강력한 조치를 요구하는 외침이 터져 나왔다."[460]

즉 일본은 한국이 을사협약의 불법성을 국제재판소에 제소하는 것을 막기 위해 병합으로 몰고 갔음을 시사하고 있다.

3) 또한 동 언론은 만일 일본이 한국을 병합하더라도 을사협약의 불법성 문제로부터 해방될 수 없다는 점을 지적했다. 병합을 정당화할 수 있는 법리로 한국이 을사협약을 위반했다는 점을 주장하려는 것이 일본의 생각인데, 그렇게 하려면 을사협약 자체가 정당하게 성립되었어야 했다는 것이다.

그러나 이는 "1905년 11월 17일의 한일조약이 법률적으로 유효한 것으로 간주되어야만 성립되는 것이다. 그러나 유럽식의 관점에서 볼 때 한일조약에는 유효한 조약의 요소들이 결여되어 있다."[461]

즉 유럽의 관점에서 을사협약은 유효한 조약으로 볼 수 없다는 것이다.

4) 나아가 위의 언론은 다음도 주장했다. 하자가 있는 선행협정(을사협약)을 근거로 하여 병합조약을 맺을 경우 후자는 원천무효라는 것이다.

헤이그에 제소하는 것을 영구히 차단하기 위해 "병합"이라는 말이 나오고 있으며, "한국 황제의 제거가 이러한 진전을 위한 결정적인 조치가 될 것으로 주장되고 있다.…합방에로의 재촉은 최근에 맺어진 국제조약을 파기하고 대부

---

460 『한국 근대사에 대한 자료』, p. 576.

461 『한국 근대사에 대한 자료』, p. 576.

분의 열강과 대립하게 함으로써 일본인들에게 바람직하지 못한 결과를 초래할 것이라는 많은 이유들이 있다."[462]

요컨대 유럽 언론은 고종의 국제법 투쟁(밀사파견과 중재재판 요청)이 일본에게 미친 영향을 다음과 같이 지적했다. 일본은 을사협약에 대한 불법성 투쟁이 중재재판에 회부하는 근거가 될 수 있다는 점을 두려워하고 있다. 이 때문에 한국 병합을 결심했다. 국제법 재판으로부터 영원히 탈출할 수 있는 길로 판단했기 때문이다. 그러나 병합조약은 새로운 국제법 위반을 범하는 것이 된다. 병합조약은 을사협약의 약속을 스스로 어긴 것이며, 무엇보다도 통상조약체제와 양립할 수 없다. 보호국협약은 통상조약의 권리의 일부를 한시적으로 제한할 뿐이지만, 병합조약은 통상조약 자체를 부정하기 때문이다. 헤이그 중재재판소는 1905년 판례(가옥세 심판 사건)을 통해 통상조약의 개정과 파기는 조약에 명시된 절차에 따라야 한다고 판시한 바 있다. 따라서 병합조약 역시 국제재판소에 회부되면 무효로 판결날 것이었다. 결국 유럽 언론의 보도에 따르면 고종의 국제법 투쟁은 일본을 국제법 위반의 악순환의 굴레에 갇히게 한 것과 같다. 을사협약의 불법성 고발을 막기 위해 병합이라는 불법을 저지른 것이기 때문이다.

(3) 일본의 반응 : 그런데 실제로 일본은 유럽 언론의 보도한 바와 같은 두려움을 가지고 있었다. 헤이그 중재재판에 대한 포비아(Hague Phobia)라고 할 만한 것이었다. 외상 고무라(小村)의 토로가 이를 보여준다.

462 『한국 근대사에 대한 자료』, p. 565.

> 물론 두 나라(미일 : 필자 주) 간의 전쟁은 실제적으로 불가능하며 더욱이 상상조차 해서도 안 된다. 그럼에도 불구하고 일본이 어떤 열강(미국 : 필자 주)과 일반중재조약을 체결하는 것은 매우 현명치 못한 처사라고 판단된다. 왜냐하면 가능한 한 위협이 국가의 생존이나 명예에 대해 가해질 때 중재는 어떤 일을 할 수 있을까. 러일전쟁의 예에서 확인할 수 있다. 만약 그 사건에서 중재재판소에 회부하고, 중재재판소가 한국을 러시아에게 속한다고 판결했다고 가상해 보자. 그 경우 일본은 그러한 결정에 의해 (국가의 : 필자 주) 존재 자체를 위협받게 된다. 물론 그렇게 되면 일본은 중재재판소의 결정을 무시하고 전쟁으로 갔을 것이다. 이러한 가정은 의심할 바 없이 극단적인 경우이다. 그러나 국가의 존재가 위협당한다면 그 국가는 싸워야만 한다. 일본이 어떤 국가와도 일반중재조약을 체결하는 것이 현명치 못하다고 판단하는 이유가 여기에 있다.[463]

고무라는 을사협약과 한일병합을 주도한 인물이다. 그런 그가 만일 중재재판에 한국문제가 회부되면 전쟁을 불사한다고 토로했다. 그의 이러한 언설은 협박이 아니다. 일본의 다음과 같은 두려움을 고백하고 있기 때문이다. 즉 일본의 한국지배는 국제법을 위반했다. 중재재판소에 가면 패소한다는 점을 알고 있다. 이를 피하기 위해 미국의 도움이 절실하다. 미국이 중재재판에 회부하는데 나서지 않고, 다른 열강이 이를 행하려고 할 때 방패막이가 되어 달라는 것이다. 일본의 국제재판에 대한 두려움은 태프트-가쓰라협정의 체결 당시의 수상 가쓰라의 태도를 통해서도 확인할 수 있다. 가쓰라는 중재재판에 대한 공포감을 이렇게 표현했다.

---

463 Dr. Morinosuke Kajima, *The Diplomacy of Japan, 1894-1922, Volume II : Anglo-Japanese Alliance and Russo-Japanese War*(Kajima Institute of International Peace, 1978), pp. 466-467.

가쓰라는 나에게 이렇게 말했다. 한국은…전쟁 종식 후 틀림없이 다른 열강과 어떤 협약(convention)이나 조약(treaty)을 체결할 것으로 예상된다. 그 경우 전쟁 전과 같이 국제적 분규가 재현될 것이다.…한국이 전쟁 전의 상태로 복귀하는 것…일본이 다른 열강과 다시 전쟁에 말려드는 것도 예방해야 하다. 이를 위해…한국은 일본의 동의를 받지 않고 다른 나라와 조약을 체결할 수 없게 해야 하며, 그런 정도의 종주권(suzerainty)…현재 러일전쟁의 논리적 귀결이며, 동아시아의 영구평화를 위한 길이다.[464]

V. 평가 : 한국인의 국제법 투쟁은 미일의 대한정책의 아킬레스 건을 찔렀다

한국인의 국제법 투쟁이 효과적이었는지를 다음 두 가지 경로를 통해서 추적했다. 첫째, 미국과 유럽의 평가는 어떠했는가. 둘째, 일본의 헤이그 중재재판에 대한 두려움 등을 통해서 확인할 수 있다. 그리하여 다음과 같은 평가를 할 수 있게 되었다.

〈1〉 미일은 자국의 대한정책이 법적으로 문제가 있다는 사실을 인지하고 있었다. : 중요한 것은 고무라든, 가쓰라든 이러한 두려움을 털어놓는 상대가 미국이었냐는 점이다. 고무라는 전직 대통령 루즈벨트에게, 후자는 전쟁성 장관 태프트에게 각각 고백했던 것이다. 그 이유가 무엇인지는 이미 위에서 밝혔다. 마음만 먹으면 한국문제를 가지고 헤이그 중재재판

464 태프트-가쓰라협정문.

에 갈 수 있는 힘을 가진 유일한 국가가 미국이었기 때문이다. 즉 미국이 한국문제를 제2의 베네수엘라 사건으로 만들겠다고 결심하면 되었다. 그러면 언급했던 바와 같이 집단소송이 될 것이며, 헤이그 재판의 판례는 일본의 패소를 예고했다. 그리고 그 경우 일본은 중재재판의 결과를 받아들일 수 밖에 없었다. 일본이 이들 모두를 상대로 전쟁할 수는 없었기 때문이다.

〈2〉 헐버트는 미일의 대한정책의 약점을 알고 있었다. : 문제는 헐버트는 바로 이런 상황을 정확히 읽어냈다는 것이다. '미국은 왜 일본이 러일전쟁의 강화를 미국에서 하려고 했을까.' '과연 미국의 중재가 없었다면 일본은 한국을 차지할 수 있었을까'라는 식의 반문이 이를 보여준다. 그리고 이런 식의 반문은 일본에게 두려움 그 자체였다. 미일이 밀실에서 한국을 불법으로 처리한 일을 알고 있다는 메시지와 같았기 때문이다. 영화제목 '나는 네가 지난여름에 한 일을 알고 있다'를 패러디하자면 '나 헐버트는 지난 1905년에 미국과 일본이 밀실에서 한국을 살해하고 이를 은폐(한국문제를 국제재판소로 회부하는 것을 막기)키로 한 음모를 알고 있다'는 것이다. 그리고 유럽 언론은 국제법 투쟁에 대해 일본이 두려워하고 있음을 전했다. 언급했듯이 고무라와 가쓰라는 헤이그 중재재판에 대한 공포감을 지니고 있었다. 이런 헐버트가 고종의 국제법투쟁의 후원자였다. 그렇다면 고종의 국제법 투쟁을 무력한 투쟁이요, 아무런 전략도 없이 오직 미국에 기댄 행위로만 볼 수 있을까. 대한제국기와 독립운동기의 한국인의 국제법 투쟁은 재평가되어야 한다. 이들의 국제법 투쟁을 비판하려면 그것이 전혀 실효성이 없었다는 점을 먼저 입증해야 한다. 아울러 러일전쟁에서 압승을 한 일본이 한국의 보호국화를 굳이 문서로 승인받으려고 했던 이유를 따져 보아야 한다. 그리고 1920-30년대의 미국의 대아시아정책은 헐버트와 한국인들의 투쟁이 받아들여지는 방향으로 전개되었다는 점도 간과해서는 안 된다. 이는 우연이 아니기 때문이다.

〈3〉 고종의 국제법 투쟁은 1905년 시점에서 보면 실패한 정책이지만, 1945년의 시점에서 보면 성공한 정책이었다. 실제로 미국은 1915년 이후 국제법 위반을 청산하는 방향으로 정책을 펼쳤기 때문이다.[465] 1915년에 미국 상원은 한국은 점령상태에 있다고 결의했으며, 1919-1920년에는 한미조약은 유효하다는 점을 확인했다. 1921-23년에는 루즈벨트의 대한정책과 관련하여 다음과 같은 일련의 조치를 취했다. 미국은 한국 병합을 승인한 적이 없다. 러일전쟁기의 루즈벨트의 정책은 헌법위반의 소지가 있지만, 이는 역사의 법정에서 심판해야 한다. 1935년에는 국제법 학술대회를 열고 을사협약의 체결과정을 문제시했다. 강박이 있었기에 무효라는 것이다. 그리고 세계조약법전 편찬 시에 무료인 조약의 사례로 포함시키기로 했다. 아울러 신사협정을 무효화하는 법언을 통과시켰다. 한국문제와 일본의 이민제한협정 간의 교환관계(quid pro quo)를 청산했다. 그리고 1939년-40년에는 미일조약의 한국적용을 거부했다. 그동안 국무성은 한국에 있는 미국인에게 한미조약 대신에 미일조약을 적용한다는 내부지침을 가지고 있었기 때문이나.

태평양전쟁이 발발하자 대서양헌장을 적용키로 하고, 1943년에는 카이

465 최정수, 「미국의 세계조약체제와 한국문제, 1905-1946 : T. 루즈벨트의 한국정책을 둘러싼 헌법 및 국제법상의 논쟁을 중심으로」, 『서양사론』 141 (한국서양사학회, 2019)

로 선언을 통해 일본의 한국지배를 국제범죄라는 관점에서 접근키로 결정했다. 한국인을 노예로 취급했다는 것이다. 그런데 일본의 한국 지배가 국제법 위이요, 국가 폭력과 같다는 점을 일찍부터 고발한 인물이 헐버트였다. 그리고 고종은 헐버트를 비밀 특사로 임명하여 결과적으로 한국을 위한 국제법 투사가 될 기회를 주었다. 마치 영국 왕립학회가 헐버트를 역사학자로 만들었듯이, 고종의 특사임명은 헐버트를 국제법과 헌법에 대한 지식을 강화시켰던 것이다. 고종의 국제법 투쟁을 사대주의적이라고 보거나, 실효성이 없었다고 단정할 수 없다는 이유도 여기에 있다.

제4장
을사협약은 국제법상 강박에 의한 무효이다

-헐버트는 1905년부터 이런 주장을 했으며, 미국정부와 국제법 학자들은 하버드 모의 법정을 열고 을사협약의 무효를 선언했다.-

Ⅰ. 문제제기 : 헐버트의 기소(4)

을사협약(1905. 11. 17)의 국제법상 무효이냐의 논쟁은 이 협약이 체결될 당시부터 논쟁되었다. 헐버트는 이 협약의 무효를 주장했다. 대체로 유럽 역시 이를 국제법상의 협약으로 보지 않았다. 체결과정이 강압적이었기 때문이다. 반면 루즈벨트는 합법적인 협약으로 취급했다. 1904년의 두 개의 한일협정(한일의정서와 한일협정)을 그 증거로 들었다. 일본 역시 같은 논리로 을사협약의 합법성을 주장했다.

그러나 제1차 대전이 발발한 이후 미국은 일본의 한국지배를 부정하는 방향으로 대일정책을 펼쳤다. 특히 정책의 타깃은 을사협약을 법적으로 부정하는데 있었다. 도대체 왜, 어떤 법리로 을사협약을 부정해야 했을까. 제4장에서는 이를 알아보려는 것이다.

II. 독일 언론의 을사협약 무효론 : 절차상의 하자(강박에 의한 체결) 있는 조약은 무효인가

을사협약의 절차상의 하자는 헐버트만이 아니라, 유럽에서도 지적했다. 이들은 두 가지를 지적했다. 첫째, 강요된 조약은 조약이 아니다. 둘째, 일본은 강요된 조약이 아니라는 점을 법적으로 소명하지 못할 것이다. 오스트리아 외교관의 본국 보고문은 이를 보여준다.

> 독일인이 운영하는 신문들은…일본인들이 옥새를 강탈하여 조약문서에 날인했기 때문에 이 조약은 전적으로 무효라고 선언했다.…일본의 신문들은…한국의 옥새가 극히 합법적인 방법으로 사용되었음을…다수의 법률적 해명을 곁들였다. 그러나 일본은 이러한 공격을 단 번에 종식시킬 수 있는 논지를 제시하지 못했다. 솔직히 말해서 한국인들은 조약을 맺도록 강요당했다. 한국인들이 호의에 의해서가 아니라 강압에 굴복해서 독립을 포기한 것은 명백한 사실이다.[466]

즉 한국이 자발적으로 동의하지 않았다. 이 점 때문에 을사협약을 국제법상으로 정당화할 수 있는 근거는 존재할 수 없다. 따라서 을사협약을 정당화하는 근거는 전쟁이다. "유럽식 관점에서 보면 이 조약은 전쟁의 자연스럽고 타당한 귀결에 지나지 않는다."[467] 유럽의 이런 해석은 중요했다. 다음과 같은 메시지를 담고 있기 때문이다. 첫째, 을사협약의 불법성은 국제법 재판의 대상이다. 불법 조약이기 때문이다. 둘째, 일본의 한국지배는 군사

466 『한국 근대사에 대한 자료』, pp. 551-552.
467 『한국 근대사에 대한 자료』, pp. 546-549.

적 승리에 따른 점령이다. 즉 법적으로는 한국은 점령상태에 놓여 있다.

셋째, 만일 일본이 국제법 재판을 피하려면 다음과 같은 방식 외에는 없다.

1) 한국을 해방시킨다.

> 만일 한국이 기적에 의해서 일본의 굴레를 벗어난다면 한국의 옥새가 합법적으로 사용되었건, 비합법적으로 사용되었건 간에 조약의 유무 자체가 아무런 문제가 되지 않을 것이다.[468]

2) 을사협약의 체결방식을 새로운 국제법으로 만든다. "이토 후작"의 다음과 같은 언설은 이를 보여준다. "특히 일본과의 관계에서 유효하고" "필요한 것"은 "분명한 법률이다." "불확실한 약속은 믿을 바가 못 되기 때문"이다.[469] 따라서 "한국과의 조약체결이라는 형식"은 "앞으로의 난점들을 회피하는데 가장 유익한 것이다."[470] 서구는 일본의 이러한 국제법 인식을 새로운 국제법 창출행위로 간주했다.

> 문명세계로부터 언제나 겸손하고 정직한 아이로 인정받고 싶어하는 일본인들은…사실상 그런 평가는 당치도 않은 것이다. 이 허점 투성이의 조약에 대해 어떤 변명도 늘어놓지 못할 것이다. 이 조약은 일본이 한국문제와 관련하여 그들로부터 보장을 받았다고 생각하고 있는 유럽과 미국의 방식대로 체결된 것이 아니라, 일본과 한국 사이의 저적인 내부문제로 간주되었다. 그러므로 이 조약은 유럽적인 것이 아니라, 아시아적인 사고방식과 진행과정의 산물인 것이다.…두 당사자는 성문화된 조약 이외에 또 다른 불문조약이 성립되었음을

468 『한국 근대사에 대한 자료』, pp. 551-552.
469 『한국 근대사에 대한 자료』, p. 707.
470 『한국 근대사에 대한 자료』, pp. 551-552.

인정하며, 또한 후자가 전자에 못지않은 합법성과 강제성을 띠고 있음을 이해하는 것이다.…성문조약은 내정의 영역에서…권한을 고정시키고 광범위한 한계를 설정하지 않는다. 그것이 일본의 개입권을 제한하는 결과가 되기 때문이다. 오히려 이토 후작이 한국정부의 동의를 얻어낸 불문조약은 일본이 한국 행정의 모든 부문에 있어서…개입할 수 있는 권한을 보유함을 인정했다. 아시아적 처리방식은…일본이 한국 내의 책임 분리 체계를 도입할 수 있는 장점마저 가지고 있다.…(개혁정책의 과실은) 명목상의 지도자인 한국 관리들에게 책임을 지게 하면서, (공적에 대해서는) 자신의 공적으로 돌릴 수 있다는 것이다.…일본이 성문조약에서-아시아적인 예절에 입각하여-한국에 대한 내정지도를 명시하지 않은 것은…불문조약이라는 수단을 동원함으로써 만일 그것이 성문화되었더라면…모면할 수 없었던 광범위한 민중 봉기를…군사적으로 제압한 것과 같은 일시적인 효과를 거두었다.[471]

위의 분석은 일본이 생각하는 국제법의 개념이 드러나 있다. 첫째, 서양인에게는 적용되지 않고, 한일 두 나라에게만 적용되는 국제법이 있을 수 있다. 둘째, 동양식 조약은 성문조약이라고 할지라도 문자로 쓰이지 않은 불문의 내용을 담고 있다. 셋째, 따라서 서양인들은 개입할 수 없는 조약이다. 물론 서구는 이를 받아들일 수 없었다. 만일 을사협약을 인정하면 서구의 국제법 체제를 부정하는 것이 되기 때문이다. 바꾸어 말하자면 일본에게 을사협약은 서구의 국제법을 파괴하기 위한 국제법이었다. 그렇다고 해서 당장 대항할 수도 없었다. 대신 이 협약이 국제법이 될 수 없음을 분명히 했다. 이 협약은 "아시아적 사고방식과 전쟁과정의 산물"이라는 규정이 했다는 것이 이를 보여준다.

471 『한국 근대사에 대한 자료』, pp. 546-549.

Ⅲ. 미국정부의 을사협약 무효론 : 을사협약의 법적 청산작업[472]

그렇다면 미국은 을사협약의 체결과정에 하자가 있다는 주장에 대해 어떻게 생각했을까. 사실 미국 또한 유럽과 같이 을사협약을 강요된 조약으로 보았다. 영국 기자 매킨지도 지적했듯이 을사협약이 강요되었다는 점을 미국이 몰랐다고 생각하는 것은 국무성에 대한 모욕이다. 루즈벨트조차도 속으로는 인정했다. 언급했듯이 한국보호국화의 근거로 을사협약보다는 1904년에 한국이 일본과 외교권 양도협정을 두 번이나 체결했다는 점을 지적했던 데서도 알 수 있다.

또한 이 점은 태프트-가쓰라협정문을 통해서도 확인할 수 있다. 여기서 태프트는 일본의 한국 보호국화의 근거를 러일전쟁의 논리적 귀결로 보았다. 즉 한국의 보호국화는 전쟁의 논리적 귀결이라는 태프트의 설명은 국제법상 한국의 보호국화를 인정할 수 없다는 점을 달리 표현한 것이다. 바꾸어 말하자면 미국은 국제법상으로 을사협약을 인정하지 않겠다는 것이다.

뿐만 아니라 미국은 일본의 통치방식이 폭력을 사용한다는 점에 대해서도 고민했다. 그럼에도 미국은 일본을 세계중재재판조약체제에 끌어들이기 위해서 덮어주기로 했다. 이 점은 위에서 설명했다. 요컨대 미국 역시 유럽과 같이 일본의 한국 보호국화를 법적으로 정당화할 방법은 없다고 생각했던 것이다.

〈1〉 제1차 대전기-국제연맹 결성기의 일본의 대한정책에 대한 불법성

---

472 연구자의 다음 논문을 토대로 했다. 「미국의 세계조약체제와 한국문제, 1905-1946 : T. 루즈벨트의 한국정책을 둘러싼 헌법 및 국제법상의 논쟁을 중심으로」, 『서양사론』 141 (한국서양사학회, 2019)

논쟁과 상원의 조치 : 그러나 제1차 대전을 계기로 미국은 더 이상 이런 식의 덮어주기 정책을 사용할 수 없게 되었다. 1) 독일의 벨기에 침공을 국제법 위반이요, 헤이그 체제의 수호라는 관점에서 대응해야 한다는 주장이 나왔기 때문이다. 그러자 러일전쟁기의 일본의 대한정책도 벨기에 침공과 같은 문제로 다루어야 한다는 반론이 제기되었다. 2) 이때 헐버트가 개입하여 미국 대통령이 일본의 한국 침략을 방조했다고 주장했다. 3) 이에 상원이 한국문제에 대한 조사권을 발동했다. 한국병합과 관련된 모든 자료를 제출하라고 국무성에 명령했다. 그리고 다음을 결의했다. 한국은 점령(Occupation)상태에 있다. 이후(1919-1920) 상원은 다음과 같은 추가 결의를 시도했다. 한미조약은 유효하며, 거중조정조항은 한국문제에 개입할 수 있는 권한이다.

〈2〉 하딩 정부의 모델조약체제 수립과 을사협약의 재분류 : 넷째, 헐버트와 상원이 이렇게 루즈벨트의 대한정책을 문제시 하자, 하딩 행정부가 나섰다. 하딩 정부는 헤이그체제를 모델로 한 국제법체제를 다시 만들려고 했다. 미국이 국제연맹에 가입하지 못했을 뿐만 아니라, 국제연맹이 일본의 국제법 위반에 대해 제대로 대응하지 못했기 때문이다. 뿐만 아니라 14개조에서 선언한 비밀외교를 금지하지도 못했다. 이에 미국의 주도하에 태평양 조약체제를 수립했다. 주 타깃은 일본이었다. '군축조약(5대국 조약)'을 통해 일본의 해군 증강을 제한하고, '부전조약(4대국 조약)'을 통해 영일동맹을 폐기시켰으며, '문호개방조약(9개국 조약)'을 통해 일본을 중국에서 철수시키려고 했다.

하딩 정부는 한국문제에 대해서도 해답을 내놓았다. 세계조약체제를 구축하려면 조약법전을 만들어야 한다. 그렇게 하려면 기존의 조약을 모두 모아야 한다. 그리고 불법조약을 분류한다. 이는 집행되었다. 1) 한국을 개항기부터 병합되기까지 열강과 한국 간의 조약, 협정, 협약 등의 문서를 모은 책을 내고, 한국을 국제분쟁지역으로 규정했다. 즉 헐버트가 1906년 이래로 주장해 온 을사협약의 불법성을 인정한 것이다. 2) 또한 중국에 대한 각종의 불평등 조약집도 같이 발간했다. 불평등 및 블법조약 문제는 한국과 중국을 분리하여 처리할 수 없다는 점을 간접적으로 표현한 것이다. 즉 불법/불평등조약이라는 관점에서 한국과 중국은 운명공동체가 되었다.

〈3〉 1920년대의 태프트-가쓰라협정 청산 : 미국은 여기서 멈추지 않았다. 태프트-가쓰라협정을 공개했다. 그리고 그것의 진위가 문제가 되자 루즈벨트의 서한집을 공개했다. 이 과정에서 의회의 압박이 작용했다. 미국은 유럽과 일본이 맺은 것 외에 미국이 체결한 것도 공개하라고 요구했기 때문이다. 즉 미국은 비밀조약은 맺은 적이 없는가. 이에 태프트-가쓰라협정이 공개되었던 것이다. 그리고 헐버트와 데넷의 논쟁이 뒤를 이었던 것이다. 이 점은 앞에서 살폈다.

〈4〉 1930년대 중반의 하버드 법대의 국제모의 법정 : 1930년대 들어 미국은 루즈벨트의 대한정책을 청산해야 하는 처지에 놓이게 되었다. 일본이 만주사변을 일으키고 만주를 중국에서 분리시키려고 했기 때문이다. 국제연맹이 원상복구를 명령하자 일본은 국제연맹을 탈퇴했다. 미국은 이를 좌시할 수 없었다. 일본의 탈퇴는 일본식 국제법체제의 출범과 같았기 때문이다. 만일 만주를 중국본토에서 분리시키는 방법을 용인한다면, 아시아 전체를 그런 식으로 분할할 것이 분명했다. 문제는 미국이 만주의 환부만을 요구할 수 없는 상황에 이르렀다는 것이다. 이미 미국은 일본에게 일본식 국제법을 창출하는 행위를 눈감아 준 적이 있기 때문이다. 을사협약이 그것이다. 을사협약을 통해 한국을 통상조약체제에서 끌어내고, 헤이그 협약체제에 가입하는 것을 막았다. 즉 한국을 서구의 국제법이 적용되지 않는 지역으로 만들었던 것이다. 여기서 미국이 취할 태도는 정해졌다. 을사협약이 일본이 중국대륙을 국제법 체제에서 분리시키는 전거/선례가 되어서는 안 된다. 이를 위해 1) 미국은 만주환부에 대한 요구를 계속하는 한편, 2) 을사협약의 불법성을 해소키로 했다. 바로 여기서 미국은 하버드 국제법 학술대회를 열고, 의제로 을사협약을 채택했다. 즉 '강박에 의한 조약은 무효인가.' 유럽 및 일본의 국제법 학자를 초청하여 토론을 벌였다. 결과는 강박에 의한 무효였다. 그리고 조약법전을 만들 때 무효가 된 강제조약의 4가지 사례에 포함시켰다. 따라서 학술대회는 모의재판의 성격을, 조약법전은 판결문과 같은 의미를 지닌 것이 되었다. 이렇게 볼 때 하버드의 국제법 학술대회는 1906년에 헐버트가 고발한 을사협약의 불법성에 대해 30년 후 재확인해 준 셈이 되었다. 바꾸어 말하자면 *Passing of Korea*라는 책에서 고발한 것이 마침내 조약법전에 기재되게 되었던 것이다.

〈5〉 1930년대 후반의 미국의 미일조약체제 폐기 선언 및 조치 : 물론 이것으로 을사협약의 불법성 문제가 해결된 것은 아니다. 그럼에도 이 판결은 매우 중요한 행위였다. 1) 판결문의 집행, 즉 원상복구가 미국 외교의 숙제가 되었기 때문이다. 즉 을사협약의 불법성을 인정한 이상 한미조약은 복구되어야 했다. 따라서 한국을 해방시키는 문제는 세계조약공동체 달성의 바로미터가 되었다. 2) 이 판결로 미국은 1905년의 루즈벨트의 대한정책에 대한 부담을 덜 수 있었기 때문이다. 3) 아울러 미국과 유럽이 을사협약의 불법성에 대해 통일된 견해를 가졌음과 아울러 한국이 미국과 유럽 간의 국제법 연대의 고리가 되었음을 보여준다.

〈6〉 대서양헌장체제의 적용과 카이로 선언 : 카이로 선언(1943)과 미국정부의 대한정책의 폭력성 고발 : 그럼에도 미국은 일본의 야만성을 응징할 수 없었다. 전쟁을 각오해야 했기 때문이다. 그러나 미국은 잊지 않았다. 태평양전쟁이 발발하자 바로 일본의 대한정책의 폭력성을 문제시했기 때문이다. 카이로 선언이 이를 보여준다. 즉 '일본은 한국인을 노예로 취급했다'고 했기 때문이다. 즉 헐버트가 일찍이 비판했던 것처럼 일본의 한국지배는 자유를 박탈했다는 그 점만으로도 폭력으로 간주되어야 한다는 것이다. 그러나 미국은 일본의 폭력행위를 그 이상으로 추궁할 수 없었다. 포츠담 선언에서 예고한 바와 같이 일본에 대한 전범재판을 열어야 했기 때문이다. 따라서 미국이 고민해야 할 문제는 일본이 한국인에게 저지른 폭력행위를 일본의 전쟁범죄 목록에 포함시킬 것이냐의 여부였다.

Ⅳ. 일본에게 을사협약의 의미 : 새로운 일본식 국제법 만들기

〈1〉 을사협약은 일본식 국제법이었다

일본이 을사협약을 통해서 주장한 국제법 원리는 두 가지였다. 첫째, 신법은 구법을 우선시한다. 비록 한국이 1882년에 서구와 통상조약을 맺었지만, 1905년에 다시 일본과 을사협약을 체결했기 때문이다. 동일한 국가가 충돌하는 내용의 조약을 맺었다면, 시간적으로 늦게 체결된 것이 먼저 맺은 것보다 효력이 우선한다. 일본은 병합조약 때도 같은 법리를 주장했다. 둘째, 동양식의 조약은 체면을 중시하기 때문에 모든 내용을 조약문에 기록하지 않는다. 문서에 적시하지 않은 한일 관계(권리와 의무)가 있다는 것이다. 그리고 이는 동양식 방식이기 때문에 서양의 조약개념으로 개입할 수 없다. 오직 한일 간에만 작용하는 국제법이다. 즉 일본의 주장에 따르면 한일협약은 두 가지 원리가 작용한다. 하나는 서구식 조약개념이며, 다른 하나는 동양식 조약개념이다. 그리고 양자의 개념이 충돌할 경우 동양식 개념이 우선한다.

그러나 이는 서구가 받아들일 수 없는 조약개념이었다. 그것을 인정하면 조약체제는 존재할 수 없게 되기 때문이다. 그리고 이는 주권개념과도 상충된다. 미국의 주권이 체결한 조약을 일본이 파기할 수 있다는 것이기 때문이다. 그럼에도 서구는 당장 대항할 수도 없었다. 전쟁을 각오해야 했기 때문이다. 그렇지만 이 협약이 국제법이 될 수 없음을 분명해 했다. 다시 말하지만 이 협약은 "아시아적 사고방식과 전쟁과정의 산물"이라고 규정했던 것이 이를 의미한다.

〈2〉 을사협약은 법적으로는 중재재판의 대상이었다

따라서 을사협약은 중재재판의 심판 대상이었다. 일본도 이를 알았다. 이에 미일관계가 중요해졌다. 미국이 눈감아 준다면 중재재판에 회부하기 어려웠기 때문이다. 헐버트가 미국의 책임을 추궁한 것도 이 때문이다. 과연 미국이 묵인하지 않았다면 유럽이 일본의 한국지배를 허락했겠느냐는 것이다. 그리고 중재재판에 회부되면 100% 패소였다. 전쟁이 아닐 경우 조약은 조약에 명기된 절차에 의해서만 폐기될 수 있다는 판례가 존재했기 때문이다.(가옥세 심판사건, 1905년 5월 헤이그 중재재판소 판결) 이 점은 위에서 언급했다.

〈3〉 을사협약으로 한미조약을 폐기할 수 없다

을사협약으로 한미조약을 폐기할 수 없다. 첫째, 미국이 '조약상의 독립국가'를 유지하려고 했기 때문이다. 미국은 청일전쟁기부터 조약상의 독립이라는 표현을 썼다. 청일전쟁 때 미국은 엄정중립을 선언했다. 그런데 이 선언은 한국이 한미조약에 근거하여 요청한 거중조정을 거부하면서 나온 것이다. 엄정중립이기 때문에 도와줄 수 없다는 것이다. 그러나 미국은 염려하지 않을 수 없었다. 강자(일본)와 약자(한국) 사이의 분쟁에서 중립을 선언한다는 것은 일본이나 열강에게 오해를 줄 수 있었다. 미국은 한국에서 한미조약을 포기했다는 신호로 받아들여질 수 있었다는 것이다.

이에 미국이 한국문제에 개입하지 않는 것이 한국에 대한 포기를 의미하지 않는다는 점을 분명히 할 필요가 있었다. 그것이 바로 '조약상의 독립국'이라는 선언이다. 한국은 실제적으로 국가로 볼 수 없지만, 법적으로는 독립국가라는 것이다. 이 개념은 유럽에 대해 독립을 선언한 중남미 국가들에 대해 전시 교전국의 지위를 부여한 것과 상응하는 개념이다. 아직 정식 국가로 수립된 적은 없지만, 국제법상의 국가에 준하는 지위를 부여한다는 것이다.

둘째, 미국 행정부는 상원의 동의없이 조약을 폐기할 수 없다. 상원의 동의없이 조약을 폐기할 수 있는 경우는 두 가지이다. 하나는 한국이 조약 갱신을 거부하는 경우이다. 다른 하나는 조약에 유효기간을 명시했을 때이다. 미국 대통령이 조약 갱신을 바라지 않을 경우 기간 만료로 자동 폐기된다. 그런데 한미조약은 유효기간을 명시하지 않은 '영구조약'이었다. 물론 이 경우에도 조약을 폐기할 수 있지만, 대통령이 임의로 결정할 수 없다. 상원은 그동안 조약을 종식시킬 경우 상원의 승인을 받아야 한다고 주장해 왔기 때문이다. 헌법이 조약의 법적 지위를 이런 식으로 규정했기 때문에 '조약상의 독립국'이라는 개념이 존재하게 되는 것이다. 일본도 이 점을 인지하고 있었다. 대미협상에 나서는 외교관들에게 다음과 같은 점을 주지시켰다는 점이 이를 보여준다. 한미조약은 미국의 조약명부에 기재되어 있다. 따라서 헌법은 물론 미국의 조약명부에 등재된 조약과 배치되는 조약 /협정을 맺을 때에는 상원을 자극하지 않도록 조심해야 한다는 것이다. 태프트-가쓰라협정문을 통해서 이 점을 확인할 수 있다.

V. 평가 : 헐버트는 을사협약을 폭력의 관점에서 해석하다

〈1〉 헐버트의 처리안과 미국정부의 처리안의 차이점 : 하버드 법대의 모의재판을 통해 을사협약을 무효화했지만, 그럼에도 남은 문제가 있었다. 그것은 을사협약의 집행과정에 대해서도 불법행위의 책임을 물을 수 있느냐에 대한 것이다. 헐버트는 바로 이 문제를 지적하며 이렇게 주장했다. '을사협약의 집행방식이 폭력적일 경우 그것을 무효의 근거가 된다'는 것이다. 다음과 같은 법적 근거를 제시했다. 보호국협약을 위반한 것이기 때문이다. 보호국은 외교권만 일시적으로 양도하는 것이며, 국제법상 독립국의 지위를 유지하는 것이다. 즉 내치에 관한 한 자치권을 보장해야 한다. 그럼에도 폭력을 행사했다는 것은 자치권을 부정하기 때문이다. 따라서 절차상의 폭력을 인정할 수 없듯이, 집행상의 폭력도 을사협약의 무효원인이다.

그러나 당시의 국제법으로 일본의 한국지배에 대한 폭력성을 처벌하는 것은 어려웠다. 오히려 목적이 선하다면 수단은 다소 폭력적이라도 용인될 수 있으며, 일본인의 폭력은 조선관료들의 자국민에 대한 폭력보다도 덜하다는 이유로 묵인되어야 한다는 궤변이 미국 지식인 일각에서 나왔다. 그럼에도 일본이 정책집행과정에서 한국인에 가하는 폭력은 점차로 국제여론의 중요한 이슈가 되어가고 있었다. 서구의 지식인들 사이에 벌어지고 있는 다음과 같은 비판이 이를 보여준다. 즉 지금까지 서구의 지식인들은 일본의 관점에서 극동을 조명했다. 이 점은 비판받아야 하며, 이제 사태를 냉정히 다시 평가해야 한다. 일본의 팽창은 문명의 팽창이 아니라, 군사력의 팽창이며, 따라서 일본의 지배는 문명의 승리가 아니라 "야만의 승리"였다. 한국을 침탈하는 일련의 과정이 그 증거에 다름 아니다. 따라서 유럽에서 독일이 영국에 위협하듯이, 일본의 식민지배 야욕은 호주, 뉴질랜드, 미국 등에게 위협이 된다는 것이다.[473]

〈2〉 그리고 헐버트식의 고발은 1919년 3.1 독립만세 운동을 계기로 확산되었다. 이 무렵 발간된 책들의 주제가 이를 보여준다. 1) 한국인들은

473『해제집』No.27(1912).

사실상 자기 나라에서 포로생활하고 있다. 일본의 한국지배는 독일의 폴란드 지배와 유사하다. 또한 2) 일본이 한국을 통치하는 방식과 정책은 타당하지 않다. 케넌의 한국 인식은 편견이다. 3) 일본의 한국지배는 근본적으로 침략적이다. 1920년대부터 서양인들은 이러한 방향으로 인식이 전환되었다. 일본인의 동화정책은 의도가 나쁘다. 독립운동은 1919년에 시작된 것이 아니라, 14년간이나 지속된 투쟁의 일환이다. 독립운동은 세계 도처에서 진행되고 있다. 한반도는 두 개의 한국이 있다. 하나는 일본의 한국이고, 다른 하나는 한국인의 한국이다.[474] 그런데 이런 식의 비판 논리는 헐버트가 1905-1906년에 주장했던 것과 같다.

요컨대 미국정부의 하버드 모의법정의 처리안은 헐버트의 처리안이 제시한 폭력에 대한 응징은 하지 않았다. 그러나 미국은 필요성은 인식하고 있었다. 카이로 선언에서 한국문제는 인권에 대해 자행된 폭력이란 관점으로 접근했기 때문이다. 그리고 동경전범재판을 통해서 인권유린을 심판했다. 일본의 3대 범죄로 물었던 것이 바로 인도에 대한 죄였기 때문이다. 그렇다면 이 범주에 한국에서 저지른 폭력도 포함되었을까. 이를 확인하기 위해 동경재판을 들여다 볼 것이다. 이 재판을 통해서 미국은 일본의 전쟁행위를 범죄로 심판했기 때문이다.

474 『해제집』, No.58(1923), No.44(1919), No. 143(1908, 1920).

제5장

헐버트의 역사법정은 동경전범재판을 예고했다

-헐버트는 일본을 응징할 국제법정의 개설을 예상했다
그리고 미국정부는 동경전범재판을 열었다-

Ⅰ. 문제제기 : 헐버트의 기소(5) 일본의 한국지배는 국제재판의 대상인가

헐버트는 1905년 말부터 일본의 대한정책에 대해서 시종일관 불법성을 고발했다. 그리고 워싱턴을 비밀 특사로서 방문하고, 헤이그 회의에 참석하여 일본의 국제법 위반에 대한 국제재판을 요구해 왔다. 그의 이러한 주장은 1930년대 후반에 이르러 *Echoes of the Orient*를 통해서 다음을 예상하기에 이르렀다. 일본의 한국지배는 국제재판에 회부될 가능성이 있다. 왜냐하면 첫째, 일본인들의 대한정책은 국제관계상의 범죄가 될 수 있다. 한 민족의 감정과 심리를 짓밟는 행위이기 때문이다.

> 한국인들은 극동의 국민들이 가질 수 없는 심리적, 감정적 기질을 간직하고 있다. 따라서 만약에 일본의 자기 중심적 정책의 수레바퀴가 이 민족을 짓밟고 무너뜨린다면 일본은 국제관계에 있어서 가장 커다란 과오를 저지르는 범죄인

이 될지도 모른다.[475]

둘째, 고종이 법적으로 문제를 제기해 놓았기 때문이다.

> 만일 한국 황제의 미국에 대한 이러한 항변(appeal)이 가치가 있다면 무엇일까. 첫째, 황제의 변할 수 없는 결심이 그의 왕국과 황실을 가혹한 종말로 끌고 갔다는 점은 반박할 여지가 없이 입증되었다. 황제의 결심은 그와 그의 백성들에게 닥칠 위험이 무엇이든지 간에 변함없는 그러한 것이었다. 둘째, 워싱턴의 국가 문서고(archives of the state department)의 문서로 보관될 것이다. 언제라고 말할 수 없지만 역사의 변주가 바뀌면(mutation of history) 다음의 증거물로 제시될 것이다. 국제법(international law)과 도덕적 권리(moral right)라는 관점에서 볼 때 한국의 독립은 강탈당했다. 그리고 그 증거는 어떤 종류의 국제법정(any international court)이든지 간에 심각하게 고민케 할 것이다.[476]

즉 "국제법"과 "도덕적 권리"라는 관점에서 볼 때 일본은 "한국의 독립을 강탈"한 것을 부정할 수 없으며, 이는 결국 "어떤 종류의 국제법정"의 개정을 요구한다는 것이다. 그런데 1946년에 동경전범재판이 열렸다. 여기서 미국은 일본에 대해 3가지 죄를 물었다. 침략전쟁을 일으킨 죄, 평화를 파괴한 죄, 인권을 유린한 죄 등이 그것이다. 그렇다면 동경전범재판은 헐버트가 예상한 재판의 연장선상에서 열린 것으로 볼 수 있을까. 즉 헐버트의 국제법 투쟁과 무관할까. 마지막으로 이 문제를 검토할 것이다.

---

475 *Passing of Korea*, p. 54.

476 *Echoes of the Orient*, p. 286.

Ⅱ. 동경재판의 기소법리(1) : 역사법정으로서의 동경재판

〈1〉 동경전범 재판의 구조

모름지기 재판이 그렇듯이 동경재판도 세 단계로 전개되었다. '검사의 기소 사유 적시 → 검사, 피고인, 변호사, 증인 간의 법정 공방전 → 판사의 판결' 등이다. 검사의 논고는 두 부분으로 이루어졌다. 하나는 태평양전쟁의 역사적 기원을 추적한 것이며, 다른 하나는 태평양전쟁의 법적 책임을 밝힌 것이다. 즉 두 개의 법정, 역사법정과 사법적 법정이 열린 셈이다. 그리고 태평양전쟁의 역사적 기원을 찾는 작업, 즉 역사법정은 두 방향으로 전개되었다. 한편에서는 제국주의 시기에 일본이 일으킨 전쟁을 심판하는 법정이요, 다른 한편에서는 국제조약체제에 대한 일본의 파괴행위를 심판하는 법정이었다.

왜 미국은 두 가지 방식으로 일본의 죄를 추궁했을까. 일본의 전쟁을 범죄로 응징하려면 법적 근거가 필요했기 때문이다. 그러나 미국은 만주사변 이후의 사건에 대해 법적 책임을 묻기로 했다. 그 이전으로 소급하면 제국주의시기에 일어난 사건들을 포함시켜야 하는데 그 경우 승전국 역시 법적으로 자유롭지 못했기 때문이다. 즉 미국, 영국, 프랑스는 각각 식민지 획득 과정 및 통치 방식에서 불법을 저질렀다는 점을 부정할 수 없었다. 예컨대 미국이 일본의 한국지배에 대해 법적 책임을 물으려면, 일본은 미서전쟁과 미국인들이 필리핀에 대해 자행한 폭력 역시 처벌해야 한다고 할 것이기 때문이다. 마찬가지로 영국의 인도지배와 프랑스의 베트남 지배정책 또한 법의 심판대를 피할 수 없다. 일본의 한국지배가 법의 처벌

대상에서 빠진 이유이다.

대신 일본의 대한정책은 간접적으로 응징되었다. 태평양전쟁의 역사적 기원을 제국주의 시대로 소급하였기 때문이다. 전쟁의 경우 '원인구명'과 달리 '기원 찾기'는 책임문제와 관련된 의미를 지니고 있다. 제1차 대전의 기원 찾기논쟁이 '누가 이 전쟁을 일으켰는가'로부터 비롯되었다는 점이 이를 보여준다. 그리고 '일으킨 자'를 찾는 것은 '법적 책임을 묻기 위해서'이다. 따라서 역사적 책임을 묻는 행위는 한편에서는 법적 책임을 묻기 위한 사전 작업이요, 역사적 사건을 증거로 제시한 것과 같다. 그리고 미국은 바로 이 역사적 책임을 찾는 작업에 한국이 연루된 문제를 제시했던 것이다. 미국 검사단의 다음의 논고가 이를 보여준다.

〈2〉 태평양전쟁의 기원으로서의 청일 및 러일전쟁

검사 핸맥이 국제검사단 중에 가장 먼저 일본의 죄상을 펼쳤다. '태평양전쟁이 침략전쟁인가'라는 일본의 반문에 대해 그 전쟁이 침략전쟁임을 입증하자는 것이다. 다음과 같은 논고였다. 일본은 "침략전쟁을 1928년부터 준비해 왔지만" "이러한 죄악의 음모적 행위"는 이전의 일본이 일으킨 전쟁으로 소급할 수 있다. 그리고 청일전쟁을 지목했다. 그 전쟁으로부터 일본은 "죄악적인 음모를 촉진하기 위해" 국민들을 "세뇌시키는" 작업에 본격적으로 돌입했기 때문이다.

> 1896년 청일전쟁 이후 학교교육에 군사교련이 채택되었다.…그들은 군사교련, 훈련, 훈육, 교과서 등으로 일본 국민은 민족적으로 다른 모든 국민보다도 우수하며, 이 우월함을 다른 민족에게 명심시키는 일이야말로 일본인의 신

> 성한 사명이라고 가르쳤다. 또한 일본의 전쟁은 숙명적인 것이며, 생산적인 것이라고 가르쳤다.…전 세계를 지배하는 일이 일본의 성스러운 사명이라고 가르쳤다.[477]

즉 '청일전쟁=성전'으로 자리매김함으로써 이후 '일본의 역사=침략전쟁사'가 되고 말았다는 것이다. 이어서 러일전쟁을 평가했다. 그 전쟁은 청일전쟁 후의 일본이 치밀하게 준비한 결과요, 두 번째 성전이었다는 것이다.

> 1) 만주는 일본의 생명선이다. 이 지역으로의 일본의 발전은 절대적으로 필요하다. 2) 그 목적을 위해 러일전쟁에서 장병들의 거룩한 피가 흘려졌다. 그리고 그 거룩한 영령과의 약속을 지키는 일은 일본의 정당한 권리이며, 의무인 것이다. 3) 이러한 일본의 행동은 대동아 발전을 위한 예비행위이다.[478]

즉 미국은 이렇게 평가했던 것이다. 청일전쟁과 러일전쟁은 일본의 침략전쟁의 '정신적 기원'과 같다. 교육을 통해서 전쟁과 파괴를 일본인의 DNA로 세뇌하고 성전으로 미화했다.

〈3〉 태평양전쟁의 기원으로서의 조약파괴

미국은 일본이 일으킨 태평양전쟁이 침략전쟁이었음을 입증하는 또 다른 역사적 증거로 국제법 위반을 들었다. 이런 식이었다. 일본의 국제법

477 『동경재판』, 상권, pp. 76-77.
478 『동경재판』, 상권, pp. 76-77.

위반은 역사가 증언하고 있다. 그러한 역사가 기록된 곳이 태평양전쟁에 이르는 미일 외교관계이다. 즉 '일본의 대미 관계사'가 일본이 태평양전쟁을 일으킨 책임이 누구에게 있는지를 "입증"할 수 있는 증거물이라는 것이다. 미국의 이러한 입증방식은 매우 중요했다. 훗날의 다음과 같은 평가가 이를 보여준다.

> 동경재판에서 미국이 가장 중요하게 다룬 부분은 태평양전쟁에 직접 연결되는 외교문제였다. 태평양전쟁이 기소장에서 지적된 것과 같은 침략전쟁이냐, 아니냐. 즉 국제법상으로 위법으로 시작된 불법전쟁이냐 아니냐하는 것도 이것에 의해서 결정되었다. 미국 검사단이 가장 심혈을 기울였음도 두말할 나위 없다.[479]

그렇다면 왜 미국은 미일외교사가 일본의 불법행위를 입증할 수 있는 증거로 본 것일까. 미일외교사가 일본의 국제법 파괴의 증거를 기록해 놓았기 때문이다.

> 헤이그조약, 연맹규약, 9개국조약 등이 일본이 체결한 조약이다. 이들 조약은 만주사변으로부터 태평양전쟁에 이르기까지 일본에 의해 짓밟혔다. 특히 미일관계는 이들 조약이 어떻게 유린되었는지를 보여준다. 일본은 일면은 교섭하고 다른 일면에서 교묘히 전쟁준비를 진전시켰다. 그리하여 이미 전쟁을 결의했으면서 외면상으로 태평양의 평화를 유지하려고 애쓰는 척 했다.…일본은…일미교섭에서 이중성을 보여왔다.[480]

---

479 『동경재판』, 상권, p.154.

480 『동경재판』, 상권, pp. 154-155.

즉 미국외교사는 일본의 국제법 파괴사이기도 하다는 것이다. 여기서 미국이 태평양전쟁의 역사적 기원을 유죄 입증의 증거로 제시한 이유가 드러났다. 국제법 파괴사는 그 자체가 일본에게 법적 책임을 물을 수 있는 증언이기 때문이다.

미국 검사단은 증언의 신뢰를 확보하기 위해 역사학자를 증인으로 채택했다. 국무성에 소속된 고문 발렌타인이 그였다. 그리고 검사단은 그 이유를 다음과 같이 설명했다. 발렌타인은 "극동문제의 권위자"이다. "그의 논지는 국무성 당국과 검사단과 똑같은 기초 위에 입각하고 있다"면서 그의 증언은 곧 미국의 입장임을 분명히 했다. 이러한 소개는 법정의 주목을 끌었다. 역사를 통해 일본의 전쟁 범죄를 입증하려는 시도였기 때문이다. 발렌타인은 실제로 미일외교사의 산 증인으로 불렀다. 그는 풍부한 지식과 국무성 기록을 중심으로 명치 이래의 미일관계의 역사를 "단계"별로 분석하며 다음과 같은 논지를 펼쳤다.[481]

> 일본은 근대국가로 출발했을 때부터 군국적인 팽창정책을 계속해 왔다. 청일 및 러일전쟁을 비롯하여 만주전쟁 및 중일전쟁을 그 예증으로 들 수 있다. 하나의 침략전쟁으로부터 다음번 침략전쟁까지 사이는 지반을 굳히는 기간에 불과했다.…일본은 미국정부로부터 이따금 호의적인 경고에 귀를 기울이지 않고 전체 동아시아 및 서부태평양 정복을 기도했다.…이와 같은 역사적 배경을 뚜렷이 머리 속에 넣어두는 것은 1941년에 미일 간에 행해진 회담의 진의를 해명하는데 있어서 불가결한 일이다.[482]

481 『동경재판』, 상권, pp. 166-167.

482 『동경재판』, 상권, pp. 166-167.

요컨대 역사학자의 증언에 따르면 조약의 관점에서 볼 때 태평양전쟁의 기원은 이렇다. 일본의 조약 파괴의 패러다임(전쟁 → 조약체결과 다음 전쟁준비 → 반복)을 지닌 외교를 펼쳤다. 한편에서 조약체제를 이용하여 미국과 외교 교섭을 진행하고 다른 한편에서 전쟁을 결의했다. 따라서 일본에게 조약체제와 교섭은 전쟁을 준비하고, 감추기 위한 수단이었을 뿐이다. 태평양전쟁은 일본의 조약 파괴의 패러다임의 논리적 귀결이다.

Ⅲ. 동경재판의 기소법리(2) : 사법재판으로서의 동경재판

그런 후 미국은 사법적 단죄에 들어갔다. "남은 문제"는 과연 태평양전쟁이 사전에 "공동모의로서 계획이 되고 준비가 되었는가"와 "국제법을 위반하여 자행된 침략전쟁인가"하는 점이었다.[483]

> 이제 중요한 것은 "전쟁의 계속"이라고도 할 수 있는 전승국의 패전국에 대한 재판에 그것이 올려져 있다는 사실이다. 문제는 "역사"가 아니라 "법"의 판가름이었다. 이것은 전승국에 의한 "법률론"의 문제이기도 했다.[484]

이후 일본의 전쟁을 법적인 관점에서 범죄로 볼 수 있느냐를 놓고 치열한 법리 공방전이 벌어졌다. 검사단이 펼친 법률론은 이랬다.

483 『동경재판』, 상권, p. 171.
484 『동경재판』, 상권, p. 171.

〈1〉 기소 : 미국인 수석 검사 조셉 키넌은 동경재판을 개정하면서 서두 진술을 통해 다음과 같은 법리를 소개한 바 있다. 그는 미국은 '왜 전범재판을 열어야만 했는가'라고 묻고, 그 이유를 이렇게 제시했다. 첫째, 재판의 근거는 승전국의 권리로서가 아니라, 정의와 문명국의 법이다. 바꾸어 말하자면 일본은 전쟁에서 패배했기 때문에 법정에 선 것이 아니라, 국제범죄를 저질렀기 때문에 소환된 것이다.

> 나는 일본의 침략전쟁을 계획하고 조장한 결과 세계에 큰 파괴를 가져온 일본의 주된 지도자를 재판한다. 그러나 정복자가 피정복자에게 정복자의 의사를 강요하는 일은 추호도 생각하고 있지 않다. 재판은 어디까지나 공평한 정의를 바탕으로 진행할 것이다. 장래에 또다시 오늘과 같은 일이 일어나지 않도록 하는 것이 목적이다. 재판의 준거법은 문명국 간의 오랜 기간에 걸쳐서 행해온 관습법에 의거한다.[485]

둘째, 일본이 공격한 것은 적국의 군대가 아니라, 민주주의와 인간의 자유였다. 그들이 파괴한 것은 국제 간의 신의였다. 그들이 목적한 것은 세계 지배였다. 이것이 동경재판에서 일본을 응징해야 하는 법리이다.

> 피고들은 문명에 대해 선전포고를 했다. 민주주의와 그 본질적인 기초, 즉 인격의 자유의 존중을 파괴하기로 결의하고…인간을…살륙하고…정복하고 노예화했다.…조약, 협정, 및 보장은 그들에게는 한낱 단어-종이조각에 지나지 않는 것이었다. 아시아, 나아가서는 세계의 지배와 통제가 그들의 공동모의의 주된 뜻이었다.[486]

485 조일신문(朝日新聞 記者團) 편, 『東京 裁判』, 노병식 역, 『동경재판』, 상권(태종출판사, 1983), p. 37.
486 『동경재판』, 상권, pp. 67-69.

셋째, 따라서 일본의 전쟁행위는 폭력으로서 범죄이다. 일본 국가가 침략전쟁을 한 것이 아니라, 인간으로서의 한 폭력집단이 국가라는 이름을 빙자하여 일으킨 것이다.

> 장래의 전쟁은 분명히 문명의 존재를 위협한다.…본 심리를 통해 장래 똑같은 호전적인 활동을 하는 인간들이 나타나는 것을 방지하는 것이 우리의 법정이 간절히 바라는 바이다. (一)…우리가 만일…세계를 파괴로 이끄는 폭력에 대해 종지부를 찍지 못한다면, 그 실패 자체가 범죄를 구성하는 일이 된다. (一) 기소장은 다음의 법률을 근거로 삼고 있다. 제1의 범죄로 지목하는 것은 공동모의이다. (一) 제2의 범죄는 불법행위이다. 그것은 침략적 전쟁에 대한 기소이다. (一) 개인이 국가 수뇌자로서 범한 불법행위에 대해 개인으로서 죄를 묻는 것은 역사상 최초이다. (一) 국가 자체는 조약을 깨는 것도 아니고 침략전쟁을 할 수 있는 것도 아니다. 책임은 바로 인간이라는 기관에 있다.…어떤 사람이 무슨 이유로 치죄를 받는가. 국제검사단은 5개월에 걸쳐서 기소장을 작성했다.…기소장의 소송원인은 모두 55항목이며, 이를 3가지 부류로 나누었다. 제1부류. 평화에 대한 죄, 제2부류. 살인, 제3부류. 통례에 대한 전쟁범죄 및 인도에 대한 죄 등이다.[487]

즉 일본의 죄는 3가지였다. '문명, 조약, 인간성 등을 파괴하고 유린'하기로 사전에 공모하고 집행한 죄였다. 따라서 일본의 행위는 문명을 공격했다는 점에서 침략전쟁이며, 의도적으로 조약 파괴를 자행했다는 점에서 평화에 대한 범죄요, 인륜을 부정했다는 점에서 인도에 반한 범죄를 저질렀다는 것이다.

---

487 『동경재판』, 상권, pp. 67-69.

Ⅳ. 헐버트의 법정과 동경재판의 기소 법리 비교

〈1〉 동경전범재판으로 가는 길의 단초를 놓은 사람 중의 하나가 헐버트이다. : 헐버트는 일본의 국가 범죄가 한국에서 시작된 것으로 보았다. 러일전쟁 후 일본이 걸은 두 방향의 궤적이 그 점을 보여준다. 한 방향은 영토 확장 전쟁이다. 한반도에서 일으킨 전쟁은 점차로 범위를 확장하여 만주, 산동, 중국 전역으로 확장시켰다. 다른 방향의 전쟁은 국제법 파괴 전쟁이다. 한일협약을 통해 한미조약을 정지시킴으로써 통상조약체제와 헤이그중재체제를 공격한 일본은 이후 만주사변을 통해 국제연맹, 태평양 조약체제, 켈로그-부리앙 부전조약체제를 모두 파괴했다. 헐버트는 이 점을 한미일의 국제관계사를 통해서 입증했다.

동경전범재판에서 미국이 채택한 일본의 침략전쟁과 평화파괴의 죄를 입증하는 방법도 마찬가지였다. 미국 검사단이 소환한 국무성 소속의 미국의 국제관계사 연구자가 다음을 증언했기 때문이다. 일본 외교는 시종일관 헤이그협약, 국제연맹규약, 태평양조약체제, 켈로그-부전조약 등의 조약체제를 파괴하려고 했다. 요컨대 헐버트나 국무성 소속의 역사가나 모든 미일 국제관계사를 통해 국제 조약체제에 대해 일본이 가한 공격을 적시하고 있다. 그리고 국무성은 이것이 미국 정부의 공식 입장임을 밝혔다.

〈2〉 동경재판과 헐버트의 법정은 동경재판에 이르는 과정도 비슷한 길을 걸었다. 동경재판에 이르기까지 미국정부는 조약체제와 관련하여 다음과 같은 조치를 취했다. 즉 한일병합조약 부정 → 태프트-가쓰라 밀약 공개 → 한국관련 조약집 발간 → 을사협약 무효화조치 → 세계조약법전에 을사협약을 강요된 조약의 사례로 적시 → 일본의 한국지배를 묵인키로 한 미일조약체제의 파기선언 → 대서양 헌장 선언의 적용범주에 한국 포함하기 → 카이로 선언과 한국의 독립 약속 등이 그것이다. 그리고 동경전범재판을 열었던 것이다. 그리고 한반도에서 일어난 청일 및 러일전쟁을 태평양전쟁의 기원으로 지목했다. 이런 사실은 무엇을 의미할까. 첫째, 미국은 국제조약체제를 중시했다. 둘째, 조약체제를 방어하기 위해 한국을 둘러싼 불법조약체제를 벗겨내야 한다.

그런데 헐버트 역시 그런 식의 비판과 처방전을 제시했다. 그는 1906-1930년대 후반까지 한국을 둘러싼 조약체제의 불법성을 두 방향에서 고발했다. 1) 제1방향 : 을사협약은 강제로 체결되었다. → 을사협약은 병합이 목적이다. 따라서 을사협약은 내용상으로도 국제법 위반이다. → 일본의 대한정책은 폭력적으로 집행되었다. → 따라서 일본의 대한정책은 국제재판을 받아야 한다. 2) 제2방향 : 미국은 한미조약의 거중조정 의무를 이행치 않았다. → 주한미국 공사관을 폐쇄한 것은 조약의 폐기행위임에도 헌법적 절차를 거치지 않았다. → 그럼에도 삼권분립의 헌법 원리에 따라 감독할 의무가 있는 상원은 대통령의 위헌적 조치에 침묵하고 있다. → 민족자결주의와 공개외교를 근간으로 한 국제연맹을 설립한 윌슨조차도 한국문제에 관한 한 루즈벨트의 대한정책을 계승했다. → 미국의 역사가들 역시 루즈벨트의 대한정책을 비호하고, 태프트-가쓰라밀약을 정당화했다. 오히려 러일전쟁기의 루즈벨트의 정책은 미국 외교의 한 모델이 되어야 한다고 주장했다. 요컨대 미국정부가 동경재판에 이르기까지 취한 조치와 헐버트가 일본의 대한정책에 대한 국제법정이 열려야 한다면서 취한 조치와 같다. 전자는 한국을 덮어씌운 불법조약체제를 거두어 내는 작업을 했다면, 후자는 미국정부가 그러한 작업을 해야 한다고 주장해 왔기 때문이다. 1906년에 개설한 헐버트의 법정으로부터 1946년에 열린 동경전범재판까지의 40년간의 역사는 '국제 조약체제의 설립 → 일본의 파괴 → 미국의 복원'이라는 관점에서 볼 때 연속선상에 있다.

〈3〉 동경전범재판의 원리 또한 헐버트의 법정의 그것과 같았다. 전범재판의 최종 판결문에 대한 미국인들은 다음과 같은 평가가 그 점을 보여준다. 1) 동경재판은 피고인 개인에 대한 책임 묻기가 아니라, 일본의 "생활방식"과 "사고방식"에 대한 응징이었다. 뉴욕 타임즈는 〈동경재판〉(1948년 11월 12일)이라는 사설은 통해 이렇게 평가했다.

> 오늘날 세계사람들과 내일의 역사가들은 12일 국제 전범재판소가 일본의 전쟁 지도자 25명에 내린 판결에 동의하리라고 믿어 의심치 않는다. 이들 지도자들이야말로 가장 잔인하고 야만적인 침략전쟁을 일으킨 장본인이다.…이제 재판에 붙여져 판결이 내린 그들 전범들은 개인으로가 아니라 어떤 하나의 생활방식으로 어떤 하나의 사고방식의 상징으로서 일본 국민들 앞에 조명되어 있다. 일본 국민이 그 기록을 명심하여 읽는다면 그들은 두 번 다시 자기들의 운명을 소수자의 손아귀에 맡기는 짓 따위는 하지 않을 것이다.[488]

2) 일본인의 사고방식과 생활방식이 왜 문제기 되는가. 수석 검사 조셉 키넌은 이렇게 설명했다. 인류는 이웃국가와 더불어 살기위해 져야 할 책임이 있다. 이를 위해 국제법에 의한 평화, 국제공동선, 정의 등을 토대로

488 조일신문(朝日新聞 記者團) 편, 『東京 裁判』, 노병식 역, 『동경재판』, 상권(태종출판사, 1983), 하권, p. 183.

하여 새로운 국제질서를 수립해야 했다. 그러나 일본은 이를 무시했다.

> 문제가 되었던 것은 피고인들이 유죄인가, 무죄인가가 아니었다. 전쟁 자체를 범죄화함으로써 새로운 국제질서를 수립하는 데 있었다.…그 재판의 목표는 다시 말해서 국제법의 평화와 정의 수호의 이념을 발전시키는 목표를 위한 도구였을 뿐이다.…변호인들은 고객들의 이익을 지키기 위해 국제공동선을 희생시킬 태세였다.[489]

요컨대 일본인의 사고방식과 삶의 방식이, 즉 인류공동체로서의 삶을 부정했기에 처벌했다는 것이다. 동경재판이 국제주의를 일본 응징의 근거로 삼았다고 보는 것도 이 때문이다.

헐버트 역시 일본의 삶의 방식을 문제시했다. 특히 사무라이들의 개혁이 법치주의를 사실상 배격하고, 천황제를 통해서 통치하려고 했다는 점을 지적했다. 그리고 이 점을 확인하려면 일본의 법정신을 추적해야 한다고 했다. 그러면 다음을 깨달을 수 있는 것이다. 즉 사무라이의 권력독점욕, 침략전쟁, 폭력, 조약 파괴 등이 국가 시스템의 중심제도로 자리 잡고 있다. 사정이 이렇기 때문에 일본은 법치주의를 받아들일 수 없었다. 그리고 사무라이들은 처음부터 그런 식으로 국가를 설계했다. 법치주의라는 브레이크가 없는 전쟁국가는 의도된 결과였다. 즉 헐버트 역시 전쟁이 일본인의 삶의 일부분이 되어가는 과정을 고발했던 것이다.

따라서 헐버트가 제시한 처방전 역시 같은 방법이다. 국제주의에 입각

---

489 John Laughland, *A History of Political Trails*(2008), 유영희, 함규진, 『나는 죄없이 죽는다』(책보세, 2009), p. 275.

한 조약공동체를 복구하는 것이다. 이를 위해 일본이 파괴한 조약을 원상 복구시켜야 한다. 무엇보다도 한국을 조약체제에 가입시켜야 한다. 문명의 상징인 조약체제를 전쟁(러일전쟁)으로 파괴하고, 가짜 조약(을사협약)으로 대체하는 작업이 한국에서 시작되었기 때문이다. 따라서 한국을 세계공동체에 다시 가입시키는 것은 일본의 국제공동체 파괴행위의 종식을 선언하는 의미를 지니게 된다. 요컨대 동경재판과 마찬가지로 헐버트 역시 일본이 인류의 국제법 공동체의 성립을 저지하고 파괴하려고 했던 죄를 물었던 것이다. 다만 헐버트는 일본의 대한정책을 통해서 추궁했던 것이다.

V. 평가 : 헐버트의 일본 재판론은 동경전범재판의 예심과 같았다

동경전범재판과 헐버트의 일본 고발론을 비교했다. 그리하여 다음과 같은 결론에 도달했다.

〈1〉 동경전범재판은 헐버트의 일본 재판론의 연장선상에 있다. 문제제기로부터 범죄를 입증하는 방식이 거의 같기 때문이다. : 다음과 같은 근거에서이다. 1) 미국 검사단은 기소단계에서 태평양전쟁의 역사적 기원을 적시했기 때문이다. 그것은 두 가지 방향으로 제시되었다. 2) 하나는 제국주의 시기의 청일전쟁 및 러일전쟁이다. 두 전쟁은 태평양전쟁의 기원으로서 성전의 기원이 되었다는 것이다. 3) 다른 하나는 일본이 저지른 국제법 체제 파괴 행위에서 찾았다. 일본은 의도적으로 헤이그협약, 국제연맹규약, 태평양조약, 켈로그 부전조약 등을 파괴했다는 것이다. 그리고 이런 기소 이유는 동경재판의 판결문에서 태평양전쟁을 침략전쟁이요, 평화를 파괴한 죄를 묻게 하는 근거가 되었다. 바꾸어 말하자면 비록 한국문제가 전범재판의 법적 기소대상에 포함되지 않았지만, 청일 및 러일전쟁과 일본이 자행한 불법조약은 단죄되었던 것이다.

그렇다면 헐버트의 국제재판 요구는 동경재판을 통해 간접적으로 관철되었다고 볼 수 있지 않을까. 청일 및 러일전쟁은 물론 일본의 대한정책을 처음부터 끝까지 폭력과 국가 범죄의 관점에서 추적하고 입증했기 때문이다. 특히 헐버트는 러일전쟁을 침략전쟁의 기원으로, 을사협약을 일본의 조약파괴행위의 기원으로 지목했다는 점을 간과해서는 안 된다. 헐버트의 법정은 동경전범재판의 예비재판이었다고 볼 수 있는 것도 이 때문이다.

〈2〉 헐버트의 일본 재판론은 아직 끝나지 않았다

일본이 동경재판의 판결에 승복하지 않았기 때문이다. 1) 일본 측 국제변론단은 무죄변론을 하며 전범재판 자체를 부정했다. 피고인들과 국제변호인단은 무죄를 주장하며 다음과 같은 반박 법리를 펼쳤다. 최후변론을 요약하면 이랬다. 미국은 '일본인의 전쟁을 처벌할 수 있는 국제법적 근거를 대라.' 도대체 그동안 전쟁과 관련되어 제정된 법규(헤이그 육전법)가 어디에서 전쟁과 침략전쟁을 구별했는가. 또한 국가가 수행한 전쟁을 개인에게까지 책임을 묻고 전쟁 범죄자로 처벌하는 근거는 무엇인가. 그럼에도 처벌한다면 '법이 없으면 형벌도 없다'는 죄형법정주의 어긋난다. 이는 승전국이 패전국에 가하는 폭력에 다름 아니며, 전쟁의 자연법에 위배되는 행위로서, 훗날 역사의 단죄를 면치 못할 것이라는 식의 반론이었다. 한마디로 전쟁을 국제범죄로 규정한 국제법이 없음에도 열었기 때문에 동경재판은 부당한 재판이라는 것이다. 일본의 우익 세력은 오늘날까지도 이런 자세를 유지하고 있다.

미국은 재판과정에서 보여준 일본인의 무죄 변론을 보면서 고민했다. 이에 '전후 일본에 민주주의와 법치주의를 이식하는 것은 가능할까.' 그리고 이를 위해 '천황제를 폐기해야 할까.' 그러나 천황제의 폐기가 일본인의 저항을 불러오지 않을까. 국무성은 이 문제를 해결하기 위해 문화인류학자인 루스 베네딕트에게 종전에 임박하여 연구를 부탁한 바 있다. 나중에 『국화와 칼』(1946)이라는 제목의 책으로 출간된 그녀의 보고서의 중요한 결론 중의 하나는 이랬다. '일본이 총력전을 펼치는 이유를 알려면 동경 지배자들의 목적과 동기는 물론 일본의 긴 역사도 알아야 하지만, 무엇보다도 일본인의 사상과 감정의 습관과 그러한 습관에 배어있는 문화의 틀을 이해해야 한다'는 것이다.[490] 즉 일본인의 시선으로 일본을 보라는 것이다. 이러한 주장은 일면 타당하다. 문제는 문화의 프레임을 들이대는 것은 일본에게 면죄부를 주는 것과 같다는 것이다. 즉 '천황제=전쟁범죄시스템'이라는 미국의 기소논리를 부정하게 된다. 헐버트가 역사라는 창을 통해 보아야 한다고 했던 것도 이런 결론을 예상했기 때문이다.

결국 미국은 천황제를 존속시키면서 민주주의를 이식키로 했다. 대신 안전장치를 마련했다. 군대없는 국가로 만드는 것이다. 군대가 없으니, 천

490 Ruth Benedict, 김윤식, 오영식 옮김, 『국화와 칼』(을유문화사. 2004), p. 13.

황제가 전쟁시스템으로 작동할 수도 없다. 그리고 평화헌법을 통해 오직 민주주의와 법치주의를 근간으로 한 일본인의 삶을 복구토록 했다. 전쟁주권을 박탈한 헌법을 '평화헌법'이라고 부르는 현상, 일본이 '전쟁할 수 없는 나라'가 됨으로써 인류는 평화를 누릴 수 있다는 전제 등은 모두 일본 때문에 만들어진 세계 최초의 일들이었다. 그 결과 '한국의 조약권 행사는 동양평화를 위협하기 때문에 외교할 수 없는 보호국으로 만들어야 한다'고 주장했던 일본은 '일본의 전쟁권 행사는 세계평화를 위협하기 때문에 전쟁할 수 없는 보호국으로 만들어야 한다'는 미국의 심판을 받고 오늘에 이르고 있다.

〈3〉 헐버트 역시 일본은 식민지 지배 및 한국인에 대해 저지른 불법행위에 대해서도 사과하지 않을 것이다. : 헐버트는 1906년에 이미 이런 결론을 내렸다. 일본인들이 자신들의 폭력적 사고방식을 바꾸지 않을 것이라는 점을 이유로 들었다.

> 일본인은 군사력이나 야수적인 폭력이 아니면 그것을 능력이라고 인정하려 들지 않는 민족이다.…때문에 한국민족의 그 같은 노력은 아무런 소용이 없을지도 모른다.[491]

헐버트의 이러한 분석은 매우 정확했다. 일본의 극우세력이 동경전범재판의 결과를 지금까지도 받아들이지 않는 이유가 이것이기 때문이다.

491 *Passing of Korea*, p. 441.

전쟁은 국가의 권리인데, 일본의 전쟁만 범죄로 취급하는 것을 받아들일 수 없다는 것이다. 그 경우 일본은 '타고난 전쟁광'이라는 서구의 비판을 인정하는 것이 되기 때문이다.

그리고 이 점이 헐버트의 재판도 수용할 수 없게 한다. 동경전범재판을 부정하면서, 일본의 한국지배는 범죄였다는 헐버트식의 재판을 받아들일 수 없다. 반대로 한국인에게 사과하고 책임을 진다면 동경전범재판을 인정해야 한다. 요컨대 동경재판과 헐버트의 재판은 불법행위라는 점에서 동전의 양면관계 있다. 모두 인정하거나 모두 부정해야 한다.

그렇다면 한국은 일본에 어떻게 대응할 것인가. 실력을 키우고 인간성으로 승부하라고 충고했다.

> 한국은 자기 민족이 자신을 정복한 민족과 대등하게 될 때까지 자기 민족에 대한 교육에 전념해야 한다. 순수한 인간성을 무기로 하여 일본인이 자신에 대해 느끼고 있는 蔑視(멸시)를 상쇄할 수 있는 능력을 갖추도록 노력해야 한다.[492]

순수한 인간성은 오늘 글로벌한 국제사회를 만들기 위해서 가장 요구되는 덕목이다. 그리고 헐버트가 일본에게 상처받은 한국인에게 주는 최상의 처방전이다.

---

492 *Passing of Korea*, p. 441.

결론
'헐버트가 업적과 유산은 무엇인가'

이 연구는 헐버트의 한국 사랑의 실체를 잘 드러낼 수 있는 방법이 무엇일까를 보여주려고 했다. 이를 위해 그가 쓴 책들에 초점을 맞추었다. 그것이 헐버트가 한국을 위해서 했던 다음과 같은 일을 담고 있는 블랙박스와 같기 때문이다. 헐버트는 첫째, 한국사를 변론했다. 둘째, 대한제국의 개혁정책과 외교(국제법을 통한 국권회복운동)을 변호했다. 셋째, 일본의 대한정책을 국제법 위반과 폭력이라는 관점에서 고발했다. 넷째, 루즈벨트의 대한정책을 헌법적 관점에서 탄핵했다. 다섯째, 세계공동체를 설계했다. 한국과 같은 작은 국가들의 독립을 보장할 수 있는 그런 공동체였다. 여섯째, 역사가들의 제국주의적이고 민족주의적인 역사관을 비판하며 대신 국제주의의 입장에서 한미일의 국제관계사를 썼다. 일곱째, 특히 미국의 후세대 역사가들에게는 루즈벨트의 대한정책에 대한 심판을 요구했다.

헐버트는 왜 이런 주장을 했을까. 그리고 그 구체적 근거는 무엇이며, 그 결과는 어떠했을까. 연구자는 이를 3개 파트로 나누어 살펴보았다. 먼저 제1부에서 헐버트의 역사투쟁을, 이어서 제2부에서 국제법 투쟁을, 끝으로 제3부에서 헐버트의 역사투쟁과 국제법투쟁의 결과를 각각 추적했다. 전체 연구의 내용 및 결론을 요약하면 이렇다.

Ⅰ. 역사가로서의 헐버트의 사관은 무엇인가

1. 그의 사관을 대표하는 개념은 무엇인가

헐버트의 사관을 하나의 개념으로 압축하면 Square Deal로 볼 수 있다. Square Deal 역사관이란 무엇인가. Square Deal은 직역하면 공정한 사회 또는 공정한 경쟁의 법칙이라는 뜻이다. 이를 역사에 적용하면 역사의 법정에 비유할 수 있다. 이를 권투시합과 비교하면 이런 식의 설명이 가능하다. 정방형의 사각의 링 위의 두 명의 권투선수가 있다. 그리고 한 명의 심판(Referee)이 있다. 정사각형이 정의를 상징하듯이 심판이 바로 정의를 집행하는 자이다. 그리고 링사이드에는 선수를 보조하는 코치와 보조자(Second), 심판단(Judge)이 있다.

심판은 공정한 게임을 보장하는 자이다. 그는 플레이어의 경기 방식(인파이팅을 하든, 아웃 파이팅을 하든)을 놓고 주관적인 판단하지 않는다. 즉 엄정 중립을 지켜야 한다. 그러나 선수 중의 일방이 게임의 규칙을 위반할 때에는 즉시 개입을 해야 한다. 이를 방치하면 승부가 바뀔 수 있기 때문이다. 물론 개입은 사전에 정해진 법칙에 따라야 한다. 시합이 판정으로 끝나면 심판단은 승자와 패자를 결정한다.

역사가의 경우도 마찬가지이다. 역사의 법성이 사각의 링을 대신한다. 링 위에는 두 개의 상반된 해석이 올라가 있다. 즉 하나의 역사적 사실에 대해 두 개의 양립할 수 없는 해석이 법정에 제출되어 있다. 한쪽은 고발자이고, 다른 한쪽은 피고발자이다. 이들 간에 치열한 논쟁을 벌인다. 물론 권투시합과 같이 공정한 게임을 보장하는 심판이 있다. 역사가가 그 역할을 하며, 그는 링 위의 심판과 같이 어느 한쪽을 편 들어서는 안 되며, 공정한 논쟁을 위해 중재자의 역할을 해야 한다. 그리고 링 사이드에 플레이어의 경기 운영을 돕는 코치와 보조자들이 있듯이 역사법정에는 변호사와 증인들이 논쟁을 돕는다. 또한 권투시합의 심판관들과 같이 역사 논쟁은 최후의 심판이 있다. 역사의 신(Clio)이 그 역할을 한다. 그리고 경기장의 관중들이 편을 나누어 응원전을 펼치듯이 역사 법정에는 국제여론이 있다. 이들은 일종의 배심단이다.

가끔 스포츠 게임은 반칙이나 승부조작과 같은 불법이 일어난다. 역사 법정도 마찬가지이다. 법정에 참여한 모든 사람들은 물론 최종재판관인 역사의 신조차 속이려는 행위가 일어난다. 역사조작 및 왜곡행위가 그것이다. 역사가는 이를 막고 바로 잡아야 한다. 그것은 해석의 다양성과 구별해야 한다. 이때 역사가의 개입(판결)은 정의와 같은 인류 보편적 가치를 기준으로 하여 이루어져야 한다. 그것은 권투 심판과 같이 역사가의 권한이요 의무이다.

이것이 Square Deal한 역사인식이었다. 따라서 Square Deal은 한편에서는 역사 법정을 의미하며, 다른 한편에서는 역사이론이다. 역사를 쓰고, 해석하며, 판단하는 기준이 된다. 역사가로서의 헐버트가 바로 Square Deal로 무장했던 것이다.

2. 그의 Square Deal 사관은 어떻게 형성되었을까

헐버트는 정식으로 역사가가 되기 위한 훈련을 받은 적이 없다. 또한 직업적인 역사학자들과 교분이 있었던 것 같지도 않다. 그렇다고 '역사란 무엇인가'에 대한 별도의 책이나 논문을 쓴 적도 없다. 그렇다면 Square Deal을 중심으로 한 헐버트의 역사관은 어떻게 만들어진 것일까. 그의 책들을 단서로 삼아 추론하면 이렇다.

(1) 헐버트가 '논쟁적인 역사 논문 쓰기' 학술회의에 초청받았다는 사실은 중요하다. '한국사는 중국사의 일부인가, 아닌가'라는 대립되는 주장을 입증하라는 것이 과제였기 때문이다. 헐버트는 이 중에 한국사는 중국사의 일부가 아님을 입증해 줄 것을 부탁받았다. 이후 이런 방식의 역사쓰기는 헐버트의 사관이 되었다. 즉, '한국의 역사와 문화에 대한 어떠한 주장이 있다. 그러나 이는 잘못된 것이다. 왜냐하면 이러이러하기 때문이다'와 같은 서술이었다. 요컨대 소크라테스식 문답의 형식이 그의 역사서술의 근본 방식이 되었다.

(2) 그리고 헐버트는 이러한 논쟁 방식의 역사 연구를 할 수 있는 탁월한 재능을 지니고 있는 지식인이었다. 박학다식한 정보, 토론에 대한 특별한 재능, 지적 열정 등이 그것을 가능케 했다. 그것은 헐버트로 하여금 '역사란 무엇인가'라는 화두를 다른 학문분야의 질문과 연계시켜 추적했다. 정치학/경제학/법/국제법/전쟁/평화란 무엇인가. 즉 어떤 주제이든 근본적인 개념을 바탕에 깔고 연구를 시작했다. 그의 이러한 방식은 학제 간 연구를 연상케 한다. 그런 질문들은 모두 역사쓰기로 귀결되었기 때문이다. 물론 새로운 한국사 연구가 최종적인 종착지였다.

(3) 헐버트는 '감리교도'였다는 점도 중요하다. 감리교는 계몽주의의 핵심이 되는 명제 중에 하나를 받아들인 개신교 종파였다. 인간은 지상에서도 행복하게 살아야 하며, 이를 위해 지상천국을 세워야 한다. 따라서 지상의 악과 투쟁하는 것이 감리교도의 소명이었다. 국가 권력은 악을 범

할 수 있는 가장 큰 세력이었다. 동시에 국가는 공정한 사회를 만드는 주체가 되어야 했다. 여기서 감리교도로서의 역사가는 세속의 국가가 한 행위에 대한 감시자로서 그것을 기록으로 남기는 의무를 지니게 되었다.

헐버트는 바로 이런 감독의 역할을 해외로 확대하여, 미국의 대외정책을 감시했던 것이다. '한국사 쓰기'가 '한미관계사 쓰기'로 이어졌던 것도 이 때문이다. 나아가 그의 역사쓰기는 지상천국을 만드는데 기여해야 했다. 따라서 지구 전체에서 일어나는 사건들에 대해서도 감시의 역할을 계속했다. 국제주의와 민족주의의 결합은 가능할까. 민족주의와 애국주의를 구별해야 하지 않을까. 왜 민주주의는 전체주의 등장에 악용되었을까. 그럼에도 민주주의를 전체주의를 바로 잡을 수 있는 정치체제로 보아야 하는 이유는 무엇인가. 일본 전체주의의 기원을 러일전쟁에서 찾아야 하는 이유는 어디에 있을까. 요컨대 그가 감리교도였다는 사실은 역사 논쟁을 사변적 차원이 아니라, 효용성의 차원에서 보게 했다. 따라서 그에게 역사는 현실에 대한 고민이어야 하며, 문제제기뿐만 아니라 해답도 제시해야 하는 것이었다.

(4) 헐버트는 '혁신주의'에 공감하는 '미국인'이었다는 조건도 중요하다. 그가 지식인으로 활동했던 19세기 후반부터 미국은 새로운 개혁운동에 들어갔다. 혁신주의운동이 그것이다. 혁신주의를 상징하는 개념이 Square Deal이다. 그것은 루즈벨트가 최초로 정책의 원리로 사용하고, 후대 대통령들이 계승했다. New Deal(F. D. Roosevelt) → Good Deal(Wilson) → Fair Deal(L. Johnson)로 이어졌다. 골자는 이랬다. 1) 자본가와 노동자는 공정한 경쟁을 해야 한다. 2) 이를 위해 양측의 갈등을 조정할 중재자가 필요하다. 행정부가 적임자이다. 사법부와 입법부는 그러한 역할을 하는데

한계가 있다. 사법부의 정의는 사유재산제와 자유계약의 원리로부터 자유롭지 못했으며, 입법부의 정의는 법제정까지 긴 시간을 요구한다. 뿐만 아니라 법은 일단 제정되면 문제가 있을지라도 개정하기가 쉽지 않다. 판결 또한 마찬가지이다. 갈등의 현장에서 대응능력을 발휘할 수 있는 것은 행정부의 중재뿐이다. 3) 대신 행정부는 입법권과 사법권의 일부를 가져야 한다. 중재자에 대한 신뢰는 즉각적인 해결이 가능하다는 점에서 나오기 때문이다. 4) 그러한 중재권력을 가지려면 공정성을 담보할 수 있어야 한다. 따라서 공정사회를 만들자는 정부의 개혁이 가장 먼저 칼을 대야 하는 곳은 정부였다.

혁신주의자들은 이러한 원리를 다른 분야로 확장 적용했다. 특히 역사 또한 개혁의 대상에 포함시켰다. 국가를 개혁하려면 정신적 국가와 다름없는 역사에 대한 인식도 바꾸어야 한다고 보았다. '미국사는 미국인만의 경험을 지닌 특수한 역사'라는 인식, '미국사는 유럽사의 일부였다'는 인식 등이 비판되었다. 그러한 해석은 '미국판 식민사관'에 다름 아니라는 것이다. 대신 '미국사는 세계사의 일부'라는 사관을 내세웠다. 즉 미국사도 유럽사도 세계사의 일부일 뿐이라는 것이다. 루즈벨트는 마한과 더불어 미국사에 대한 세계사적 해석을 주도했다. 헐버트는 이러한 혁신주의 역사가들의 사관을 공유했다. '한국사는 중국사의 일부가 아니라'는 주장은 '미국사는 유럽사의 일부가 아니라'는 주장의 연장선상에서 나온 것으로 볼 수 있기 때문이다.

요컨대 헐버트가 세계사 새로 쓰기 논쟁에 초대받았다는 점, 개인적으로 지적 능력과 토론 능력이 뛰어났다는 점, 지상 낙원을 꿈꾸는 감리교도였다는 점, 혁신주의 운동을 벌이는 미국인이었다는 점 등이 복합적으로 작용하여 Square Deal을 역사관으로 지닌 역사가로 탄생했다. 그리고 Square Deal한 역사 쓰기는 헐버트로 하여금 역사학과 타 학문의 경계에 구애받지 않고 자유롭게 넘나들게 했다.

3. 헐버트의 논쟁식 역사쓰기는 변할 수 없었다

몇 가지 이유가 있다. 1) 우선 그의 역사쓰기는 한국사를 쓴 기존의 외국인 사가들의 명제, 즉 한국사는 중국사의 일부에 맞서야 했다. 2) 특히 루즈벨트가 명성있는 역사가였기 때문이다. 그는 학술서(*The Winning of the West*)로 미국 역사학회의 회장을 역임했으며, 대학 졸업 논문으로 쓴 '1812년 영미해전사'는 영국의 왕립학회로부터 인정받아, 대영제국의 역사 쓰기의 필진으로 초대받았을 정도였다. 즉 루즈벨트는 대통령이 되기 전에 역사가였다. 그런데 루즈벨트의 역사인식의 틀이 Square Deal이었다. 미국의 역사를 제대로 쓰기 위해서는 동부의 역사만이 아니라 서부의 역사도 동등하게 서술되어야 공평하다는 주장이었기 때문이다. 마찬가지로 미국사를 영국사/유럽사의 일부로 서술하는 것은 불공정한 역사쓰기로 보았다. 미국사는 유럽사와 동등하게 쓰여야 한다. 즉 루즈벨트의 Square Deal한 역사쓰기는 세계사의 장으로 확장되었다. 헐버트는 루즈벨트의 이러한 역사관에 한편에서는 동의하면서, 다른 한편에서 맞섰다. '한국은 독립된 역사가 없다'는 루즈벨트의 입장에는 반대했지만, 한국사는 중국사의 일부가 아니라 세계사의 일부라는 주장을 할 수 있었기 때문이다.

4) 루즈벨트가 죽은 후 역사학자 데넷이 헐버트의 역사인식을 비판했다. 즉 국제정치 현실에서 펼쳐진 정책을 헌법의 잣대로만 재판할 수 있느

냐는 것이다. 특히 러일전쟁이라는 상황에서 국가의 안전을 확보하기 위해 펼친 외교라는 점을 고려해야 했다. 즉 국제정치 현장에서 요구되는 Square Deal을 인정해야 한다는 것이다. 그러나 헐버트는 Square Deal은 두 개가 될 수 없다는 입장이었다. 국가가 과오를 범했다면 이를 지적하는 것이 역사가의 사명이며, 국가는 이를 통해서 개혁할 기회를 가질 것이기 때문이다. 데넷과의 논쟁은 '역사가란 무엇이며, 공정한 역사쓰기는 무엇인가'에 대한 토론이 왜 필요했는지를 보여주었다.

4. Square Deal은 당대 역사가들의 역사인식과 결합했다

헐버트가 논쟁식 역사쓰기를 계속했지만, 이를 위해 전문 역사가들로부터 몇 가지 개념을 차용했다. 3시대 구분법, 자유주의 역사철학, 국제관계사 등의 개념이 그것이다. 그러나 기존의 사용방식과 달랐다. 헐버트는 이러한 개념들을 Square Deal과 결합하여 구사했기 때문이다. 즉 1) 고대, 중세, 근대의 개념을 끌어들였지만, 여기에 머물지 않고 현대의 개념을 투사했다. 비록 한국은 1905년에 보호국이 되었지만, 이후의 역사가 역사의 거울의 역할을 해야 한다고 보았기 때문이다. 즉 그의 시대구분은 4시기였다 . 2) 또한 자유주의 역사철학도 미래의 역사가 나아갈 방향을 제시하기 위해 사관의 일부로 삼았다. 어제의 한국인들이 근대를 만들지 못했다고 해서 내일의 한국을 만들 기회를 박탈해서는 안 된다는 것이다. 3) 국제관계사 또한 승자와 패자로 나누어 서술하던 전통적인 방식을 지양하고, 가해자와 피해자의 관계로 재구성했다. 따라서 감정, 나라 사랑 등과 같은 비이성적 요소를 역사의 추동력에 포함시킬 수 있었다. 또한 국가 간의 전쟁을 인간에 대한 국가의 폭력으로 환원시켜 볼 수도 있었다. 전통적인 외교사와 구별되는 헐버트식의 국제관계사가 이렇게 탄생했다.

5. 그의 Square Deal 사관은 역사쓰기에 어떻게 작용했을까

(1) 한국사의 경우 : 국가 찾기에 초점을 맞추었다. 서구의 역사는 국가의 기원을 역사를 통해서 보여주었다. 그렇다면 한국사는 한국이라는 국가공동체의 기원을 담고 있지 않을까. 유대종족보다도 오래된 국가의 역사가 있다면 당연히 그러한 가설적 명제를 세우고 검증하는 것이 맞다.

(2) 세계사의 경우 : 아시아의 역사를 같이 서술해야 한다. 그러나 한국사를 아시아에서 독립된 역사가 아니라 중국사의 일부로 다루는 것은 검증받아야 한다.

(3) 일본사의 경우 : 일본사도 검증되어야 한다. 사무라이제도가 서구의 봉건제도와 같다는 인식은 재고되어야 한다. 서구의 봉건제는 법치주의로 가는 교량 역할을 했다. 그러나 일본의 봉건제는 그런 결과를 낳지 못했다. 그 이유는 무엇인가. 일본 봉건제를 서구의 그것과 비교검증하는 과정이 필요한 것도 이 때문이다. 마찬가지로 한국의 지방제도를 봉건제와 비교해 보아야 한다. 이름은 같이 않지만, 원리상으로 비슷한 제도가 있을 수 있기 때문이다. 즉 절대왕정과 조선의 왕정 간에, 유럽의 영주와 지방의 사또 간에 비교하는 것은 역사연구의 기본 절차이다.

그렇다고 해서 다음과 같은 식의 비교는 안 된다. 일본의 사무라이제도와 조선의 양반제도를 비교한 후 한국인은 태생적으로 용맹성(상무정신)이 없으며, 비겁한 품성을 지녔다고 평가하는 것이다. 또한 한국 관리들의 윤리적 한계를 지적하려면 주변국의 관리들의 그것도 같이 비교해야 한다. 그것이 공정한 역사 해석이다.

II. 전략가로서의 헐버트의 플랜은 무엇인가

헐버트의 한국사 쓰기는 학술적 차원에 머물 수 없었다. 감리교도로서의 철학과 Square Deal한 사관이 실용적 역사쓰기를 요구했기 때문이다. 즉 공정한 역사쓰기는 실천되어야 했다. 그것은 두 가지 방향으로 전개되었다. 하나는 한국을 신국가로 만들기요, 다른 하나는 새로운 국가들의 공동체 만들기이다.

그의 이런 주장은 다음과 같은 추론을 통해 도달한 결론이었다. 우선 한국은 중국사의 일부였다는 주장을 부정해야만 했다. 이를 위해 한국인으로 불릴 만한 공동체가 형성 및 유지되어 왔다는 점을 역사를 통해 보여주었다. 그리하여 '한국사=정신적 국가'[493]를 담고 있는 그릇이 되었다. 그러나 헐버트는 여기서 그칠 수 없었다. 한국은 독립된 역사가 없다고 주장하던 자들이 이렇게 반격했기 때문이다. '한국이 정신적 국가를 가지고 있다고 치자. 그렇다고 해도 정신상의 국가를 형식상의 국가(법적 조직체)로 개조할 수 있다는 증거는 될 수 없다'는 회의론을 제기했던 것이다. 여기서 헐버트의 한국사 쓰기는 그것이 가능함을 보여주어야 했다. 즉 역사쓰기는 개혁의 설계도가 되어야 했다.

뿐만 아니라 그의 개혁 설계도는 '한국 개혁론'과 '세계 체제 개혁론'을

493 연구자는 이 표현을 신채호의 개념에서 빌렸다. 신채호는 국가를 '정신상의 국가'와 '형식상의 국가'로 분류했다. 전자가 상징하는 것이 역사이며, 후자를 나타내는 것이 정부, 법, 군대 등과 같은 제도였다. 신채호는 일본이 형식상의 국가를 빼앗을 수는 있어도 정신상의 국가는 그렇게 할 수 없다고 보았다. 전자가 의복과 같이 껍데기인 반면, 후자는 혼과 같기 때문이다. 문제는 혼(정신상의 국가)을 어떻게 유지하느냐에 있었다. 한국사 쓰기가 그 방법이었다. 최정수, 「단재 신채호의 국제관」, 『한국학논집』 26(한양대 한국학연구소, 1995)

동시에 담아내었다. 미국이 한국의 개혁 실패를 놓고 다음과 같은 의미를 부여했기 때문이다. 즉 한국은 개혁에 실패했다. 그리고 앞으로도 개혁에 성공할 가능성이 없다. 따라서 한국은 기존의 국제체제에서도 추방되는 것이 마땅하다. 헐버트는 바로 이런 논리에 맞서야 했다. 이에 다음과 같은 처방전을 준비했다. 한국인들은 개혁해야만 한다. 그리고 국제체제의 일원이 되어야만 한다. 그것이 작은 국가가 군사강국으로부터 보호받은 수 있는 방법이기 때문이다.

그런데 한국만 개혁되어서는 소용이 없다. 한국의 어떤 개혁도 주변 열강의 군사력에 대항할 수 없기 때문이다. 그리고 일본과 같은 방식, 즉 산업화를 침략용 군사력으로 전환하는 개혁은 안 된다. 그런데 기존의 세계공동체는 작은 국가의 생존을 보호해주지 못한다. 한국이 1882년에 통상조약체제에 가입했음에도 1905년에 일본의 한국 보호국화를 지켜보았다는 것이 그 증거이다. 따라서 기존의 세계공동체는 개혁되어야 한다. 그리고 그것을 미국이 주도해야 한다. 만약 미국이 이를 거부한다면 미국도 개혁되어야 한다.

헐버트의 이러한 설계도는 Square Deal이 역사쓰기뿐만 아니라 개혁의 프로그램이자 전략서의 원리였음을 보여준다. 새로운 세계공동체가 바로 Square Deal이 제도화된 것에 다름 아니었다. 요컨대 Square Deal은 국가간에도 적용되는 국제관계의 핵심원리였다. 헐버트의 역사책이 전략서가 되고, 한국을 위한 투쟁전략이 될 수 있었던 것도 이 때문이다.

Ⅲ. 헐버트의 역사 및 법적 투쟁에 대해 어떤 평가를 할 것인가

1. 헐버트의 사관은 시대를 앞선 것이었다

현대 역사가의 사관에서 발견되기 때문이다. 헐버트의 한국사는 한미일 국제관계사였다. 그러한 서술은 당시로서는 보기 어려운 해석이었다. 1) 피해자와 가해자의 관계에서 역사를 썼다. 2) 눈앞에서 벌어지고 있는 시대를 그렸다. 즉 현대사를 쓴 것이다. 3) 1900년 이후를 '새로운 세기(New Century)'로 규정했다. 즉 20세기 역사를 썼던 것이다. 4) 뿐만 아니라 지구적 차원의 세계공동체를 구상하며, 그 필요성을 역사에 새겼다. 즉 그는 국제주의의 역사를 썼다.

이런 역사인식의 틀은 당시로서도 예외적이었다. 제국주의와 민족주의, 국가주의가 역사인식의 주요한 틀이었기 때문이다. 이들 역사관은 모두 힘의 논리를 기반으로 하고 있다. 뿐만 아니라 헐버트의 역사인식은 20세기 후반 이후의 역사가들이 벌인 역사학 개혁논쟁에서 발견된다. 따라서 헐버트의 역사관은 시대를 앞서갔다고 평가할 수 있다. 특히 1960년대의 미국의 저명한 역사학자인 크레인 브린톤은 Square Deal을 미국의 특유한 사관으로 자리매김하고, 이를 '지성사(intellectual history)'로 개념화했다. 그 골자만 소개하면 이렇다. 지식인뿐만 아니라 보통사람들도 인류사에 큰 문제(Big Questions)들에 대해 고민했으며, 그들의 생각은 역사의 추동력이 되었다. 지성사는 바로 이 점을 보여주자는 것이다. 그것이 공평한 역사서술이기 때문이다.

요컨대 헐버트는 당대의 사관에 매이지 않았다. '3시대 구분법'을 도입했지만, 매몰되지 않았다. '현대'라는 개념을 끌어들였기 때문이다. 역사와 철학을 구별했지만, '자유주의 철학'을 역사 해석의 틀로 이용하는데 망설이지 않았다. 가까운 미래를 제시하는 것을 역사가의 역할로 보았기 때문이다. 그는 진보사관을 지녔지만, 민족주의와 제국주의를 비판했다. 그리고 승자와 패자로 분류된 역사가 아니라 피해자와 가해자의 역사로 분류하려고 했다. 그는 민족주의를 배격했지만, 애국주의는 필요하다고 보았다. 그는 국제주의자였지만, 국가를 부정하지 않았다. 따라서 헐버트를 '오리엔탈리스트'나 '제국주의자'로 보는 식의 평가는 재고되어야 한다. 그는 사상은 '글로벌리스트'에 가까웠다.

2. 그의 한국사는 미싱 링크(missing link)의 역할을 할 수 있다

헐버트의 한미일 국제관계사는 공식적인 문서를 통해서 알 수 없는 많은 정보를 담고 있다. 1) 대한정책을 놓고 루즈벨트와 논쟁했다는 점, 2) 데넷이라는 당대의 대표적인 역사학자와 논쟁했다는 점, 3) 헐버트의 국제법 투쟁을 미국정부는 탄핵으로 간주했다는 점, 4) 일본은 국제법 투쟁에 대해 공포감을 지니고 있었다는 점 등이 그것이다. 이 점을 종합하면 기존의 다음과 같은 통설적 해석은 고민해 보아야 한다. 1) 한미조약의 거중조정조항은 의무가 아니었다는 주장, 2) 국제법은 아무런 위력이 없었다는 주장, 3) 한국의 국제법 투쟁은 사대주의적 발상이었다는 주장 등이다.

3. 전략가로서의 헐버트의 세계개혁론은 가치가 있다

(1) 그의 '전략론'은 민간인들이 쓴 국제정치학과 평화학이라는 관점에서 재조명되어야 한다. 1920-1930년대의 일부 지식인들이 시민들에게 국제정치란 무엇인지, 평화체제를 어떻게 구축해야 하는지, 이를 위해 시민들이 무엇을 해야 하는지를 가르치려고 했기 때문이다. 그들은 국제정치를 정치인과 외교관들이 독점한 결과 중의 하나가 세계전쟁이라고 보았다. 따라서 정치란 무엇인가를 시민들이 알아야 견제할 수 있듯이 국제정치란 무엇인가를 이해하는 것은 20세기에 사는 시민들의 필수적인 덕목이 되어야 한다고 보았다. 카의 『위기의 20년』이 그중의 하나였다. 헐버트의 *Passing of Korea*와 *Echoes of the Orient* 또한 그러한 의도를 가지고 쓰였다. 더욱이 한국을 포함시킨 전략서였다는 점은 재평가해야 한다.

(2) 헐버트의 전략서는 미국정부의 거대전략(grand strategy)의 문제점을 보여주는 거울과 같았다. 그가 국제법과 헌법이라는 관점에서 정부의 플랜을 비판했기 때문이다. 그는 미국 대통령들의 거대전략을 만들고 추진하는 과정을 모두 지켜보았다. 따라서 그의 전략서는 기존의 국제체제의 장단점을 분석한 보고서요, 그것을 보완하는 의미를 지녔다. 예컨대 헐버트는 세계공동체를 결성함에 있어서 군사적 안보를 목적삼는 것을 거부했다. 전쟁에 대한 인식이 다양하기 때문에 통합할 수 없으며, 전쟁에 대해 통합된 개념이 없으면 이를 국제법으로 만들 수 없다는 것이다. 이런 예에서 확인할 수 있듯이 '국제경찰이 없는 국가들 간의 가족공동체'라는 헐버트의 설계도는 국제경찰제도를 창설하자는 루즈벨트의 주장을 다른 관점에서 검토할 수 있는 기회를 주었다.

(3) 그렇다면 헐버트의 전략을 미국정부가 받아들였다고 볼 수 있을까. 이 문제를 검토할 때 반드시 고려해야 할 점은 두 가지이다. 첫째, 미국정부는 헐버트의 비판을 무시할 수 없었다는 것이다. 미국정부가 그의 비판을 탄핵으로 받아들이고, 데넷과 같은 학자를 통해 변론해야 했다는 점이 이를 보여준다. 둘째, 그렇다고 해도 헐버트가 없었더라면 미국이 국제법 위반이라는 관점에서 한국문제를 다루지 않았을 것이라고 보아서도 안 된다. 이 점은 동경전범재판에 증인으로 출석한 국무성 소속의 미국 역사학자의 증거제시가 헐버트와 같은 방식이었다는 사실을 통해서 확인할 수 있다. 즉 법정에서 역사학자를 통해서 미일관계의 역사를 범죄의 증거물로 제시했다는 것은 국무성 또한 그렇게 생각했다는 반증과 같다. 즉 범죄 증거로서의 역사 쓰기를 준비해 왔다는 것이다. 이 점은 루즈벨트 재임기에 수립된 대일전쟁 계획(Orange War Plan)을 통해서 재확인할 수 있다. 사무라이와의 우의(goodwill)는 일시적이며 전쟁을 피할 수 없다는 루즈벨트의 결론이 대일전쟁계획의 수립 배경이었기 때문이다.

그리고 미국은 19세기 말부터 대외정책에 대한 헌법적 검증을 놓고 논쟁 중이었다는 점도 간과해서는 안 된다. 이 무렵 미국 외교는 헌법과 충돌하는 2가지 문제를 지니고 있었다. 1) 필리핀 문제, 2) 헤이그 협약의 후속협정의 비준문제 등이 그것이다. 여기에 한국문제가 목록에 올랐던 것이다.

그리하여 3가지 문제는 20세기 전반기 내내 논쟁되었다. 그리고 3가지는 분리되어 논의될 수 없었다. 또한 헐버트의 법적 비판은 미국정부가 공식적으로 할 수 없는 정책을 대신한 측면이 있다는 점도 간과해서는 안 된다. 일본정부와의 관계 악화를 막기 위해 일본의 국제법 위반을 묵인한 것이기 때문이다. 그러한 관계는 국무성의 관리였던 웰즈(Sumner Welles)의 언설을 통해서 짐작할 수 있다. 대서양헌장(Atlantic Charter)을 기초한 인물로 알려진 그는 태평양전쟁과 한국 해방의 의미를 이렇게 전했다.

> 한국의 독립이 회복됨으로써 20세기의 가장 중대한 범죄(great crimes) 중의 하나가 청산되었다. 그리고 태평양에 필요한 국제체제(international system)를 위한 토대가 마련되었다.[494]

즉 웰즈에 따르면 미국정부는 한국의 독립에 대해 두 가지 의미를 부여했다. 하나는 일본이 인류에 대해 저질러졌던 범죄로부터 해방된 것이며, 다른 하나는 그리하여 태평양에 국제공동체를 만드는 것이 가능해졌다는 것이다. 헐버트는 이러한 주장을 태평양전쟁 전에 했다.

Ⅳ. 헐버트의 '역사관'과 '개혁전략'이 오늘의 한미일 3국인에게 주는 교훈은 무엇인가

115년 전에 헐버트는 한미일 3국인에게 다음과 같은 자기 혁신을 요구했다.

(1) 미국인에게는 다음을 각성해야 한다고 했다. 1) 미국은 진정으로 한국의 개혁을 도와줄 의지를 지니고 있지 않았다. 2) 미국은 일본의 한국지배를 본 후에도 일본이 아시아의 양키가 될 수 있다고 믿었다. 3) 미국은

494 Carole Cameron Shaw, *The Foreign Destruction of Korean Independence* (Seoul, 2007), p. 285.

한국과 같은 작은 국가를 보호할 수 없는 세계공동체가 가능하다고 보았다. 왜 헐버트의 이런 비판을 다시 살펴보아야 하는가. 세 가지 이유가 있다. 첫째, 결국 미국 정부는 헐버트의 비판과 일치되는 정책을 펼쳤기 때문이다. 둘째, 뿐만 아니라 미국의 대한정책에 대해서만 배신행위였다는 비판이 뒤따르기 때문이다.

셋째, 헐버트가 만약에 미국이 러일전쟁의 끝내기를 포츠머스 '중재'가 아니라, '헤이그 중재재판소'에서 했다면 다른 결과가 나왔을 것으로 전망했기 때문이다. 이는 대체 역사(What, If)의 관점에서 가능성을 검토할 수 있는 추론이다. 이는 수상 가쓰라와 외상 고무라의 언설을 통해서 확인할 수 있다. 그들은 한국을 지배한 이후 헤이그 포비아에서 벗어나지 못했다. 그리고 열강 중에 일본의 군사동맹국인 영국이 한국의 보호국화에 가장 반대했다는 점, 쓰시마 해전의 패배로 항복을 요구받고 있던 러시아가 헤이그 중재재판을 시도했다는 점, 루즈벨트가 이를 알고 있었다는 점, 그리고 미국조차도 '조약상의 독립'은 유지되고 있다고 확인한 점 등은 '만약에 러일전쟁의 강화협상이 헤이그에서 열렸더라면'이라는 가설을 검토케 한다.

그런데 오늘 미국은 주한미군철수를 거론하며 한미동맹을 흥정물로 만들고 있다. 이는 115년 전의 루즈벨트가 한미조약을 취급한 방식을 연상시킨다. 그때 결과는 어땠을까. 결국 미국이 추진한 세계체제는 모두 일본에 의해 부정되었으며, 이를 원상복구하기 위해 미일전쟁, 국제연맹 결성, 일본의 전범재판 회부 등이 필요했다. 한국에서 미군이 철수하면 누가 좋아할까.

(2) 일본도 반성해야 한다. 일본은 헐버트의 비판이 타당하다는 점을 모르지 않았기 때문이다. 즉 1) 일본이 전략가들은 한일협약이 국제법의 질서에 위배되는 것임을 알고 있었다. 2) 그러나 일본은 이를 새로운 국제법으로 만들려고 했다. 이를 위해 '하나의 세계'를 만들기 위한 국제법이라는 개념은 부정되어야 했다. 즉 아시아를 국제법의 적용지역으로부터 분리시키려고 했다. 여기서 일본은 가짜 국제법을 만들었다. 을사협약은 그 샘플이었다. 한일 간에만 적용되는 내용을 행간에 품고 있다는 식의 주장을 했기 때문이다. 이후 일본은 가짜 국제법을 중국으로 확장했다. 비상식적인 주장을 한 결과는 어떠했는가. 국제법을 파괴하기 위한 전쟁을 감행했으며, 패했다. 동경전범재판에서 미국 검사는 이 점을 지적했다. 그럼에도 일본은 지금까지도 이를 부정한다.

그런 일본이 다시 전쟁할 수 있는 국가로 개혁을 시도 중이다. 물론 일본은 전쟁할 수 있는 국가가 되어야 한다. 침략에 대비하는 것은 국가의 권리이기 때문이다. 그렇게 하려면 인류에 대해 폭력을 저질렀다는 동경전범재판의 판결을 승복해야 한다. 그래야만 식민지를 통해 한국인에게 저질렀던 폭력행위도 사과할 수 있다.

연구자는 틀리기를 바라는 헐버트의 언설이 있다. 일본인은 무력을 중시하기 때문에 한국인에게 사과하지 않을 것이라는 예언이다. 그러나 일본은 아시아에서 가장 먼저 세계평화를 고민한 민족이기도 하다. 물론 선택은 일본인의 몫이다. 그러나 그 전에 헐버트의 다음과 같은 비판을 되새겨 보면 어떨까. 1) 일본의 명치유신은 성공한 개혁으로 볼 수 없다. 법치주의의 내면화를 거부했기 때문이다. 2) 명치유신의 군사적 개혁도 실패했다. 일본을 '전쟁을 할 수 있는 국가'로 바꾸자는 목표는 청일 및 러일전쟁을 통해 '전쟁만 하는 국가'로 만들었기 때문이다.

(3) 헐버트는 한국인에게도 다음을 주문했다. 1) 공정한 사회를 만드는 것이 시급하다. 국가 전체가 부패구조를 이루기 때문이다. 그래야 백성들이 국가 발전의 에너지원이 될 수 있다. 2) 그리고 국제사회의 일원이 되도록 하라. 이를 위해 국제조약을 지킬 의지와 능력을 보여야 한다. 방법은 있다. 법치주의, 민주주의, 자유주의를 원리로 한 국가로 개조하면 된다.

그러나 오늘 한국은 어떠한가. 공정한 사회 만들기가 국가의 목표가 되었다. 어찌 보면 슬픈 이야기이다. 헐버트가 115년 전에 버려야 할 한국인의 악습이 불공정한 사회였기 때문이다. 따라서 아직도 고치지 못했다는 자기 고백일 수 있다. 그러나 무엇인가를 하려고 할 경우 늦었다고 생각할 때가 가장 빠르다는 말이 있다. 지금이라도 하니 다행이다.

그럼에도 헐버트의 비판을 마음속에 새겨야만 한다. 그가 한국이 망한 대내적 이유로 관리들의 윤리적 한계를 지적했기 때문이다. 관리들의 윤리성은 공정한 사회 만들기의 성패를 결정하는 요소이다. 권력을 지닌 관리들의 공정한 사회 만들기의 심판(중재자)이 되어야 하기 때문이다. 그런데 그 심판이 공정성을 상실한다면 누가 정부의 중재를 받아들일 것인가. 더욱이 공정성을 상실한 권력은 독재의 유혹에 빠지기 쉽다. 그런데 아무리 보아도 권력자들의 도덕적 타락은 구한말의 그것과 다르다는 점을 찾기 힘들다. 지금 우리 사회에 필요한 것은 대한제국의 공정한 사회 만들기가 왜 실패했는지를 음미하는 것이다. 이 점에서 헐버트의 책은 임진왜란 후에 나온 유성룡의 『징비록』과 같다.

끝으로 헐버트의 책이 전하는 한국인에 대한 국제적 불신이 무엇이었는지도 기억해야 한다. 1) 한국은 애국심이 없다. 국가가 일본의 지배에 넘어간 그날 백성들은 아무런 저항도 하지 않았기 때문이다. 2) 한국은 그것을 위해 목숨을 버릴 수 있다는 '국가의 명예(honor of nation)'라는 것이 없다. 3) 한국의 부패는 본성과 같다. 4) 그렇다면 국제사회는 고민해야 한다. 국경을 마주한 국가가 타락하고 그것이 주변국의 안전을 위협한다면 국가 호적부에서 말소시키고 국제적 관리를 받게 해야 한다. 왜냐하면 그런 나라는 개혁 대신에 국가들을 이간질시킴으로써 부패한 권력의 보전을 기도하기 때문이다. 5) 그리고 그것을 중립정책으로 포장한다. 한국인들의 중립정책은 사악하다.

이것이 1905년 무렵의 한국의 국가 브랜드요 이미지였다. 헐버트는 이를 부정하기 위해 싸웠다. 오늘날의 서구인들은 그런 인식을 청산했을까. 분명한 것은 아직도 그렇게 생각하고 있는 국가들이 이웃에 있다는 점이다. 그렇다면 오늘 우리는 그런 편견과 싸움을 계속해야 하지 않을까. 절두산에 잠든 헐버트에게 달려가 조언을 구해야 하는 이유가 여기에 있다.

| 참고문헌 |

연구자가 참고한 자료들은 다음과 같이 분류할 수 있다. 첫째, 이 연구가 분석 대상으로 삼은 헐버트의 글, 둘째, 헐버트가 논쟁의 대상으로 삼은 일부 인물들의 글, 셋째, 이 연구가 토대로 삼은 1차 사료, 넷째, 헐버트에 대한 연구 성과물의 일부 등이다.

1. 이 책이 분석한 헐버트의 저서와 논문

Hulbert, Homer Bezaleel (ed.), *The Korea Review(1901), (1902), (1903), (1904), (1905), (1906)* (reprinted at Seoul, 경인문화사)

Hulbert, Homer Bezaleel, *The History of Korea* (1905) ; 마도경 · 문희경 옮김, 『한국사, 드라마가 되다』 (리베르, 2009)

Hulbert, Homer Bezaleel, *The Passing of Korea*(1906) ; 신복룡 옮김, 『대한제국 멸망사』(평민사. 1985)

Hulbert, Homer Bezaleel, *The Japanese in Korea : Extracts From The Korea Review* (1907) (Kessinger Legacy Reprints)

Hulbert, Homer Bezaleel, *Echoes of the Orient : A Memoir of Life in the Far East* (도서출판 선인, 1930년대 후반으로 추정됨)

Hulbert, Homer Bezaleel, 고석주 외 1인 옮김, 『국문본 역주 사민필지』(소명출판, 2020)

Hulbert, Homer Bezaleel, 김동진 옮김, 『헐버트 글 모음 : 헐버트 조선의 혼을 깨우다』(참좋은 친구, 2016)

2. 헐버트가 논쟁/언급/관련된 일부 인물들의 사상을 알려주는 사료와 연구물.

Roosevelt, Theodore, "What the Japanese Stood for in the World War"(1920) 澁澤榮一 訳, 『ルーズヴェルト氏の日本觀』(1920), 日本国立国会図書館.

Roosevelt, Theodore, *America and The World War* (Toronto, McLeod & Allen, 1915)

Roosevelt, Theodore, *Fear God and Take Your Our Part* (1916), New York : Charles scribner's Sons, 1926. *The Works of Theodore Roosevelt*, National Edition Vol. X VIII.

Roosevelt, Theodore, *Letters of Theodore Roosevelt,* (New York : Charles scribner's Sons, 1926)

Scott, James Brown, *The Proceedings of the Hague Peace Conference, Volume I,* (New York, William S. Hein & Co., Inc., 2000).

Dennett, Tyler, *Roosevelt and the Russo-Japanese War : A Critical study of American Policy in Eastern Asia in 1902-5, based primarily upon the private papers of Theodore Roosevelt* (Doubleday, Page And Company. 1925)

Kaneko Kentaro, "Japan's Position in the Far East" 1905. 4. 8. (this conthet downloaded from

203.255.172.94 on Thu. 05 Jul 2018. http : //jstor.org/terms)
金子堅太郎,『日露戰役祕錄』博文館, 1929
George Trumbull Ladd, LL.D, *In Korea with Marquis Ito* (London, Longman, 1908)
Mahan, Alfred Thayer, *The Problems of Asia and It's Effect upon Internationals Policies* (Mass., Cambridge University Press, 1900)
Hart, Albert Bushnell(ed.), *Selected Addresses and Public Papers of Woodrow Wilson* (New York. Boni and Liveright, 1918)
McKenzie, Frederick Arthur, *Korea's Fight for Freedom* (1920), 이광인 옮김,『한국의 독립운동』(일조각, 1969)
McKenzie, Frederick Arthur, *The Tragedy of Korea*, 김창수 옮김,『조선의 비극』(을유문화사, 1984)
Holt, W. Stull, *Treaties Defeated by the Senate : A study of the Struggle between President and Senate over the Conduct of Foreign Relations*, (New Jersey : The Lawbook Exchange, Ltd. Union, 2000)

3. 1차 사료 : 조약집과 헐버트와 동시대의 외국인의 한국책

국회도서관 입법조사국,『구한말조약휘찬, 1876-1945』 상권, 중권, 하권 (1964-1965)
독립협회,『독립신』
Rockhill, William Woodville, *Treaties and Conventions with or concerning China and Korea, 1894-1904* (Washington : Government Printing Office, 1904)
미국헌법 (1787)
"Convention For The Pacific Settlement of International Dispute, July 29. 1899 & October 187, 1907", George Grafton Wilson. LL.D. *The Hague Arbitration Cases* (Littleton, Colorado, Fred B. Rothman & Co., 1990)
Magna Carta (1215)
『한미수교 100년사 : 관계자료 및 연표』(동아일보사, 1982)
"The Division of Historical Policy Research", Department of State, U.S., (ed.), 한철호 역,『미국의 대한정책 1834-1950, *United States Policy Regarding Korea*』(한림대학교, 1998)
『헤이그 만국평화회의 관련 일본정부 기밀문서 자료집』(선인, 2007)
서울대학교 인문대학 독일학연구소 옮김.『한국 근대사에 대한 자료』(신원문화사, 1992)
Griffis, William E., *Corea, The Hermit Nation III Modern and Recent History* (1907), 신복룡 옮김.『은자의 나라 한국』(탐구당, 1976)
Bishop, Isabella Bird, *Korea and Her Neighbors* (1897), 신복룡 역주,『조선과 그 이웃사람들』(집문당, 2015)
Savage-Landor, A. Henry, *Corea or Cho-sen : The Land of the Morning Calm*(1895) 신복룡, 장우영 역주,『고요한 아침의 나라 조선』(집문당, 2013)

Oppert, Ernst J., *A Forbidden Land : Voyages to the Corea* (1880), 신복룡, 장우영 역주, 『금단의 나라 조선』(집문당, 2004)
Curzon, George Nathaniel, *Problems of the Far East* (1894) 라종일 역 『100년 전의 여행 100년 후의 교훈』(비봉출판사, 1996)
London, Jack, 윤미기 옮김, 『조선사람 엿보기 : 1904 러일전쟁 종군기』(한울. 1995)
이승만, *Japan Inside Out Japans : The Challenge of Today*, 이종익 역, 『일본 군국주의의 실상』(나남, 1988)
이승만, 류석춘 외 3인 공편역, 『국역 이승만 일기 1904-34 & 1944』(이승만연구원 & 대한민국역사박물관, 2015).
Rhee, Syngman, *Neutrality As Influenced by the United States*. A Dissertation (Princeton, Princeton University. 1912)
Scott, James Brown(Director), *Korea, Treaties and Agreement(1921)*, Carnegie Endowment for International Peace, Division of International Law No. 43.
Shaw, Carole Cameron, *The Foreign Destruction of Korean Independence* (Seoul National Univ., 2007)
량기백 편, 『미 의회 의사록 한국 관계기록 요약집 : 1878-1949 (Compendia of Korean Records appearing in the US Congressional Record, 1878-1949)』(서울 : 주미대사관외교사료실, 2001)

4. 제2차 연구물

(1) 역사인식 관련

Carr, Edward Hallett, *The Twenty Years' Crisis, 1919-1939 : An Introduction to the Study on International Relations* (1939), 이원우 역, 『위기의 20년 : 국제정치서설』(아세아문화사, 1985)
Carr, Edward Hallett, *International Relations between the Two World Wars, 1919-1939* (1937) (New York, Macmo-illan & Co Ltd. 1965)
Carr, Edward Hallett, *What is History,* 황문수역, 『역사란 무엇인가』(1961)(범우사, 1995)
Carr, Edward Hallett, *The New Society* (London, Macmillan. 1951)
Carr, Edward Hallett, *The Twenty Years' Crisis, 1919-1939 : An Introduction to the Study on International Relations* (New York : Harper Row, 1939)
Gaddis, John Lewis, *We Now Know Rethinking Cold War History*, 박건영 옮김, 『새로 쓰는 냉전의 역사』(2002, 사회평론)
Kohn, Hans, *The Twentieth Century*, 민석홍 역, 『현대사』(을유문확사, 1958)
Bloch, Marc, *Apologie pour l'histoire,* 고봉만 옮김, 『역사를 위한 변명』, (한길사. 2007)
Kohn, Hans, *Prophets and Peoples : Studies in Nineteenth Century Nationalism* 나종일 외 1인 옮김, 『19세기 유럽 민족주의』(탐구당, 1990)
서울언론문화클럽, 『계간 현대사』(서울언론문화클럽, 1980)

Galtung, John and Inayatullah, Sohail (eds.), *Macrohistory and Macrohistorians* 노영숙 옮김, 『미래를 보는 눈 : 거시사의 세계』(우물이 있는 집, 2005)
박성수, 『역사학 개론』(삼영사, 1983)
한국정신문화연구원 국제협력실, The Wilson center, 『한미수교 1세기의 회고와 전망, *Reflections on A Century of Korean-United States Relations* 』(한국정신문화연구원, 1983)
정성화, 『한국관련 서양고서 해제집』(명지대학교 출판부, 2005)
Jung, Sung-hwa and Ganse, Alexander, *Bibliography of Western Language Publications on Korea, 1588-1950* (The Myongji-LGKorean Studies Library, 2008)
Maza, Sara, *Thinking About History* 박완용 옮김, 『역사에 대해 생각하기』 (책과 함께, 2017)
장재용, 「호머 베절릴 헐버트의 『한국사』(1905)」, 『이방인의 한국사 인식과 서술』(경인문화사, 2019)
Noble, David W., *Historians against History The Frontier Thesis and the National Covenant in American Historical Writing since 1830*, 정만득 옮김, 『역사를 버린 역사가들 : 프런티어와 미국적 언약』(계명대학교 출판부, 1988)
Woodward, C. Vann, *The Comparative Approach to American History*, 박무성 역, 『미국사 신론 : 정치, 경제의 비교사적 연구』(법문사, 1993)
Collingwood, R. G., *The Idea of History*, 김봉호 역, 『서양사학사』(탐구당, 1976)
차하순, 『역사의 이해』(탐구당, 1987)
Gaddis, John Lewis, *The Landscape of History : How Historiana Map the Past*, 강규형 옮김, 『역사의 풍경 : 역사가는 과거를 어떻게 그리는가』(에코 리브르, 2004)
Weems, Clarence Norwood(ed.), *Hulbert's History of Korea, Volume I, II* (New York, Hillary House Publishers LTD, 1962)
Watkins, Ferderick, *The Political Tradition of the West* (Cambridge, Massachusetts, Harvard University Press, 1948)
이용민, 「게일과 헐버트의 한국사 이해 : 서로의 상반된 사관을 중심으로」, 『교회사학』 6-1, 2007.
Briton, Crane, *Ideas and Men : the Story of Western Thought*, 최명관 · 박은구 역, 『서양사상의 역사』(을유문화사, 1993)

(2) 근현대한국사의 사건에 대한 기존의 평가

최문형, 『국제관계로 본 러일전쟁과 일본의 한국병합』(지식산업사, 2004)
최문형, 『명성황후 시해의 진실을 밝힌다』(지식산업사, 2001)
문소영, 『조선의 못난 개항 : 일본은 어떻게 개항에 성공했고, 조선은 왜 실패했나』(역사의 아침, 2013)
미치가미 히사시, 윤현희 옮김, 『한국인만 모르는 일본과 중국』(중앙 books, 2019)
이리에 아키라, 이종국와 1인 옮김, 『20세기의 전쟁과 평화』(을유문화사, 2001)
김원수, 『헤이그 만국평화회의 특사외교와 국제관계』(선인, 2015)
김동진, 『헐버트의 꿈 : 조선은 피어나리!』(참좋은 친구, 2019)

이호재, 『한국인의 국제정치관 : 개항 후 100년의 외교논쟁과 반성』(법문사. 1994)
정윤재 외 4인, 『한국정치사상의 비교연구』(한국정신문화연구원, 1999)
문일평, 이광린 교주(校註). 『한미50년사』 (탐구당, 1989)
Wolff, David(ed.) *The Russo-Japanese Wae in Global Perspective : World War Zero, vol. I, II* (Boson. Brill, 2007)
이태진, 서사가와 노리가츠 공편, 『한국병합과 현대 : 역사적, 국제법적 재검토』(태학사, 2009)
김권정, 『한국인보다 한국을 더 사랑한 미국인 헐버트』(역사공간, 2016)
나가타 아키후미(長文彰文), 『미국, 한국을 버리다. 시어도어 루스벨트와 한국』(기파랑, 1992)
Palmer, Brandon, 「반식민 항의 암살 : 미국인들, 한일관계에 직면하다」, 『한국독립운동사연구』 제40집 (2011. 12)
홍선표, 「헐버트(Homer B. Hulbert)의 재미 한국독립운동」, 『〈한국독립운동사연구』 제56집〉
한철호, 「헐버트의 만국평화회의의 활동과 한미관계」, 『한국독립운동사연구』 제29집(2007. 12)
윤경로, 「Homer B. Hulbert 연구」, 『역사교육』29 (역사교육연구회, 1981.6)
윤경로, 「서구의 정체론적 한국상 : 오리엔탈리스트적인 인식을 중심으로」, 『한국근현대사연구』(2003, 제24집)
Schmid, Andre, 「오리엔탈식민주의의 도전 : Anglo-American 비판의 한계」, 『역사문제연구』(2001. 12)
김지형, 「한국보호국화와 호머 헐버트의 국제담론 : 대미인식론 대응을 중심으로」, 『한국민족운동사연구』 93 (2017)
이광린, 「헐버트의 한국관」, 『한국 근현대사연구』 9집 (1998)
Matsumura, Masayoshi and Ruxton, Ian (trans.), *Baron Kaneko and the Russo-Japanese War(1904-05) : A study in the Public Diplomacy of Japan* (Lulu Press, 2009)
김학준, 『서양인들이 관찰한 후기 조선』 (서강대출판부, 2010)
이동연, 「'조선' 망국에 대한 두 타자의 시각 : 영국 맥켄지 *The Tragedy of Korea*와 『日本滅高麗慘史』의 비교 연구」, 『중국인문과학』 42 (2009)
오상미, 「헐버트(H. B. Hulbert)의 조선문명화론」, 『학림』 32 (2011)
허동현, 「근 · 현대 서양인들의 한국관」 『국제한국학연구』 5호 (2011)
미하엘 쿤치크, 윤종석 · 권혁준 옮김, 『국가 이미지 전쟁』(커뮤니케이션북스, 2008)
장재용, 『이방인의 한국사 인식과 서술』(경인문화사. 2019)

(3) 미국의 대일정책

Hisahiko, Okazaki, *From Uraga to San Francisco : A Century of Japanese Diplomacy 1853-1952* (Tpkyo, Japan Echo Inc., 2002)
Schuler, Max von, *An American Speaks : The Japanese History That Some Want Hidden* ; trans. 『アメリカが語るアメリカが隠しておきたい日本の歴史』ハート出版, 2016.
Benedict, Ruth, *The Chrysanthemum the Sword : Patterns of Japanese Culture,* 김윤식와 1인 옮김, 『국

화와 칼』(을유문화사, 2004)
W. G. Beasley 지음, 정영진 옮김, 『일본제국주의, 1894-1945』(Huebooks 2013).
최정수, 「T. 루즈벨트의 세계정책」(한양대학교 대학원 박사논문, 2000)
최정수, 「태프트-가쓰라협정의 국제법적 기원 : 미일중재조약과 헤이그협약(1899)」『서양사론』 118 (한국서양사학회, 2013)
최정수, 「헤이그 중재법정체제와 미국의 대독 봉쇄전략 1899-1914」, 『세계 역사와 문화 연구』 47 (2018)
최정수, 「미국의 세계조약체제와 한국문제, 1905-1946 : T. 루즈벨트의 한국정책을 둘러싼 헌법 및 국제법상의 논쟁을 중심으로」, 『서양사론』 141 (한국서양사학회, 2019)
최정수, 「제2차 헤이그 평화회의와 미국의 '세계평화전략' : '국제경찰'과 '약한국가' 처리문제를 중심으로」, 『한국사학보』 30 (고려사학회, 2008)
최정수, 「단재 신채호의 국제관」, 『한국학논집』 26(한양대 한국학연구소, 1995)
최정수, 「미국 '현대외교'의 기원 : 시어도어 루즈벨트의 '세계연방'」, 『미국사연구』 17 (한국미국사학회, 2003)
최정수, 「특사 태프트의 제2차 대일방문과 미일조약체제, 1907-1908 : 한국병합을 중심으로」, 『동북아역사논총』 29 (동북아역사재단, 2010)
최정수, 「루즈벨트의 對韓政策 樹立, 1897-1903 : 露日間의 勢力均衡과 관련하여」, 『한성사학』 10(한성사학회, 1998)
최정수, 「T. 루즈벨트의 먼로독트린과 '세계전략'」, 『서양사론』 73 (한국서양사학회, 2002)
최정수, 「T. 루즈벨트의 심리외교 : 아메리칸 페릴」, 『사림』 16 (수선사학회, 2001)
최정수, 「Theodore Roosevelt의 '힘의 외교관'」, 『미국사연구』 14 (한국미국사학회, 2001)
최정수, 「이승만의 『미국의 영향하에 성립된 중립론』과 외교독립론」, 『저서를 통해 본 이승만의 정치사상과 현실인식』(연세대출판부, 2011)
최정수, 「한일병합조약의 국제법적 기원과 국제적 승인문제 : 일본의 '헤이그 포비아(Hague Phobia)'와 '국제법 전쟁'」, 『한일관계사연구』 51 (한일관계사학회, 2015)

ARI Humanities Series 5

The Program of Making New Korea and Internationalism

First Published 2020
by The Asiatic Research Institute at Korea University
145, Anam-ro, Seongbuk-gu, Seoul 02841, Korea
www.asiaticresearch.org

아연 인문교양총서 5

대한제국을 위한 '변론' : 호머 B. 헐버트의 '신한국론'과 국제주의

1판1쇄 | 2020년 10월 30일

지은이 | 최정수
펴낸이 | 김익수
펴낸 곳 | 아연 출판부
등록 | 2000년 5월 24일 제6-376호
주소 | 02841 서울특별시 성북구 안암로 145 고려대학교 아세아문제연구원
전화 | 02-3290-1600 팩스 | 02-923-4661
홈페이지 | www.asiaticresearch.org

값 13,000원

ISBN 979-11-89273-16-3
ISBN 978-89-90769-95-4 (세트)

이 도서의 국립중앙도서관 출판시도서목록(CIP)은 e-CIP 홈페이지(http : //www.nl.go.kr/ecip)에서
이용하실 수 있습니다(CIP제어번호 : CIP2020045075).